主编、副主编简介

林一飞 法学博士、研究员，中国国际经济贸易仲裁委员会（CIETAC）仲裁员，现任职于CIETAC华南分会。主要著作、译作有《仲裁裁决抗辩的法律与实务》、《中国国际商事仲裁裁决的执行》、《国际商事仲裁法律与实务》、《国际商事仲裁法律与实践》、《国际商事仲裁新资料选编》、《国际商事仲裁资料精选》、《国际货物销售法律与实务》、《信息技术法》等；主编作品有《商事仲裁法律报告》、《商事仲裁法库》、《最新商事仲裁与司法实务专题案例》、《商事仲裁评论》、《法律与诉讼仲裁实务系列》等。还主持创建了仲裁行业网站“中国仲裁在线”（www. cnarb. com）。

张　亮 法学博士、中山大学法学院副教授、硕士生导师，中国国际经济法学会理事、广东省国际法学会理事，主要研究领域为国际经济法，代表作有《反倾销法损害确定问题研究》、《美国对华反倾销案例研究》等。

法律与诉讼仲裁实务丛书

知识产权法律与诉讼仲裁实务

主　编　林一飞
副主编　张　亮

对外经济贸易大学出版社
中国·北京

图书在版编目（CIP）数据

知识产权法律与诉讼仲裁实务／林一飞主编．—北京：对外经济贸易大学出版社，2011
（法律与诉讼仲裁实务丛书）
ISBN 978-7-81134-975-7

Ⅰ．①知… Ⅱ．①林… Ⅲ．①知识产权法－研究－中国②知识产权－民事诉讼－研究－中国③知识产权－仲裁－制度－研究－中国 Ⅳ．①D923.404②D925.104

中国版本图书馆 CIP 数据核字（2011）第 036463 号

知识产权法律与诉讼仲裁实务

林一飞　主编
责任编辑：李明娟　汪友年

对 外 经 济 贸 易 大 学 出 版 社
北京市朝阳区惠新东街 10 号　邮政编码：100029
邮购电话：010－64492338　发行部电话：010－64492342
网址：http://www.uibep.com　E-mail：uibep@126.com

山东省沂南县汇丰印刷有限公司印装　新华书店北京发行所发行
成品尺寸：185mm×230mm　23.5 印张　469 千字
2011 年 5 月北京第 1 版　2011 年 5 月第 1 次印刷

ISBN 978-7-81134-975-7
印数：0 001－3 000 册　定价：36.00 元

前　言

近年来，中国知识产权案件数量和审理难度均有所加大，新类型案件越来越多。知识产权案件影响面广（有时甚至会影响整个行业的发展和方向）、专业度高，而且随着知识产权意识的普遍提高，争议也在不断地增多。这些特点对理论界和实务界均提出了挑战。本书的编撰则是对这种挑战的应对。

本书内容包括了理论、案例和资料，通过法理分析与案例分析，并参考了各类著述，将相关理论、观点与我国诉讼、仲裁实践相结合，对知识产权法律制度在实务中最可能出现的主要问题作了专门的研究。本书的目的是为从事诉讼和仲裁实践的法官、仲裁员、律师以及其他相关人士提供一本专业务实的参考用书，为学习知识产权法的广大学子们、涉及知识产权的商业界和法律界人士提供一本全面的理论与实践并重的指导用书。

本书共分九个专题。专题一至三分别论及著作权、专利和商标，除基本原理外，还结合案例探讨各种权属纠纷、使用纠纷、侵权、权利限制等内容；专题四关注商业秘密，阐述基本原理，评析有关商业秘密的构成、竞业限制、法律保护的案例；专题五则探讨技术合同，尤其是技术开发合同纠纷、技术转让合同纠纷、技术咨询合同纠纷、技术服务合同纠纷等不同类型合同纠纷；专题六涉及特许经营；专题七阐述不正当竞争的有关法律问题和实务；专题八和专题九则分别涉及信息网络与电子商务以及域名争议。为阅读之便，附录列出主要的法律。更多资料请参见中国仲裁在线（www. cnarb. com)。

中山大学法学院宁娟（专题一至三)、梁巧贤（专题四)、卢穗冈（专题五和六)、闫育凤（专题七)、麦洁鸿（专题八)、黄纯（专题九）负责本书初稿的编辑和撰写工作，袁月云、吴楠参与部分稿件的校对。二稿和三稿分别由副主编和主编负责。统稿和定稿由主编负责。

对所有参与人员表示感谢。我的合作伙伴张亮博士分担了我相当一部分的工作。特别要提及的是，所有撰写人员均非常认真、细致和高效。同时，要向作为文献来源及提供其他支持的人士和机构表示感谢。有了他们在学术和实务上作出的贡献，我们才有可能萌生并落实编写本系列丛书的想法。

林一飞

2011 年 3 月于深圳

目　录

主题案例索引表

专题一

著作权

第一节 基本原理

著作权，是指作者[①]对其作品享有的无形财产权。作品包括文学、艺术和科学领域内具有创造性并能以某种有形形式复制的智力成果。其中，作品的创造性，更多是指作品的独创性，而不是说作品题材是以前没有出现过的，也不是指新的作品相对以前的作品需要质上的飞跃。

著作权，有时也被称为版权。《著作权法》[②] 第 57 条直接规定："本法所称的著作权即版权。"但是，版权的概念产生之初却是为了保护出版者翻印图书的权利，而真正作者的权利却没有受到保护。即使英国《安娜法》将版权归作者所有，但是版权仍然主要是经济权利，与现在强调作者精神权利的著作权仍不相同。著作权概念直接取代版权概念，或者像我们国家规定的两者相同，或者使用版权概念的国家也保护作者精神权利，这些可以看出著作权的发展历史以及著作权的性质。

著作权是无形财产权，是对蕴含在作品内的智力成果享有的所有权，因此著作权人转移作品的原件并不会转移著作权，相反，拥有作品原件的人也不一定拥有著作权。这是著作权与有形财产权的区别。另外，著作权还有时间性、地域属性。所谓著作权的时间性，是指著作权的存续有时间限制，在一定期限后，作品将成为公共领域的东西而不再受法律保护；所谓著作权的地域属性，是指在一个国家享有著作权的作品，在另一个

---

① 在我国，作者是实际创造作品的人，与著作权人有差别，但为了表述的简便，除了著作权归属这部分外，其他部分的作者指的就是著作权人。

② 文中没有特别标示的，《著作权法》均指《中华人民共和国著作权法》。该法于 1990 年 9 月 7 日第七届全国人民代表大会常务委员会第十五次会议通过；根据 2010 年 2 月 26 日第十一届全国人民代表大会常务委员会第十三次会议《关于修改〈中华人民共和国著作权法〉的决定》第二次修正。

国家并不当然享有著作权。国家间通过国际条约，或者国内单方面立法，对外国人作品进行保护，并不说明著作权地域属性丧失，相反，更说明了著作权地域属性的存在。相比同为无形财产权的专利权、商标权来说，著作权的特别之处是作品一经问世就自动享有权利，无须经过注册。专利技术方案可以通过著书立说来获得著作权，但是著作权禁止的只是他人通过抄袭该技术方案的表述方式来完成其作品，至于他人根据记载的技术方案实施技术，则只能通过专利权来获得保护。

著作权与有形财产权的相似与差别、与工业产权的相似与差别，都使得著作权法律制度呈现出自己的特色。下文拟从著作权的客体、内容出发，对著作权作出初步介绍，再通过论述著作权的归属、使用以及侵权救济，来完整阐述整个著作权法律制度。

一、著作权客体

著作权客体是著作权保护的对象，也就是作品。作品首先是一项智力创造的成果，这项成果必须具有独创性以及最低限度的创造性，而且应当能够以有形的形式复制。有些国家对作品还有另外的要件规定，比如有些国家要求作品必须有固定的形式。

（一）受著作权保护的客体

根据《著作权法》的规定，我国著作权保护的作品包括9种，分别是：（1）文字作品；（2）口述作品；（3）音乐、戏剧、曲艺、舞蹈、杂技艺术作品；（4）美术、建筑作品；（5）摄影作品；（6）电影作品和以类似摄制电影的方法创作的作品；（7）工程设计图、产品设计图、地图、示意图等图形作品和模型作品；（8）计算机软件；（9）民间文学艺术作品。以下分别简述之。

文字作品的范围最广，指一切以文字形式表现出来的作品，比如诗歌、文章、论著、乐谱等。

口述作品，是指即兴的演说、授课、法庭辩论等以口头语言形式表现的作品。口头作品可以固定，转化为其他形式的作品，但口述作品必须是即兴的口头表达作品，朗读书面形式的作品不属于口述作品。

音乐、戏剧、曲艺、舞蹈、杂技艺术作品实际包含了5小类的作品，只是这几种作品形式均可以通过舞台表现展示，所以归入一个大类。音乐作品，是指歌曲、交响乐等能够演唱或者演奏的带词或者不带词的作品。戏剧作品，是指话剧、歌剧、地方戏等供舞台演出的作品。戏剧作品，不是舞台上的表演，而是舞台表演者依据的剧本，所以即使表演者与戏剧作品剧本著作权人相同，也不能将戏剧作品与舞台表演的戏剧混同。曲艺作品，是指相声、快书、大鼓、评书等以说唱为主要形式表演的作品。当曲艺作品是即兴说唱时，曲艺作品就与口述作品有交叉的地方。舞蹈作品，是指通过连续的动作、姿势、表情等表现思想感情的作品。与戏剧作品一样，舞蹈作品不是舞台上的表演，而是舞蹈表演者表演舞蹈时所依据的剧本，舞台表演如果不是舞蹈作品著作权人所为，则归入邻接权的范畴。杂技艺术作品，是指杂技、魔术、马戏等通过形体动作和技巧表现的作品。杂技艺术作品保护的是里面的艺术成分，至于里面的技巧、动作等则不属于保护的对象。

美术、建筑作品单独作为两个受保护的客体，其中美术作品是指绘画、书法、雕塑等以线条、色彩或者其他方式构成的有审美意义的平面或者立体的造型艺术作品。美术作品既包括平面作品，还包括立体作品，即我们平时所说的实用艺术品。建筑作品，是指以建筑物或者构筑物形式表现的有审美意义的作品。建筑物需要有审美意义才能成为作品，这就要求建筑作品符合独创性的要求。此外，需要注意的是建筑作品保护的只是立体的外观空间设计，而不是建筑物草图，也不是建筑物模型。

摄影作品，是指借助器械在感光材料或者其他介质上记录客观物体形象的艺术作品。摄影作品虽然是客观记录物体形象，但是仍然有独创性，不同的摄影者有不同的审美观，不同的拍摄角度，因而拍摄出来的作品也体现了拍摄者不同的价值取向。

电影作品和以类似摄制电影的方法创作的作品，是指摄制在一定介质上，由一系列有伴音或者无伴音的画面组成，并且借助适当装置放映或者以其他方式传播的作品。这类客体除电影作品外，还包括电视作品、录像作品等，但都是以相同方法摄制，因而统称为以类似摄制电影方法创作的作品。与其他录音录像制品比较，电影和以类似电影摄制的方法创造的作品是著作权的客体。这类客体的著作权其实是很多著作权、邻接权的综合，牵涉的权利人包括编剧、演员、摄影、录像、剪辑等，所以这类客体的著作权归属问题比较复杂，这个问题将在后文讲述。

工程设计图、产品设计图、地图、示意图等作品，统称为图形作品。这类客体保护的是图，而不是依据图形产生的物体。依据工程设计图、产品设计图产生的物体如果属于作品，则可以归入建筑作品；如果产生的是模型，则可以归入模型作品。侵犯工程设计图、产品设计图的一种特殊情形是，如果将工程设计图、产品设计图未经著作权人允许而复制成立体图形，只有这种立体图形构成建筑物作品、艺术作品时才构成侵权。而一般的依据工程设计图、产品设计图建造房屋、生产产品不属于侵权。地图、示意图保护的是制作者的创意，即地图、示意图如果仅仅反映的是客观存在的物体，则不属于作品。比如，地图仅仅是如实地反映行政区划，用的也是通常使用的标识，则不能享有专用权。模型作品，是指为展示、试验或者观测等用途，根据物体的形状和结构，按照一定比例制成的立体作品。模型作品与建筑作品相比，两者虽均为立体作品，但是模型作品的主要作用是作为展示、试验、参考。而且，根据模型作品可以创作建筑作品。

计算机软件，是指计算机程序及有关的文档。其中，计算机程序是指为了得到某种结果而可以由计算机等具有信息处理能力的装置执行的代码化指令序列，或者可以被自动转换成代码化指令序列的符号化语句序列，同一计算机程序的源程序和目标程序为同一作品。文档是指用来描述程序的内容、组成、设计、功能规格、开发情况、测试结果及使用方法的文字资料和图表等，如程序设计说明书、流程图、用户手册等。很多国家都将计算机软件划入文字作品。我国将计算机软件划入著作权保护范围，但是却单独立法保护。《计算机软件保护条例》（2001 年制定）对计算机软件的保护与著作权的保护方式大体相同。

民间文学艺术，是指某一民族或某一地区人民的传统艺术表述，如民间传说、民间诗歌、民间音乐、民间舞蹈、民间建筑和民间宗教仪式等。[①]《著作权法》明确规定了保护民间文学艺术作品，与民间文学艺术作品有关的案例（“乌苏里船歌”案）也在我国法院得到审理。但是，保护民间文学艺术作品仍然有很多法律问题有待进一步规定，比如侵权诉讼主体是谁、权利保护期限计算方式等。

（二）受著作权保护的特殊客体

上述作品种类是根据作品的表现形式作出的划分。此外，还有一些比较特殊的作品，比如演绎作品、汇编作品、数据库等。这些特殊作品虽然也表现为上述 9 种作品，但因为在权利归属、权利保护上有一些特殊，因而有必要加以简单论述。演绎作品，是对原作品的改编、翻译、整理、注释等而产生的新的作品。演绎作品翻译、整理的可以是有著作权的作品，也可以是没有著作权的作品，但是演绎作品本身需要满足著作权的条件，即具有独创性，而不能仅仅是在原有作品基础上作出小小改正，或者基本没变原作品。演绎作品需要使用有著作权的作品，需要事先取得原作品著作权人许可。汇编作品，是指对作品，或者作品片段，或者没有著作权的材料进行编排，从而创作出新的具有独创性的作品。例如中国仲裁在线（www. cnarb. com）为各种专业目的所做出的汇编以及相应形成的各类数据库。汇编作品编排的同样可以是有著作权的作品，也可以是无著作权的事实材料，但作为汇编后的整体，汇编作品本身应该是具有独创性的。而且，著作权保护的是汇编作品的编排体系与方式，至于他人使用汇编材料则要么侵犯原作品人著作权，要么不侵权。由于汇编者对汇编付出了一定的劳动，有时却基于上述理由得不到法律的保护，这样容易打击汇编者的积极性，因此很多国家对这些汇编也给予一定的保护，这就是对数据库内汇集的资料的保护。可见，数据库是汇编作品的一种。但有时，有的作品没有达到汇编作品独立性的要求，法律也给予适当的保护，这种作品也属于数据库，可见数据库在范围上又稍微大于汇编作品。

（三）不受著作权保护的客体

法律除了列举上述受著作权保护的客体，还规定了不受著作权保护的作品：

---

① 李明德，许超．著作权法．北京：法律出版社，2003：49.

(1) 法律、法规，国家机关的决议、决定、命令和其他具有立法、行政、司法性质的文件，及其官方正式译文；(2) 时事新闻；(3) 历法、通用数表、通用表格和公式。法律法规、国家机关决议等官方文件及其译本不具有著作权的原因主要是，这类文件本身不具有作品的创造性和艺术价值，而且这类文件的目的是广泛传播，对其给予著作权保护会阻碍其目的的实现。另外，这些文件的官方译本不受保护，但是私人的翻译却受法律保护。时事新闻，是针对时事的如实反映，与要表达的对象密不可分，时事的表达方式受到要表述内容的限制，因而不受著作权的保护。但是，应该注意的是，一篇报道除了时事新闻部分，还有报道者的创作部分，不受保护的仅仅是时事部分，其他部分仍然受到保护，他人可以利用报道里面的事实，但却不能转载、复制他人的报道。历法、通用数表、通用表格和公式不受著作权保护的原因与时事新闻不受保护的原因类似。

（四）作品获得权利保护的方式

一般来说，作品自完成时起即享有著作权，著作权是自动获得的，无须履行其他的程序。《著作权法》第 2 条第 1 款规定："中国公民、法人或者其他组织的作品，不论是否发表，依照本法享有著作权。"从这条可见，我国国民著作权是自动取得的。由于著作权有地域属性，外国国民的作品不一定在我国享有著作权，而且，即使享有著作权，也不一定是自动获得的待遇标准。根据《著作权法》规定：(1) 外国人、无国籍人的作品根据作者所属国或者经常居住国同中国共同参加的国际条约享有著作权的，这些人的作品在我国自动受保护；(2) 除上述情况外，外国人、无国籍人的作品在中国境内首次出版的，受著作权保护；(3) 未与中国签订协议或者共同参加国际条约的国家的作者以及无国籍人的作品首次在中国参加的国际条约的成员国出版的，或者在成员国和非成员国同时出版的，才受本法保护。后两种情形下，外国人作品在中国获得保护的前提是出版。

《伯尔尼公约》规定著作权自动取得原则，因而公约的成员国需要对符合公约规定的作品自动给予保护，而且由于《伯尔尼公约》的实体内容基本被《与贸易有关的知识产权协议》(TRIPS 协议) 吸收，著作权的自动保护变得更加广泛。然而，有些国家却规定了著作权的加标记取得，《世界版权公约》也将加版权标记作为取得权利的前提，因而对于不是《伯尔尼公约》，也不是 TRIPS 协议成员国的国家来说，如果这些国家要求加版权标记取得著作权，取得著作权仍然需要加标记。此外，还有一些国家要求著作权履行登记手续，没有登记的作品没有著作权，或者不能提起侵权诉讼，这些国家如果是《伯尔尼公约》或者 TRIPS 协议的成员国，登记只能针对其国民的作品，对其他成员国/方国民或者经常居民的作品则不能有此要求。著作权加标记、登记有时不是取得权利的要件，只是作为证据使用，因而，即使很多国家没有加标记、登记的要求，很多著作权人还是会向著作权管理部门登记，比如，我国就有"自愿登记制度"。

二、著作权的内容

著作权包括精神权利与经济权利。其中精神权利，是指作者对其作品享有的与作者人格、身份不可分离的权利；经济权利，是指作者对其作品享有的使用、收益、处分等财产性权利。著作权与商标权、专利权相区别的一个方面就是著作权对精神权利的强调。作品是作者智力创造的成果，体现了作者的情感、思想，因而作品是作者精神的载体，法律对作品精神权利的保护正是尊重作者创作的表现。法律尊重精神权利不仅体现在法律明文规定的保护条款上，还可以从权利归属、权利使用方面看出来。比如，职务作品、电影作品的真正自然人作者仍然拥有署名权等。

（一）精神权利

各国的著作权法律对精神权利种类规定不同，美国等更注重作品经济权利的国家只承认署名权以及保护作品完整权，法国则规定作品精神权利包括发表权、署名权、保护作品完整权以及收回作品权，而《伯尔尼公约》只规定了署名权与保护作品完整权。《著作权法》将精神权利规定为人身权，并规定了四项人身权利：发表权、署名权、修改权及保护作品完整权。以下分别简述之。

1. 发表权

所谓发表权，是指将作品公之于众的权利。其中，公之于众指著作权人自行或者许可他人将作品向不特定的人公开，但不以公众知晓为条件。这里的公众没有确切的人数要求，但一般指著作权人将作品向与作者无亲密联系的人公布。比如，作者只是将其作品给亲朋好友欣赏的则不属于发表。换句话说，作者行使发表权需要有主观上向社会公开的意思。发表权只能由著作权人行使，除非著作权人许可他人发表其作品。但是，作者一旦行使发表权之后就不能再以他人侵犯自己发表权主张权利，发表权只能使用一次，这就是通常说的发表权用尽。发表权用尽需要是合法地发表，未经作者同意的发表则不会使得作者发表权利用尽。

发表权利属于精神权利的一种，但是又与经济权利密切相关，主要体现在：其他的精神权利没有时间的限制，但是发表权却有保护的期限，这个期限和著作权其他经济权利的保护期限一致；其他经济权利不可转让，也不可继承，但是发表权却可以转移，主要表现为作者生前未发表的作品，如果作者没有表示不发表，作者死亡后的50年内，其发表权由继承人或者受遗赠人行使，没有继承人以及遗赠人的，由原件所有人行使。

2. 署名权

所谓署名权，是指表明作者身份，在作品上署名的权利。作者可以在作品上署上自己真名，也可以署上假名、笔名，或者干脆放弃署名。假冒作者名义，在非作者作品上署上作者的名字，不仅属于不正当竞争行为，也属于侵犯作者署名权的行为。作者的署名权不是在任何作品上均可以行使。比如，为保护建筑物作品的美观，有时也对作者的签名有限制。再比如，口述作品就不存在署名的问题。

作者的署名权没有保护的期限，也不可以转移。其中，不允许署名权转移的规定，不仅体现对作者权利的保护，也体现了对读者知情权的保护，或者对文化市场秩序的保护。因此，《著作权法》还规定，作者死亡后，其署名权由其继承人保护，没有继承人的，由国家著作权行政部门保护。

3. 修改权

所谓修改权，是指修改或者授权他人修改作品的权利。规定作者的修改权一方面是确保作者的思想变化得到及时的反映，另一方面是为了避免作者的形象被他人篡改、损坏。修改权没有期限，也不得转移，作者死亡后，由其继承人保护其修改权。但是，作者可以授权他人行使修改权。比如，图书出版者经作者许可，可以对作品修改、删节；报社、期刊社得到作者许可的，可以对作品内容进行修改。当然，修改权也受到一些限制，比如报社、期刊社可以直接对作品进行文字性修改、删节；著作权人许可他人将其作品摄制成电影作品和以类似摄制电影的方法创作的作品的，视为已同意对其作品进行必要的改动，但是这种改动不得歪曲、篡改原作品。

4. 保护作品完整权

所谓保护作品完整权，是指保护作品不受歪曲、篡改的权利。保护作品完整权与修改权相同，只是修改权指的是只有作者才可以修改作品，保护作品完整权指的是作者有权禁止他人未经授权修改其作品。对修改权的限制，同样适用于保护作品完整权。保护作品完整权没有保护的时间限制，作者死亡后，该项权利由其继受人保护；没有继受人的，由国家著作权行政部门代为保护作者作品的完整性。

（二）经济权利

著作权里的经济权利，是著作权的核心组成部分，作者的精神权利很多时候也是为了确保作者经济权利的实现。而且，也只有实现著作权的经济价值，才能充分地实现作品的价值。以著作权为主线的出版业、报刊业、电影制造业、音响制造业等版权产业占据一国国民生产总值的很大比例，很多经济大国都是版权大国。各国对经济权利种类规定各不相同，我国法律规定了12种著作权经济权利。以下分别简述之。

1. 复制权

所谓复制权，是指以印刷、复印、拓印、录音、录像、翻录、翻拍等方式将作品制作一份或者多份的权利。这里所讲的复制权，指的是狭义的复制权。广义的复制权，泛指一切将原作品制作成新作品的行为，比如各种演绎权利。复制可以是平面作品复制成平面作品，也可以是平面作品复制成立体作品，比如依照建筑设计图建成建筑物。但是，著作权法律上保护的平面作品到立体作品的复制，要求建成后的建筑物同样构成作品才构成复制。复制还包括将立体作品复制成平面作品，这种复制在很多国家得到承认，但也受到很多的限制，很多国家规定对室外建筑物的复制不构成侵权。

2. 发行权

所谓发行权，是指以出售或者赠与方式向公众提供作品的原件或者复制件的权利。发行一般提供的是复印件，因而也会涉及复制与出版的问题。发行的方式可以是出售，也可以是赠与。此外，广义的发行还包括出租、表演等形式。发行面向的是市场，因而发行权有用尽的性质，即作者将其作品发行后，其他人对其作品在市场上的再流通，不构成侵权。但是，用尽的只是发行权，其他人如果侵犯作者的其他权利，仍然是侵权。

3. 出租权

所谓出租权，是指以有偿的方式许可他人临时使用电影作品和以类似摄制电影的方法创作的作品、计算机软件的权利，计算机软件不是出租的主要标的的除外。从定义可知，不是所有作品均有出租权，有出租权的作品只有两种：一是电影作品和以类似摄制电影的方法创作的物品；二是计算机软件。其中，电影作品和以类似摄制电影的方法创作的物品包括电影作品、也包括录音录像制品，前者是著作权的客体，后者是邻接权的客体。出租权，根据前面的论述可知，属于广义的发行，我国1991年《著作权实施条例》正是如此划分，将出租视为发行的一种方式。这样就产生一种结果：发行权是一次用尽的，如果出租属于发行权，也相应地用尽。2001年修改的《著作权法》将出租单列出来，作为一种独立的权利，不仅体现了出租作为一种使用作品方式对作者的重要性，而且如果出租单独成为一种权利，当发行权用尽的时候，出租权仍然存在，出租他人作品（法律规定的有出租权的作品）仍然侵权。法律规定了出租权的一种例外，即计算机软件不是出租标的的不属于出租计算机软件。比如，很多机器上装了计算机软件，出租这些机器的，就不属于出租计算机软件。

4. 展览权

所谓展览权，是指公开陈列美术作品、摄影作品的原件或者复制件的权利。享有展览权的客体是美术作品或者摄影作品。不过，美术作品、摄影作品包括的范围极广，一项建筑作品也可以划入美术作品范围，一张电影里面裁剪的画面也可以作为摄影作品，因而享有展览权的作品其实很多。展览权的例外是，当作品原件被他人购走时，作品的展览权则归原件持有人所有。

5. 表演权、放映权

所谓表演权，是指公开表演作品，以及用各种手段公开播放表演作品的权利。所谓放映权，是指通过放映机、幻灯机等技术设备公开再现美术、摄影、电影和以类似摄制电影的方法创作的作品等的权利。从两者的定义可知，表演权包含了放映权。表演权可以是人的表演，比如舞台表演，也可以是机械表演，即借助机械表演作品。放映是机械表演的一种。表演权不同于表演者权。作者可以自己表演，或者许可他人表演，两者产生的都是表演者权。但是，如果作者亲自表演作品，其著作权吸收了表演者权（邻接权），这点在不保护表演者权的国家比较重要。

6. 广播权

所谓广播权，是指以无线方式公开广播或者传播作品，以有线传播或者转播的方式向公众传播广播的作品，以及通过扩音器或者其他传送符号、声音、图像的类似工具向公众传播广播作品的权利。广播权也属于广义的表演权的一种，只是使用了广播的手段。从定义可以看出，广播的手段包括有线传播、无线传播以及扩音器等其他可以传播的类似工具。

7. 信息网络传播权

所谓信息网络传播权，是指以有线或者无线方式向公众提供作品，使公众可以在其个人选定的时间和地点获得作品的权利。信息网络传播权是计算机科技发展的产物，作品可以被数字化，在网络空间大肆传播，使得赋予该权利给作者成为必要。相比广播，信息网络传播的特点是公众可以在自己选择的时间、地点接收，而广播的播放时间由播放者确定。

8. 摄制权

所谓摄制权，是指以摄制电影或者以类似摄制电影的方法将作品固定在载体上的权利。由定义可知，这里说的摄制可以是创作电影作品，也可以是创作录音录像制品，两者使用的方法是摄制电影的方法或者类似摄制电影的方法，结果均是将作品固定在载体上。但是，前者享有的是著作权，后者享有的则是邻接权。

9. 改编权、翻译权、汇编权

所谓改编权，指改变作品，创作出具有独创性的新作品的权利；所谓翻译权，指将作品从一种语言文字转换成另一种语言文字的权利；所谓汇编权，指将作品或者作品的片段通过选择或者编排，汇集成新作品的权利。这三种权利都属于演绎原作品，经演绎得出的作品符合作品要求的，享有著作权。但是，改编、翻译、汇编的是有著作权的作品时，应得到原作品权利人许可。他人再使用改编、翻译、汇编后作品时，不仅需要得到改编人、翻译人、汇编人许可，还要得到原作品权利人许可。改编、翻译、汇编后的作品与原作品相互独立，分别受法律保护。需要注意的是，改编、翻译、汇编的作品可以是不享有著作权的作品，但只要改编、翻译、汇编作品符合著作权的独创性要件，仍然可以享受著作权。

作品的经济权利与精神权利的差别：一是作品的经济权利可以转移，这点在第四部分讲述；二是作品的经济权利有保护的期限。作品经济权利的保护期限是50年，自作者死亡后开始计算，直至第50年的12月31日。作者死亡的当年不计算在内，因而即使作者是1月1日去世，也从第二年开始计算50年的保护期限。法人或者其他组织的著作权期限截止至发表后第50年的12月31日，但作品自完成后50年没发表的，则不受法律保护。作者身份不明的作品的经济权利期限，与法人、其他组织著作权保护期限相同。作者身份确定后，如果为自然人作者则适用自然人作者作品保护的期限。合作作品的经济权利保护期限为最后一位作者死亡后的第50年的12月31日。

三、著作权主体

著作权的主体，也就是我们所说的著作权人，按照主体存在形式划分，可以分为自然人主体与法人主体；按照权利取得方式可以分为原始主体与继受主体；按照主体国籍划分，可以分为本国人主体与外国人主体。本部分在详细讲述上述各类主体的产生途径后，还将讲述一些特殊作品的主体，即一些特殊作品著作权的归属。为不致混淆，前面部分用著作权主体产生途径作为标题，后一部分用著作权权利归属作为标题。

（一）著作权主体产生途径

著作权的主体，一般为作品的实际创作人，也就是作者。作者创作作品后，自动取得作品的著作权。这里的创作是指直接产生文学、艺术和科学作品的智力活动。这就要求创作者对作品产生起到关键作用，而不仅仅是为他人创作进行组织工作，提供咨询意见、物质条件，或者进行其他辅助工作。参与创作的要求在很多人同时参与一项作品的完成工作时尤为重要，有助于区分真正的著作权人。《最高人民法院关于审理著作权民事纠纷案件适用法律若干问题的解释》还规定了几种比较特殊的情况，即第13条的“……由他人执笔，本人审阅定稿并以本人名义发表的报告、讲话等作品，著作权归报告人或者讲话人享有。著作权人可以支付执笔人适当的报酬。”和第14条规定的“当事人合意以特定人物经历为题材完成的自传体作品，当事人对著作权权属有约定的，依其约定；没有约定的，著作权归该特定人物享有，执笔人或整理人对作品完成付出劳动的，著作权人可以向其支付适当的报酬。”

确认作者时存在一个争议：作者是否仅仅是自然人？法人可不可以成为作者？由于作品是创作者精神、思想的体现，而只有自然人才有感情的流露，因而很多国家都规定了作品的作者是自然人，而否定没有感知的组织作为作者。《著作权法》第11条规定：“著作权属于作者”、“创作作品的公民为作者”。可见，我国法律首当其冲规定的作者也是自然人。但是，欧美国家的著作权更将著作权作为一种经济权利对待，所以也承认组织可以作为作者。《著作权法》第11条第3、4款同样规定：“由法人或者其他组织主持，代表法人或者其他组织意志创作，并由法人或者其他组织承担责任的作品，法人或者其他组织视为作者。如无相反证明，在作品上署名的公民、法人或者其他组织为作者。”可见，这个争议在我国已经通过立法得到了解决，即法人在某些情况下也是作品的作者，而且除法人外的其他组织也可以成为作者。法人是法律上拟制的人，在民事领域已经获得法律上的人格，在商事领域更是活动的主体，因而，法律承认其作者身份也可以理解。

著作权的主体很多时候与作者重合，但有时又是两种不同的身份。这种情况发生在职务作品中。法律这个时候仍然认为作者是实际创作人，而最终取得权利的著作权人有时却是创作人单位。因而，在这种情形下，我们仍然有必要理清著作权人和作者的差别。除此之外的其他情况下，作者一般就是著作权人。这点在著作权权利归属部分会论及。

作品的创作人获得原始的著作权，原始著作权可以依法转移，转移后的著作权人为著作权继受人。原始著作权人可以全部转让其经济权利，也可以部分转让其经济权利。但是，除转让外的其他转移方式，比如继承、遗赠，继受人取得的是全部经济权利。根据前面的论述可知，作品除发表权外的其他精神权利不得转移，因而继受人不能获得作品除发表权外的其他精神权利。有时，国家根据法律的规定也可以成为著作权的继受主体。《著作权法》第 19 条规定，著作权属于公民的，公民死亡后，其依旧有效的各项经济权利依照继承法的规定转移；著作权属于法人或者其他组织的，法人或者其他组织变更、终止后，其依旧有效的各项经济权利，由承受其权利义务的法人或者其他组织享有；没有承受其权利义务的法人或者其他组织的，由国家享有。

著作权有地域属性，在一国获得保护的作品在另外一国并不当然获得权利。但是，各国通过签订系列条约相互承认他国著作权，或者在国内规定对他国著作权进行保护的条件。《著作权法》第 2 条第 2 款规定：“外国人、无国籍人的作品根据其作者所属国或者经常居住地国同中国签订的协议或者共同参加的国际条约享有的著作权，受本法保护。外国人、无国籍人的作品首先在中国境内出版的，依照本法享有著作权。未与中国签订协议或者共同参加国际条约的国家的作者以及无国籍人的作品首次在中国参加的国际条约的成员国出版的，或者在成员国和非成员国同时出版的，受本法保护。”根据法律的规定，我国保护外国人作品分为三种情况：一是根据双边或者多边协定保护，比如中国加入《伯尔尼公约》、TRIPS 协议。中国根据这些协议的标准保护成员国/方国民的作品。这里的国民，不是按照国籍标准，而是采用了经常居所地的标准，这对无国籍人比较重要。二是不存在上述协议时，外国人、无国籍人作品在中国首次出版的，也可以享有著作权，这是根据地域原则给予的保护。三是不存在上述协议，但作品在与中国有互惠协议的成员国出版，或者虽然不在这些成员国首次出版，但自首次出版之日起 30 天内在这些成员国出版的，同样享有著作权。这是根据互惠原则与地域原则给予的保护。

（二）著作权权利归属

著作权一般归作者所有，其中作者可以是自然人，也可以是法人或其他组织。但是，著作权也可能不归作者所有。这就是我们将要讲述的职务作品的所有权归属。除职务作品权利归属外，还有一些特殊的著作权权利归属方法。法律在规定著作权的一般归属原则外，对这些比较特殊的权利归属作了专门规定，因而有必要一并论述。

1. 职务作品

所谓职务作品，是指公民为完成法人或者其他组织的工作任务所创造的作品。判断一作品是否为职务作品：首先，需要判断作者与单位之间是否存在雇佣关系。雇佣关系，按照《劳动合同法》的相关规定，不以是否存在书面劳动合同为准，即没有书面劳动合同仍可能存在劳动关系。其次，作者完成的是否是其工作任务。按照《著作权法实施条例》第 11 条的规定，工作任务是公民在该法人或者该组织中应当履行的职责。这些职责可以根据劳动合同的规定，也可以根据用人单位的规章制度，还可以根据行业内该职位通常工作内容来确定。另外，单位临时指派劳动者完成的任务也属于劳动者的劳动任务。

对于职务作品，法律规定著作权归创作的作者所有。但是，作者行使著作权权利受到一定限制，具体表现为：法人或者其他组织有权在其业务范围内优先使用该作品，而且，该作品完成两年内（从作者向用人单位交付作品之日起计算），未经单位同意，作者不得许可第三人以与单位相同的方式使用该作品。此外，职务作品完成 2 年内，经单位同意，作者许可第三人以与单位相同的方式使用作品所获报酬，由作者与单位按约定的比例分配。

职务作品也有可能归属单位。《著作权法》第 16 条第 2 款规定："有下列情形之一的职务作品，作者享有署名权，著作权的其他权利由法人或者其他组织享有，法人或者其他组织可以给予作者奖励：（一）主要是利用法人或者其他组织的物质技术条件创作，并由法人或者其他组织承担责任的工程设计图、产品设计图、地图、计算机软件等职务作品；（二）法律、行政法规规定或者合同约定著作权由法人或者其他组织享有的职务作品。"这里所谓的主要利用法人或者其他组织的物质条件，是指该法人或者该组织为公民完成创作专门提供资金、设备或者资料，而且这些材料是完成作品的重要条件。用人单位可能拥有著作权的作品也只限于工程设计图、产品设计图、地图、计算机软件。根据《计算机软件保护条例》的规定，单位享有计算机软件著作权的需要符合以下三种情形之一：一是针对本职工作中明确指定的开发目标所开发的软件；二是开发的软件是从事本职工作活动所预见的结果或者自然的结果；三是主要使用了法人或者其他组织的资金、专用设备、未公开的专门信息等物质技术条件所开发并由法人或者其他组织承担责任的软件。法律如此规定的原因是因为这几类作品的经济价值相对精神价值较大，作品的主要目的是实现其经济价值，而用人单位更有能力去实施这些作品。在上述情况下，著作权归属单位与将单位视为作者享有著作权有显著差别：著作权归属单位的情况下，作品的作者仍然是创作作品的自然人，自然人虽没有著作权，却仍保留了署名权；而将单位视为作者的情形下，单位拥有包括署名权在内的一切著作权。

2. 委托作品

委托作品，是指受他人委托而完成的作品。职务作品实际也是委托作品的一种，换句话说，委托作品与职务作品本质相同，因而委托作品的归属也存在争议。美国视委托作品为雇佣作品，规定委托者拥有所有权；法国、德国等根据职务作品权利归属的原则，规定委托作品为受托人所有。我国著作权法律规定，委托人与受托人可以自己协商著作权归属，协商不成或者没有这类协议的委托作品著作权归受托人所有。但是，委托人委托完成作品的目的也是使用作品，因而，委托人可以在约定的范围内使用作品。委托人与受托人没有约定作品使用权限范围的，委托人可以在委托创作的特定目的范围内免费使用作品。

3. 电影作品

电影需要使用剧本，此时涉及电影作品是否独立于原剧本而享有著作权。根据法律的规定可知，电影作为一种作品，单独享有著作权。所以，此处讨论的电影作品著作权归属是指在所有参与电影作品制作的人中，由谁享有电影著作权。一部电影的完成需要导演、编剧、演员、配乐的表演者、美术设计等人的参与，这些参与的人均享有相应的权利。但如果由所有参与人共同享有著作权，作为合作作品来使用，就会破坏电影的完整性，也会导致各类使用纠纷的出现。《著作权法》第 15 条对电影作品著作权归属作出规定："电影作品和以类似摄制电影的方法创作的作品的著作权由制片者享有，但编剧、导演、摄影、作词、作曲等作者享有署名权，并有权按照与制片者签订的合同获得报酬。电影作品和以类似摄制电影的方法创作的作品中的剧本、音乐等可以单独使用的作品的作者有权单独行使其著作权。"

4. 演绎作品

这里指称的演绎作品包括经改编、翻译、注释、整理而产生的作品，也包括汇编而产生的作品。演绎作品需要符合独创性才有著作权，著作权由演绎者所有。《著作权法》第 12 条规定："改编、翻译、注释、整理已有作品而产生的作品，其著作权由改编、翻译、注释、整理人享有，但行使著作权时不得侵犯原作品的著作权。"第 14 条规定："汇编若干作品、作品的片段或者不构成作品的数据或者其他材料，对其内容的选择或者编排体现独创性的作品，为汇编作品，其著作权由汇编人享有……"演绎者在创作作品时需要尊重原作品的著作权，即使使用的是已经过了著作权保护期限的作品，仍然需要保护原作品的精神权利。演绎作品的保护范围仅限于演绎者自己创作的作品，比如翻译他人作品的演绎者，没有权利禁止他人再翻译该作品。使用演绎作品的情形下，不仅需要得到演绎者的许可，还需要得到原作品权利人的许可。对于不符合独创性的汇编，我国法律不保护。但是，对于这类数据库，他人擅自使用的，汇编人可以通过不正当竞争的诉由寻求法律救济。

著作权是财产权，具有专属性，符合财产权的一般原理，即同一项财产上不存在相互排斥的两个所有权。然而，与其他财产权一样，著作权也存在共有情形。著作权共有可以是原始共有，由共同参与创作的人对著作权的所有；也可以是作品完成之后通过协议方式形成的共有。前一种情形产生的是合作作品。对于合作作品，共有人均需要参与创作，没有参与创作的，不能成为作者。根据著作权法律的规定，合作作品的使用方式为，合作作品可以分割使用的，作者对各自创作的部分可以单独享有著作权，但行使著作权时不得侵犯合作作品整体的著作权；合作作品不可以分割使用的，其著作权由各合作作者共同享有，通过协商一致行使；不能协商一致，又无正当理由的，任何一方不得阻止他方行使除转让以外的其他权利，但是所得收益应当合理分配给所有合作作者。此外，合作作者之一死亡后，其对合作作品享有的各项经济权利无人继承又无人受遗赠的，由其他合作作者享有。根据《关于审理著作权民事纠纷案件适用法律若干问题的解释》的规定，因作品署名顺序发生的纠纷，有约定的按约定确定署名顺序；没有约定的，可以按照创作作品付出的劳动、作品排列、作者姓氏笔画等确定署名顺序。

四、著作权的使用

著作权人可以将作品作为收藏，只在小范围内传播；也可将作品与公众分享，将其发表、发行，并收取使用作品带来的报酬。作者对作品的使用不仅能帮助其取得物质利益，也有助于其思想得到更大的改进，更有助于社会整体文化的提高。作品的使用，在很多国家形成文化产业链，对一国的文化市场繁荣作出巨大贡献。可见，作品的真正价值在于使用。著作权人使用作品的方式有很多，权利人可以转让其著作权所有权，也可以转让著作权的使用权；著作权人可以直接使用著作权，也可以委托著作权集体管理组织代为管理著作权的使用。下面将简要论述各种使用方式。

（一）著作权转让

著作权转让，是指著作权人将自己的著作权所有权转让，并取得相应报酬的行为。由于著作权的精神权利不得转让，这里讲的著作权转让是指转让著作权的财产权。著作权转让可以转让全部经济权能，也可以只转让部分权能，转让后的权能不再属于著作权人。法律规定，著作权转让应该签订书面合同，签订的书面合同可以向著作权行政管理部门备案。

《关于审理著作权民事纠纷案件适用法律若干问题的解释》第 22 条规定：“著作权

转让合同未采取书面形式的，人民法院依据合同法第三十六条、第三十七条的规定审查合同是否成立。”《合同法》第36条规定：“法律、行政法规规定或者当事人约定采用书面形式订立合同，当事人未采用书面形式但一方已经履行主要义务，对方接受的，该合同成立。”第37条规定：“采用合同书形式订立合同，在签字或者盖章之前，当事人一方已经履行主要义务，对方接受的，该合同成立。”根据法律规定可知，法律要求的转让合同采用书面形式不是合同的成立要件。另外，法律规定合同可以去备案，可见备案的行政程序也不是强制性要求。

根据《著作权法》第25条的规定，著作权转让合同的内容主要包括：(1) 作品的名称；(2) 转让的权利种类、地域范围；(3) 转让价金；(4) 交付转让价金的日期和方式；(5) 违约责任；(6) 双方认为需要约定的其他内容。签订著作权转让合同需要注意以下三点：首先，转让的应该是仍在权利保护期限内的作品，否则合同无效；其次，著作权有地域属性，在一个国家拥有权利的作品，在另一国不一定有著作权，而且著作权的保护还是根据各国国内法律的规定，所以签订著作权转让合同时还需要明确地域范围；第三，签订著作权转让合同需要约定转让的权能，没有得到明确约定被转让的权能仍然由转让人所有。

著作权的转让涉及的是著作权的所有权，与著作权的所有权有关的还有在著作权上设立质权。新修改的《著作权法》(2010年版) 第26条规定：“以著作权出质的，由出质人和质权人向国务院著作权行政管理部门办理出质登记。”

(二) 著作权许可

著作权的许可，是指不转让著作权的所有权，而转让著作权的使用权，并取得相应报酬的行为。著作权的许可分为一般许可和专有许可。著作权的一般许可，是指著作权人许可他人使用其作品后，还可以在相同的地域期限内，以相同方式再次许可第三人使用其作品。著作权的专有许可，不同于商标、专利的排他许可或者独占许可，而是同时包含排他许可和独占许可两种形式。《著作权法实施条例》第24条规定：“著作权法第二十四条规定的专有使用权的内容由合同约定，合同没有约定或者约定不明的，视为被许可人有权排除包括著作权人在内的任何人以同样的方式使用作品……”可见，约定专有使用权，但是没有约定是独占还是排他使用时，法律规定为独占许可，即著作权人也不可以在约定的时间、期限内以与许可相同的方式使用作品。著作权许可合同可以向著作权管理部门备案，但备案不是强制要求。著作权许可合同可以采用书面或者口头形式，但是专有许可合同需要采用书面形式。法律没有规定专有许可未采用书面形式的法律后果，但是根据合同法的一般原理，以及对比著作权转让合同的规定，著作权专有许可合同的书面形式要求也不是合同的成立要件。

根据《著作权法》第24条的规定，著作权许可合同包括的内容主要是：(1) 许可使用的权利种类；（2）许可使用的权利是专有使用权或者非专有使用权；（3）许可使用的地域范围、期间；（4）付酬标准和办法；（5）违约责任；（6）双方认为需要约定的其他内容。同样，著作权许可合同需要注意以下四点：一是合同没有明确约定被许可的权能仍旧归属著作权人；二是2001年第一次修改《著作权法》时，取消了原法律规定的出版者法定专有使用权，也取消了出版合同最长10年期限的限制；三是被许可人不可以分许可，将使用权利许可第三人，除非得到著作权人的同意；四是许可合同中，当事人可以约定使用作品的报酬，也可以按照国务院著作权行政管理部门会同有关部门制定的付酬标准支付报酬。当事人约定不明确的，按照国务院著作权行政管理部门会同有关部门制定的付酬标准支付报酬。

（三）著作权集体管理

著作权集体管理是著作权人间接行使著作权的一种方式。由于著作权使用方式的多样化、作品需求量的变大以及传播速度的变快，著作权人有时需要签订很多的许可合同；而另外一方面，著作权使用人有时需用大量作品，需要分别与众多权利人签订许可合同。著作权人与著作权使用人双方的需求，使得一个中介机构的存在成为必要。这个中介机构可以一方面代理著作权人签订许可合同，一方面为权利使用人提供所需的作品。著作权集体管理就是在这种背景下产生。著作权集体管理制度一经产生在各国的立法和实践中得到很多反响。近年来，我国著作权集体管理也开始发展。

《著作权集体管理条例》（2004年）对著作权集体管理组织的成立条件作出规定："（一）发起设立著作权集体管理组织的权利人不得少于50人；（二）不与已经依法登记的著作权集体管理组织的业务交叉、重合；（三）能在全国范围内代表权利人的利益；（四）有著作权管理组织的章程草案、使用费收取标准草案和向权利人转付使用费的办法草案。"满足上述条件的都可以申请设立著作权集体管理组织。

目前，我国只有一家著作权管理组织——中国音乐著作权协会。该协会由中国音乐家协会与国家版权局共同发起设立。最高人民法院在给中国音乐著作权协会的复函①中提出："一、音乐著作权协会与音乐著作权人（会员）根据法律规定可就音乐作品的某些权利的管理通过合同方式建立平等主体之间的带有信托性质的民事法律关系，双方的权利与义务由合同约定，音乐著作权协会可以将双方的权利与义务等事项规定在协会章程之中。二、根据民法通则、著作权法、民事诉讼法以及双方订立的合同，音乐著作权人将其音乐作品的部分著作权委托音乐著作权协会管理后，音乐著作权协会可以自己的名义对音乐著作权人委托的权利进行管理。发生纠纷时，根据合同在委托权限范围内有

① 最高人民法院民事审判庭关于中国音乐著作权协会与音乐著作权人之间几个法律问题的复函（1993年9月14日法民（1993）第35号）。

权以自己的名义提起诉讼。但音乐著作权人在其著作权受到侵害而音乐著作权协会未提起诉讼或者权利人认为有必要等情况下，依法仍有权提起诉讼。三、音乐著作权协会与音乐著作权人之间因违反合同发生纠纷，任何一方均有权诉请人民法院解决。”从该复函可以看出中国音乐著作权协会与其会员，以及会员外第三人的关系。

此外，关于著作权集体管理组织的法律规定还有：“著作权人和与著作权有关的权利人可以授权著作权集体管理组织行使著作权或者与著作权有关的权利。著作权集体管理组织被授权后，可以以自己的名义为著作权人和与著作权有关的权利人主张权利，并可以作为当事人进行涉及著作权或者与著作权有关的权利的诉讼、仲裁活动。著作权集体管理组织是非营利性组织，其设立方式、权利义务、著作权许可使用费的收取和分配，以及对其监督和管理等由国务院另行规定。”①，以及，“依法成立的著作权集体管理组织，根据著作权人的书面授权，以自己的名义提起诉讼，人民法院应当受理。”②总而言之，著作权管理组织依据法律设立，并根据自己内部章程活动。著作权集体管理组织是非营利性的组织，其作用是管理著作权人、邻接权人作品。著作权人、邻接权人可以参加著作权集体管理组织，但不是强制性要求。著作权集体管理组织的权限来自著作权人的授权。一般来说，著作权集体管理组织可以代表著作权人签订著作权合同，收取报酬，并分配给著作权人。著作权管理组织还可以代表著作权人参加仲裁、诉讼。在从事上述活动时，著作权管理组织可以以自己的名义。

五、邻接权保护

所谓邻接权，在我国又被称为与著作权有关的权利，是指出版者对其出版的图书和期刊的版式设计享有的权利，表演者对其表演享有的权利，录音录像制作者对其制作的录音录像制品享有的权利，广播电台、电视台对其播放的广播、电视节目享有的权利。这是从邻接权的范围上作出的定义。各国对邻接权包括的范围规定不一，各国公认的邻接权一般包括表演者权、录音制品制作者权以及广播组织权。从邻接权的客体可以看出，邻接权保护的是作品传播者的权利。邻接权通常需要使用大量他人作品，所以，在保护邻接权时，还需要注意到邻接权的保护范围以及邻接权的权能。以下分别简述之。

（一）出版者权

出版者权，是指出版者对其出版的图书、报刊的版式设计的权利。版式包括对行距、字体、段落、标题、标点、排版等的安排，出版者对这些元素的安排也体现了出版者创造性的劳动，因而法律予以保护。他人未经出版者同意，直接使用出版者排版的，

---

① 《著作权法》第8条。

② 《关于审理著作权民事纠纷案件适用法律若干问题的解释》第6条。

侵犯出版者的邻接权。出版者权利的保护期为10年，截止于使用该版式设计的图书、期刊首次出版后第10年的12月31日。

出版者获得出版者权的同时，需要使用他人的作品，或者未享有著作权的各种材料，所以法律在规定出版者权利的同时，更多是规定了出版者义务。出版者首先需要承担合同义务，按照期限和约定的质量出版图书。出版者丢失作品或者违反出版合同义务的，应该按照合同约定或者《合同法》、《民法通则》规定承担责任。此外，出版者使用演绎作品的，除了得到演绎作品权利人同意，还需要得到原作品权利人同意。而且，即使是转载刊登在其他报刊上的文章，出版者也需要按规定向著作权人支付报酬，以及注明作者姓名、最初登载的报刊出处，否则仍需要承担责任。出版者承担的侵权责任大小与其是否尽到合理注意义务有关。《关于审理著作权民事纠纷案件适用法律若干问题的解释》第20条规定："出版物侵犯他人著作权的，出版者应当根据其过错、侵权程度及损害后果等承担民事赔偿责任。出版者对其出版行为的授权、稿件来源和署名、所编辑出版物的内容等未尽到合理注意义务的，依据著作权法第四十八条的规定，承担赔偿责任。出版者尽了合理注意义务，著作权人也无证据证明出版者应当知道其出版涉及侵权的，依据民法通则第一百一十七条第一款的规定，出版者承担停止侵权、返还其侵权所得利润的民事责任。出版者所尽合理注意义务的情况，由出版者承担举证责任。"出版者是从事出版业务的人，其出版大量作品，且长期与作品打交道，要求其承担注意义务是必需以及合理的。但是，也因为出版者需要出版的作品数量大，种类多，法律只要求出版者承担合理的注意义务。合理的注意义务应该结合出版者的出版业务以及实际操作来具体认定。有时，出版者提供出版合同约定的要求作者提供独创性担保的内容就可以作为其合理注意义务的证据。

当然，法律规定出版者义务的同时，还规定了出版者的一些其他权利。这里的权利或是出自合同的规定，或是出自作品权利人的义务，并且不同于前面论述的出版者权。比如，图书出版者对著作权人交付出版的作品，按照合同约定享有的专有出版权受法律保护，他人不得出版该作品；图书出版合同中约定图书出版者享有专有出版权但没有明确其具体内容的，视为图书出版者享有在合同有效期限内和在合同约定的地域范围内以同种文字的原版、修订版出版图书的专有权利。图书出版者经作者许可，可以对作品修改、删节；报社、期刊社可以对作品作文字性修改、删节。

（二）表演者权

表演者权不同于表演权。表演权是著作权的一种，而表演者权是邻接权的一种。著作权人表演自己的作品的，其著作权可以吸收表演者权。他人表演作者作品的才享有表演者权。当然，表演者权表演的不一定是他人拥有著作权的作品，表演者可以表演没有著作权的作品。表演者在表演作品时也需要投入自己的感情、智慧、思想，因而各国普遍承认表演者权利。

根据《著作权法》的规定，表演者权利包括：(1) 表明表演者身份；(2) 保护表演形象不受歪曲；(3) 许可他人从现场直播和公开传送其现场表演，并获得报酬；(4) 许可他人录音录像，并获得报酬；(5) 许可他人复制、发行录有其表演的录音录像制品，并获得报酬；(6) 许可他人通过信息网络向公众传播其表演，并获得报酬。其中 (1)、(2) 规定的是表演者的精神权利，与作品作者的精神权利类似，没有保护期限的限制。精神权利外的经济权利的保护期限是50年，截止表演发生后的第50年的12月31日。

需要注意的是，表演者的权利被法律明确规定。法律规定外的权利，表演者不享有，比如他人合法获得表演者表演的录音录像制品的，可以播放而无须向表演者支付报酬。而且，根据中国法律的规定，广播电台、电视台播放录音录像制品的，均不需要向表演者支付报酬。

(三) 录音录像制品权

《保护表演者、录音制品制作者与广播组织公约》(《罗马公约》)、《世界知识产权组织表演和录音制品条约》以及TRIPS协议均只规定保护录音制品制作者的权利。我国《著作权法》在保护录音制品制作者权利的基础上，还规定了对录像制品制作者的保护，可见保护的范围高于国际条约的规定。录音录像制品权是对录音录像制作者制作的录音录像制品权利的保护。所谓录音制作者，是指录音制品的首次制作人；所谓录像制作者，是指录像制品的首次制作人。所谓录音制品，是指任何对表演的声音和其他声音所进行的录制品；所谓录像制品，是指电影作品和以类似摄制电影的方法创作的作品以外的任何有伴音或者无伴音的连续相关形象、图像的录制品。从上述定义可知，虽然录音录像制品的制作过程与电影作品的拍摄过程相类似，但是电影以及以电影摄制方式拍摄的作品属于著作权保护范围，而录音录像制品则属于邻接权范围。所以，录音录像制品是除电影以及以类似电影摄制方法创作的作品以外的客体。

根据《著作权法》的规定，录音录像制作者对其制作的录音录像制品享有许可他人复制、发行、出租、通过信息网络向公众传播并获得报酬的权利。录音录像制品的权利与著作权客体的经济权利类似。录音录像制品权利的保护期为50年，截止于该制品首次制作完成后第50年的12月31日。

掌握录音录像制品权还需要注意以下几点：一是录音录像制品使用他人演绎作品的，还需要得到原作品权利人的许可；二是录音录像制作者制作录音录像制品时，还需要得到表演者同意；三是录音录像制作者使用他人合法录制制品的，可以不经著作权人许可，但需要支付报酬；四是在侵权诉讼中，录音录像制作者应该对其制作有合法来源承担举证责任。

（四）广播组织权

广播组织权是指广播组织对其编排、播放的节目的权利。如果广播组织对播放的作品有著作权，则其著作权可以吸收广播组织的邻接权。根据《著作权法》的规定，广播组织权利内容包括：（1）将其播放的广播、电视转播；（2）将其播放的广播、电视录制在音像载体上以及复制音像载体。广播组织权的保护期为 50 年，截止于该广播、电视首次播放后第 50 年的 12 月 31 日。

由于广播组织在播放节目时需要大量使用到他人作品，所以广播组织还需要注意保护其他作品权利。广播组织使用他人未发表的作品的，需要取得著作权人许可；广播组织使用他人已经发表的作品的，可以不经著作权人同意，但需要支付报酬；广播组织使用他人已经出版的录音制品的，可以不经著作权人同意，但需要支付报酬；广播组织播放他人电影作品的，需要取得制片人同意，并支付报酬；广播组织播放他人录像制品的，需要取得著作权人同意，还需要取得录像制品制作者的同意。从广播组织处理各种权利所有者权利的关系中，可以发现：广播组织在使用任何作品、制品时，均不需要征得表演者同意，也无须向其支付报酬；广播组织在使用录音制品的时候，只需要取得著作权人同意，而无须取得录音制品制作者的同意。广播组织使用到的各种作品、制品权利人权利的差别对侵权的认定尤为重要。

六、著作权侵权

著作权作为一项民事权利，在给权利人带来利益的同时，也因为易于被侵犯给权利人带来损失。法律对著作权侵权提供救济，是确保著作权行使的必要前提。

确定著作权侵权救济需要判定是否存在侵权，这就需要注意以下几个方面：第一，著作权的侵权与著作权人权限有关，这点在邻接权中体现得尤为充分，比如广播组织播放作品、制品就无须得到表演者同意与支付表演者报酬；第二，著作权侵权还与是否为演绎作品有关，因为演绎作品保护范围限于演绎作品权利人自己创造的部分，演绎品权利人对原作品部分不享有权利，比如原作品没有著作权，他人同样使用原作品的，也不构成侵权；第三，判断是否侵权最重要的是判断作品有无权利，这点与作品是否为独创有关；第四，在利用上述较抽象的标准判断著作权侵权的基础上，我国著作权法律还列举了很多具体侵权行为，这些侵权行为明显属于侵犯著作权、邻接权的范畴，所以可以直接加以利用。掌握著作权侵权救济还需要了解法律规定的各种救济方式。法律规定的救济方式，或者通过行政机关行政处罚，或者通过民事救济，甚至通过刑事处罚，或者单独使用，或者混合使用，均可以为著作权人权利保护提供有效的保证。下文将按上面所述内容的顺序对著作权侵权救济进行论述，并结合著作权权利限制，将著作权侵权救济制度完整地展现。

（一）著作权侵权的认定

《关于审理著作权民事纠纷案件适用法律若干问题的解释》第15条规定："由不同作者就同一题材创作的作品，作品的表达系独立完成并且有创作性的，应当认定作者各自享有独立著作权。"这是"思想表达两分法"的法律表述。著作权保护的是具有独创性的作品，创作在后的作品，如果具有独创性就具有著作权，因而也不侵犯在先著作权。如何判断在后作品的独创性，需要使用"思想表达两分法"。思想，即作品的主体与素材；表达，是指创作人如何组织材料，如何论理、说明、描绘或者叙述。作品权利人只对自己作品的表达方式拥有著作权，对作品表达的思想却不能禁止他人就同一个主体创作新的作品。比如，同是描述一件已经发生的事件，前一作品创作人不可以禁止后来的作者写关于该事件的作品。"思想表达两分法"是在后作品对抗在先作品的理由，而独创性是对后一作品的要求，两者针对的客体不同，但是所要达到的目的都是确定在后作品有无侵犯在先作品权利。

法律对不同性质作品的独创性要求不同。如果在后作品是针对事实的叙述，或者是对客观存在物体的拍摄，反映在在后作品中的客体也不可能存在很多的独创性。如果在后作品是虚构的故事，或者是美术作品，不同的作者很难创作出内容近似的作品，法律对这些作品创造性要求相应更高。独创性要求的高低直接影响侵权的认定，一般来说，独创性要求较高的作品，如果与前作品相似，被认定为侵权的概率更大；反之亦然。

如果前一作品是演绎作品，比如改编作品、翻译作品，认定有无侵权还需要认定演绎作品的保护范围。一般来说，虽然演绎作品享有的权能与原作品一样，但是保护范围却不同。演绎作品权利人只能就自己创造的部分享有著作权，他人同样利用原作品的，不侵犯演绎作品权利人的著作权。此时，他人只需要得到原作品人的许可。如果原作品没有著作权保护，他人就可以自由利用。此外，还存在另外一种情况，如果一作品经传播，比如表演、录音录像，创造出了一项新的邻接权，认定是否侵犯邻接权还需要视法律对邻接权权能的规定。比如，法律只规定了表演者第一次使用作品的权利，即表演者作品经合法录制后，他人播放该表演不构成侵权；法律对录音制品权能的限制等。

"思想表达两分法"是为了防止在先作品垄断文化市场而规定的，也是著作权保护本身属性使然。权利人只对自己独立创造的部分享有权利，这是对在后作品的要求，也是对在先作品的要求。著作权人只对自己创作的部分享有专用权还表现在，在先作品如果利用的是公知领域的东西或者客观存在的东西，在先作品权利人虽然可以对整个作品取得著作权，但是对作品的这部分不存在创造性的部分却不享有著作权，他人可以使用作品的该部分。此外，如果对一事物的描述表达方式有限，后一作品作者为了创作同一主题的作品，只能使用这种表述时，后一作品作者可以使用前作品的表达方式。正是由于思想与表达两者关系过于密切，法律对这种表达也不予以保护。

（二）著作权侵权行为的种类

根据《著作权法》的规定，著作权侵权的行为包括但不限于以下几种情形：(1) 未经著作权人许可，发表其作品的；(2) 未经合作作者许可，将与他人合作创作的作品当作自己单独创作的作品发表的；(3) 没有参加创作，为谋取个人名利，在他人作品上署名的；(4) 歪曲、篡改他人作品的；(5) 剽窃他人作品的；(6) 未经著作权人许可，以展览、摄制电影和以类似摄制电影的方法使用作品，或者以改编、翻译、注释等方式使用作品的；(7) 使用他人作品，应当支付报酬而未支付的；(8) 未经电影作品和以类似摄制电影的方法创作的作品、计算机软件、录音录像制品的著作权人或者与著作权有关的权利人许可，出租其作品或者录音录像制品的；(9) 未经出版者许可，使用其出版的图书、期刊的版式设计的；(10) 未经表演者许可，从现场直播或者公开传送其现场表演，或者录制其表演的；(11) 未经著作权人许可，复制、发行、表演、放映、广播、汇编、通过信息网络向公众传播其作品的；(12) 出版他人享有专有出版权的图书的；(13) 未经表演者许可，复制、发行录有其表演的录音录像制品，或者通过信息网络向公众传播其表演的；(14) 未经录音录像制作者许可，复制、发行、通过信息网络向公众传播其制作的录音录像制品的；(15) 未经许可，播放或者复制广播、电视的；(16) 未经著作权人或者与著作权有关的权利人许可，故意避开或者破坏权利人为其作品、录音录像制品等采取的保护著作权或者与著作权有关的权利的技术措施的，法律、行政法规另有规定的除外；(17) 未经著作权人或者与著作权有关的权利人许可，故意删除或者改变作品、录音录像制品等的权利管理电子信息的，法律、行政法规另有规定的除外；(18) 制作、出售假冒他人署名的作品的。

对上述法律规定的侵权行为作分类，可以分为：侵犯作者精神权利（1、2、3、4、5）；侵犯作者经济权利（6、7、8、11）；侵犯邻接权（8、9、10、13、14、15）；其他类侵权（12、16、17、18）。其中侵权行为第（8）项擅自出租电影作品构成侵犯作者的经济权利，擅自出租录音录像制品构成侵犯邻接权。法律禁止上述第（12）项的行为不是由于侵犯了出版者权，而是保护出版者根据合同获得的合同权益。法律禁止上述行为第（18）项，可以认为是法律禁止不正当竞争行为，也可以认为是法律为了保护被冒名者的名誉权利，从深层次上来分析，还可以认为是为了保护被冒名者的署名权，因而也是侵犯了被署名者的著作权。法律禁止行为第（16）项与第（17）项，不是因为著作权人有技术措施权或者电子管理信息权。技术措施与权利管理信息均与网络有关。技术措施是著作权人为避免其作品被非法复制而设置的各种限制他人进入、接触其作品的措施，比如注册用户名、数字签名等；权利管理信息是著作权人表明其身份或者作品信息的各种说明。技术措施与权利管理信息经常一同出现，它们都是作者著作权的保护手段，但不是权利本身。因而，破坏著作权人设置的技术措施或者权利管理信息，不是直接侵犯著作权的行为。

《著作权法》规定了18种侵权行为，并且根据侵权行为性质，分别规定了不同的责任承担方式：前述行为第（1）~（18）项均需要承担民事责任；第（11）~（18）项的行为，除了承担民事责任外，同时损害公共利益的，可以由著作权行政管理部门责令停止侵权行为，没收违法所得，没收、销毁侵权复制品，并可处以罚款；情节严重的，著作权行政管理部门还可以没收主要用于制作侵权复制品的材料、工具、设备等；构成犯罪的，依法追究刑事责任。

（三）著作权权利限制

认定著作权侵权行为，除了需要判定是否存在侵权行为、是否存在合法授权外，还需要判断是否存在法律规定的免责事由。被诉侵权人也经常援引法律规定的免责事由作为抗辩理由。根据《著作权法》的规定，免责事由主要有合理使用以及法定许可。

1. 著作权的合理使用

所谓合理使用，是指以法律规定的形式，无须得到著作权人同意，也无须支付报酬地使用作品。合理使用的情形主要有以下几种：

（1）为个人学习、研究或者欣赏，使用他人已经发表的作品。这里需要注意的是，使用的作品应该是已经发表的作品，他人未发表的作品不得作为个人研究、欣赏之用。

（2）为介绍、评论某一作品或者说明某一问题，在作品中适当引用他人已经发表的作品。在这种情况下，合理使用的作品也需要是已经发表的作品，而且只能适当引用。适当的引用要求不能引用他人作品超过三分之一的内容，也不得将他人作品的实质性部分抄录在自己作品中。

（3）为报道时事新闻，在报纸、期刊、广播电台、电视台等媒体中不可避免地再现或者引用已经发表的作品。在这种情况下，合理使用的要求是已经发表的作品，而且是为了报道时事新闻的目的，以及是“不可避免”地使用到。

（4）报纸、期刊、广播电台、电视台等媒体刊登或者播放其他报纸、期刊、广播电台、电视台等媒体已经发表的关于政治、经济、宗教问题的时事性文章，但作者声明不许刊登、播放的除外。这里的合理使用也需要是已经发表的作品，而且作品的性质是关于政治、经济、宗教问题。作者可以在作品里申明不得刊登、播放。

（5）报纸、期刊、广播电台、电视台等媒体刊登或者播放在公众集会上发表的讲话，但作者声明不许刊登、播放的除外。这是保护口头作品的体现。合理使用的要求是这类口头作品是在公众集会上发表的，并且作者没有禁止使用。

（6）为学校课堂教学或者科学研究，翻译或者少量复制已经发表的作品，供教学或者科研人员使用，但不得出版发行。合理使用的要求是教学只能发生在课堂上，不包括网络、函授教学。使用的目的限制在教学和科研，数量只能是少数。

(7) 国家机关为执行公务在合理范围内使用已经发表的作品。这种合理使用情形是国家利益对个人权利的限制。但是国家合理使用作品的，也仅仅限于执行公务的范围，而且使用的是已经发表的作品。

(8) 图书馆、档案馆、纪念馆、博物馆、美术馆等为陈列或者保存版本的需要，复制本馆收藏的作品。这种合理使用情形没有作品发表的要求，但是只能是为了陈列、保存作品的需要。

(9) 免费表演已经发表的作品，该表演未向公众收取费用，也未向表演者支付报酬。在这种合理使用的情形下，免费表演除了未收取报酬，还需要未向表演者支付报酬。这样可以杜绝一些表面"免费表演"，实则做广告宣传的行为。

(10) 对设置或者陈列在室外公共场所的艺术作品进行临摹、绘画、摄影、录像。这种合理使用针对的是建筑作品、美术作品的复制权。合理使用的要求是该类作品在室外，而非室内空间。

(11) 将中国公民、法人或者其他组织已经发表的以汉语言文字创作的作品翻译成少数民族语言文字作品在国内出版发行。这种合理使用有两个限制：一是使用的是中国人的作品；二是使用方式是汉语言翻译成少数民族语言。反之，则禁止使用。

(12) 将已经发表的作品改成盲文出版。这种合理使用的范围很小，仅限于将作品译成盲文。

上述合理使用的情形也适用于对出版者、表演者、录音录像制作者、广播电台、电视台的邻接权利的限制。最后，还需要注意的是，合理使用的是著作权、邻接权的经济权利，使用人免费使用作品的同时，还需要指明作者姓名、作品名称，并且不得侵犯著作权人依照法律享有的其他权利。所以，所有的合理使用情形除了遵循各自法律规定的限制外，还应该符合尊重权利人精神权利、不得不合理地损害权利人合法利益、不得影响作品的正常使用的基本要求。这些基本要求不仅适用于合理使用，也适用于下面将要论述的法定许可情形。

2. 著作权的法定许可

所谓法定许可，是指以法律规定的形式，无须得到权利人同意，但需要支付报酬地使用作品。支付报酬的时间为使用作品之后的2个月内。法定许可的情形主要有以下几种：

(1) 实施九年制义务教育和国家教育规划而编写出版教科书，在教科书中汇编已经发表的作品片段或者短小的文字作品、音乐作品或者单幅的美术作品、摄影作品，作者事先声明不许使用的除外。在这种法定许可情形下，使用的作品需要是已经发表的作品，而且使用的目的是实施九年义务教育以及教育部编制的教育规划。作者可以事先声明不得使用。这种法定许可情形也适用于对出版者、表演者、录音录像制作者、广播电台、电视台的权利的限制。

(2) 作品刊登后，其他报刊转载或者作为文摘、资料刊登，著作权人声明不得转载、摘编的除外。同下面3种法定许可情形一样，这种法定许可情形是因为报纸、期刊、广播电台等需要使用大量作品，如果每一种作品均需要与权利人协商、取得其许可，势必给作品的传播带来极大的不便，因此法律允许这些情况下的法定许可。而且，在第四与第五项的法定许可中，即使权利人声明不得播放，但是广播电台仍可以在支付报酬的基础上播放作品。

(3) 录音制作者使用他人已经合法录制为录音制品的音乐作品制作录音制品，著作权人声明不得使用的除外。

(4) 广播电台、电视台播放他人已发表的作品。

(5) 广播电台、电视台播放已经出版的录音制品。

3. 著作权的权利用尽

著作权的权利限制除了上述的合理使用与法定许可外，还有权利用尽以及强制许可。著作权的权利用尽表现为发表、发行权利的一次用尽。发表、发行权利的范围极广，包括各种将作品面向公众、面向市场的行为。著作权人行使发表、发行权后，作品在市场的再流通则不构成侵权。当然，著作权人用尽的只是发表、发行权利，法律规定的著作权其他权能仍然存在，所以他人仍然不得随意使用作品。法律以前将出租作为发行的一种方式，因而作品发行后，著作权人不再行使出租权利。但是，2001年修订的《著作权法》将出租权利赋予电影作品、计算机软件以及录音制品。此时，著作权权利用尽不会导致这三种作品、制品出租权利的丧失。

各国一般均承认作品国内权利的用尽，对于作品权利的国际用尽，很多国家根据著作权的地域属性规定，在一国合法投入市场的作品，其权利人仍然有权利禁止这些作品进口到另一其享有著作权的国家。但是，由于此时著作权的权利主体为同一人，虽然其根据法律在不同国家享有的著作权相互独立，但事实上仍是同一项著作权，因而很多国家也规定著作权的国际用尽，作为著作权地域属性的例外。

4. 著作权的强制许可

作品的强制许可，是指无须经得著作权人同意、但需要向其支付报酬后使用其作品。初看定义，和法定许可似乎相近，但是著作权的强制许可不同于法定许可。强制许可有时需要事先和著作权人协商，取得其许可，而法定许可却完全不需要；著作权的强制许可需要国家颁布强制许可证，而法定许可的情形由法律规定，无须经过国家这一程序。我国著作权法律没有强制许可的规定，但是我国加入的《伯尔尼公约》里面却将强制许可作为对发展中国家的一项优惠。按照公约的规定，发展中国家的使用者想复制或者翻译某一外国作品，但又找不到著作权人时，或者找得到著作权人，但得不到许可时，可以通过国家颁发强制许可证，取得作品的复制或者翻译的权利。颁发复制强制许可的，还需要作品已经出版3至7年。强制许可也需要向著作权人支付报酬。

（四）著作权侵权救济

著作权的侵权救济包括行政救济、民事救济以及刑事救济三种途径。以下分别简述之。

1. 行政救济

行政机关可以依据著作权人申请，也可以主动依据职权采取措施制止著作权侵权。根据前述“侵权行为的种类”部分内容可知，其中第（11）~（18）项的侵权行为如果损害公共利益，甚至造成严重影响的，行政机关可以：责令停止侵权行为；没收违法所得；没收、销毁侵权复制品；处以罚款；没收用于侵权的材料、工具、设备。处以罚款的，行政机关可以处以非法营业额3倍以下罚款；不能计算非法营业额的，处以10万元以下罚款。被处罚人对行政处罚不服的，可以在收到处罚决定书之日起3个月内向法院起诉。

行政救济还表现在海关对侵权行为的制止上。根据《知识产权海关保护条例》（2010年版）的规定，著作权人可以向海关对其著作权申请备案，也可以直接向海关申请扣留侵权嫌疑物品。海关根据著作权人的备案，在进出口货物有侵权嫌疑时，应当立即书面通知著作权人。著作权人自通知送达之日起3个工作日内应当向海关提出扣留货物的申请，否则，海关不得扣留货物。向海关申请扣留货物的（包括主动申请，以及海关依据备案通知后的申请），著作权人均应该提供不超过货物等值的担保，用于赔偿可能因申请不当给收货人、发货人造成的损失，以及支付货物由海关扣留后的仓储、保管和处置等费用。向海关提出采取保护措施的申请后，著作权人可以依照著作权法律，就被扣留的侵权嫌疑货物向人民法院申请采取责令停止侵权行为或者财产保全的措施。海关收到人民法院有关责令停止侵权行为或者财产保全的协助执行通知的，应当予以协助。

海关在下列几种情况下应该对货物解除扣押：（1）海关依照著作权人主动申请扣留侵权嫌疑货物的，自扣留之日起20个工作日内未收到法院协助执行通知的；（2）依据海关备案后的通知，著作权人提出申请的，扣留侵权嫌疑货物，自扣留之日起50个工作日内未收到法院协助执行通知，并且经调查不能认定被扣留的侵权嫌疑货物侵犯著作权的；（3）海关认为收货人或者发货人有充分的证据证明其货物未侵犯著作权人权利的；（4）在海关认定被扣留的侵权嫌疑货物为侵权货物之前，著作权人撤回扣留侵权嫌疑货物申请的。

海关认定存在著作权侵权的，可以没收侵权货物。被没收的侵权物可以用于社会公益事业的，海关应当转交给有关公益机构用于社会公益事业；著作权人有收购意愿的，海关可以有偿转让给著作权人；被没收的侵权物无法用于社会公益事业且著作权人无收购意愿的，海关可以在消除侵权特征后依法拍卖；侵权特征无法消除的，海关应当予以销毁。海关认定不侵犯著作权，或者法院判决不侵犯著作权的，著作权人应该就其申请扣押造成的损失，对货物权益人进行赔偿。

2. 民事救济

著作权民事救济是著作权侵权最常用的救济途径。民事救济途径包括：调解、诉讼与仲裁。著作权人与侵权人可以双方自己达成调解协议，也可以在法院主持下达成调解协议。法院主持下达成的协议有法律效力，当事人双方不得上诉。因履行著作权合同而发生著作权侵权，合同包含有仲裁条款，约定将与著作权有关的争议提交仲裁的，双方当事人应该向约定的仲裁机构提请仲裁。仲裁裁决具有法律效力，当事人可以申请法院执行。在著作权侵权的其他情形下，双方当事人也可以事后达成仲裁协议，提交仲裁。

没有仲裁协议或者仲裁协议无效的，当事人可以向中级以上法院，或者符合最高人民法院标准、被指定有管辖权的基层法院提起诉讼。根据《关于审理著作权民事纠纷案件适用法律若干问题的解释》的规定，有权受理著作权侵权诉讼的法院为侵权行为的实施地、侵权复制品储藏地或者查封扣押地、被告住所地法院。其中，侵权复制品储藏地，是指大量或者经营性储存、隐匿侵权复制品所在地；查封扣押地，是指海关、版权、工商等行政机关依法查封、扣押侵权复制品所在地。此外，对涉及不同侵权行为实施地的多个被告提起的共同诉讼，著作权人可以选择其中一个被告的侵权行为实施地人民法院管辖；仅对其中某一被告提起的诉讼，该被告侵权行为实施地的人民法院有管辖权。

在提起诉讼之前，著作权人可以向法院申请诉前财产、证据保全。法院可以要求申请财产、证据保全的当事人提供担保。法院采取保全措施后，申请人应该在15日内向法院起诉，否则法院解除保全措施。著作权人有证据证明他人正在实施或者即将实施侵犯其权利的行为，如不及时制止将会使其合法权益受到难以弥补的损害的，可以在起诉前向人民法院申请采取责令停止有关行为和财产保全的措施。相比前面的财产、证据保全，诉前禁令是对侵权嫌疑人行为的保全，因而法律对诉前禁令规定了更加严格的条件。申请诉前禁令的，必须向法院提供担保。法院采取禁止侵权行为的相关措施后，申请人应该在15日内向法院起诉，否则法院撤销该类措施。法院在衡量是否批准诉前禁令时，需要根据当事人提交的证据，考量侵权的可能性大小、可能的侵权行为的后果、申请人提供担保的数额以及颁发禁令是否会损害社会公共利益等方面。

著作权侵权适用无过错责任原则，著作权人无须证明被诉侵权人主观上存在侵权的过错，但是著作权人仍然承担举证的责任。著作权人向法院提交证据的形式适用《民事诉讼法》的相关规定，有关著作权法律也对著作权侵权诉讼的证据作了相应的规定。

根据著作权法律的规定，当事人提供的涉及著作权的底稿、原件、合法出版物、著作权登记证书、认证机构出具的证明、取得权利的合同等，可以作为证据；当事人自行或者委托他人以定购、现场交易等方式购买侵权复制品而取得的实物、发票等，可以作为证据；公证人员在未向涉嫌侵权的一方当事人表明身份的情况下，如实对另一方当事人按照前款规定的方式取得的证据和取证过程出具的公证书，应当作为证据使用，但有相反证据的除外。公证机关出具的公证文书应当作为证据使用，而且具有较高的证明力，但是可以用更高证明力的证据推翻，或者根据《公证法》的有关规定，否定其作为证据的效力。

在著作权侵权举证方面，法律推定在作品或者制品上署名的自然人、法人或者其他组织为著作权、邻接权人，除非有相反的证据可以推翻。此外，法律还规定了举证倒置的一些情形，比如：被诉出版者、制作者应对其出版、制作行为有合法授权举证；被诉发行者、出租者应对其发行、出租有合法来源举证；被诉出版者应对其尽到合理注意义务举证。

著作权侵权民事责任形式包括：停止侵权、赔偿损失、赔礼道歉以及消除影响。禁止侵权与诉前禁令相似，只是适用的时间段不同，禁止侵权是对侵权人行为的制止，预防侵权人在赔偿损失后继续为侵权行为。赔偿损失的，著作权人与侵权人可以就损失赔偿额达成协议，也可以按照法律规定的方法赔偿。法院在处理侵权赔偿时，根据侵权人的实际损失赔偿；不能确定实际损失的，按照侵权人的违法所得赔偿；既不能确定实际损失，也不能确定侵权所得的，适用法律规定的法定赔偿，即判决 50 万元以下赔偿。法律规定的赔偿计算方法有适用时间的先后，优先适用实际损失赔偿的方法，可以看出著作权侵权赔偿是补偿性的赔偿，而不是惩罚性的赔偿。权利人的实际损失，一般很难确定，可以根据权利人因侵权所造成复制品发行减少量或者侵权复制品销售量与权利人发行该复制品单位利润乘积计算。发行减少量难以确定的，按照侵权复制品市场销售量确定。法院适用法定赔偿方式的，确定赔偿额时还应该考虑作品的类型、合理使用费、侵权行为的性质以及后果等因素。法律还规定，确定侵权赔偿额时，还可以计算入制止侵权行为所支付的合理开支，包括权利人或者委托代理人对侵权行为进行调查、取证的合理费用。此外，法律单独规定了著作权人要求赔偿时可以计算入律师费。这样规定的原因是，很多时候著作权侵权诉讼的调查取证不是由律师完成，而是由专家认定或者是公证机关公证。由于著作权包括作者的精神权利，所以在著作权侵权诉讼中，赔礼道歉、消除影响也是经常采用的民事救济方式，比如报纸、期刊转载未注明被转载作品的作者和最初登载的报刊出处的，应当承担消除影响、赔礼道歉等民事责任。赔礼道歉、消除影响经常一起适用，可以判决侵权人私下道歉，或者登报公开道歉。

法院还可以根据侵权的性质和后果对侵权人给予民事制裁。法院审理案件，对于侵犯著作权或者邻接权权利的，可以没收违法所得、侵权复制品以及进行违法活动的财物。此外，还可以处以罚款。如果行政机关已经给予行政处罚的，法院不再给予民事制裁。

著作权侵权诉讼的时效为2年，自著作权人知道或者应当知道侵权行为时开始计算。但是，法律对著作权侵权的诉讼时效又作出特别的规定，即虽然超过2年的诉讼时效，但如果侵权行为在起诉时仍在继续的，法院还是应该判决侵权人停止侵权行为，侵权损害赔偿额从起诉之日起向前推2年计算。

3. 刑事救济

侵犯著作权，情节严重的，行政部门、法院还应该移交检察院追究侵权人刑事责任。根据《刑法》的规定，侵犯著作权犯罪的情形主要有：(1) 以营利为目的，未经著作权人许可，复制发行其文字作品、音乐、电影、电视、录像作品、计算机软件的；(2) 以营利为目的，出版他人享有专有出版权的图书的；(3) 以营利为目的，未经录音录像制品者许可，复制发行其制作的录音录像制品的；(4) 以营利为目的，制作、出售假冒他人署名的美术作品的；(5) 以营利为目的，销售明知是前第 (1) ~ (4) 项规定的侵权复制品，违法数额巨大的。

构成前述第 (1) ~ (4) 项犯罪行为的，违法所得额较大或者有其他严重情节的，处3年以下有期徒刑或者拘役，并处或者单处罚金；违法数额巨大或者有其他特别严重情节的，处3年以上7年以下有期徒刑，并处罚金。构成第 (5) 项犯罪行为的，处3年以下有期徒刑或者拘役，并处或者单处罚金。

第二节　著作权权属纠纷

主题案例

杨某与陕西省某教育学院著作权侵权纠纷上诉案①

案情回顾

(某教育学院) 干训部是教育学院下设的一个部门，其主要的任务是宝鸡市各县区进修的校长培训工作、调研工作，宝鸡市教育专干和校长培训工作。教育学院的行政管

① 案例详见陕西省高级人民法院 (2008) 陕民三终字第13号民事判决书。

理人员按每天上班领“坐班”津贴，教师按上课课时领取课时津贴，其次是“双肩挑”人员，即带一些课时领取课时津贴，也做行政工作，领取“坐班”津贴。

（上诉人）杨某自1995年调入教育学院后，一直在干训部工作，其中1999年3月~2000年在太白县支教。1996年至2001年杨某每学年除领取课时津贴外均领取了60个课时的“坐班”津贴。杨某“坐班”被安排的行政工作主要是搞调研和撰写相关行政材料。涉案作品一《某教育学院干训工作经验介绍》，是为参加全省干训工作会议准备的经验交流材料，是按干训部主任张某要求杨某创作的，后未使用。涉案作品二《某教育学院校长培训经验报告》，是为在兰州市举办的中西部中小学校长培训研讨会准备的经验交流材料，是按张某要求，杨某创作的，院长在研讨会上作了交流。涉案作品三《宝鸡市中学校长素质调查报告》，是市教育局下达给教育学院，教育学院下达给干训部的2000年目标任务，干训部安排杨某撰写，杨某完成了该文创作。涉案作品四《宝鸡市教师职业道德现状调查报告》，是按市教育局要求、干训部主任张某部署，杨某根据市教育局提供的问卷调查结果创作。涉案作品五《素质教育的理论与实践》，是1997年9月市教育局安排的培训教材编写任务，经干训部主任张某布置，杨某创作的。市教育局请有关专家对该作品进行了评审，后没有出版，也未作教材使用。涉案作品六《宝鸡市教育学院培训校长优秀论文选》，是干训部经请示，决定把43名培训校长的结业论文集结成册。该论文选由杨某负责校对，共组织装订了100册，未公开出版。其中的“序”、“跋”及“评述”，由干训部布置，杨某创作。其中“序”交市教育局金某局长审阅后，署上了金某名字，“跋”由干训部主任张某审阅后，署上了张某之名，“评述”文章经张某与赵某讨论定稿后，署赵某、杨某和张某之名。涉案作品七《宝鸡市优秀校长先进事迹与管理案例选》，是按市教育局要求，由干训部主任张某布置，杨某经调查后创作的，后没有发表。

杨某认为某教育学院使用其作品侵犯了其著作权，故向法院提起诉讼，要求赔偿。

争议焦点

1. 涉案作品著作权归属。
2. 教育学院是否侵犯了杨某的著作权？

裁判意见

一审法院认为：杨某系教育学院的教师，与教育学院存在劳动关系。在涉案作品的创作期间，杨某领取了“坐班”津贴，属“双肩挑”人员，有行政人员的职责。涉案作品均系教育学院向杨某布置的工作任务，该工作任务未超出其工作职责范围，且该工作任务所创作的作品与教育学院的工作性质相符合，系教育学院正常业务所需要。因此，涉案作品符合职务作品的法律特征，与法律规定的委托作品、法人作品的法律特征不相符合。

我国《著作权法》第16条第1款规定，除本条第2款规定的两种情形以外，著作权由作者享有。第2款规定的情形是：（1）主要是利用法人或其他组织的物质技术条件创作，并由法人或者其他组织承担责任的工程设计图、产品设计图、地图、计算机软件等职务作品；（2）法律、行政法规规定或者合同约定著作权由法人或者其他组织享有的职务作品。其中，“物质技术条件”是指该法人或该组织为公民完成创作专门提供的资金、设备或资料。

对杨某创作的职务作品，没有法律、行政法规和合同约定著作权归教育学院，教育学院也没有为杨某的创作活动专门提供资金、设备、资料等物质条件。因此，涉案作品不存在《著作权法》规定的上述特殊情形，该职务作品著作权由杨某享有。但依《著作权法》第16条第1款规定，杨某行使权利时应受到一定的限制，即法人或其他组织，本案中杨某所在单位有权在其业务范围内优先使用。因此，教育学院对涉案作品在其业务范围内的使用与法有据，不构成侵权。杨某主张教育学院侵犯其著作权需承担相应的民事责任没有事实依据，不予支持。

二审法院维持原判。

评析探讨

本案当事人杨某在职期间创作几部作品，其在职单位某教育学院使用了其创作的作品。杨某认为这些作品不属于职务作品，单位无权使用，故而向法院提起诉讼，要求赔偿。本案案情相对简单，所涉及的法律问题也比较明了。

杨某与单位存在劳动关系，这点事实双方当事人均无争议。杨某认为其作为教师，本职工作不包括出版书籍。其单位认为杨某具有教师与行政人员的双重身份，写教育类的作品属于本职工作。双方就杨某的身份发生争执，法院也依据某教育学院提交的证据，认定了杨某双重身份的事实。这样一来，杨某在职期间所写作品就属于职务作品。但是，法院对“本职工作”的理解也仍可商榷。根据《著作权法实施条例》的规定，所谓本职工作是指雇员在单位应该履行的职责。应该履行的职责和劳动合同规定有关，也与企业规章有关，还与雇员岗位性质有关。但是，本职工作不仅仅限于这些硬性要求，有时单位临时委任职员完成某一任务，这也可以认为是本职工作。从杨某出版的作品性质看，以报告、经验分享类居多，都是按其领导的要求创作。所以，本案中，即使杨某的身份就是教师，完成创造不是教学内容的一部分，其创作的这几部作品也属于职务作品。

本案法院还讨论了职务作品与法人作品，以及职务作品归属法人所有等情形的区别。这里也有必要加以论述。法人作品是法人享有最完整著作权的作品，而职务作品归属法人所有的情形中，作者仍然享有署名权，职务作品的著作权则归属作者所有，这是三者在权利主体以及权能上的差别。法人作品需要是由法人组织，代表法人意志，并由法人承担责任。认定一作品是否属于法人作品，需要视该作品的创作过程、该作品的内容性质而定。职务作品归属法人所有的情形只发生在工程设计图、产品设计图、地图以及计算机软件中，而且还需要主要利用单位提供的物资完成。可见，涉案作品属于职务作品，而且著作权归属作者所有。

根据著作权法律的规定，职务作品归属作者的，作者单位有权优先使用。法律没有规定单位是否该给使用费。使用作品无须得到作者的同意，但是需要给付使用费是法定许可的内容，而职务作品单独规定了优先使用，可见是比法定许可更优惠的待遇。而且，法律规定雇员2年内不得以与单位使用的相同方式许可其作品，单位同意其许可的，所得报酬需要和单位按照协议分享。可见，单位的优先使用是免费使用。教育学院对杨某职务作品的使用没有侵犯杨某著作权。

法律对职务作品作了复杂的权属规定，而且没有似委托作品那样，明文规定可以将著作权原始权利转让。可见，职务作品的原始权利归属非常重要。

第三节　著作权使用纠纷

主题案例1

某日报等与张某侵犯著作权纠纷上诉案①

案情回顾

1998年8月中下旬，被上诉人张某（以下简称张某）找到上诉人某日报社（以下简称某日报社）所属的广告部（以下简称某报广告部），商谈在某日报上以公益广告形式发布其创作的美术作品《让世界充满爱》（以下简称《让》），该作品以各种肤色的人援手捐款为内容，并在下角注明“公益广告”，又标明“某日报广告部发布，创意/张某”。张某将这一作品制作成胶片交付给某报广告部，并表示不要报酬。某报广告部收到该作品后将其交给原审被告武汉某广告营销有限责任公司（以下简称某广告营销公司），声明赞助3 000元人民币（下同），可以将该作品发表在某日报上，可以注明

---

① 案例详见湖北省高级人民法院（1999）鄂民终字第183号民事判决书。

企业名称，但必须注明创意/张某。某广告营销公司在承诺出资 3 000 元后，要求将作品中的“公益广告”去掉，在广告画面左半部上套红注明“××花园”，在右下角上标明“某广告营销有限责任公司”和其手机号码及 BP 机号，并在其公司名称后注明“创意/张某”。该作品于 1998 年 9 月 1 日在某日报第五版以广告形式发布。上诉人武汉某开发置业有限公司（以下简称某开发置业公司）未提出异议。张某看到报纸后，即向某日报社提出异议，认为某日报社将公益广告变成了商业广告，应该由某日报社向其公开赔礼道歉或赔偿其经济损失 5 万元。在交涉无果的情况下，张某遂于 1999 年元月 11 日诉至原审法院，以三被告侵犯了原告对作品的发表权、修改权及保护作品完整权，同时侵犯了原告的署名权和名誉权为由，请求判令三被告消除影响，公开赔礼道歉，赔偿经济损失。

另外，1998 年 8 月 6 日，武汉某开发置业公司与某广告营销公司签订《广告代理合同书》一份，该合同第 1 条约定，甲方（武汉某开发置业公司）委托乙方（某广告营销公司）在某日报二至八版刊登广告。

争议焦点

1. 本案是否存在许可合同？
2. 原审被告是否侵犯了张某著作权？

裁判意见

一审法院认为：张某享有美术作品《让》的著作权，其合法利益受法律保护。张某交付某报广告部的《让》美术作品中标明了“公益广告和某日报广告部发布”的文字，是张某向某报广告部发出须以自己名义发布其创作的公益广告画的要约，某报广告部只能在其要约的范围内作出承诺或不接受要约，某报的广告部按某广告营销公司的要求所发布的广告，直接地注明了“××花园”这一房地产商品名称，并标明某广告营销公司名称和其手机及传呼机号码，直接宣传某广告营销公司服务的联系方式，将张某创作的公益广告变成具有商业目的广告。某报广告部的行为侵犯了张某的作品发表权和作品完整权，造成了张某的精神损害，应该承担向张某赔礼道歉、消除影响并赔偿张某因此而形成的精神损害的民事责任。某报广告部系职能部门，没有独立的权利能力和行为能力，其法律责任由某日报社承担。某广告营销公司未经作者张某同意，在其《让》作品中增添“××花园”套红大字，侵犯了张某的作品完整权。又因在发布的《让》广告中，某广告营销公司与张某的名称排列方式，足以使人误认为张某为某广告营销公司的工作人员，侵犯了张某的作品署名权，某广告营销公司因此获得了商誉利益，并给张某造成了精神损害，故某广告营销公司应赔偿张某精神损失和经济损失。某开发置业公司无侵犯张某著作权的主观过错，但没有合同的约定或法律上的依据，其无偿利用张某的《让》作品宣传其商品“××花园”，对其所节省的广告设计、制作费用应作不当得利返还给张某。张某起诉某日报社和某广告营销公司侵犯其著作权的请求予以支持，某开发置业公司所获利益不属侵权所得，应属不当得利。

二审法院认为：国家工商行政管理局等单位联合发布的工商广字（1997）211号文件第6条第2款规定“不得以公益广告的形式发布商业广告”，第7条规定“对于企业出资设计、制作、发布的公益广告可以标注企业名称，但不得标注企业产品名称和商标标识，不得涉及与该企业商品或提供的服务有关的内容”。本案所涉《让》广告中某广告营销公司的名称与其提供服务的通信方式联系在一起，应当认定该广告中含有涉及某广告营销公司提供服务的内容；该广告中的“××花园”，从某开发置业公司的企业法人营业执照看，其经营范围为实施“××花园”住宅小区建设项目，从事房地产开发、商品房销售和租赁，应认定“××花园”本身具有房地产商品这一含义，因此该广告中亦含有涉及企业商品的内容。该则广告虽然含有涉及商业性的内容，但广告的主题及图案已表明其仍具有公益性。故，对该则广告应认定为含有商业性质的公益广告。某日报社及某开发置业公司主张《让》广告仅为公益广告的上诉理由法院不予采信。张某辩称《让》广告仅为商业广告的理由亦不能成立。

评析探讨

本案的基本案情是原审原告张某将其作品交付某日报，某日报在其作品上标注其赞助商名字、联系方式，并且注明具有商业宣传的“××花园”四个字。

张某将自己创作的美术作品作为公益广告交付给某报社，报社接受了张某的作品，由于《著作权法实施条例》规定的报刊刊登作品的，无须同著作权人签订书面合同。可见，张某与该报社成立著作权许可合同。由于没有书面合同，因而合同约定的内容难以确定，作者许可的权利也难以确定。法律作出了有利于著作权人的解释，即没有明确许可他人的权能，仍然由著作权人保留。本案中，张某将作品交付给出版社，可以视为是发表的许可，因而日报享有发表作品的权利。一审法院认为某日报侵犯了张某的发表权是不恰当的。需要说明的是，本案作者张某放弃了要求报社支付其报酬的权利，但是报酬是针对发表权利的。张某仍然享有其他经济权能，也享有对其他经济权能获得报酬的权利。

作品作者可以授权别人对其作品进行修改，所以作者的修改权利是可以许可他人行使的。但是，原审被告没有经得张某的同意就对其作品作了修改，侵犯了张某的著作权。此外，虽然法律规定了报刊可以不经作者同意修改作品，但是只是限于对作品作文字性的修改和删节，涉及作品内容时，却需要得到作者同意。而本案涉案作品本意是公益广告，却被加入企业宣传的内容，因而已经构成对作品的修改。作品的署名权不能许可他人行使，只能由作者行使。因此，原审被告在修改后的作品上虽然仍保留了张某的名字，但在张某署名前面写某广告营销公司名字的行为，侵犯了张某的署名权。

本案二审法院援引国家工商行政管理局等单位联合发布的对公益广告管理的规定，并将“对于企业出资设计、制作、发布的公益广告可以标注企业名称，但不得标注企业产品名称和商标标识，不得涉及与该企业商品或提供的服务有关的内容”的规定作为说理的依据。不过，本案主要涉及的是著作权侵权，即是否侵犯了作者的著作权，而不是是否违反了公益广告的规定。毕竟，作者的作品是著作权的载体，而不是本身就是公益广告。对于企业设计、制作的公益广告应符合的条件，针对的也是企业拥有著作权的作品，而涉案作品的著作权却归属一审原告。所以，即使涉案作品的发布符合公益广告管理的所有规定，但是只要侵犯了作者权利，侵权人仍然需要赔偿。

主题案例2

H出版有限公司与S出版社关于图书出版合同争议仲裁案

案情回顾

2001年2月8日，申请人（甲方）与被申请人（乙方）就在中国内地出版张××所著《学术×××》、《A集》与《B集》（下称上述作品）签订了《图书出版合同》。合同约定的主要内容如下：

“**第一条** 甲方授予乙方在本合同第23条所述之有效期内，在中国内地（不包括香港、台湾及澳门）以图书形式出版发行上述作品中文简体版的专有使用权。

第二条 甲方保留将上述作品内之文章重新编排组合，在中国内地授权第三方出版之权利。惟在相同条件下，乙方有优先权出版此等重新编排组合之版本。

第三条 乙方负责确定根据本合同出版发行的作品不得违背中国法律和社会公共利益。经乙方审定后之内容倘引起法律问题，责任一概由乙方承担。

第十条 乙方如须更动上述作品的名称，对作品进行修改、删节、增加图表及前言、后记，应征得甲方同意，并经甲方书面认可。

第十二条 上述作品的最后校样可由甲方审校。甲方应在收齐最后稿样15日内完成审校，签字后把最后稿样退还乙方；甲方未按期审校，乙方可自行审校，并按计划付印。因甲方修改造成版面改动超过3%导致未能按期出版，甲方承担推迟出版的责任。”

上述出版合同签订前后，双方当事人曾就作品在中国内地出版版本的文字修改事宜多次交换意见，并由张××本人对书稿作出修改或修改确认。但被申请人于2001年5

月 18 日寄给申请人书稿中提出的修改建议，并没有得到申请人或张 × × 的同意或修改确认。2001 年 7 月，被申请人将未经申请人同意的、其单方面修改过的上述作品在中国内地以中文简体版出版发行。作品中由被申请人单方面修改的内容共为 14 处，其中属技术性修改的有 3 处，其余 11 处均为文字内容的修改（对《A 集》的修改为 5 处、对《B 集》的修改为 5 处、对《学术 × × ×》的修改为 4 处）。就上述作品未经申请人同意修改的问题，被申请人负责出版上述作品的策划编辑路 × × 曾先后于 2001 年 5 月 29 日、2001 年 7 月 11 日和 2001 年 7 月 17 日致函申请人总编辑叶 × ×，作出如下解释："由于大陆出版政策，对于需要调整、修改的几处内容，实在没有办法，请理解。其实，在其中我们已经做了很多幕后工作了，对于这些问题，大陆任何一家出版社都不可能不加改动而直接出版。"（2001 年 5 月 29 日函）。"我们一直在努力贯彻合同的要求，一直认为这些微小的改动不会触及合同的约定和作品的实质。而且，这些必要的小调整，目的只有一个，就是为了大陆的读者能顺利地很快读到这些作品。我们确实未曾想到会违反合同第十条"。"按照大陆的著作权法，对作品的内容、或实质内容的变动才需经著作权人同意，对基于不同地域的不同语言习惯及非实质用词的合理改动，是不包括在内的。"（2001 年 7 月 11 日函）。"敝社领导对张教授的异议表示理解。上周，我一向他报告张教授的意见，他连思考一下都没有，立即下令：你就听张教授的，先冻结发行，具体和叶总编问清楚后再作决定。……，我立即去发行协调，但他们已经发货，只剩下 1 563 套。现在，我遵照领导意见转达给发行部，请他们先冻结所有相关活动。"双方就作品修改发生争议，申请人认为在上述作品的中文简体版中，有多处被申请人未征得申请人同意的而自行进行了删节和修改，遂根据合同约定提起仲裁。

争议焦点

1. 被申请人是合理编辑作品还是擅自修改作品？
2. 被申请人是否是依据合同作出对作品的修改？

裁判意见

被申请人在答辩中将其对作品的修改称之为"极少量的编辑加工"，这种说法与事实不符。被申请人的出版策划编辑路 × × 在致申请人函中曾提出这样的观点：基于不同地域的语言习惯，编辑可以对作品中用词的表述作出与该用词本意不相违背的、非实质性的改动。这一观点并没有错误，在本案中，被申请人对作品的修改有若干处属于该种情况（如"戴卓尔"改为"撒切尔"，"本世纪"改为"二十世纪"）。申请人在开庭时也表示该种情况的修改属于不须经其同意的、合理的编辑工作。但被申请人在答辩时所称的"编辑加工"却还包括另一种情况，即属于对作品文字意思表达内容的修改，这种情况在被申请人的修改内容中占了绝大部分。被申请人答辩称，此种情况的"编辑加工"，是由于作品原书的个别内容与我国现行法律、法规及党和国家的方针政策不符，或有违社会主义国家的公共道德和善良风俗，而根据出版合同第3条之规定，被申请人负责确定根据本合同出版发行的作品不得违背中国法律和社会公共利益，所以其有权对涉及此种情况的作品内容进行“编辑加工”。显然，被申请人这里所称的“编辑加工”，是指对作品文字内容的实质性修改，已经超出了前述编辑工作的合理范围。以“编辑加工”来形容针对此种情况的修改，是牵强附会的说法。被申请人对作品的后一种修改，亦不属于出版合同第12条所指的“审校”工作的内容，而属于合同第十条的规定范围。所以，被申请人以出版合同第12条为据，提出申请人在收到校样后未在1个月内答复，即是对其“编辑加工”结果默认的主张，仲裁庭不予接受。

综上所述，被申请人的行为违反了出版合同第10条的规定，合同的履行已经背离了当事人订立合同的真实意愿，该合同应予解除。

评析探讨

本案是著作权许可合同纠纷，申请人与被申请人签订许可合同，约定作品的使用时间、范围与方式。被申请人作为出版社，有权根据合同约定出版、发行图书。在发行图书时，出版社通常需要对作品进行符合出版格式、要求的变动，因而把握有权变动作品的范围尤为重要。《著作权法》第34条第2款规定：“报刊、期刊社可以对作品进行文字性修改、删节。对内容的修改，应当取得作者许可。”从法律规定可以看出，出版社有权不经作者同意的修改仅限于文字性的修改，而不包括内容的修改。文字性的修改，包括对标点符号的修改、对错别字的纠正以及为排版，对作品的字体、行距的安排。出版社除了有权作出上述版式设计，还对这些版式设计享有10年的邻接权保护。作品的内容，需要可以反映作者的主观创作意图，可以表现为整篇文章，也可以表现为某段话、某个句子，甚至可以表现为句子中的某个突出作者感情色彩的词语。因而，不能以所涉作品部分的形式、长短来区分是否属于作品内容。本案中，出版社将“戴卓尔”改为“撒切尔”、“本世纪”改为“二十世纪”，这些修改是为了澄清作品表达的意思，以便作品传播。而且，被修改的名词没有涉及作者独创性部分，因而不属于对内容的修改。作者张某的文章价值大小，以及被国家机关以是否符合国家法律加以考核，均需要涉及作品的实质内容。出版社修改也是为了符合大陆的出版政策修改作品，可以看出对另外一部分的修改涉及了作品内容部分。

对作品内容修改与合同约定的关系，作者可以授权他人对作品修改，但是需要有明确的约定。分析申请人是否许可出版社修改作品，需要理解各合同条款的内容以及关系。涉案合同第3条要求被申请人审定作品是否违反法律以及社会公共利益，这里的违反法律和公共利益可以是侵犯他人权利，也可以是不符合法律对作品管理的规定。违反该条约定的后果是被申请人对外承担责任，可见，该条是申请人与被申请人对第三人责任的内部约定，并不涉及申请人与被申请人之间的权利转让。申请人在合同第3条并没有将修改作品权利授予被申请人，被申请人发现作品不符合法律、社会公共利益时只能要求申请人修改，或者要求申请人授权其修改，但是不得擅自修改。此外，作品是否违反法律的规定需要相应的后果出现才能断定，不能仅凭借被申请人的一家之言。作品的价值大小、作品是否具有市场以及作品是否会被国家机关禁止出版，都是被申请人在签订合同时考量的因素，但合同一旦签订，被申请人就不得违反法律和合同的约定。合同第 10 条对修改权利的重申，可见申请人仍然保留对作品的修改权，因而，从合同各条款之间的关系以及对“审校”一词的惯常理解均可以看出，合同第 12 条也没有授权被申请人修改作品。

第四节　著作权侵权

主题案例

广东某影音有限公司与中国某音像出版社、天津某文化发展有限公司、天津某光碟有限公司、河北某剧院、河北某音像制品批销有限公司著作权纠纷案[①]

案情回顾

1998 年 1 月 18 日，河北某音像出版社（简称某音像出版社）出具授权书，授权广东某影音有限公司代表该社向拥有著作权人授权的文艺团体或个人求购节目，用于出版 VCD 等音像制品，所购节目经审查合格后，纳入该社出版计划。2003 年 4 月 21 日、2004 年 12 月 6 日，某音像出版社（甲方）与广东某影音有限公司（乙方）签订协议，约定双方合作出版、发行音像制品，由乙方组织节目源，甲方出版，乙方对甲方出版的音像制品享有永久发行权。2000 年 9 月 11 日、2001 年 10 月 9 日、2004 年 5 月 21 日、2006 年 12 月 1 日，广东某影音有限公司根据与河北省某剧院签订的多份合同，及河北省某剧院出具的授权书，取得了出版、发行该院演出的《双错遗恨》、《打金砖》、《三打陶三春》、《蝴蝶杯》（上、下部）、《陈三两》等剧目音像制品的专有使用权。2001

① 案例详见中华人民共和国最高人民法院（2008）民三终字第 5 号判决书。

年4月2日，石家庄市某剧团（甲方）与广东某影音有限公司（乙方）签订协议，约定由乙方录制甲方演出的《清风亭》等演出剧目，录制完成后一次性给付甲方使用费2万元，乙方对该演出剧目享有专有音像出版、发行权。2001年9月29日，保定市某剧团（甲方）出具授权书，将出版、发行《血染双梅》等演出剧目音像制品的专有使用权授予广东某影音有限公司。2001年10月3日，衡水市某剧团（甲方）与广东某影音有限公司（乙方）签订《音像出版合同》，约定甲方将出版、发行演出剧目《春草闯堂》音像制品的专有使用权授予乙方。

广东某影音有限公司发行的上述演出剧目音像制品中，根据1981年7月河北省某剧院的演出剧本及相关证据显示，《蝴蝶杯》（上、下部）剧本文字整理人为河北省某剧院职工张特和王昌言，音乐整理人为河北省某剧院职工张占维。1999年10月29日，某音像出版社向张特的继承人张毅支付使用费100元。2005年8月10日，王昌言的继承人王清晨许可某音像出版社、广东某影音有限公司使用《蝴蝶杯》（上、下部）剧本，并出版、发行该演出剧目的音像制品。《陈三两》剧本由河北省某剧院原职工王焕亭整理，1998年3月12日、2005年8月8日，王焕亭的继承人王敬慈（甲方）与某音像出版社、广东某影音有限公司（乙方）签订协议，约定甲方许可乙方使用《陈三两》剧本，并出版、发行该演出剧目的音像制品。《双错遗恨》的剧本文字部分由河北省某剧院外聘人员尚羡智整理，音乐部分由该院职工张占维整理。2000年12月21日，张占维收到广东某影音有限公司支付的使用费4 000元。《清风亭》的剧本是由石家庄市某剧团外聘人员尚羡智整理。2002年7月尚羡智出具授权书，许可某音像出版社使用《双错遗恨》、《清风亭》剧本，并出版、发行音像制品。

上述音像制品中，《双错遗恨》、《清风亭》为广东某影音有限公司录制；《蝴蝶杯》（上、下部）、《陈三两》为河北电视台录制；《血染双梅》是1997年拍摄的实景戏曲电影，制片者和表演单位均为保定市某剧团。某音像出版社、广东某影音有限公司获得了河北电视台、保定市某剧团授予的出版、发行《蝴蝶杯》、《陈三两》、《血染双梅》演出剧目音像制品的权利。

《打金砖》的剧本文字及音乐整理人分别为河北省某剧院职工赵鸣歧、马全贵。《三打陶三春》的剧本文字部分由河北省某剧院外聘人员吴祖光整理，音乐部分由该院职工徐惠宝整理。广东某影音有限公司未获得《打金砖》、《三打陶三春》剧本文字及音乐整理人的授权。《春草闯堂》仅获得演出单位和剧本整理人的授权，未获得音像制品制作者授权。

2006年1月4日，河北电视台总编室（甲方）与河北省某剧院（乙方）签订协议，双方确认由甲方录制的乙方演出的河北某戏剧的表演者权为乙方所有，甲方为音像制品制作者；甲方不得将其录制的乙方的演出剧目授权第三方复制、出版、发行音像制品；

甲方许可乙方复制、出版、发行该音像制品专有使用权。

某音像出版社、某光碟公司及某文化公司出版、复制并发行的《双错遗恨》、《清风亭》、《蝴蝶杯》（上、下部）、《陈三两》、《血染双梅》五个演出剧目音像制品中，《蝴蝶杯》（上、下部）与广东某影音有限公司发行的音像制品同版，取得了张惠云等六名主要演员的授权；《陈三两》、《双错遗恨》、《清风亭》和《血染双梅》与广东某影音有限公司发行的音像制品版本不同，分别属于同一演出单位不同场次的演出。《陈三两》演出剧目由河北电视台录制，取得了主要演员张惠云、田春鸟的授权；《双错遗恨》由河北新艺影视制作中心录制，取得了主要演员张惠云的授权；《清风亭》由河北新艺影视制作中心录制，取得了主要演员雷宝春、李夕果的授权。2004 年 6 月 1 日，尚羡智（甲方）与河北新艺影视制作中心、某文化公司（乙方）签订合同，甲方将《双错遗恨》、《清风亭》剧本授予乙方专有使用。《血染双梅》是对舞台表演版本的录制，某音像出版社、某光碟公司及某文化公司称该演出由河北电视台组织，其取得了剧本音乐整理人刘蕴和及吴涛等四名主要演员的授权。

2007 年 6 月 15 日，广东某影音有限公司原审起诉称：其自 2000 年起分别从河北省某剧院、衡水市某剧团、石家庄市某剧团、保定市某剧团处获得授权，独家出版、发行《蝴蝶杯》（上、下部）、《陈三两》、《三打陶三春》、《双错遗恨》、《打金砖》、《春草闯堂》、《清风亭》和《血染双梅》等八个演出剧目的音像制品。2004 年末，广东某影音有限公司发现由某音像出版社出版、某光碟公司复制、某文化公司发行及广东某影音有限公司销售的上述音像制品，侵犯了广东某影音有限公司的合法权益。

争议焦点

1. 本案原告依法享有的权利是什么？
2. 本案侵权责任主体是谁？

裁判意见

一审法院认为：某音像出版社与广东某影音有限公司出版、发行的《蝴蝶杯》（上、下部）、《陈三两》、《双错遗恨》、《清风亭》及《血染双梅》演出剧目音像制品，均获得了相关剧本著作权人、演出单位及音像制作者的授权，广东某影音有限公司对上述五个演出剧目的音像制品享有专有出版、发行权。根据某音像出版社与广东某影音有限公司的合作协议，广东某影音有限公司获得的授权，某音像出版社当然享有，因此某音像出版社与广东某影音有限公司出版、发行涉案音像制品的行为合法。《打金砖》、《三打陶三春》、《春草闯堂》三个演出剧目，因广东某影音有限公司未获得完整授权，故无权主张他人侵犯其音像制品发行权。

某音像出版社、某光碟公司及某文化公司出版、复制、发行的《蝴蝶杯》（上、下部）、《陈三两》、《双错遗恨》和《清风亭》四个音像制品，因未获得演出单位的许可，属于授权不完整；其出版、复制及发行的《血染双梅》音像制品，未取得演出单位的授权，虽然该剧目属于对舞台场景的录制，与对电影实景录制相比有差异，但因演员阵容和表演内容相同。两者构成实质相同。某音像出版社、某光碟公司及某文化公司侵犯了广东某影音有限公司对《蝴蝶杯》（上、下部）、《陈三两》、《双错遗恨》、《清风亭》和《血染双梅》五个演出剧目音像制品的专有发行权，应依法承担停止侵害、赔偿损失的民事责任。关于赔偿数额，应根据作品类型、侵权行为的性质和后果，广东某影音有限公司为制止侵权行为所支付的合理开支等因素，酌情确定。广东某影音有限公司提供了进货来源合法的证据，因此不应承担赔偿责任，但应承担停止销售并销毁侵权产品的法律责任。河北省某剧院不存在侵害广东某影音有限公司音像制品专有发行权的行为，对广东某影音有限公司针对河北省某剧院提出的诉讼请求不予支持。

二审法院认为：戏剧类作品演出的筹备、组织、排练等均由剧院或剧团等演出单位主持，演出所需投入亦由演出单位承担，演出体现的是演出单位的意志，故对于整台戏剧的演出，演出单位是著作权法意义上的表演者，有权许可他人从现场直播或录音录像、复制发行录音录像制品等，在没有特别约定的情况下，演员个人不享有上述权利。

河北电视台总编室以其自己名义与河北省某剧院签订的合同，虽然在主体资格上存在瑕疵，但因河北电视台对此予以确认，故不影响该合同的效力，河北省某剧院有权据此许可广东某影音有限公司出版、发行河北电视台录制的录像制品。

广东某影音有限公司发行了《蝴蝶杯》、《陈三两》、《双错遗恨》、《清风亭》及《血染双梅》的录像制品。对于上述音像制品，其获得了河北省某剧院等作为表演者的演出单位的许可，获得了录像制作者的授权或者其本身为录像制作者，在存在剧本、唱腔著作权人的情况下亦获得了相关著作权人的许可。其发行的上述录像制品符合我国著作权法第39条、第40条的规定，对于该合法制作的录像制品，广东某影音有限公司享有我国《著作权法》第41条规定的各项权利，包括发行权。

评析探讨

本涉案作品多达八部，涉及的权利人以及各方主体很多，权利类型以及当事人授权类型也很多，属于著作权侵犯中比较复杂的案例。通过分析案情，可以得到以下两条主线：作品剧本——剧本表演者——表演录音录像制作者——录音录像制品出版、发行者；剧本权利人——表演者权利人——录音录像制品权利人。本案的关键问题是：剧本权利人是谁？表演者权利人是谁？录音录像制作者都有谁？原审原告是否取得完全授权？原审原告取得的权利性质是什么？本案表演者是否有侵犯原审原告的权利？表演者外的其他被告侵犯了原审原告的什么权利？表演者外其他被告获得的授权与其侵权之间的关系是什么？侵权品复制者承担什么责任？侵权品销售者承担什么责任？下面将对这些问题作出分析。

本案涉及的作品，均是先由表演单位职工整理剧本再由单位演出。所以，在解决原告取得的授权是否合法有效的问题时，需要审视给予原告权利的主体是否适格。根据正文部分对职务作品的介绍可知，单位职工完成工作任务创作的作品属于职务作品，一般由单位职工享有著作权。所以，本涉案作品使用的剧本著作权人为整理剧本的职工。涉案作品虽然之后变为录制的表演作品，但是脱离不了剧本，使用人在获得表演者同意的基础上，还需要获得剧本著作权人同意，否则仍然构成侵权。本案原告向剧本权利人或者其继承人支付报酬或者取得其许可，因而合法获得授权。此外，表演者对原告授权也合法有效，因为表演单位是组织表演的人，演员只是作为职工领取劳动报酬，对表演的作品不享有邻接权。所以，表演者权的授权主体应该是表演单位。

所以，本涉案的八部作品，原审原告均取得了表演者的专有出版、发行授权。在取得表演者授权的基础上，原审原告还取得《蝴蝶杯》、《陈三两》、《双错遗恨》、《清风亭》四部作品剧本整理者的授权，原审原告取得了《血染双梅》电影制片人和表演者的授权（该作品为实景电影），原审原告自己制作了《双错遗恨》、《清风亭》两部作品的录音录像，原审原告取得了录制《蝴蝶杯》、《陈三两》两部作品的河北电视台的授权，因而原审原告对《蝴蝶杯》、《陈三两》、《血染双梅》以及自己录制的《双错遗恨》、《清风亭》五部电影享有出版、发表权利。又由于表演者授予原审原告的权利均为专有使用权，因而原告对该五部作品有专有使用权。另外，由于原告自己制作了《双错遗恨》、《清风亭》的录音录像，其对该两部作品还享有录音录像邻接权。但是，因为原告没有取得《打金砖》、《三打陶三春》两部作品剧本剧作者的授权，未取得《春草闯堂》录音录像制品制作者的授权，且原告自己没有对《春草闯堂》这部作品录音录像，所以对该两部作品没有专有出版、发行权。因而，本案的争议点围绕被告是否侵犯原告对《双错遗恨》、《清风亭》、《蝴蝶杯》、《陈三两》、《血染双梅》五部作品的权利。

本案被告未取得表演者授权的情况下，仅凭借取得的录音录像制作权授权就出版、发行涉案作品，侵犯了表演者的表演者权利。一般许可的情况下，被告的行为仅仅是侵犯了表演者权利，只能由表演者提起诉讼，表演者其他被许可人不可以提起诉讼。但是在专有许可的情况下，表演者只能许可原告，而不可以再通过同种方式许可他人行使与原告相冲突的权利。此时，作为拥有专有权的原告，可以以自己名义单独提起诉讼，提起诉讼的理由是被告侵犯了其对作品的使用权。此外，还需要注意的是：第一，如果本案表演者授权被告发行其作品，表演者因为违约也可能承担侵权责任，被告侵犯的就是原告的权利，而不是表演者的权利；第二，被告侵犯的不是原告的著作权，因为原告根本不享有著作权，享有著作权的只是作品的创作人以及相关权利人，原告享有的只是根据合同取得的使用权；第三，原告因为自己制作了《双错遗恨》、《清风亭》两部作品，其对该两部作品享有录音录像邻接权，但是法律对录音录像邻接权的保护范围有限，被告没有直接使用原告的制品，也不可能侵犯原告的著作权；第四，本案除原告自己录制作品外，作品的录制者将发表权许可被告使用没有侵犯原告权利，因为这些制品制作者并没有对原告授予专用权；第五，本案被告提到《蝴蝶杯》这部作品是对原作品的不同编辑与取舍，根据著作权侵权认定的“思想表达两分法”的原则，被告的制品只要是表达方式与表演者的相同就构成侵权，即本案被告对原作品的取舍与编辑类似对原作品的演绎，因而自然需要取得原作品著作权人以及相关的权利人的许可。

第五节　著作权权利限制

主题案例

中国音乐著作权协会诉西安某影视制作有限公司等侵犯著作权案①

案情回顾

1993年4月5日至1995年8月1日期间。张鲁就《北风吹》的乐曲，贺敬之就《白毛女》歌词，张敬安就《洪湖水，浪打浪》的词曲，欧阳谦叔就《洪湖赤卫队歌剧、剧本、作曲》的乐曲，娄生茂、吴洪源就《学习雷锋好榜样》的词曲，刘西林、胡守云就《解放区的天》的词曲，光未然、冼妮娜就《黄河大合唱》的词曲，玛拉沁夫、都鲁玛就《敖包相会》的词曲、郑小提就《中国人民解放军进行曲》、《延安颂》的乐曲、刘嘉媛就《兄妹开荒》乐曲分别与中国音乐著作权协会（以下简称音著协）签订合同，将上述作品的公开表演权、广播权、录制发行权在合同规定的条件下信托给音著协。

2003年1月20日，音著协在北京图书大厦处以150元的价格购得《激情燃烧的岁月》剧（以下简称《激》剧）VCD光盘一套。该光盘套封上载明：中国人民解放军总政话剧团、中国人民解放军沈阳军区话剧团、西安某影视制作有限责任公司联合录制，广州某文化传播有限公司制作总经销，贵州某音像出版社出版发行及出版文号。在该剧中，制作方未经音著协同意，使用了前述9首音乐作品，具体使用情况如下：

---

① 案例详见北京市高级人民法院（2004）高民终字第627号民事判决书。

在该剧第1集中出现了长度为2分22秒的器乐演奏的《解放区的天》，长度为1分30秒的演员演唱的《北风吹》，长度为56秒的演员演唱的《保卫黄河》，长度为1分30秒的演员演唱的《延安颂》，长度为1分10秒的演员演唱的《雄鸡高唱》；第4集中出现了长度为21秒的演员演唱的《延安颂》，长度为20秒的演员演唱的《中国人民解放军进行曲》；第7集中出现了长度为25秒的演员演唱的《中国人民解放军进行曲》；第13集中出现了长度为17秒的演员演唱的《北风吹》，长度为17秒的演员演唱的《学习雷锋好榜样》；第14集中出现了长度为8秒的演员演唱的《敖包相会》；第17集中出现了长度为4秒的演员演唱的《中国人民解放军进行曲》；第21集中出现了长度为6秒的演员演唱的《洪湖水，浪打浪》；第20集中出现了长度为10秒的演员演唱的《洪湖水，浪打浪》，长度为1分5秒的演员演唱的《洪湖水，浪打浪》；第22集中出现了长度为28秒的演员演唱的《中国人民解放军进行曲》。

音著协以其名义向法院提起诉讼，要求录制者西安某影视制作有限责任公司，经销者广州某文化传播有限公司，出版发行者贵州某音像出版社承担赔偿责任。

争议焦点

1. 涉案作品是否属于合理使用?

2. 如果涉案作品不属于合理使用，那分别违反了合理使用的哪些要求?

裁判意见

一审法院认为：音著协作为依法成立的音乐作品著作权集体管理机构，依据其与本案所涉音乐作品的著作权人签订的合同，有权对本案涉及的音乐作品的公开表演权、广播权、录制发行权进行管理，并以自己的名义提起侵权诉讼。某影视公司录制《激》剧，未经《北风吹》的词作者贺敬之，《保卫黄河》的词作者光未然，《洪湖水，浪打浪》的曲作者张敬安、欧阳谦叔，《学习雷锋好榜样》的词作者吴洪源、曲作者娄生茂，《敖包相会》的词作者玛拉沁夫或上述著作权人委托授权的机构或个人的许可，在该剧中以演唱的方式使用了上述音乐作品，其行为构成侵权，应承担相应的民事法律责任。作为《激》剧VCD光盘的出版发行方和制作总经销方，贵州某出版社和广州某公司应就某影视公司的侵权行为承担连带责任。

二审法院认为：首先，对于比较完整的使用作品的一段歌词或乐曲，尽管时间较短，但是所使用的歌词部分已经完整地表现了作者希望通过作品表达出的思想内容，所使用的乐曲部分体现了作者在音乐作品中具有艺术个性的旋律、节奏、和声、复调的安排和设计，而且被使用部分在整个作品中所占比例较大，应属于实质性地使用了音乐作品。在《激》剧中音乐作品《保卫黄河》的使用是将完整的歌词演唱两遍共56秒，该作品的使用方式属于实质性地使用了作品。具体而言，某影视公司将该音乐作品制作并固定在载体上的行为构成复制，广州某公司和贵州某出版社制作发行《激》剧VCD光盘的行为是对该音乐作品的复制和发行，北京图书大厦销售《激》剧VCD光盘的行为构成对该音乐作品的发行。这些行为在未得到音著协许可的情况下，侵犯了音著协管理的音乐作品《保卫黄河》的复制权和发行权，应当承担相应的民事责任。其次，对于使用音乐作品仅涉及作品的几个小节或几句歌词，未完整地使用整段歌词或乐谱的情况，考虑到被使用部分在整个音乐作品所占比例较小，没有实质性地再现作品的完整表达方式和作者表达出的思想内容及作者在乐曲方面的独特构思；使用的形式和内容非常有限，没有对音乐作品的市场价值造成不利的影响，也不会对音乐作品的发行传播构成威胁，即未对著作权人的利益构成实质损害。因此，这种方式的使用应当是合理使用他人作品，可以不经著作权人许可，不向其支付报酬，但应当指明作者姓名、作品名称。某影视公司在制作《激》剧中使用《北风吹》、《洪湖水，浪打浪》、《学习雷锋好榜样》和《敖包相会》四首音乐作品中，仅涉及该作品的几个小节或几句歌词，尽管个别音乐作品使用时间较长，但均未完整地使用整段歌词或乐谱，应当属于合理使用。虽然某影视公司均未给相关音乐作品的著作权人合理署名，存在过失，但此项权利并非音著协管理范围，故不属本案审理范围。

评析探讨

本案案情相对简单，音乐歌词与作曲者委托音著协代为管理其作品，音著协发现电视剧使用其管理的音乐作为背景音乐，故向法院提起诉讼。本案一审直接认定电视制作人、发行人以及经销人承担侵权责任。二审法院认为，争议的作品中有部分是合理使用，不侵犯作者权利。本案著作权人身份清楚，音著协也有权以自己名义代位起诉，所以争议的焦点围绕被告是否是合理使用涉案作品。

判断一行为是否是对作品的合理使用，需要注意三点：一是法律规定了合理使用的情形，不能超越法律规定的情形而创造新的合理使用理由；二是合理使用还需要满足法律的原则性规定，即不侵犯作者其他权利，不妨碍作者使用其作品；三是判断对作品是否为合理使用，还需要结合著作权法律的基本原则、著作权人与权利人外的其他人利益的平衡，对个案具体分析。

本案被告使用涉案作品于电视剧中，可见已经是商业的目的。根据美国版权法的规定，只要是商业目的使用，就不可能是合理使用。但是，我国法律没有这样的规定。《著作权法》规定合理使用的前提是“指明作者姓名、作品名称，不侵犯作者享有的其他权利”，《著作权法实施条例》规定无须经权利人许可的使用行为首先需要是“不得影响作品的正常使用，也不得不合理地损害著作权人的合法权益”。另外，法律还规定了12种合理使用的具体情形。所以，考量是否属于合理使用，需要判定是否属于合理使用的具体情形，以及是否符合合理使用的前提要求。本案被告使用作品的行为，不属于个人学习、研究或者欣赏，属于为介绍、评论某一作品或者说明某一问题使用作品。

作品被当成背景音乐是为了突出特定历史背景下的社会生活环境，确切地说，使用作品是为了“说明某一问题”。法律要求这种情况下的使用需要是“适当”的引用。何谓适当，要从质和量两个维度分析。一般来说，引用别人的作品不能超过别人作品的三分之一以上，不能引用别人作品的核心、关键部分，即最能体现作者思想、创作的部分。作者的作品如果创造性比较强，相应的，引用者合理使用的范围就比较小。本案被告引用了几首乐曲，其中几首虽然累积播放的时间比较长，但是是作品的很小一个部分，所以仍然符合“适当”的要求。另外一些作品，比如《保卫黄河》，虽然播放的时间不长，但是播放的是核心部分，即作品的关键部分，故超过“适当”的范围。当然，何谓核心、关键部分，没有确切的判断标准，法院会综合考量引用部分在一部作品中的位置、地位以及引用的内容、作品的性质等方面。没有超过“适当”要求的几部作品，是否影响到著作权人对作品的其他使用，则主要考量引用是否会给作品的经济权利的实现带来坏的影响，即冲击作品的市场或者削减作品的市场。本案将作品引用电视剧中，电视剧反映的是特定历史背景下发生的故事，很难说作品被使用进来会影响作品的质量，进而贬低作品价值。因而，涉案四部作品（《保卫黄河》被认定为超过“适当”使用）没有侵犯作者使用其作品的权利。但是，该四部作品引用时没有注明词曲权利人的姓名。合理使用是针对作品经济权利的使用，作者精神权利仍然保留，所以该涉案四部作品不符合合理使用要求，本案作品权利人可以要求使用人赔偿。但是，音著协没有得到精神权利管理的授权，因而无权就这类侵权提起诉讼。

专题二

专 利

第一节 基本原理

专利权，是指对发明创造等智力成果所享有的经济权利和精神权利，或称之为人身权利和财产权利，是依法得到批准的发明人或其权利受让人对其发明成果在一定年限内享有的独占权或专用权。作为知识产权的一种，专利权与商标权合称为工业产权。专利权不同于著作权，著作权保护的是存在于作品内的创作，而专利权保护的是发明创造。另外，专利权的获得、权利保护方式、权利保护期限等也都和著作权存在明显差异。各国在定义专利权时，还采取列举其外延的方法，规定专利权包括的种类。有些国家的专利权只包括发明专利一种，有些国家则还包括实用新型专利，有些国家将外观设计也放入专利权的保护范围。由于“专利”一词本身已经带有权利的成分，因而，我们也称专利权为专利。

关于保护专利的理由，众说纷纭，大抵包括：发展国家经济论、自然权利论、合同论、发明奖励论。发展国家经济论，是指建立专利保护制度是发展国家的需要；自然权利论，是指保护专利的理由是专利为人本身固有的权利；合同论，是指国家与专利权人订有特殊的合同，专利权人公开自己的专利技术，换取国家一定期限的保护；发明奖励论，是指国家对专利权人赋予一定期限的垄断权利，是对其创造智力成果的奖励。每一种理论都部分说明了专利权的性质，但又都有很大的片面性。比如，认为专利权为自然权利，很难解释国家对专利权的取得规定的多项程序和多种限制。再如，发明奖励论，揭示的更是一种现象而非本质。《中华人民共和国专利法》[①] 开篇规定：“为了维护专利

---

① 下文没有特别标示的，《专利法》均指《中华人民共和国专利法》。该法于1984年3月12日在第六届全国人民代表大会常务委员会会议上通过；根据2008年12月27日第十一届全国人民代表大会常务委员会第六次会议《关于修改〈中华人民共和国专利法〉的决定》第三次修正。

权人的合法权益，鼓励发明创造，推动发明创造的应用，提高创新能力，促进科学技术进步和经济社会发展，制定本法。”可见，我国保护专利的理由是上述各种原因的综合。一国保护专利，对内可以促进国内的科技创新，对外还可以吸引外商投资。因此，无论采用哪种理论，加强专利权利保护已经成为各国立法的趋势、国家间谈判的重要议题。

对于技术的保护，技术所有人可以自主选择保护方式，或者通过与他人签订保密合同，或者依据《反不正当竞争法》来保护。但是，相比专利保护方式，保密合同和竞争法都有固定的缺陷。保密合同的保密方一旦公开技术秘密，社会公众就可以无偿使用该技术秘密，而不正当竞争法保护的技术秘密需要其满足各种条件。以专利保护技术，专利权人虽向社会公众公布其技术，但是在法律规定的一定期限内，他人只要实施了该专利技术即构成侵权。

专利权是一项财产权，具有财产权的所有权能。但是，作为一项需要国家授予的民事权利，专利权的法定性和无形性，又使得它与其他财产权利有重大差别。下文将以专利权的产生、维系、使用等为脉络，阐述专利的基本法律制度。

一、专利权主体

所谓专利权的主体，是指专利权的所有人。专利权的主体有权申请专利注册以及取得注册后的专利权，专利审查机关也一般推定提起专利申请的人为专利权人。确定专利权的主体，即认定谁有权提起申请和取得专利权，需要注意以下几点：

首先，专利权是对发明创造享有的权利，专利权的主体是发明创造人。根据《专利法实施细则》（2010 年修订版）第 13 条的规定可知，发明人或者设计人是指对发明创造的实质性特点作出创造性贡献的人。在完成发明创造过程中，只负责组织工作的人、为物质技术条件的利用提供方便的人或者从事其他辅助工作的人，不是发明创造人。由法律规定可知，发明创造人是对发明创造有“创造性贡献”的人，而不是为发明创造的产生提供方便、从事辅助性工作的人。合作开发技术，也并非所有合作方均为发明创造人，同样要求遵循前述“创造性贡献”的标准。在合作中退出创造的，或者对发明创造没有作出实质性贡献的，均不是发明创造人。《专利法》第 8 条所指的两个以上单位或者个人合作完成的发明创造属于共同完成的单位或个人，这里面的“完成”应该认为是对技术的开发起到实质性作用。

其次，职务发明创造的专利权属于雇主。所谓职务发明创造，是指执行本单位的任务或者主要是利用本单位的物质条件完成的发明创造。“本单位”应该做广义的理解，包括临时的工作单位。职务发明创造包括两种情形：一是执行本单位任务；二是主要利用本单位的物质条件。执行本单位任务指的是职工的本职工作，这在劳动合同里面有规定，同时也与单位性质、职工的职位有关。但是，职工在单位内又不可能仅仅做自己的本职工作，还需要完成单位交代的其他工作，比如不是科研编制的职工被单位临时调动到单位科研部门工作，完成这些工作产生的发明创造也属于职务发明。此外，职工在退休、调离原单位，或者劳动关系终止后1年内作出的与其在原来单位承担的本职工作或者原单位分配的任务有关的发明创造，仍然属于职工原工作单位。职工在离退休之前可能已经承担研发任务，即使没有承担这类的任务，职工在原单位累积的多年工作经验对职工创造出与其原工作有关的发明创造有很大的影响，因而职工离开原单位后一定期间，作出的有关发明创造仍然属于原单位。第二种情形中的主要利用单位物质条件，是指主要利用单位的资金、设备、零部件、原材料或者不公开的技术资料等。判定何谓"主要"要从质和量两个维度进行，可以是发明创造的完成基本上使用了单位的原材料，也可以是发明创造取得了突破性进展主要依赖于单位的技术资料等。没有主要利用单位物质材料，或者只是少量地利用单位资源，或者是补充性地利用了一些单位资源的发明创造不是职务发明，但发明创造人可以与单位协商，对发明创造的所有权作出新的约定。除上述职务发明外的非职务发明，权利归属发明创造人。发明创造人可以向专利主管部门申请注册，任何单位和个人均不得压制。

单位在取得职务发明专利权后需要对发明人或者设计人给予奖励和报酬。根据《专利法实施细则》的规定，单位可以与发明人约定，或者在其规章中规定奖励和报酬办法。如果没有约定或者规定的，应当自专利权公告之日起3个月内发给发明人或者设计人奖金。一项发明专利的奖金最低不少于3 000元；一项实用新型专利或者外观设计专利的奖金最低不少于1 000元。在专利权有效期限内，实施发明创造专利后，每年应当从实施该项发明或者实用新型专利的营业利润中提取不低于2%或者从实施该项外观设计专利的营业利润中提取不低于0.2%，作为报酬给予发明人或者设计人，或者参照上述比例，给予发明人或者设计人一次性报酬。被授予专利权的单位许可其他单位或者个人实施其专利的，应当从收取的使用费中提取不低于10%，作为报酬给予发明人或者设计人。

再次，委托关系产生的专利权属于受托人。企业与职工的关系也可以看成一种委托关系，但这里所说的委托关系，是指委托人与受托人均为独立的人，而没有附属关系。法律规定委托完成的发明创造属于受托人的历史原因是：我国过去在计划经济时期，常见的是科研机构提出研究课题的计划，经批准后由政府主管部门拨款作为研究经费。主管部门类似于委托单位，科研机构则类似于受托单位。双方都是全民所有制单位。委托单位提供的资金来自国库。发明创造主要是受托单位科研人员智力创造的结果，不能因为科研资金经委托单位转交而将发明创造的专利申请权归于委托单位。[①]《专利法》

① 汤宗舜．专利法教程．北京：法律出版社，2003：66.

(2008 年版) 也延续这种权利归属原则，同时法律也允许委托人与受托人约定专利权的归属。

最后，需要注意的是，专利权属于先提出申请的人，即申请日在先的申请人。如果申请文件是当面提交，以国务院专利行政部门收到专利申请文件日为申请日；如果申请文件是邮寄的，则以寄出的邮戳日为申请日；如果邮戳日不清楚，无法辨认的，专利行政部门以收到申请文件日为申请专利日。如果两个当事人同一申请日向专利主管部门提出申请，应当在收到专利行政部门的通知后自行协商确定权利人。协商的结果可以是由一方申请专利，向放弃的一方作出补偿、允许其免费使用专利；也可以是，双方作为专利共有人向专利主管部门共同申请，并共同享有专利权。共同享有专利权的，共有人可以对权利的行使进行约定。没有约定的，共有人可以单独实施或者以普通许可方式许可他人实施该专利，但收取的使用费应当在共有人之间分配。除此之外，共有人行使其他专利权应当得到全体共有人的同意。

二、专利权客体

所谓专利权的客体，是指专利权利指向的对象，即受专利权保护的发明创造。《专利法》第 2 条第 1 款规定："本法所称的发明创造是指发明、实用新型和外观设计。"可见，我国专利权的客体包括三种：发明、实用新型以及外观设计。

（一）发明

世界知识产权组织定义"发明"为"发明人的一项构思，能在实践中解决技术领域的某个具体问题。"《专利法》第 2 条第 2 款规定："发明，是指产品、方法或者其改进所提出的新的技术方案。"上述定义的方法和内容都存在一定的差别：世界知识产权组织的定义点明发明实质是一项构思，《专利法》则说明发明可以表现为产品、方法，以及包括改进后的产品或者方法；世界知识产权组织要求发明解决技术领域的具体问题，而我国《专利法》要求专利属于新的技术方案，这两者存在差异，具体表现是技术方案解决的不一定是技术领域的问题。技术性方案排除了非利用自然规律的各种技术，比如体育竞技技术、游戏技术等，比较符合发明的本质。发明，需要能解决问题，这要求发明不能是违背自然规律的空想，而需要付诸实践。专利主管部门在审查专利申请时，虽然不需要申请人具体说明发明应用的原理、发明如何运作，但对直接违反自然规律的设想，不予注册，比如永动机发明的设想。发明是一种构思，申请人在申请专利时，只要该构思有可操作性即可，无须该发明已经实际使用，更无须证明该发明取得的经济价值。

根据上述定义，发明可以分为产品发明和方法发明。产品发明表现为新物质的出现，这些物质可以是一件物体，也可以是一件物体的某部分零部件。方法发明是产生物质的方法，通常表现为生产物体的程序或步骤。方法发明也可以不产生物质，比如使用某种物品的方法就不要求发明能够创造物质。发明还可以分为基本发明和改进发明。改进后的发明满足专利授予条件的也可以获得专利权，但由于对基本发明的依赖，在使用时需要获得基本发明人的许可。

（二）实用新型

《专利法》第2条第3款规定："实用新型，是指对产品的形状、构造或者其结合所提出的适用于实用的新的技术方案。"由上述定义可知，实用新型只适用于产品，不包括方法。这种产品的创造可以是通过改变形状，也可以是改变结构，还可以是通过产品的结合。但是单纯的材料的变更不可以成为实用新型。由于实用新型不适用于方法，因此实用新型需要有固定的形状，任何气态、粉末状以及颗粒状的物质都不可以作为实用新型。实用新型，顾名思义，还需要有实用性。实用不是实际的使用，而是可以使用。实用也不是要有极其重大的作用，而仅仅是具有某种功能作用。

实用新型与发明均属于专利，均为技术方案，因而仅仅具有识别作用的标志不得作为发明或者实用新型。但是，实用新型与发明存在很多差别，表现在：发明需要更高的创造性，而实用新型的创造性要求较低，实用新型是"小发明"，适用于达不到发明要求的创造；实用新型只保护产品，而发明还包括方法发明；实用新型不保护没有固定形状的物品，而发明则没有这种限制；此外，两者的审查程序、保护期限等也不相同。

（三）外观设计

《专利法》第2条第4款规定："外观设计，是指对产品的形状、图案或者其结合以及色彩与形状、图案的结合作出的富有美感并适于工业应用的新设计。"由上述定义可知，外观设计是一项设计，而非技术方案。外观设计需要附属在商品上，通过对商品或者商品外观的形状、色彩、图案作出变更，使得商品的外表更有美感。实用新型也会对商品的外观作出变更，但是是为了创造性地获得更大的实用性，而不是为了使商品外观更美。商品的外观是否具有美感是一个主观问题，不同人会有不同看法，专利行政部门不能站在自己立场判断外观设计是否具有美感，而应该站在消费者大众的角度考量。外观设计还需要可以适用于工业应用，这说明外观设计需要有可复制性，可以批量生产。

外观设计与发明、实用新型相比，虽然都是属于专利的范畴，但是仍存在很大差别：外观设计不是技术方案，而是美感的设计；外观设计取得条件不同于发明、实用新型；侵犯外观设计与侵犯发明、实用新型表现形式不同；外观设计无须受到强制许可、推广使用等限制。基于这些差别，很多国家将外观设计放入著作权法律，或者通过商标法、反不正当竞争法来保护，或者通过单独立法来保护。但是，总而言之，外观设计仍然是一项专利。比如，外观设计需要有新颖性等要求，而著作权只要单独创作即可，无须新颖；还比如，外观设计不得重复授予，但是同一个商标却可以申请多项单独的商标权利。可见，用专利法律制度保护外观设计较符合外观设计的本质。

（四）不受专利保护的客体

《专利法》规定了三种可以获得专利的客体的同时，用否定的方式规定了一系列不能获得专利保护的客体。这些客体包括：科学发现；智力活动的规则和方法；疾病的诊断和治疗方法；动物和植物品种；用原子核变换方法获得的物质；对平面印刷品的图案、色彩或者两者的结合作出的主要起标识作用的设计。科学发现，是对已经存在的事物的再挖掘，没有创造新的东西，也没有产生新的方法，因而不符合专利保护客体的要求。科学发现可以导致发明的出现，比如发现某物质的特殊属性，再利用这种属性去创造新的物质，进而产生发明。但是，科学发现仍然是意识领域的东西，没有物化为客观存在的物质，因而不属于专利保护的客体。智力活动的规则和方法，主要依赖人脑存在，不能独立运作，也不是解决技术领域问题的技术方案。对于这种没有利用自然规律产生的方法，比如运算方法、推理规则等，都不是专利法保护的范围。疾病的诊断和治疗方法不受保护的原因类似专利不保护智力活动规则，而且，赋予其专利保护不利于医疗卫生事业的发展。但是，疾病诊断和治疗方法使用的药品、医疗器械却属于专利权客体。与此相反，我国动植物品种不受《专利法》保护，动植物品种产生的方法却受专利保护。《与贸易有关的知识产权协议》第27条3（b）规定了下述不授予专利的情形："除微生物之外的动植物，非生物和微生物生产方法以外的动物或植物的实为生物的生产方法……"由此可以看出，成员可以不以专利保护动植物以及动植物的生物产生方法。植物新品种不被专利保护不意味着植物新品种不受法律保护，我国加入《植物新品种保护国际公约》，并颁布《植物新品种保护条例》，以特别法律来保护植物新品种。不过，植物新品种保护的是植物新品种的繁殖材料，而不是存在于这些物体背后的构思，这是植物新品种保护与专利保护的差别。用原子核变换方法获得的物质，是指一个或者几个原子核经分裂（核裂变）或者聚变（核聚变）形成的新的物质。原子核变产生的物质主要用于国防以及国家核工业，不能由其他人享有排他的专利权。对平面印刷品的图案、色彩或者两者的结合作出的主要起标识作用的设计不授予专利权是新《专利法》新增的内容，原因是专利保护的是技术，即使像外观设计要求有艺术美感，但也是独立的设计，而起标识作用的设计需要和所标识的产品结合才能成为一项权利，比如商标，相同的商标可以申请到不同的产品上，成为与原先商标权利不同的新权利。

三、专利权的取得

从专利发展历史可知，发明创造不是一经出现就自然拥有专利权。作为法律授予的一项权利，专利权需要履行法律规定的注册条件。我们平时所说的发明是指任何新出现的东西，而不论这些东西是否实用、是否有创造性。因为专利权是一种垄断权利，发明创造则要满足各种实质性要求才能获得这种合法垄断权。本部分将从专利获得的程序与实质要件两个角度，阐述专利权产生的过程。

（一）专利获得的程序

专利获得首先需要向专利行政部门提起注册申请，申请需要按照规定的格式以书面形式提出。申请人可以直接向专利主管部门提起，也可以委托依法设立的专利代理机构代为申请。委托专利代理机构办理专利注册的，需要签订授权委托，并在申请文件中写明代理人的信息。

1. 专利申请的提起

向专利行政部门申请专利需要提交法律规定的各种文件，具体是：发明与实用新型专利需要提交请求书、说明书及其摘要和权利要求书；外观设计专利需要提交请求书、该外观设计的图片或者照片以及对该外观设计简要说明的文件。

发明、实用新型与外观设计专利申请请求书包括的内容相同，根据《专利法实施细则》的规定，均为：专利的名称；申请人的详细信息；有委托专利代理的，代理人的详细信息；发明人与设计人的姓名，这在职务专利中可以保障发明与设计人的权益；要求优先权的，申请人第一次提出申请的日期、申请号以及原受理机构的名称；申请人或者专利代理机构签名或者盖章；申请文件清单；附加文件清单；其他需要写明的有关事项。

发明、实用新型专利需要提交说明书及其摘要。说明书可以包括附图，实用新型专利申请则需要有表示其要求保护的产品形状、构造或者其结合的附图。说明书应该包括：发明、实用新型所属的技术领域；背景技术，写明对发明或者实用新型的理解、检索、审查有用的背景技术；发明内容，写明发明或者实用新型所要解决的技术问题以及解决其技术问题采用的技术方案，并对照现有技术写明发明或者实用新型的有益效果；附图说明；具体实施方式，使得该领域内的技术人员通过这种说明能够实施该技术。说明书需要用词规范，不得使用“如权利要求……所述的……”这样的引用语，也不得使用商业性宣传用语，比如夸大产品性能的用语。此外，说明书的文字部分没有出现的附图标记不得在附图中出现，附图中没有出现的附图标记不得在说明书的文字部门提及。摘要应当写明发明或者实用新型专利申请所公开内容的摘要，即写明发明或者实用新型的名称和所属技术领域，并清楚地反映要解决的技术问题、解决该问题的技术方案的要点以及主要用途。由于摘要是对公开内容的简要说明，有人援引《专利合作条约实施细则》的规定[①]，认为：“专利法第26条把摘要写在说明书一款内，看来好像是说

① 《专利合作条约实施细则》第8条第8.1款（a）项：“摘要应包括说明书、权利要求书和任何附图中所包含的公开内容的概要。”

明书的摘要。其实，摘要是发明或者实用新型专利申请全部公开内容的概述。”①

权利要求书，是发明、实用新型专利的核心法律文件。确定专利是否重复授权以及判定是否存在专利侵权都需要以权利要求书为标准。权利要求书主要记载了发明、实用新型的技术特征，技术特征与专利保护范围相关。一般来说，越多技术特征，专利权保护的范围越受到限制。由于权利要求书与说明书均是公开内容的一部分，申请人可以根据说明书的内容修改权利要求书，也可以根据权利要求书修改说明书，但是均不得超过原先公开的范围。权利要求书使用的科技术语应当与说明书使用的科技术语一致，除非有绝对必要，否则不得使用：“如说明书……部分所述”或者“如图……所示”的用语。这与说明书绝对不能使用“如权利要求……所述的……”的提法有些差异。权利要求可以在独立要求后加从属权利要求。独立权利要求从整体上反映发明、实用新型的技术特征，从属权利要求则对专利权作进一步限制。从属权利要求写明引用的独立权利，并写明附加的技术特征。一项发明或者实用新型只有一个独立权利要求，从属权利要求则不限。从属权利要求可以引用独立权利要求或者从属权利要求，引用两项以上权利要求的从属权利要求为多项从属权利要求，多项从属权利要求不能作为另外一项多项从属要求的基础。

外观设计需要提交产品的设计图案或者照片。设计图案有颜色的，还应当提交彩色图片或者照片。外观设计还需要提交简要说明，简要说明应当写明外观设计的名称、用途、设计要点等。简要说明不得使用商业性宣传用语。

专利申请同样应该符合一专利一申请原则，即一项申请只能申请一项专利，这也可以被称为发明创造的单一性。但是，《专利法》又规定了一些例外。其中，发明、实用新型专利如果属于一个总的发明构思，则可以于一份申请文件中提出。比如，专利1为某种产品，专利2为制造这种产品的方法，此时这两个专利可以一起提出申请。但是涉及三个以上专利时，需要所有的专利均有关联性，比如有1、2、3三个专利，则需要1、2有关联，2、3有关联，1、3有关联，否则仍不符合一个总的构思的要求。根据《专利审查指南》的指导，属于一个总的发明构思的两项以上同类或者不同类的独立权利要求，可以写成以下六种方式之一：（1）不能包括在一项权利要求内的两项以上产品或者方法的同类独立权利要求；（2）产品和专用于制造该产品的方法的独立权利要求；（3）产品和该产品的用途的独立权利要求；（4）产品、专用于制造该产品的方法和该产品用途的独立权利要求；（5）产品、专用于制造该产品的方法和为实施该方法而专门设计的设备的独立权利要求；（6）方法和实施该方法而专门设计的设备的独立权利要求。上述六种情形都是具有一个相同的特定技术特征，这个特定技术特征就是该

① 汤宗舜．专利法教程．北京：法律出版社，2003：114.

"产品"。当然，上述六种独立权利要求只是产品、产品方法、产品设备的排列组合，并非穷尽了所有总的发明构思情形。

一件外观设计应当限于一项外观设计，这被称为外观设计的单一性。外观设计的单一性，与上面发明、实用新型的单一性一样，都是为了申请审查的方便。于是，法律从方便审查与查询的角度出发对外观设计单一性作出例外规定：同一产品两项以上的相似外观设计，或者用于同一类别并且成套出售或者使用的产品的两项以上外观设计，可以作为一件申请提出。同一产品类似外观设计作为一件申请提出的，应当指定其中一项作为基本设计，而且相似的外观设计不能超过 10 项。在理解后一种情形时，需要注意，"同一类别并且成套出售或者使用的产品"的情形是指各产品属于分类表中的同一大类，并且习惯上是同时出售或使用，而且各外观设计属于相同的设计构思。

除上述情形外，其他不符合发明创造单一性的，如果是在同一份申请书中提起申请，可以分案提起申请。这些情形有：一份申请书提出的权利要求超过一项发明或者实用新型或者外观设计；权利要求书具有单一性，但是由于某些原因导致某一项专利被撤销，因而导致其他专利之间关联丧失等。分案申请的后一个申请可以使用前面申请的申请日或者优先权日，但是后一申请不得变更申请类型，比如发明专利与实用新型专利不得类型互换，外观设计专利不得更改为其他类型的专利。由于，分案申请保留了最初的申请日，因而法律还禁止分案申请变更其后一申请的保护范围。不符合分案申请的，或者不采用分案申请且不符合单一性专利的情形，可以撤回申请或者单独提起另外的申请，单独提起另外申请的，不保留其申请日。

2. 专利申请的审查

专利申请的审查主要有三种方式：登记制；文献报告制以及审查制。登记制是指专利行政机关只审查专利申请是否符合形式要件，比如专利申请文件是否妥善、申请费用是否缴纳。这种审查方式的好处是节省审查的成本，但是却容易导致很多我们所说的没有什么价值的"垃圾专利"的存在。文献报告制是指申请人向专利行政部门提供证明专利效力的文献，专利行政部门通过提供的文献决定是否授予专利。这种方式可以减轻审查机关的工作量。审查制是指除了审查专利是否具备形式要件，还审查专利申请是否具备专利的实质要件，比如是否具备新颖性、创造性等。这种审查方式可以提高专利的质量，但是也给专利审查机关带来很大的工作量，特别是专利设计领域的高尖端。基于这种考量，荷兰始创延迟审查制。延迟审查制也是审查制的一种，只是专利审查机关在进行形式审查后，不立即实质审查，只有当一定期限内专利申请人的再次申请才进入实质审查程序。这种审查制度的初衷是，申请人可以权衡专利的价值与申请所耗的时间，作出是否继续申请的决定。但是，这种审查制度的弊端是耗时。我国对发明专利采取的是延迟审查制，对实用新型专利以及外观设计专利采取的是登记制。而且，法律还要求，发明专利申请人请求实质审查时应该提供在申请日前与其发明有关的参考资料。如果该专利已经先在外国申请专利，专利行政部门还可以限期要求申请人提交该国为审查进行检索的资料或者审查结果的资料，无正当理由逾期不提交的，视为撤回申请。这是为了减轻发明专利申请的技术性给审查机关工作带来的重压而作出的特殊规定。

无论是发明专利，还是实用新型、外观设计专利，均需要进行初步审查。对发明专利的初步审查，审查的内容包括：申请书是否是书面形式、是否使用中文、是否采用规范的科技用语、没有统一中文译文的外国人名、地名和科技用语是否注明原文；提交的申请文件内容是否符合法律的规定；发明专利申请是否明显属于法律规定的不授予专利的客体；专利申请是否不符合外国人向中国申请专利的程序；是否不符合国内创造的发明向外国申请专利的程序；是否明显不属于发明的范畴；是否明显违背发明单一性原则；对发明专利申请文件的修改是否违反法律的规定；分案申请是否违反法律的规定；发明专利是否重复授权；等等。对实用新型、外观设计专利的初步审查，审查的内容与对发明专利申请的初步审查基本类似。

发明专利通过初步审查后，专利行政部门自申请日（有优先权的，指优先权日）起满 18 个月时公布该申请。申请人为加快审查的进程也可以在未满 18 个月时申请提前公布。公布之后，其他人可以对发明专利申请不符合法律的情形提出意见。发明专利申请人可以在公布之日起 3 年内任意时间点向专利行政部门申请进入实质审查阶段，申请人无正当理由在该期限内未申请实质审查的，视为撤回申请。撤回申请的后果是，先前公布的专利资料使得在后的类似申请丧失新颖性，也将使得申请人不能再次申请获得专利。专利行政部门也可以依职权主动开始实质审查程序，但应当及时通知申请人。发明专利审查程序审查的内容是：是否属于发明；是否属于专利法排除给予保护的客体；是否属于违反社会公德的客体；是否具有新颖性、创造性以及实用性。

对实用新型以及外观设计初步审查后，没有先行公布程序，因而也没有对尚未注册专利的异议程序。专利行政部门认为符合形式要件的实用新型以及外观设计，直接公布，并授予专利。

专利审查程序中，还有一些特别的程序，主要有两种情形：一是申请时涉及国防利益；二是涉及生物的申请。根据《专利法实施细则》可知，专利申请涉及国防利益需要保密的，由国防科学技术主管部门设立的专利机构审查，专利行政部门根据该专利机构的审查意见作出是否授权的决定。专利行政部门受理的专利申请涉及国防利益需要保密的，应当及时移交国防专利机构进行审查。专利行政部门认为其受理的发明或者实用新型专利申请涉及国防利益以外的国家安全或者重大利益需要保密的，应当及时作出按照保密专利申请处理的决定，并通知申请人。根据《专利法实施细则》可知，申请的专利涉及公众不能获得的生物材料时，申请人还应该提交保藏该生物材料。提交保藏的时间为，在申请日前或者最迟在申请日（有优先权的，指优先权日）将该生物材料的样品提交国务院专利行政部门认可的保藏单位保藏后，还需要在申请时或者最迟自申请日起4个月内提交保藏单位出具的保藏证明和存活证明。由于我国加入《布达佩斯条约》，我国的保藏单位也获得国际保藏单位的资格，所以该条约成员国国民向我国保藏单位提交保藏等同于向其他成员国提交保藏。

3. 涉外专利的申请

涉外专利的申请按主体划分可以分为向外国申请专利以及外国国民向我国申请专利；按方式划分可以分为直接涉外申请专利以及专利国际申请。

（1）向外国申请专利

《专利法》（2000年版）第20条规定："中国单位或者个人将其在国内完成的发明创造向外国申请专利的，应当先向国务院专利行政部门申请专利，委托其指定的专利代理机构办理，并遵守本法第4条的规定。"新修订《专利法》（2008年版）第20条规定："任何单位或者个人将在中国完成的发明或者实用新型向外国申请专利的，应当事先报经国务院专利行政部门进行保密审查。保密审查的程序、期限等按照国务院的规定执行。"两者相比，首先，新修订的法律删除了向外申请专利需要先向国内申请专利的规定，也删除了委托国务院指定的专利代理机构的要求；其次，需要进行保密审查的不是所有发明创造，而是发明和实用新型；再次，不是中国单位与个人在中国完成的发明需要保密审查，而是任何单位与个人在中国完成的发明均需要保密审查。在中国完成的发明、实用新型，是指技术方案的实质性内容在中国境内完成的发明或者实用新型。第20条还规定了违反保密审查的发明、实用新型不可以在中国申请专利。

保密审查应该按照以下方式进行：第一，直接向外国申请专利或者向有关国外机构提交专利国际申请的，应当事先向国务院专利行政部门提出请求，并详细说明其技术方案；第二，向国务院专利行政部门申请专利后拟向外国申请专利或者向有关国外机构提交专利国际申请的，应当在向外国申请专利或者向有关国外机构提交专利国际申请前向国务院专利行政部门提出请求；第三，向国务院专利行政部门提交专利国际申请的，视为同时提出了保密审查请求。国务院专利行政部门收到依照上述方式提出的请求后，经过审查认为该发明或者实用新型可能涉及国家安全或者重大利益需要保密的，应当及时向申请人发出保密审查通知；申请人未在其请求递交日起4个月内收到保密审查通知的，可以就该发明或者实用新型向外国申请专利或者向有关国外机构提交专利国际申请。国务院专利行政部门发出通知进行保密审查的，应当及时作出是否需要保密的决定，并通知申请人。申请人在其请求递交日起6个月内没有收到需要保密的决定的，可以就该发明或者实用新型向外国申请专利或者向有关国外机构提交专利国际申请。

我国国民向外国申请专利时须注意：首先，查明中国与申请国是否同属知识产权国际协定的成员国，或者之间有无双边协定。根据这些国家间安排，申请人可以享受到的待遇，以及根据这些协定是否可以享受优先权。其次，申请人应履行向外国申请专利之前的国内程序。第三，由于知识产权法律的地域属性，申请人还需要注意外国法律对获得知识产权的规定。

（2）外国人向我国申请专利

在中国没有经常居所或者营业所的外国人、外国企业需要按照其所属国同中国签订的协议或者共同加入的国际条约，或者根据互惠原则向中国申请专利注册。根据国家间的安排，在中国没有居所或者营业所的外国人一般都享有和我国国民相同的待遇，但作为例外，法律又规定，在中国没有经常居所或者营业所的外国人、外国企业或者外国其他组织在中国申请专利和办理其他专利事务的，应当委托依法设立的专利代理机构办理，而国民申请专利可以自由决定是否委托代理机构。新修订的《专利法》删除旧法由专利行政部门指定专利代理机构的规定，改成“依法设立”的代理机构。

与外国人向我国申请商标相比，《专利法》将在中国有居所或者营业所的外国人当成本国人对待，而从《商标法》第17条规定的：“外国人或者外国企业在中国申请商标注册的，应当按其所属国和中华人民共和国签订的协议或者共同参加的国际条约办理，或者按对等原则办理。”第18条规定的：“外国人或者外国企业在中国申请商标注册和办理其他商标事宜的，应当委托国家认可的具有商标代理资格的组织代理。”以及《商标法实施条例》规定的：“商标法第18条所称外国人或者外国企业，是指在中国没有经常居所或者营业所的外国人或者外国企业。”可知，《商标法》将在国内有居所或者营业场所的外国人仍然给予外国人待遇，只是在是否必须委托代理机构办理商标事宜上，作出了不同于没有居所和营业场所的外国人待遇的例外规定。可见，两者相比，还是存在细微差别。

外国人待遇还体现在优先权制度上，即外国人根据协定或者互惠原则，享有优先权。专利的优先权，是为了确定专利申请日期，即优先权人提起申请的日期是优先权日，而不是实际提出申请的日期。在采取申请在先原则确定专利权的国家，优先权将专利申请日期提前，有助于优先权人排除其他在优先权期限内提起申请的人提出的申请。此外，对于专利需要新颖性的实质要件，优先权日变得尤为重要。外国人在外国申请专利，并公开其专利文件，如果没有优先权制度，外国人在本国的申请很可能因为丧失新颖性而不得注册。

根据《专利法》第29条的规定，申请人自发明或者实用新型在外国第一次提出专利申请之日起12个月内，或者自外观设计在外国第一次提出专利申请之日起6个月内，又在中国就相同主题提出专利申请的，依照该外国同中国签订的协议或者共同参加的国际条约，或者依照相互承认优先权的原则，可以享有优先权。可见，享受优先权的前提是申请的主题必须相同，而不能是不同的申请。发明、实用新型专利与外观设计专利的优先权期限不同，要求享受优先权还需要履行法律规定的程序，申请人要求优先权的，应当在申请的时候提出书面声明，并且在3个月内提交第一次提出的专利申请文件的副本；未提出书面声明或者逾期未提交专利申请文件副本的，视为未要求优先权。根据《专利法实施细则》的规定，要求享有优先权人还需要注意以下几点：首先，提交的在先申请文件副本应当经外国原受理机构证明。除非依照国务院专利行政部门与该受理机构签订的协议，国务院专利行政部门已通过电子交换等途径获得在先申请文件副本的。其次，要求优先权，但请求书中漏写或者错写在先申请的申请日、申请号和原受理机构名称中的一项或者两项内容的，国务院专利行政部门应当通知申请人在指定期限内补正；期满未补正的，视为未要求优先权。再次，要求优先权的申请人的姓名或者名称与在先申请文件副本中记载的申请人姓名或者名称不一致的，应当提交优先权转让证明材料，未提交该证明材料的，视为未要求优先权。最后，外观设计专利申请的申请人要求外国优先权，其在先申请未包括对外观设计的简要说明，申请人提交的简要说明未超出在先申请文件的图片或者照片表示的范围的，不影响其享有优先权。

根据《专利法》的规定，申请人自发明或者实用新型在中国第一次提出专利申请之日起12个月内，又向国务院专利行政部门就相同主题提出专利申请的，可以享有优先权。这种优先权，相比前面的优先权，提出者要求享有的是第一次在本国提起申请的日期，而不是外国申请的日期，因而被称为本国优先权。根据《专利合作条约》，在中国提出专利申请的人，通过国际申请再次指定中国时，可以要求本国优先权，适用前一次在中国提出申请的申请日作为本次申请注册的申请日。根据《专利法实施细则》的规定，申请人要求本国优先权，在先申请是发明专利申请的，可以就相同主题提出发明或者实用新型专利申请；在先申请是实用新型专利申请的，可以就相同主题提出实用新型或者发明专利申请。可见，只有发明、实用新型专利申请才可以要求本国优先权。由于专利权利不得重复授权，所以一项发明创造只能获得一项授权。本国优先权还可以实现发明专利和实用新型专利的互换。此外，提出后一申请时，在先申请的主题有下列情形之一的，不得作为要求本国优先权的基础：已经要求外国优先权或者本国优先权的；已经被授予专利权的；属于按照规定提出的分案申请的。同样根据专利不得重复授权，申请人要求本国优先权的，其在先申请自后一申请提出之日起即视为撤回。

（3）专利国际申请

我国专利国际申请的主要依据是《专利合作条约》及其实施细则，以及国内专利法律制度。根据《专利国际申请》的制度，我国专利行政部门也是受理局，因此我们理解专利国际申请时应该将我国专利行政部门视为国际单位。有权向我国专利行政部门要求国际申请的人包括中国国民及居民，以及该条约成员国的国民或者居民。向我国专利行政部门提起国际申请后，申请人可以指定系列国家作为被指定国，但由于各国专利法保护范围不一样，因此只能申请发明专利保护。但是，根据我国国内法，实用新型专利可以获得专利权，因而向我国专利行政部门申请国际注册并以我国为指定国的，应该在申请中明确写明要求实用新型保护。

以我国专利行政部门为国际单位提出的国际申请，程序大概是：首先，我国专利行政部门收到申请后，对其申请进行国际检索，并提出检索报告，除非有按照规定不能检索的情形。其次，我国专利行政部门将检索送交国际局以及申请人，再由国际局在国际申请优先权日起满 18 个月将申请公布。公布之后，专利受到临时保护。但是，根据《专利法实施细则》的规定，要求获得发明专利权的国际申请，由国际局以中文进行国际公布的，自国际公布日起可以要求实施该专利的人支付适当的费用；由国际局以中文以外的文字进行国际公布的，自国务院专利行政部门公布之日起才能要求实施该专利的人支付适当费用。第三，申请人收到检索报告后可以决定是否要求我国专利行政部门初步审查，或者在优先权日满 30 个月后进入指定国审查程序。如果以我国为专利国际申请指定国的，申请人应当自优先权日起 30 个月内，向国务院专利行政部门办理进入中国国家阶段的手续。申请人未在该期限内办理该手续的，在缴纳宽限费后，可以在自优先权日起 32 个月内办理进入中国国家阶段的手续。我国专利行政部门初步审查后出具初步审查报告，报告的内容涉及专利是否具有新颖性、创造性以及实用性。第四，专利国际申请进入指定国国内程序。专利申请进入国家程序后，国家根据自己法律决定是否授予专利权，但可以参考专利国际申请机构提出的初步审查报告。

为鼓励我国国民向外国申请专利，《资助向国外申请专利专项资金管理暂行办法》专门规定了向外国申请专利的资助。国内中小企业、事业单位及科研机构，通过《专利合作条约》途径提出并以国家知识产权局为受理局的专利申请，可以申请资助。有权获得资助的申请必须是，有助于发挥我国产业优势，具备国际竞争力；有望开拓国际市场或扩大国际市场份额；专利技术产品预期在国际市场容量大、前景好；有助于我国优势企业拥有核心技术；有望构建专利池、参与国际技术标准制定；符合国家知识产权战略需求导向，有助于提升自主创新能力。

（二）专利获得的实质条件

专利申请在符合法律规定的程序要件后，还需要满足法律规定的实质要件。不同类型专利获得注册需要满足的实质条件不同。其中，因为发明专利与实用新型专利较为相似，实用新型也被称为小发明，因而放在一起论述。外观设计专利虽然属于专利，但是很多国家也用著作权或者商标权来保护，可以看出其与发明、实用新型存在很大差别，因而放在另一类论述。

1. 发明、实用新型专利的实质条件

《专利法》第22条第1款规定："授予专利权的发明和实用新型，应当具备新颖性、创造性和实用性。"发明、实用新型需要满足新颖性、创造性以及实用性三个实质要件。

新颖性是指该发明或者实用新型不属于现有技术，也没有任何单位或者个人就同样的发明或者实用新型在申请日以前向国务院专利行政部门提出过申请，并记载在申请日以后公布的专利申请文件或者公告的专利文件中。现有技术，是指申请日以前在国内外为公众所知的技术。新颖性的判断标准有三种：一是本国新颖性标准，即申请日前本国没有的技术就具有新颖性；二是世界新颖性标准，是指申请日前世界内不存在的技术才具有新颖性；三是混合新颖性标准，是指世界范围内没有出版公开，本国范围内没有使用或者以其他方式公开的，具有新颖性。根据我国法律对现有技术的定义可知我国新修订的《专利法》已经采取了世界新颖性标准，提高对获得专利的质量要求。根据上述对新颖性的定义可知，"任何单位或者个人"都可以破坏专利的新颖性，专利申请人自己也可能破坏自己的专利申请，比如申请人在发明专利申请初步审查公开后，没有申请实质审查的情形。另外，《专利法》将申请日前提出，但在申请日后才公告的申请也视为破坏新颖性的情形，其实是为了保证不重复授权。

确定申请是否具有新颖性的时间点是申请日，存在优先权的，则指优先权日。相比商标的申请优先权以及展览优先权，《专利法》只规定了申请优先权，即依照该外国同中国签订的协议或者共同参加的国际条约，或者依照相互承认优先权的原则，申请人自发明或者实用新型在外国第一次提出专利申请之日起12个月内，又在中国就相同主题提出专利申请的可以享有优先权。如前所述，优先权除了确定新颖性外还可以确定申请的优先，所以商标先展览的，可以依据优先权取得更早的申请日期，从而对抗优先权期限内提出的申请，而专利则不可以援用展览在先来对抗后续提出的申请。专利或采用优先权制度来排斥优先权期限内的技术破坏新颖性外，或采用例外情形来保护申请的新颖性。中国《专利法》兼采用两者。法律规定了系列丧失新颖性例外的情形：（1）在中国政府主办或者承认的国际展览会上首次展出的；（2）在规定的学术会议或者技术会议上首次发表的；（3）他人未经申请人同意而泄露其内容的。上述中国政府承认的国际展览会，是指国际展览会公约规定的在国际展览局注册或者由其认可的国际展览会。上述学术会议或者技术会议，是指国务院有关主管部门或者全国性学术团体组织召开的学术会议或者技术会议。申请人援引上述例外情形的，还需要按照《专利法实施细则》的规定提供相应的证明文件。

创造性，是指与现有技术相比，该发明具有突出的实质性特点和显著的进步，该实用新型具有实质性特点和进步。发明专利与实用新型专利的创造性要求本质上没有差别，只是程度不同，发明需要是“突出的”实质性特点以及“显著的”进步，而实用新型只是需要实质性特点以及进步即可。如何判断两者之间的差别，没有统一的标准，但可认为，实用新型只要有实质性特点、相比以往技术有进步，该发明创造领域的普通技术人员可以看出该发明创造不同于以往的发明创造即可。根据外国专利审查实践，有些判断标准可作为判断创造性的参考，如：开拓性发明，指一个全新的技术解决方案，在技术历史上未曾有过先例；发明解决了长期以来渴望解决的技术难题；发明克服了技术上的偏见；发明取得了预料不到的效果。①

实用性，是指该发明或者实用新型能够制造或者使用，并且能够产生积极效果。对实用性的要求有两个方面：能够制造或者使用；产生积极效果。能够制造或者使用，一方面，不要求发明创造已经投入使用，也不要求发明创造已经产生经济效益。另一方面，能够制造或者使用要求发明创造合乎自然规律，有使用的可能，并且可以被复制，不是仅能以唯一一个产品形式出现。实用性还要求使用产生的是积极效果，如果发明创造起到的是破坏生态平衡等消极影响，也不能授予专利。

2. 外观设计专利的实质条件

《专利法》第23条规定：“授予专利权的外观设计，应当不属于现有设计；也没有任何单位或者个人就同样的外观设计在申请日以前向国务院专利行政部门提出过申请，并记载在申请日以后公告的专利文件中。授予专利权的外观设计与现有设计或者现有设计特征的组合相比，应当具有明显区别。授予专利权的外观设计不得与他人在申请日以前已经取得的合法权利相冲突。本法所称现有设计，是指申请日以前在国内外为公众所知的设计。”可见外观设计专利的实质要件是新颖性以及不得与在先权利冲突。

判断外观设计的新颖性需要掌握以下几点：首先，外观设计专利的新颖性与发明、实用新型的新颖性基本相同，但由于外观设计专利的申请文件无须经过公告这一程序，因而后申请的外观设计不得与先申请的，并在申请日后才公布专利文件的外观设计相同，而没有发明、实用新型的“专利申请文件”。其次，判断外观设计新颖性的基准日也是申请日或者优先权日，但外观设计的优先权期限是6个月，不同于发明、实用新型的12个月。再次，《专利审查指南》判断外观设计的新颖性时以普通消费者为判断主体，这与发明、实用新型采用的一般技术人员不同，而与商标的判断主体相同。由于外观设计也是专利的一种，而不似商标，只是区别商品的来源，因而，外观设计专利是否具有新颖性的判断标准也应该从普通技术人员的立场出发。最后，外观设计专利的新颖性主要是看外观设计专利与以前的外观设计相比的相同性或者相似性。《专利审查指南》要求结合商品判断，即商品相同或者相似的基础上才可以进一步去判断设计本身

① 汤宗舜．专利法教程．北京：法律出版社，2003：94.

是否相同或者相似，如果商品不属于同一或者相似种类，即使外观设计相同，也不相同或者相似。由于《专利法》本身提出的判断新颖性的标准没有要求结合商品考量，而且不相同产品上同样可能出现抄袭别人外观设计的情形，所以判断时不应该结合商品断定外观设计是否相同或者相似。

外观设计不是技术方案，而是具有美感的艺术设计，因而相比发明、实用新型，它的实质要件还包括不得侵犯他人的在先权利。他人的在先权利可以是他人的在先外观设计权，但这可以用申请在先原则处理，也可以援用不得重复授予权利处理，因而这里说的不得侵犯在先权利主要指外观设计权利以外的其他权利。外观设计可能侵犯他人肖像权、著作权、商标权，以及可能侵犯他人受反不正当竞争法律保护的权利。侵犯他人在先权利可以通过民事诉讼寻求救济，也可以向专利行政部门撤销侵权外观设计。修改前的《专利法实施细则》第 65 条第 3 款规定了以授权的外观设计侵犯他人在先权利要求专利行政部门撤销专利时，应该提交生效的、可以证明侵权确实存在的处理决定或者裁决，比如法院的生效判决。专利行政部门没有审查权利是否冲突的权力，他人只有先向法院起诉侵权，获得生效判决，才能申请撤销专利。但既然已经获得生效判决，外观专利所有人也不能再侵犯他人在先权利，在先权利人也就没有去撤销侵权专利的必要。因此，修改后的《专利法实施细则》修改为提交证明权利冲突的证据，专利行政部门根据所提交的证据，判断是否存在权利冲突的情形。

（三）专利权的授予及维系

发明创造申请满足法律规定的程序与实质要件的，专利行政部门发给申请人授予专利权的通知。申请人应该在收到通知之日起 2 个月内办理登记手续，否则视为放弃专利权。申请人办理登记手续后，专利行政部门依法公告授权，专利权利自公告之日起生效。

专利权是专利权人以公开其专利技术换取法律保护的合法垄断权利，因而专利权有期限。科技发展日新月异，对旧的专利给予无期限的保护不仅不能实现专利的价值，而且也阻碍新的技术的出现。我国法律规定，发明专利权有效期为 20 年，实用新型、外观设计专利有效期为 10 年。专利的有效期从申请日起计算。此处的申请日，和优先权日没有关系，是指专利实际申请日期。专利的保护期限起算日不同于专利生效起算日，保护期限起算日只是为了计算专利权存在的期限，至于实际享有专利权，则需要从专利公告日起计算。

专利申请未获得授权，申请人有异议的，可以自收到专利行政部门书面通知之日起 3 个月内向专利复审委员会申请复审。专利申请人对专利复审委员会的决定还不服的，可以自收到复审委员会通知之日起 3 个月内向法院起诉。专利复审程序是提起行政诉讼的前置程序，专利申请人不得直接向法院起诉专利行政部门。此外，为节省复审时间，专利复审委员会还应当将受理的复审请求书转交国务院专利行政部门原审查部门进行审查。如果原审查部门根据复审请求人的请求同意撤销原决定，专利复审委员会则据此作出复审决定。

申请人获得专利权后，还需要使用该专利。我国以前将使用专利作为专利维系的条件，但由于专利的未使用有时是因为技术缺失、资金不够以及市场饱和等客观原因，强制要求使用将给专利权人带来沉重负担，因此专利使用不再是专利权维系的要件。但是，因为未使用专利，专利可能被强制许可。此外，专利权的维系还需要专利人履行缴纳专利年费的义务。根据《专利法实施细则》的规定，授予专利权当年以后的年费应当在上一年度期满前缴纳。专利权人未缴纳或者未缴足的，国务院专利行政部门应当通知专利权人自应当缴纳年费期满之日起6个月内补缴，同时缴纳滞纳金；滞纳金的金额按照每超过规定的缴费时间1个月，加收当年全额年费的5%计算；期满未缴纳的，专利权自应当缴纳年费期满之日起终止。

专利权人还可以放弃专利，或者放弃全部专利，或者放弃部分专利。放弃专利的，自专利权人放弃声明到达专利行政部门时专利失效。但是，如果专利权人事先与他人签订专利许可合同的，专利是否放弃还需要得到被许可人的事先同意。

四、专利权的无效

专利权授予后，其他人觉得专利存在无效情形的，可以向专利复审委员会申请专利无效。申请专利无效的理由包括：不属于发明创造的、属于法律不授予专利权客体的、发明创造违反法律以及妨害公共利益的、发明以及实用新型专利向外国申请专利没有经过国内保密审查的、发明创造不具备法律规定的实质要件的、申请说明书未对发明创造作出充分说明的、权利要求书未以发明书为依据的、外观设计申请人提交的图片未显示要求保护的客体的、对发明以及实用新型申请文件修改超出原说明书和权利要求书范围的、对外观设计申请文件修改超出原图或者照片范围的、独立权利要求没有记载必要技术特征的、分案申请不符合法律规定的，等等。

申请无效人向专利行政部门申请专利无效的，应该向专利复审委员会提交专利权无效宣告请求书和必要的证据一式两份。无效宣告请求书不符合规定格式的，申请人应在专利复审委员会指定的期限内改正，否则视为未提出请求。专利复审委员会指定的期限不可以延长。专利复审委员会对申请人的申请可以口头审理，专利权人不参加口头审理的，不影响审理的举行；申请人不参加审理的，视同未提起申请。

在申请人提起专利无效宣告申请后，发明或者实用新型专利所有人可以修改权利要求书，使得专利更符合法律的规定。但是修改权利要求书时需要注意的是：发明或者实用新型专利权人不得修改专利说明书以及附图，而外观设计专利权人不得修改图片、照片和简要说明。发明、实用新型权利人可以放弃部分权利要求，但不得扩大权利保护范围。

权利被宣告无效的，或者部分无效的，无效部分的权利至始至终不存在。由于无效宣告具有溯及力，专利无效宣告后，尚在法院审理的侵权案件、已经作出裁决的案件、正在履行的许可合同等，应该认定侵权不成立、停止裁决的执行、终止合同的履行。但是，法律对无效宣告的溯及力又做了例外的规定：宣告专利权无效的决定，对在宣告专利权无效前人民法院作出并已执行的专利侵权的判决、调解书，已经履行或者强制执行的专利侵权纠纷处理决定，以及已经履行的专利实施许可合同和专利权转让合同，不具有追溯力。新修订的《专利法》加了“调解书”这种情形，这是因为法院调解具有法律效力，可以申请执行。法律规定溯及力例外情形的原因是，已经执行完毕的司法文书、履行完毕的合同，如果均因为无效要重新推翻，会带来很多的麻烦与不便。但是，由于无效宣告的溯及力是原则，因而法律在溯及力例外之外又规定了例外情形：因专利权人的恶意给他人造成的损失，应当给予赔偿；依照规定不返还专利侵权赔偿金、专利使用费、专利权转让费明显违反公平原则的，应当全部或者部分返还。

专利复审委员会对专利无效宣告申请作出决定后，不服的一方可以在接到专利复审委员会书面通知之日起 3 个月内向法院提起行政诉讼，法院应该通知没提起诉讼的另一方作为第三人参加诉讼。一方向法院提起诉讼的，专利复审委员会的决定的效力暂时中止。

五、专利权的使用

专利权作为财产权，专利权人可以自由决定使用方式，或者自己实施专利，或者许可他人实施，或者全部转让专利，专利的使用，还有另外两种特殊情形：国家的推广实施以及强制许可实施。国家的推广实施以及强制许可，可以视为是对专利权利的限制，也可以视为是一种专利实施方式。

（一）专利许可和转让

专利的许可分为独占许可、排他许可、普通许可以及互换许可。所谓独占许可，是指专利权人许可被许可人在一定期限和地区内独占实施专利，专利权人自己在该期间地域内也不得实施专利；所谓排他许可，是指专利权人在一定期限地域内只许可被许可人一人实施专利，而不再许可第二人实施；所谓普通许可，是指专利权人在一定期限地域内，许可被许可人实施专利；所谓互换许可，是指许可人与被许可人互相许可实施对方专利。独占许可与排他许可的差别表现为排他许可的许可人在许可的期限地域内可以实施专利，而排他许可与普通许可的差别表现为普通许可专利权人还可以许可被许可人之外的第三人实施专利。专利被许可人不得再将专利许可第三人实施，除非许可人同意或者许可合同有专门的规定。专利权被侵害时，专利权人与独占被许可人可以单独提起诉讼。排他许可的被许可人在专利权人不提起诉讼时，也可以单独提起诉讼。普通许可的被许可人则不能单独提起诉讼，在专利权被侵害时，只能请求专利权人提起诉讼，或者与专利权人共同提起诉讼。专利许可后，专利权人仍然需要对专利造成的损害承担侵权责任。专利许可合同签订后，需要自合同生效之日起3个月内向专利行政部门备案，没有登记备案的合同不得对抗善意第三人。可见，专利许可备案程序是合同的对抗要件，而非生效要件，专利许可合同在备案前已经生效。

专利权人可以转让专利申请权或者专利权，与专利许可不同的是，转让专利权是全部地转让所有权，专利权人丧失对专利的所有权，而许可可以在一定区域内许可被许可人使用专利，专利权人或被许可的其他第三人仍可以使用专利。专利转让的，当事人应当订立书面合同，并向国务院专利行政部门登记，由国务院专利行政部门予以公告，专利申请权或者专利权的转让自登记之日起生效。可见，向主管部门登记转让合同是合同的生效要件，没有登记的合同不生效，也不发生专利转让的后果。未取得转让登记公告的，专利行政部门仍然显示所有权人为转让人，受让方不可能再度转让专利权。根据《专利法》的规定，中国国民向外国人转让专利的，还需要事先得到有关部门的批准。另外，专利还可能由于某些事由的出现而转移，比如企业合并、继承等。专利转移不同于专利转让，主要表现是转移没有双方当事人的合意，但两者需要履行的法律程序类似。

（二）专利的推广使用

《专利法》第14条规定："国有企业事业单位的发明专利，对国家利益或者公共利益具有重大意义的，国务院有关主管部门和省、自治区、直辖市人民政府报经国务院批准，可以决定在批准的范围内推广应用，允许指定的单位实施，由实施单位按照国家规定向专利权人支付使用费。"上述规定是对专利的推广使用，其推广应用的是国有企业事业单位拥有所有权的专利。新修订的法律删除了对中国集体所有制单位和个人专利推广应用的规定。推广只能是发明专利，实用新型专利以及外观设计专利都不在推广之列。在决定是否推广一项发明专利时，需要由国务院主管部门以及省、自治区、直辖市人民政府确定，并报经国务院批准。考量的标准是，该发明专利是否对国家利益或者公共利益至关重要。此外，推广使用还应该支付专利权人报酬，报酬的数量应根据专利的重要性，以及咨询专利权人的意见来确定。

（三）专利的强制许可

所谓专利的强制许可，是指无须经专利权人同意，专利行政部门通过行政决定许可第三人行使专利权利的行为。专利强制许可可以是根据申请，给予单位或者个人，也可以是国家直接发布许可决定，授权其他人实施。强制许可是针对发明、实用新型专利实施的许可，而不包括外观设计专利。专利权强制许可分为以下几种情形：

1. 为了公共利益颁发的强制许可

《专利法》第49条规定：“在国家出现紧急状态或者非常情况时，或者为了公共利益的目的，国务院专利行政部门可以给予实施发明专利或者实用新型专利的强制许可。”国家出现紧急状态或者非常情况，比如战争、自然灾难、疫情，这些均与公共利益有关，所以条文的“为了公共利益”可以理解为除前面两种情况外的公共利益。为了公共利益颁发的强制许可，如果与公共健康有关，法律作出了一些特殊的安排，以下将简述之。

《与贸易有关的知识产权协议》限制强制许可的产品出口，要求这些产品主要供给国内市场，从而导致一些国内欠缺药品生产能力的国家，即使颁发强制许可也缺少进口来源。特别是当印度这些有药品生产能力的国家也需要对药品提供知识产权保护后，药品供需矛盾变得尖锐。发达国家有经济能力购买专利保护的药品，但是有时也面临药品生产紧缺的情形，因而国际社会在《与贸易有关的知识产权协议》（以下简称 TRIPS 协议）基础上达成了《关于 TRIPS 协议与公共健康的宣言》（即多哈宣言），以及《关于实施 TRIPS 协议与公共健康的多哈宣言第 6 段的决议》，并制定了《TRIPS 协议的修改决议》。根据这些国际文件，我国先后制定《专利实施强制许可办法》（2003 年）、《涉及公共健康问题的专利实施强制许可办法》（2005 年），并于 2008 年修改了《专利法》的有关规定。

根据我国法律的规定，为了公共健康，对取得专利权的产品，专利行政部门可以给予制造并将其出口到符合我国参加的国际条约规定的国家或者地区的强制许可。《涉及公共健康问题的专利实施强制许可办法》要求获得这类出口许可的药品是防止传染病的药品。传染病包括导致公共健康问题的艾滋病、肺结核、疟疾以及《中华人民共和国传染病防治法》规定的其他传染病。而新修改的专利法则没有“传染病”的限制，只是规定了对“取得专利的药品”，这些药品是指解决公共健康问题所需的医药领域中的任何专利产品或者依照专利方法直接获得的产品，包括取得专利权的制造该产品所需的活性成分以及使用该产品所需的诊断用品。我国颁布出口专利药品的强制许可出口，一方面可以帮助到国内欠缺药品生产能力的国家；另外一方面可以通过出口，获得更大的市场。至于这种强制许可的许可费，我国法律规定按有关国际协定处理。由于，有时药品专利的所有人在不同国家为同一人，所以一国颁发出口强制许可时可能已经支付给权利人许可费，另一颁布进口强制许可的国家可以不再支付许可费。至于为了公共健康颁布的强制许可的其他程序，《专利法实施细则》规定应当符合中国缔结或者参加的有关国际条约关于为了解决公共健康问题而给予强制许可的规定，除非中国作出保留。

2. 防止权利滥用颁布的强制许可

《专利法》第 48 条规定：“有下列情形之一的，国务院专利行政部门根据具备实施条件的单位或者个人的申请，可以给予实施发明专利或者实用新型专利的强制许可：（一）专利权人自专利权被授予之日起满三年，且自提出专利申请之日起满四年，无正当理由未实施或者未充分实施其专利的；（二）专利权人行使专利权的行为被依法认定为垄断行为，为消除或者减少该行为对竞争产生的不利影响的。”申请这种强制许可的单位和个人需要有实施的能力，这种能力可以表现在经济、技术以及设备、人员方面。

未充分实施专利是指专利权人及其被许可人实施其专利的方式或者规模不能满足国内对其专利产品或者专利方法的需求。强制许可申请人只有在以合理的条件请求专利权人许可其专利，合理的期间内未获得同意才可以申请强制许可。何谓合理的条件与期间应该具体分析，一般需要结合专利的重要性、价值、许可的范围与时间、许可的方式、是否附带传授技术秘密以及侵权的承担等情形考虑。未修改前《专利法》规定，具备实施条件的单位以合理条件请求发明或者实用新型专利权人许可实施其专利，而未能在合理长的时间内获得这种许可时，专利行政部门根据申请可以颁发强制许可。可见其没有要求专利的充分实施，只要申请人以合理条件没有得到许可即可申请强制许可。新修改的《专利法》使得市场考虑成为申请强制许可的条件，而不仅仅是申请人在申请前自己做的权衡。

专利权人行使权利被认定为垄断时，为保护竞争秩序而颁布强制许可是新修订的《专利法》增加的条款。这种情形下，申请人无须证明其以合理条件，未能在合理长的时间内获得专利权人许可。另外，发明创造为半导体技术的，只有在垄断的情形以及前述公共利益的情况下，半导体技术才可以被强制许可。为打破垄断，恢复竞争秩序，垄断情形下的强制许可产品可以出口，而无须主要供应国内市场。

3. 从属专利的强制许可

《专利法》第51条规定：“一项取得专利权的发明或者实用新型比前已经取得专利权的发明或者实用新型具有显著经济意义的重大技术进步，其实施又有赖于前一发明或者实用新型的实施的，国务院专利行政部门根据后一专利权人的申请，可以给予实施前一发明或者实用新型的强制许可。在依照前款规定给予实施强制许可的情形下，国务院专利行政部门根据前一专利权人的申请，也可以给予实施后一发明或者实用新型的强制许可。”根据法律规定可知：首先，后一专利的实施需要依赖前一专利的实施；其次，后一专利相比前一专利，需要有显著的经济意义以及重大的技术进步；再次，后一专利人取得强制许可后，前一专利人也可申请对后一专利的强制许可；最后，申请强制许可人需要事先与权利人协商，以合理条件，未能在合理期限内获得许可才可申请强制许可。

除了为了公共利益颁发强制许可的情形，个人或者单位要获得强制许可权的，需要向专利行政部门提起申请。未充分实施专利以及从属专利的强制许可，申请人还需要提交其以合理条件，未能在合理长的时间内获得这种许可的证明。强制许可获得准许后，被许可人与专利权人可以就许可费用达成协议，未能达成协议的可以要求专利行政部门裁定。专利权人对专利行政部门关于实施强制许可的决定不服的，专利权人和取得实施强制许可的单位或者个人对专利行政部门关于实施强制许可的使用费的裁决不服的，都可以在收到通知之日起3个月内向法院起诉。强制许可需要注意的是，取得强制许可人不享有独占实施权，专利权人仍然可以许可其他人行使专利权；被许可人只可以自己行使专利权，不得分许可；专利强制许可的情形消失的，专利行政部门根据专利权人申请应该终止强制许可。

六、专利侵权

通过前面的论述可知，专利权是一项专用财产权，因此他人未能得到专利权人许可而实施其专利均构成侵权。专利侵权与其他民事侵权一样，均需要具备各种法律要件，包括侵权行为主体、侵权人主观状态、侵权行为以及侵权结果等。但由于专利侵权的主体与其他种类的侵权主体没有差别，各国对专利侵权也基本采取无过错责任原则，因此，认定专利侵权主要是认定行为人是否实施了专利产品或者方法，即是否为侵权行为。判定一行为是否是侵权行为，需要明确专利权权利范围、法律对专利的保护范围以及是否存在法律规定的免责等。只有在侵犯了专利权人受法律保护的权利，且不存在法律规定的免责事由时，专利权人才可以寻求到法律的保护。

（一）专利权利内容

《专利法》第11条规定："发明和实用新型专利权被授予后，除本法另有规定的以外，任何单位或者个人未经专利权人许可，都不得实施其专利，即不得为生产经营目的制造、使用、许诺销售、销售、进口其专利产品，或者使用其专利方法以及使用、许诺销售、销售、进口依照该专利方法直接获得的产品。外观设计专利权被授予后，任何单位或者个人未经专利权人许可，都不得实施其专利，即不得为生产经营目的制造、许诺销售、销售、进口其外观设计专利产品。"可见，发明和实用新型专利权能包括：制造、使用、许诺销售、销售以及进口专利产品；方法专利权权能包括：使用专利方法以及使用、许诺销售、销售、进口依据专利方法制造的产品；外观设计专利权权能包括：制造、使用、许诺销售、销售、进口外观设计专利产品。其中，许诺销售外观设计专利权能，是《专利法》2008年修订时新增加的内容。许诺销售，很多国家认为是不同于实际销售，而类似合同里的要约，因而许诺销售可以出现在口头或者书面的要约中。由于要约具有一定的法律效力，在承诺人承诺时将导致合同成立，因而许诺销售的许诺是要约，而不是要约邀请。但是，《最高人民法院关于审理专利纠纷案件适用法律问题的若干规定》第24条规定，许诺销售是指以做广告、在商店橱窗中陈列或者在展销会上展出等方式作出销售商品的意思表示。可见，我国法律对专利权人保护更强。此外，专利方法专利权人除了对方法本身具有权利外，对方法产生的产品也有系列权利，主要是因为方法专利很多时候可以生产出相应的产品。

（二）专利保护范围

专利权的保护不同于著作权，主要表现为：一作品虽然与前作品相同，但只要是单独创作，也不会侵犯前作品著作权；而后一技术只要与专利技术相同就有可能侵权。何谓与专利技术相同，需要明确专利保护范围，生产某一产品、使用某一方法，只有落入专利保护范围内才构成侵权。对于确定专利的保护范围，各国一般区分发明、实用新型专利，规定不同的方法。

1. 发明、实用新型专利的保护范围

如何确定发明和实用新型的保护范围，各国做法不一，总的来说，有以下三种：一是采用周边限定原则，即严格依据权利要求书来认定专利权人可以获得法律保护的专利权范围；二是中心限定原则，即认为权利要求书只是专利权利要求的一个方面，专利权利要求还应该结合专利权人提交的其他文件、发明的目的、性质等综合考虑；三是折衷的原则，即专利权利的保护范围以权利要求书为准，但是可以在权利要求书不明确时参考说明书、附图的内容。周边限定原则，将专利权利的保护范围限定在权利要求书内，但专利权人有时不能将所有的权利要求均详细地写入权利要求书，因此这种方法对专利权人不利；中心限定原则，扩大地解释专利权，使得专利权范围不稳定，对被诉侵权的第三人不利；折衷的原则，是对前两种方法的完善，因而比较合理。我国法律规定，发明或者实用新型专利权的保护范围以其权利要求的内容为准，说明书及附图可以用于解释权利要求的内容。可见，我国采取的是折衷的原则。

以权利要求书为准就是比对专利权人主张的权利要求所记载的全部技术特征，主要也是比对独立权利要求的必要技术特征。从属权利要求主要是援引独立权利要求，侵犯从属权利的，必然侵犯独立权利。但专利权人也可以以从属权利来主张其权利，根据最高人民法院给江苏省高级人民法院的答复[①]可知，需要区分专利权人是否放弃独立权利要求两种情况：一是当事人放弃独立权利要求，自愿选择从属权利要求确定专利权保护范围的，法院应当允许。当事人放弃独立权利要求，选择从属权利要求确定专利权保护范围时，应当以其所选择的从属权利要求记载的技术特征与该从属权利要求所引用的权利要求记载的技术特征共同限定该专利权的保护范围。这就是说，不能仅以该从属权利要求本身记载的技术特征作为确定专利权保护范围的依据，也不能将没有引用关系的其他权利要求记载的技术特征加在一起作为确定专利权保护范围的依据。因为每一个从属

① 最高人民法院关于对当事人能否选择从属权利要求确定专利权保护范围的请示的答复（［2007］民三他字第10号）。

权利要求与其所引用的权利要求记载的都系各自不同的完整的技术方案，应当分别受到保护。二是当事人没有放弃独立权利要求，自愿选择从属权利要求确定专利权保护范围的，人民法院不得自行采用从属权利要求确定专利权的保护范围。因为独立权利要求的保护范围最大，在当事人没有主动放弃保护请求的情况下，人民法院应当尊重当事人的选择。不过，当当事人没有明确放弃以独立权利要求确定专利权保护范围时，如果另一方当事人对该独立权利要求提出公知技术抗辩并且成立的，人民法院应当依照公知技术抗辩原则处理，认定被控侵权产品或者方法属于公知技术，不构成侵权。

在以权利要求书为准判断专利保护范围时，还需要注意三个原则：等同原则、全面覆盖原则以及禁止反言原则。很多时候，侵权人不一定会全盘抄袭专利技术，而是会做出一些修改。这种情形下，判断修改后的技术是否侵权，还需要适用等同原则。《最高人民法院关于审理侵犯专利权纠纷案件应用法律若干问题的解释》第 8 条第 2 款规定："被诉侵权技术方案包含与权利要求记载的全部技术特征相同或者等同的技术特征的，人民法院应当认定被诉侵权技术方案落入专利权的保护范围……"《最高人民法院关于审理专利纠纷案件适用法律问题的若干规定》第 17 条对"等同技术特征"有很详细的规定。所谓等同特征是指与所记载的技术特征以基本相同的手段，实现基本相同的功能，达到基本相同的效果，并且本领域的普通技术人员无需经过创造性劳动就能够联想到的特征。因此，第三人使用的技术，虽然与专利技术不完全一致，但只要是等同，仍构成侵权。全面覆盖原则，具体表述为被诉侵权技术方案的技术特征与权利要求记载的全部技术特征相比，缺少权利要求记载的一个以上的技术特征，或者有一个以上技术特征不相同也不等同的，视为其没有落入专利权的保护范围。比如，专利技术有技术特征 1、2、3 三个，被诉技术使用了 1、2，或者 2、3，或者 1、3 两个技术特征时，则不构成侵权。但如果被诉技术使用了 1、2、3，另外还增加了新的技术 4 与 5，此时就构成侵权。1、2、3 这些技术特征，应用上述的等同原则，可以被同等技术特征替换，侵权与否结果不变。也正因为专利侵权通常适用"全面覆盖"原则，即被控侵权产品要具有专利独立权利要求记载的全部必要技术特征，方能认定侵权成立，所以专利侵权不存在部分侵权的问题。[①]《最高人民法院关于审理侵犯专利权纠纷案件应用法律若干问题的解释》第 6 条规定，专利申请人、专利权人在专利授权或者无效宣告程序中，通过对权利要求、说明书的修改或者意见陈述而放弃的技术方案，权利人在侵犯专利权纠纷案件中又将其纳入专利权保护范围的，人民法院不予支持。这里体现的就是禁止反言原则。简而言之，禁止反言原则是指专利权人声明放弃的权利，不得在其后主张被侵犯，

① 最高人民法院对"处理专利侵权纠纷可否认定部分侵权"问题的答复（2004 年 7 月 26 日［2004］行他字第 8 号）。

上文论及的放弃独立权利、以从属权利主张权利被侵犯就包含了这一道理。

说明书及附图用来解释权利要求书的，法院应该结合本领域普通技术人员阅读说明书及附图后的理解来确定保护的范围。这里假定了“普通技术人员”的存在，说明法院不应该从自己立场出发，而应该站在具有该领域一般技术知识的技术人员的角度来理解专利文献。说明书对权利要求用语有特别界定的，应该根据该特别含义来理解。说明书、附图对技术特征功能或者效果有特别说明的，法院在理解该技术特征时，还可以结合说明书、附图来理解。但是，对于仅仅出现在说明书或者附图里面，而未记载在权利要求书里面的技术特征，法院不能视为属于专利权利范围。此外，如果根据权利要求书，以及其他专利文件仍不能理解时，法院还可以借助工具书、教科书等公知文献来解释专利技术权利范围。

方法专利的保护范围除了该方法外，还包括根据该方法制造的产品。相比产品专利的保护，方法专利保护较弱：即只要实施产品专利即构成侵权；而方法专利还需要实际使用了专利方法，单单产品相同还不足以认定侵权。实施专利方法产生的产品属于侵犯专利人权利，但是对于原始产品进一步加工，是否仍然属于侵权则存在争议。《最高人民法院关于审理侵犯专利权纠纷案件应用法律若干问题的解释》第13条肯定了进一步加工的侵权，规定：“对于使用专利方法获得的原始产品，人民法院应当认定为专利法第十一条规定的依照专利方法直接获得的产品；对于将上述原始产品进一步加工、处理而获得后续产品的行为，人民法院应当认定属于专利法第十一条规定的使用依照该专利方法直接获得的产品。”由于方法专利取证的困难，一般权利人很难证明第三人是否实施了其方法，所以法律对被诉新产品是否使用专利方法，规定了举证倒置，即专利侵权纠纷涉及新产品制造方法的发明专利的，制造同样产品的单位或者个人应当提供其产品制造方法不同于专利方法的证明，而新产品是指产品或者制造产品的技术方案在专利申请日以前为国内外公众所知。

2. 外观设计专利的保护范围

《专利法》第59条第2款规定：“外观设计专利权的保护范围以表示在图片或者照片中的该产品的外观设计为准，简要说明可以用于解释图片或者照片所表示的该产品的外观设计。”外观设计申请无须提交权利要求书，只需要提交图片或者照片，提交的图片或照片是外观设计权利范围的依据，与判断发明、实用新型权利范围方法相似，简要说明可以用于解释图片或照片。由于外观设计主要是与产品结合，通过美感吸引消费者，而不具有技术成分，法律要求法院在认定外观设计专利保护范围时从一般消费者的知识与认知能力出发，而不是判断发明、实用新型时的一般技术人员。判断是否与一外观设计相同或者相似，还需要比对产品是否相同或者相似，法院应该根据产品的用途、国际外观设计分类表、产品的销售渠道、产品的使用情况等综合考虑，并可以参考外观设计的简要说明。外观设计产品相同或者相似，外观设计相同的构成侵权，但是两个设计视觉效果上没有实质差别的，也构成侵权。根据《最高人民法院关于审理侵犯专利权纠纷案件应用法律若干问题的解释》可知，判断两个外观设计是否相同或者实质相同时，应对外观设计的整体视觉效果综合考虑，但是不应该考虑外观设计的内部结构、产品的材料，以及其他由技术功能决定的设计特征。在综合考虑的同时，还应特别考虑对外观设计整体视觉效果有更大影响的因素。比如，产品正常使用时容易被直接观察到的部位相对于其他部位；授权外观设计区别于现有设计的设计特征相对于授权外观设计的其他设计特征。

（三）专利权利限制

实施他人专利即侵犯他人专利权，但侵权人可以援引法律规定的免责事由作为侵权的抗辩。这些免责事由主要有：第一，实施技术属于现有技术；第二，属于行使先使用权；第三，专利权利用尽；第四，合理使用专利技术；第五，法律规定的其他免责事由。

法院不能处理专利权效力问题，在专利侵权纠纷中，如果被告方（通常是被告方）向专利行政部门提起专利无效申请时，法院综合考虑专利的性质、专利检索报告的内容、专利被撤销可能性的大小，决定是否中止案件的审理。被告在法院无法处理专利效力的情形下，可以援引使用的是现有技术作为抗辩。判断一技术是否是现有技术，应该将被诉技术与现有技术对比，被诉落入专利权保护范围的全部技术特征，与一项现有技术方案中的相应技术特征相同或者无实质性差异的，法院应当认定被诉侵权人实施的技术属于现有技术；被诉侵权设计与一个现有设计相同或者无实质性差异的，法院也应当认定被诉侵权人实施的设计属于现有设计。法院以现有技术判断不存在侵权的，并没有处理专利的效力问题，只是援引了法律规定的免责事由。

根据《专利法》第69条的规定，在专利申请日前已经制造相同产品、使用相同方法或者已经作好制造、使用的必要准备，并且仅在原有范围内继续制造、使用的不视为侵犯专利权。这是以先使用权为侵权抗辩事由的法律依据，其中“已经作好制造、使用的必要准备”可以是已经完成实施发明创造所必需的主要技术图纸或者工艺文件；也可以是已经制造或者购买实施发明创造所必需的主要设备或者原材料。一般来说，专利作为一项排他财产权，不能在同一个专利上存在两个互相排斥的所有人。法律根据申请在先原则，将专利权授予最先申请人。但是，绝对坚持申请在先原则有时会造成不公平的后果，最常见的是，某一技术在申请日前已经被使用，如果要求使用人不能再使用其已经使用了很久的技术，对使用人来说不公平。因此，法律规定了先使用的侵权例外。这里需要明确的是，虽然专利在申请日前被使用，但是也不一定妨碍技术取得专利权，因为使用不一定导致该技术在国内外成为公知，从而破坏其新颖性。被诉侵权人需要援引先使用权作为抗辩的，还需要满足以下条件：一是先使用的技术必须是合法取得的；二是先使用不得超出原有范围使用，原有范围是指包括专利申请日前已有的生产规模以及利用已有的生产设备或者根据已有的生产准备可以达到的生产规模；三是先使用权不得转让，除非与原有企业一并转让或者承继。

《专利法》规定，专利产品或者依照专利方法直接获得的产品，由专利权人或者经其许可的单位、个人售出后，使用、许诺销售、销售、进口该产品的不视为侵权。这是专利权利用尽免责事由的规定。专利权人仅拥有第一次实施专利的权利，实施专利后，即将专利产品投入市场后，专利权人不得因为专利产品的再流通主张专利权。各国一般都规定了国内专利权利用尽，至于专利国际用尽，即专利的平行进口，是否可以成为抗辩事由，各国规定不尽相同。由于专利权的地域属性，相同人在不同国家根据当地法律取得的专利权各自独立。单位或自然人在一国将其拥有专利权的产品投入市场后，是否可以进口到其拥有专利权的另一国家，这和国家是否允许平行进口有关。平行进口一般是由于价格差，产品由价格低的国家流入价格高的国家，因而允许平行进口对消费者有好处，但对一国国内同类产品市场会带来很大的冲击。因而，有时是否允许专利的平行进口，除了与专利的地域属性有关，还与一国的对外贸易政策有关。我国法律除了允许药品专利的平行进口，对专利的平行进口问题没有明确的规定。上述法律的"进口该产品"也只能理解为允许国内权利用尽，不能理解为允许平行进口，因为该产品可能就是在本国投入市场，辗转进入本国市场的，而不是在专利权人享有专利权的其他国家投入市场。但是，不管怎样，国内权利用尽是专利侵权的一项抗辩事由。

《专利法》还规定："专为科学研究和实验而使用有关专利的不视为侵犯专利权。"这是专利合理使用作为侵权抗辩事由的法律表述。此外，法律还规定了另外两种侵权免责事由：临时通过中国领陆、领水、领空的外国运输工具，依照其所属国同中国签订的协议或者共同参加的国际条约，或者依照互惠原则，为运输工具自身需要而在其装置和设备中使用有关专利的；为提供行政审批所需要的信息，制造、使用、进口专利药品或者专利医疗器械的，以及专门为其制造、进口专利药品或者专利医疗器械的。

（四）专利侵权救济

专利侵权的，专利权人可以请求专利管理部门查处，这里所说的专利主管部门是指由省、自治区、直辖市人民政府以及专利管理工作量大有实际处理能力的市人民政府设立的管理专利工作的部门。专利管理部门可以要求行为人停止侵权，也可以没收侵权人违法所得，或者对侵权人罚款。当事人对专利管理部门认定侵权不服的，可以在收到处理通知之日起15日内向法院提起行政诉讼。专利主管部门还可以就专利权民事纠纷调解，调解的范围包括：专利侵权赔偿数额；专利申请权和专利权归属纠纷；发明人、设计人资格纠纷；职务发明创造的发明人、设计人的奖励和报酬纠纷；在发明专利申请公布后专利权授予前使用发明而未支付适当费用的纠纷；以及其他专利民事纠纷。对专利主管部门调解不服的，可以向法院提起民事诉讼。此外，专利主管部门还可以对专利假冒行为罚款，罚款数额为违法所得的4倍以下，没有违法所得的则处20万元以下罚款。在专利行政执法过程中，如果发现侵权人行为构成犯罪，专利管理部门应该移交司法部门追究行为人刑事责任。

专利侵权最主要的救济方式是民事诉讼，专利权利人可以直接向法院提起，而不申请专利管理部门处理。由于专利侵权案件具有很强的技术性，所以只有中级以上人民法院以及符合最高人民法院规定标准、并由其指定的基层法院有权处理一审专利纠纷。至于专利侵权的地域管辖，根据《最高人民法院关于审理专利纠纷案件适用法律问题的若干规定》可知，因侵犯专利权行为提起的诉讼，由侵权行为地或者被告住所地人民法院管辖。其中，侵权行为地包括：被控侵犯发明、实用新型专利权的产品的制造、使用、许诺销售、销售、进口等行为的实施地；专利方法使用行为的实施地，依照该专利方法直接获得的产品的使用、许诺销售、销售、进口等行为的实施地；外观设计专利产品的制造、销售、进口等行为的实施地；假冒他人专利的行为实施地。侵权行为地除了实际行为地，还包括上述侵权行为的侵权结果发生地。如果原告仅对侵权产品制造者提起诉讼，未起诉销售者，侵权产品制造地与销售地不一致的，制造地人民法院有管辖权；如果专利权人以制造者与销售者为共同被告起诉的，销售地人民法院有管辖权。如果销售者是制造者分支机构，原告在销售地起诉侵权产品制造者制造、销售行为的，销售地人民法院有管辖权。

专利权的诉讼时效为2年，所以专利权人应该在得知或者应当得知侵权行为之日起2年内提起诉讼，否则丧失法律对其权利的保护。但是，超过诉讼时效后起诉的，如果侵权行为在起诉时仍在继续，法院则应该判决被告停止侵权行为，并赔偿专利权人损失，侵权损害赔偿数额应当自权利人向人民法院起诉之日起向前推算2年计算。由于发明专利经过实质审查才获得授权，而实用新型、外观设计专利则只须经过初步审查即获得授权，因此实用新型、外观设计专利权利较不稳定，所以法律规定实用新型、外观设计专利权人在提起侵权诉讼时，法院可以要求其提供专利评估报告。专利权人在获得专利授权时可以要求专利行政部门出具专利评估报告，专利评估报告可以作为法院审理专利侵权案件的依据，但不是唯一依据，法院在处理专利侵权案件时，还应该根据法律的规定，具体判断是否存在侵权情形。

专利权人在起诉前认为侵权人可能毁灭证据或者转移财产的，可以向法院提起证据保全或者财产保全。法院决定实施证据保全或者财产保全的，可以要求申请人提供担保，申请人不提供担保的，法院可以驳回保全的申请。申请人应该在法院采取保全措施之日起15日内向法院提起诉讼，否则法院解除保全措施。如果申请人保全错误，给被申请人造成损失的，申请人应该承担赔偿责任。法院采取保全措施，应当向国务院专利行政部门发出协助执行通知书，载明要求协助执行的事项，以及对专利权保全的期限，并附人民法院作出的裁定书。对专利权保全的期限一次不得超过6个月，自国务院专利行政部门收到协助执行通知书之日起计算。如果仍然需要对该专利权继续采取保全措施的，人民法院应当在保全期限届满前向国务院专利行政部门另行送达继续保全的协助执行通知书。专利行政部门接到法院协助执行通知书后，应该暂停办理放弃、变更、转移专利权的手续，专利权质押手续以及专利权期限届满前的终止手续等。此外，专利权人发现侵权人正在实施侵权行为，如果不及时制止将会给其权益带来难以弥补的损害的，可以向法院申请诉前禁令。诉前禁令是针对侵权人行为的一种保全方式。与证据、财产保全不同的是，诉前禁令的申请人需要提供担保。法院在申请人提出申请后48个小时内需要作出裁定。法院颁布诉前禁令的，申请人应该在法院采取禁止有关行为的措施后向法院起诉，否则法院解除禁止措施。

根据《专利法》第65条规定："侵犯专利权的赔偿数额按照权利人因被侵权所受到的实际损失确定；实际损失难以确定的，可以按照侵权人因侵权所获得的利益确定。权利人的损失或者侵权人获得的利益难以确定的，参照该专利许可使用费的倍数合理确定。赔偿数额还应当包括权利人为制止侵权行为所支付的合理开支。权利人的损失、侵权人获得的利益和专利许可使用费均难以确定的，人民法院可以根据专利权的类型、侵权行为的性质和情节等因素，确定给予一万元以上一百万元以下的赔偿。"可见，专利侵权赔偿方式有四种：权利人实际损失、侵权人所得利益、参照专利许可使用费以及法定赔偿数额。专利侵权的赔偿方式与商标侵权不同。商标侵权的，权利人可以选择按照实际损失赔偿，或者按照侵权人所得利益赔偿，而专利侵权，只有在不能适用专利权人实际损失时，才可以适用侵权人的侵权收益。

根据《最高人民法院关于审理专利纠纷案件适用法律问题的若干规定》[1]可知，根据权利人实际损失计算赔偿数额时，权利人因被侵权所受到的损失可以根据专利权人的专利产品因侵权所造成销售量减少的总数乘以每件专利产品的合理利润所得之积计算。如果权利人销售量减少的总数难以确定，侵权产品在市场上销售的总数乘以每件专利产品的合理利润所得之积可以视为权利人因被侵权所受到的损失。根据侵权人所得利益计算赔偿时，侵权人因侵权所获得的利益可以根据该侵权产品在市场上销售的总数乘以每件侵权产品的合理利润所得之积计算。侵权人因侵权所获得的利益一般按照侵权人的营业利润计算，对于完全以侵权为业的侵权人，可以按照销售利润计算。适用侵权人获益

① 《最高人民法院关于审理专利纠纷案件适用法律问题的若干规定》生效时间为2001年，期间很多内容被新修改的《专利法》（2008年）以及《关于审理侵犯专利权纠纷案件应用法律若干问题的解释》（2009年）所取代，但是上述赔偿计算方式，新法没有规定，仍可适用旧法的规定。

的方式计算赔偿数额时，还需要排除侵权人因为侵权外的其他原因获得的收益。根据许可费来确定赔偿数额的，法院可以根据专利权的类别、侵权人侵权的性质和情节、专利许可使用费的数额、该专利许可的性质、范围、时间等因素，参照该专利许可使用费的1至3倍合理确定赔偿数额。另外，还有一种情形，侵权人制造的整个产品并没有侵犯专利权，而只是在产品的部分使用了侵权产品，此时赔偿计算方式的法律规定为：侵犯发明、实用新型专利权的产品系另一产品的零部件的，人民法院应当根据该零部件本身的价值及其在实现成品利润中的作用等因素合理确定赔偿数额；侵犯外观设计专利权的产品为包装物的，人民法院应当按照包装物本身的价值及其在实现被包装产品利润中的作用等因素合理确定赔偿数额。此外，销售侵犯专利权商品的人，主观上无过错时，如果可以说明其商品合法来源的，不承担赔偿责任。

《最高人民法院关于审理侵犯专利权纠纷案件应用法律若干问题的解释》第18条规定："权利人向他人发出侵犯专利权的警告，被警告人或者利害关系人经书面催告权利人行使诉权，自权利人收到该书面催告之日起一个月内或者自书面催告发出之日起二个月内，权利人不撤回警告也不提起诉讼，被警告人或者利害关系人向人民法院提起请求确认其行为不侵犯专利权的诉讼的，人民法院应当受理。"这是由第三人主动提起的确认不侵权诉讼。一般的侵权诉讼都是专利权利人针对侵权行为人提起，但是有时第三人也可以主动向法院提起诉讼，要求确认其行为不侵权。法院作出不侵权裁决的，第三人可以依据该裁决继续实施其技术。

第二节　专利获得条件

主题案例

某外国公司与中华人民共和国国家知识产权局专利复审委员会发明专利权无效行政纠纷上诉案[①]

案情回顾

某外国公司专利公告授权的权利要求如下：

---

① 案例详见北京市高级人民法院（2009）高行终字第535号行政判决书。

“1. 一种直列轮式滑冰鞋，它具有一个上鞋部和一个下框部分，所述上鞋部适于支承滑冰者的脚部，所述上鞋部邻接在所述下框部分的上方，所述下框部分包括多个可在一个共同的，纵向延伸的转动平面内转动的滚轮，其改进之处在于所述上鞋部具有：

一个适于接纳所述滑冰者的脚部的非刚性鞋部，所述非刚性鞋部由基本柔软、柔韧的材料制成，所述材料适于使空气绕滑冰者脚部流通，所述非刚性鞋部包括鞋面和连接于所述鞋面以便将所述非刚性鞋部固定在滑冰者脚的上面的上鞋面紧固装置；位置邻近于所述非刚性鞋部的选择的区域的支承装置，其用于提供支承以便有助于滑冰者将所述直列轮式滑冰鞋保持在基本竖直的位置上，所述支承装置包括一个包围所述非刚性鞋部的踝节部的踝节部支承部，所述支承装置还包括用于容纳滑冰者足跟的跟部，其中，所述跟部与所述踝节部支承部可摆动地相互连接，所述支承装置的位置只是邻近于所述非刚性鞋部位置的若干部分，所述鞋面并没有大面积地被所述支承装置所覆盖，因此在滑行中空气可以通过所述非刚性鞋部流通以冷却滑冰者的脚部；以及一个底部，所述底部具有用于接纳滑冰者脚部的上表面和连接到所述下框部分的下底部，所述踝节部支承部和所述跟部使所述支承装置从所述底部向上垂向延伸，所述非刚性鞋部被固定到所述底部上。

2. 如权利要求1所述的直列轮式滑冰鞋，其特征在于：所述跟部是所述底部的一个整体部分，以及还具有用于将所述非刚性鞋部固定在所述跟部和所述整体式鞋部上的紧固装置，所述跟部和所述整体式鞋部有助于所述滑冰者将所述直列轮式滑冰鞋保持在基本竖直的位置上。

3. 如权利要求1所述的直列轮式滑冰鞋，其特征在于：所述下框部分是所述底部的一个整体部分。

4. 如权利要求1所述的直列轮式滑冰鞋，其特征在于：所述支承部分还具有一条带，其布置和结构使其在滑冰者的脚背上经过，所述带连接在所述跟部上。

5. 如权利要求1所述的直列轮式滑冰鞋，其特征在于：所述非刚性鞋部基本包括外部的纺织材料和内部的开孔泡沫垫，其中，所述非刚性鞋部还具有使空气绕所述滑冰者脚部流通的网眼材料。

6. 如权利要求1所述的直列轮式滑冰鞋，其特征在于：所述底部还包括一个在所述底部的各侧，邻近于所述滑冰者的拇指球的抬高的支承，用于将所述滑冰者的脚部侧向地支承在所述底部上。

7. 如权利要求1所述的直列轮式滑冰鞋，其特征在于：所述支承装置是半刚性的，并至少部分地是由可热成形塑料制成的，通过加热所述塑料使其软化以适合滑冰者的脚部形状，并在所述滑冰者的脚部放入所述上鞋部中所述支承装置接触时使其冷却。”

本专利说明书载明：本发明的鞋增加了支承和舒适性，由于其结构和鞋帮的柔软部分和各种支承结构的相互作用，从而提供较好的控制。在本发明推荐实施例中还包括铰接于内或外跟部的踝节部支承部，在鞋部中特别是在底部也可设有足跟、足弓和拇指球的支承部以便改善直列轮式滑冰靴的支承和舒适性。踝节部支承部可调地连接于跟部以提供踝节部相对于底部侧向和纵向调节。柔软、柔韧和可透气的鞋部可以用皮革、网状织物或类似物制造。

2006 年 7 月 6 日、8 月 7 日，金峰公司针对本专利权向专利复审委员会提出两次无效宣告请求，认为本专利权利要求 1 ~5 相对于对比文件 1 不具有新颖性和创造性；本专利权利要求 6 相对于对比文件 1 和 2 不具有创造性；本专利权利要求 7 相对于对比文件 1 和 3 不具有创造性。为此，金峰公司提交了 3 份证据，其中：

对比文件 1：加拿大专利 CA2071806A，公开日为 1993 年 7 月 15 日；其公开了一种具有可分离的鞋的直列轮式滑冰装置，该滑冰装置 10 包括一个直列轮式滑冰鞋 12 和一个可分离的鞋 14；鞋 14 为一运动鞋或便鞋，其具有基本为柔性的鞋面 13，其材料可以为具有或不具有填充物的织物、皮革、塑料等。鞋面上还具有带网孔的部分 136。鞋 14 由连接在其内侧的两条带状物 144 和 148 牢固地保持在滑冰鞋的脚上；直列轮式滑冰鞋 12 包括一个由靴套 28、叶片 18 和连接结构组成的框架 16，该框架 16 由两个平行且间隔的叶片部件 48、49 中的安装孔 17 安装在横向轴 24 上，该框架具有用于接纳可分离的鞋从而接纳滑冰者的脚部的上表面和一个用于连接叶片部件 18 从而连接直列轮 22 的下表面，跟部外壳 36 与所述上下表面为一体结构；所述靴 28 具有用于容纳滑冰者足跟的跟部外壳 36 和封套设备 38，跟部外壳 36 和封套设备 38 可以使滑冰者将所述滑冰装置保持在基本竖直的状态，起着支撑和保护滑冰者脚踝的作用；封套设备 38 包括一个半刚性装置 37 和连接锁扣 44；装置 37 可以使用聚亚安酯或是其他可以反复弯曲的材料；侧壁 19 向上延伸的环绕外壁 34 以支撑或是环绕鞋底 15，环绕外壁 34 没有全部覆盖鞋 14 的表面，而是基本敞开地包围该鞋 14；脚趾固定装置 46 覆盖滑冰者脚的整个脚趾外部部分，防止鞋 14 的脚趾部分 48 在意外事故中因为受力过大而从靴套中意外地向外脱离，并且可以保护使用者的脚趾免受在以上情况中可能与地面产生的擦伤。

对比文件 3：美国专利 US4964229A，公告日为 1990 年 10 月 23 日；其公开了一种模制鞋的方法和装置，使用者将脚放入由热塑性材料制成的滑靴中，之后将滑雪靴放入一个塑性材料制成的袋中，该塑性材料的熔点高于所述热塑性材料可被模制的温度，将袋围绕使用者的脚被密封。之后加热制成滑雪的热塑性材料至其软化温度，但低于袋子的熔点，然后真空装置抽空袋内的空气，以便大气施压于袋子并使滑雪靴符合使用者脚的形状。当袋子保持真空时，该滑雪靴被冷却至低于软化温度以制成符合使用者的脚的雪靴。

争议焦点

1. 涉案专利是否具有新颖性？

2. 涉案专利是否具有创造性？

裁判意见

专利复审委员会认为：本专利权利要求1与对比文件1的区别是：（1）本专利权利要求1的直列轮式滑冰鞋是一个整体不能被拆分，所述冰鞋具有底部，所述踝节部支承部和所述跟部使所述支承装置从所述底部向上垂直延伸，而对比文件1公开的滑冰装置由直列轮式滑冰鞋和可分离的鞋两部分构成，所述可分离的鞋可以从直列轮式滑冰鞋上拆卸下来，并且滑冰装置不具有与权利要求1的底部相同的部件；（2）本专利权利要求1中构成所述非刚性鞋部的材料适于使空气绕滑冰者脚部流通，以使滑行中空气可以通过所述非刚性鞋部流通以冷却滑冰者的脚部，对比文件1没有明确说明制作所述可分离的鞋的材料的性质。

由于本专利权利要求1与对比文件1存在区别，且这些区别也并非是惯用手段的直接替换，因此本专利权利要求1保护的技术方案与对比文件1公开的技术方案不完全相同，相对于对比文件1，本专利权利要求1符合《专利法》第22条第2款关于新颖性的规定。

由于本专利权利要求2~6是权利要求1的从属权利要求，因此在权利要求1具备新颖性时，权利要求2~6也符合《专利法》第22条第2款关于新颖性的规定。

二审法院认为：本专利权利要求1与对比文件1存在的区别是：（1）本专利权利要求1所述的直列轮式滑冰鞋是一个整体不能拆分的，所述滑冰鞋具有底部，踝节部支承部和跟部使所述支承装置从底部向上垂向延伸，而对比文件1公开的滑冰装置由直列轮式滑冰鞋和可分离的鞋两部分构成，可分离的鞋可从直列轮式滑冰鞋上拆卸下来，并且该滑冰装置不具有与本专利权利要求1的底部相同的部件；（2）本专利权利要求1所述非刚性鞋部的材料适于空气绕滑冰者脚部流通，滑行中空气可以通过所述非刚性鞋部流通以冷却滑冰者的脚部，而对比文件1没有明确说明制作可分离的鞋的材料的性质。虽然本专利权利要求1所述的直列轮式滑冰鞋的支承装置与非刚性鞋部是一个整体不能拆分，而对比文件1所述的滑冰装置由可分离的鞋和直列轮式滑冰鞋构成，但可分离的鞋必须固定在直列轮式滑冰鞋上才能实现滑冰的功能，固定后的滑冰装置的结构与本专利权利要求1所述的直列轮式滑冰鞋类似。对比文件1所述的直列轮式滑冰鞋的封套设备、跟部外壳、框架分别相当于本专利权利要求1的踝节部支承部、跟部支承部和底部，且封套设备与跟部外壳相结合可以使滑冰者将滑冰装置保持在基本竖直状态，框架的上表面用于接纳鞋而下表面用于连接叶片部件从而连接直列轮。本专利权利要求1所述的非刚性鞋部由基本柔软、柔韧的材料制成，可以用皮革、网状织物或类似物制造，而对比文件1中披露了可分离的鞋的鞋面的材料可以为具有或不具有填充物的织物材料、皮革、塑料等，即公开了本专利权利要求1所述的非刚性鞋部的材料，采用这些鞋面材料客观上同样可以达到适于使空气绕滑冰者脚部流通的技术效果。本专利权利要求1与对比文件1相比没有突出的实质性的特点和显著的进步，不具备创造性。

本专利权利要求2的附加技术特征是："跟部是底部的一个整体部分，以及还具有用于将所述非刚性鞋部固定在所述跟部和所述整体式鞋部上的紧固装置，所述跟部和所述整体式鞋部有助于所述滑冰者将所述直列轮式滑冰鞋保持在基本竖直的位置上。"对比文件1的跟部外壳与框架为一体结构，封套片状物交叠在一起并连接锁扣使鞋固定在滑冰鞋中，公开了本专利权利要求2所述的固定在跟部和整体式鞋部上的紧固装置；对比文件1与本专利权利要求2的跟部外壳均是用于使滑冰者将滑冰鞋保持在基本竖直的位置上。因此，在本专利权利要求1不具备创造性的基础上，本专利权利要求2相对于对比文件1也不具备创造性。

法院认可专利复审委员会的决定，即涉案专利权利要求1~5不符合《专利法》第22条第3款的规定；本专利权利要求6、7符合《专利法》第22条第3款的规定。

评析探讨

上述案例属于专利无效宣告程序，因而涉及的当事人有申请宣告无效方，专利权人、专利复审委员会以及法院的行政庭。专利无效宣告程序处理的主要是专利效力问题，即符合什么条件的技术才可以被授予专利。专利复审委员会以及法院通过比对各种文件，以及分析涉案专利的多项技术特征，认定专利符合新颖性标准，但是部分不符合创造性标准。本分析主要围绕案例法律问题部分进行，因此忽略涉及的具体技术方案。

发明专利申请需要符合新颖性标准。所谓新颖性是指在申请日前不属于公知领域的技术。修改后的《专利法》要求申请专利的技术不为国内外公众知道，而修改前的《专利法》只要求没有出现在国内外出版物上，也没有为国内公众使用。本案无效宣告申请人以在国外出版物上出现过涉案专利为由，申请专利无效，所以，无论根据新法或者旧法，都可以将其提供的材料与涉案专利技术对比。发明专利还需要符合创造性的要求，而且因为是发明专利申请，法律对其创造性要求更高。发明专利创造性要求，需要申请的专利与以前的技术相比具有实质性的特点和显著的进步。创造性要求不同于新颖性要求。新颖性要求重点在"新"，即以前没有出现的，而创造性要求重点在"创造"，即不仅是新，而且相比以前的技术需要有技术上的进步。专利申请人将以前的技术稍微作出修改申请专利，可能满足新颖性的标准，但是因为没有实质性特点上进步，不能满足创造性的标准。可见，创造性的标准比新颖性标准要求更高，更严格。这也是本案涉案专利满足新颖性标准，却不能满足创造性要求的原因。法院在判断新颖性标准时只需要比较涉案专利与以前技术是否相同，而在判断创造性标准时，却需要站在该领域普通技术人员立场，分析涉案专利技术相比以前技术改进的地方是不是显而易见，或者普通技术人员只要简单思考、分析是不是就可以得到相同的结果，或者涉案技术是不是仅是材料上有变更而没有任何技术成分的增加。判断创造性要求比新颖性要求更复杂，主观性也更大。本案专利复审委员会以及法院均是在比对涉案专利与原有技术的基础上，认定涉案专利与原有技术不同的地方只是对原有技术的稍微变更，该领域普通技术人员可以当然地想到和作出此类改进，故专利不具有创造性。

与本案相关的另外两个专利法律问题是：一是，专利复审委员认定专利部分不符合要求的，也只是宣告专利的部分无效。因此，在专利复审委员会在审核专利的新颖性或者创造性时，专利权人可以通过权衡，主动放弃部分权利要求来达到专利的要求。二是，法院行政庭在审理专利无效行政纠纷案件时，虽然可以对争议的专利权是否符合专利法规定的专利授权实质条件等问题作出判断，却不可以在判决中直接表述专利是否有效。专利的效力维持与否，最终还是由专利行政部门决定。

第三节　专利权属纠纷

主题案例

阮某与黄石华通公路工程设施有限公司专利权属纠纷上诉案[①]

案情回顾

阮某是湖北省黄石祥隆股份有限公司退休高级工程师。2002 年 4 月 3 日，阮某与华通公司签订《关于 PT25 型平台拖车生产协议》一份。约定：华通公司提供生产平台拖车的样车及相关技术要求，由阮某为其生产一台 PT25 型平台拖车；加工价格（含材料及其他配件）每台 28 800 元；生产场地所发生的一切费用由阮某承担。合同履行期间，华通公司负责人苏卫民要求增加一台生产数量，并要求将平台拖车的跳板部分设计、改装成既可以横向移动，又可以手摇折叠的机械板桥；并要求阮某将华通公司主管部门黄石市公路局的一台待修拖车也按上述技术条件进行改装，改装费每台按 3 000 元

① 案例详见湖北省高级人民法院（2004）鄂民三终字第 30 号民事判决书。

计收。对华通公司的上述要求和条件，阮某表示同意。之后，阮某根据华通公司的技术改进要求，对平台拖车的跳板部分进行设计、绘图和计算数据，并以华通公司设计室名义出具设计图纸。同年6月5日，阮某依据双方所签拖车生产合同及华通公司提出的额外施工要求，完成上述三台平台拖车的生产、加工及改装任务。在合同履行过程中，阮某以生产、制作平台拖车名义，在华通公司领取拖车材料款、加工费及工资，并将购买拖车所用材料费用在华通公司予以报销。2002年4月底，华通公司负责人苏卫民提出将上述设计改装的“带机械板桥”的平台拖车技术方案申报专利。同年5月15日，华通公司与湖北省黄石市三益专利事务所签订专利委托代理协议书一份。专利代理委托书载明：委托单位是华通公司，该专利设计人是阮某，专利代理委托书由阮某起草、填写，华通公司加盖公章确认。专利申报期间，阮某为该平台拖车申报实用新型专利制作设计图纸、计算数据、撰写和修改申报专利技术文件，华通公司承担该专利申报所需费用。2003年4月30日，国家知识产权局将“带机械板桥的平台拖车”实用新型专利公告、授权，该项专利权的授权证书中载明的设计人为阮某，专利权人为华通公司。阮某与华通公司就专利权的归属发生争议，并起诉至法院。

争议焦点

1. 本案当事人之间是什么关系？
2. 涉案专利权归属。

裁判意见

一审法院认为：阮某于2002年5月20日在华通公司领取3 581.30元工资和同年7月又在该公司领取300元工资的事实，该事实应认定为阮某与华通公司之间已经形成事实上的临时聘用关系。华通公司提出“带机械板桥”的平台拖车的主题构思及技术要求，并交阮某负责设计、制图和施工，故其技术条件由华通公司提供；PT25型平台拖车及其改进部分的资金由华通公司支付，其物质条件也由华通公司提供。从该实用新型申报专利的技术资料看，“带机械板桥”平台拖车的设计图纸及技术文件均署名华通公司，设计人除阮某外，还有华通公司的负责人苏卫民的署名，对该技术文件反映阮某工作身份隶属于华通公司的这一事实，阮某明知且予以认可。因此，涉案实用新型专利技术是阮某在执行华通公司临时交付的工作任务期间，利用华通公司的物质技术条件完成的发明创造。根据《中华人民共和国专利法实施细则》第11条第2款的规定，该项专利应属职务发明专利。2002年5月15日，华通公司委托湖北省黄石市三益专利事务所申报该项专利时，阮某以华通公司名义填写专利委托书，撰写专利书面文件，绘制专利设计图纸，将专利设计人确定为阮某，专利权人确定为华通公司。从委托书填报的内容及委托过程来看，双方当事人就本案争议的专利权归属问题已经达成一致。

二审法院认为：阮某并非是华通公司职工，双方当事人在生产二台 PT25 型拖车时是一个加工承揽关系。而本案中“带机械板桥”平台拖车实用新型专利所载明的技术方案是阮某和华通公司在履行平台拖车生产协议过程中形成的，在双方的协议中并未涉及改装机械板桥及相关技术方案的内容，根据《中华人民共和国合同法》第 339 条的规定，本案中该技术成果本应归研究开发人阮某所有。

但是在 2002 年 4 月底，华通公司提出将上述设计改装的“带机械板桥”的平台拖车技术方案申报专利，并于 5 月 15 日与湖北省黄石市三益专利事务所签订专利委托代理协议书一份。专利申报期间，阮某在明知该委托书填报申请人是华通公司，其本人仅填报为发明人的情况下，为该平台拖车申报实用新型专利制作设计图纸、计算数据、撰写和修改申报专利技术文件，华通公司承担该专利申报所需费用，对该文件加盖了公章。2003 年 4 月 30 日，国家知识产权局将“带机械板桥的平台拖车”实用新型专利公告、授权，该项专利权的授权证书中载明的设计人为阮某，专利权人为华通公司。故从双方在此申报过程中的行为来看，应当认定双方当事人就本案争议的专利权归属问题已经达成一致，即阮某已事实上认可该项技术的所有权人从其本人变更为华通公司。

评析探讨

本案一审原告阮某接受一审被告华通公司的委托完成机器生产任务，在生产过程中，阮某根据华通公司的建议对机器进行改造，并将改造的结果申请专利。申请专利文书写明权利人为华通公司，设计人为阮某。本案的关键点是，专利申请权以及专利权的归属是写明为权利人的华通公司还是写明为设计人的阮某。一审法院认定两者之间是事实劳动关系，专利为职务发明，因而归属华通公司。二审法院认为是委托发明，但是当事人作出协商，因而专利也是归属华通公司。虽然结果相同，但是二级法院根据的理由完全不同。

职务发明，重在“职务”二字，即前提是劳动关系的存在。劳动关系最主要的证明是书面劳动合同。但是，书面劳动合同不是劳动关系存在的唯一依据，没有书面劳动合同的，只要确实存在劳动关系，也可以成立口头劳动合同。根据专利法律的规定，职务发明有两种情形：一是履行工作职责产生的发明创造；二是主要利用单位物质技术条件的发明创造。判断是否是职务发明，首先应确定是否存在劳动关系，再判定是否符合职务发明的两种情形，而不可以以相反的顺序论证。

委托发明，是指受托人接受他人委托，根据委托人的要求并接受委托人支付的报酬完成的发明创造。仅从定义上看，委托关系类似劳动关系，均是以劳动换取报酬，也均是根据委托人/单位的指示行为。在存在可能被认定为事实劳动关系的情形下，劳动关系与委托关系的界限更加模糊。但是，劳动关系当事方之间存在附属关系，劳动者以工资的形式接受报酬，即使是临时用人单位，劳动者与单位关系也是如此；委托关系的受托人是独立的个体，无须遵守委托人制定的单位内部规章，接受的报酬不是以工资的形式支付。本案当事人阮某虽然根据华通公司旨意行为，但是却没有证据显示其为华通公司员工：阮某已经是退休人员；阮某没有以工资形式接受报酬；阮某无须遵守华通公司内部规定。华通公司为阮某提供生产资料也不能证明阮某为其职员，特别是提供生产资料是合同约定一部分，而且合同还约定了生产场地所发生的费用由阮某承担，使用的也都是“加工”的字眼。很明显，本案当事人之间是委托关系，而非劳动关系。

阮某以自己行为表明了其认可华通公司申请专利，进而不再拥有专利申请权以及专利权。委托关系产生的专利可以通过当事人事先约定来确定权属。但是，劳动关系中为完成本职工作产生的专利，法律规定了属于单位，却没有规定是否可以事先协议确定归属。法律只是规定了利用单位物质技术产生的专利可以协商归属，而实际上，用人单位也有时确实和其员工商定由谁取得专利权，比如两者共同作为申请人申请专利。所以，如果法律也规定劳动关系产生的专利可以用合同来协定归属，类似委托合同产生专利一样，本案就不需要争议到底是劳动关系还是委托关系，只需要看当事人就专利归属是否已经达成协定。

第四节　专利使用纠纷

主题案例

王某（甲）、王某（乙）、吕某、梅某与某无线电厂专利实施许可合同纠纷案①

案情回顾

“单人便携式浴箱”于1989年6月1日由中国专利局授予专利权，专利权为王某（甲）、王某（乙）、吕某共有。王某（甲）、王某（乙）、梅某与某无线电厂于1989年9月1日签订了专利技术转让合同，并于1989年10月14日向某无线电厂提交了全套图

① 案例详见中华人民共和国最高人民法院（2006）民三提字第2号民事判决书。

纸和设计资料，某无线电厂按合同支付了1.3万元入门费。后进行了调试和试生产。在此合同基础上，根据某无线电厂的要求，王某（甲）、王某（乙）、梅某与某无线电厂重新签订排他性专利实施许可合同。王某（甲）代表王某（乙）、梅某在合同文本上签字。1991年3月20日，王某（甲）与某无线电厂签订终止合同协议书，以该合同涉及的单人便携式浴箱的结构形式在生产中无法实施为主要理由终止了合同。王某（甲）与王某（乙）、吕某、梅某三位第三人之间的专利权属纠纷业经哈尔滨市中级人民法院（94）哈经初字第229号判决确认为，“单人便携式浴箱”实用新型非职务发明专利权属为王某（甲）、王某（乙）、吕某共有，效益分配比例为王某（甲）45%，王某（乙）35%，吕某15%，梅某5%。王某（甲）、王某（乙）、吕某、梅某认为王某（甲）单独与某无线电厂解除合同的行为不应该生效，某无线电厂应该继续履行合同，支付许可费。

争议焦点

1. 专利许可合同是否有效？
2. 专利许可合同是否合法解除？

裁判意见

一审法院认为：王某（甲）与某无线电厂签订的专利实施许可合同为有效合同，双方在履行过程中，根据实际情况自愿签订的终止合同协议书亦不违反法律规定。经法院判决确认专利权为王某（甲）及王某（乙）、吕某共有，某无线电厂应按约定给付王某（甲）及王某（乙）、吕某、梅某相应的使用费，使用费给付应计算到终止合同协议书签订日期为止。此款某无线电厂已实际支付，王某（甲）及王某（乙）、吕某、梅某应按法院判决确认的分配比例分享。

二审法院认为：1990年11月1日，王某（甲）本人并代表王某（乙）、梅某与某无线电厂签订的“排他性专利实施许可合同”，是双方当事人真实表示，不违反法律规定，应认定为有效。但该合同中第10条、第11条关于某无线电厂不按时支付使用费，则每月按5%计付滞纳金和一方违约，应赔偿对方经济损失的5%的约定，没有法律依据不应予以保护。该合同签订时，王某（甲）系作为三人代表在合同文本上签字，某无线电厂对此是明知的。1991年3月20日，王某（甲）在没有征得王某（乙）、梅某同意和授权的情况下，以个人名义与某无线电厂签订“终止合同协议书”侵害了他人的合法权益，且“终止合同协议书”签订后，某无线电厂并没有返还技术的全套设计图纸和设计资料，仍然使用该专利技术进行生产，至1993年7月10日还在支付专利使用费，这些行为说明终止合同协议书并未实际履行。王某（甲）等人发生权属争议后，经有关部门和法院确认专利权为王某（甲）、王某（乙）、吕某共有。依照法律规定，1989年6月1日中国专利局授予该专利权之日，专利权即为王某（甲）、王某（乙）、吕某共有。王某（甲）擅自以个人名义与某无线电厂签订“终止合同协议书”应认定无效。原一审法院认定王某（甲）与某无线电厂签订“终止合同协议书”有效不当，应予纠正。某无线电厂应按照排他实施许可合同的约定向王某（甲）、王某（乙）、吕某、梅某支付专利使用费。

原再审法院认为：王某（甲）作为专利号 88202076.5 当时唯一的专利权人与某无线电厂签订的专利实施许可合同，虽代表非专利权人王某（乙）、梅某签订（不含吕某），但该合同并未约定专利的处分权归上述三个人共有，也未就有关专利实施许可的收益问题对王某（乙）、梅某作出分配数额的约定。1991 年 3 月 20 日王某（甲）与某无线电厂签订“终止合同协议书”时，仍是专利证书上所记载的唯一专利权人。某无线电厂签订“终止合同协议书”是应专利权人王某（甲）的请求签订，在此期间，王某（乙）、吕某、梅某等人对 88202076.5 专利权与王某（甲）共有的权利并未依法得以确认，而且原告及第三人等亦未举证证明，某无线电厂应王某（甲）的请求签订“终止合同协议”有损害第三人合法权益的恶意。实施许可合同和“终止合同协议书”的专利实施许可方均由王某（甲）一人签字，故两份合同的效力应作同一认定。王某（甲）以专利权人身份与某无线电厂签订的上述两份合同，符合《中华人民共和国专利法》的规定，均为有效合同。专利权经确认为共有时，某无线电厂基于专利实施许可合同所负的义务已经依“终止合同协议书”解除，某无线电厂与王某（甲）等人之间已不存在合同关系。原二审判决依第三人等事后被确认的专利共有权否认事前已形成的合同被解除的客观事实，没有法律依据。

再审法院认为：专利权人与其他非专利权人共同作为专利实施许可合同的一方，特别是合同对其他非专利权人也约定了权利义务的情况下，专利权人行使专利权应当受到合同的约束。不经过其他非专利权人的同意，专利权人无权独自解除所签订的专利实施许可合同，否则，就会损害合同其他当事人的合法权益。1990 年 11 月 1 日签订专利实施许可合同时，王某（甲）是作为甲方（王某（甲）、王某（乙）、梅某）代表签名，该合同虽没有约定专利的处分权归上述三人共有，但约定了甲方有获得入门费、专利使用费的权利。该合同虽未约定其他两人的收益数额，但没有约定的只是具体的分配比例，并不是没有约定两人应获得收益。1991 年 3 月 20 日，王某（甲）与某无线电厂签订终止协议书时，未经其他许可人的同意和授权，擅自终止原签订的专利实施许可合同，损害了其他许可人的利益。原再审判决以王某（甲）虽然代表王某（乙）、梅某签订专利实施许可合同，但该合同并未约定专利的处分权归上述三人共有，也未对收益问题对其他两人作出数额约定；王某（甲）作为当时唯一的专利权人有权签订终止合同协议书；王某（甲）等人未举证证明某无线电厂有恶意为由，作出的王某（甲）的行为符合专利法的规定，其签订的终止合同协议书有效的认定错误，应予纠正。

评析探讨

本案案情并不是特别复杂，但是却经过四次法院审理过程。一审、原再审法院支持某无线电厂，二审法院、再审法院支持王某（甲）等当事人。而且，即使一审法院、原再审法院，二审法院、再审法院得出的裁判结果相同，说理也不同。可见该案分歧之大。本案各法院的争论主要围绕在王某（甲）解除合同的行为是否有效，即许可合同是否依法解除。认可合同已经依法解除的法院认为王某（甲）为专利权人，与某无线电厂解除合同是双方合意的结果，但是却忽略了王某并非是唯一专利权人的事实。这点事实不是从法院在合同解除之后，确认专利归属的判决中得到的，而是专利权证书上写明的专利权人原本就并非王某（甲）一人。可见，原再审法院在认定事实上存在问题。

二审法院认为合同尚未解除与再审法院认定合同未解除的理由不同。二审法院在认为王某（甲）不可以未经其他合同当事人同意基础上解除合同外，还认为某无线电厂的行为导致合同事实上仍在生效。涉案专利许可合同的当事人除了专利权人外，还包括非专利权人的梅某。多方当事人共同缔结的合同应该在多方当事人协商一致基础上方可解决，这是合同基本法律制度，而专利许可合同除了遵循专利法律制度外，还应该符合合同法律的规定。可见，二审法院以及再审法院的观点更为可取。

本案法院没有深入讨论合同的效力问题。一般认为，合同是否解除以合同有效为前提。特别是本案中合同效力也存在争议的情况下。涉案合同的当事人包括专利权人王某(甲)、王某（乙），还包括非专利权人梅某，但是涉案专利为三人共有，吕某也是专利共有人。在签订合同时，王某（甲）代表了王某（乙）以及非权利人梅某，却不能确定吕某对专利许可的态度。1989 年《技术合同法实施条例》要求许可合同应该取得所有技术共有人的一致同意。这种一致同意应该理解为，没有取得全部专利权人同意的许可合同无效，而不管被许可人主观上是否有过错。实际上，这种情况下，被许可人被推定主观上有过错，因为他在签订许可合同时，应该对被许可的专利情况有详细的了解。《专利法》将条件降到更宽，一般许可合同情况下，无须得到所有专利权人的一致同意，但是应该在所有专利权人之间分配专利许可报酬；独占许可以及排他许可，因为对专利权人影响大，还应该得到所有专利权人一致同意。本案是排他性专利实施许可，应该得到包括吕某在内的所有专利权人的同意。虽然本案吕某作为原告也要求法院确认解除合同的行为无效，但是法院在处理专利许可合同时，均没有讨论专利许可合同的效力。

第五节　专利权的限制

主题案例

谭某与杭州某电器有限公司侵犯实用新型专利权纠纷上诉案①

案情回顾

谭某于2001年12月20日向国家知识产权局申请了名为“浴霸通用的红外线遥控装置”的实用新型专利，授权公告日为2002年11月20日，专利号为ZL01278674.8，目前专利有效。该专利的独立权利要求为：“一种浴霸通用的红外线遥控装置，其特征在于：该遥控装置由控制板，红外线遥控发射器，遥控接收器组成，遥控发射器发射按键编码信号至遥控接收器，再由遥控接收器传输到控制板，该编码信号经控制板中的主机解码后动作开关电路，进而控制负载有序工作；所述控制板，设有主机经开关电路接负载，主机还分别与遥控接收器、电源电路连接，电源电路分别向控制板的各电路以及遥控接收器供电。”2001年8月被上诉人杭州某电器有限公司（以下简称某公司）引进澳洲技术，建成规范的生产浴霸流水线。2001年10月17日中国电工产品认证委员会对型号为A736Q、A737P、A737K、A737R的某取暖器出具了认可证书。2002年某公司生产、销售过A736Q、A737K、A737M、A737R、A737P、A737N、A735B等7种遥控浴霸。2004年某公司年生产量为50万台。

争议焦点

杭州某电器有限公司是否侵犯了谭某的专利权？

裁判意见

一审法院认为：某公司认为其在申请日之前生产了用于浴霸产品的遥控器，该遥控器与谭某的专利相同，提出先用权抗辩。同时，谭某于2003年5月21日出具的补充说明也认可在其专利申请日前某公司已经制造相同产品，即在先使用。原审法院认为，已经生效的（2007）杭行初字第19号和（2008）浙行终字第8号行政判决书均已经认定

① 浙江省高级人民法院民事判决书（2009）浙知终字第181号。

杭知案［2003］第004号裁定某公司在先使用权成立具有公定力，根据《最高人民法院关于民事诉讼证据的若干规定》第9条第1款之规定："下列事实，当事人无需举证证明：……（四）已为人民法院发生法律效力的裁判所确认的事实；……"，且谭某并未提出相反证据足以推翻上述认定，应视为在谭某专利申请日前某公司已经制造相同产品，即在先使用。同时，谭某并未举证证明某公司在其专利申请日之后的生产行为超出了原有的范围。根据《中华人民共和国专利法》第63条第1款之规定："有下列情形之一，不视为侵犯专利权：……（二）在专利申请日前已经制造相同产品、使用相同方法或者已经作好制造、使用的必要准备，并且仅在原有范围内继续制造、使用的；……"，某公司的先用权抗辩成立。故某公司的生产、销售被控侵权产品的行为不视为侵犯专利权。

二审法院认为：至于某公司是否侵犯了谭某涉案专利权，需要就某公司在谭某涉案专利申请日之后的生产行为是否超出了原有范围作出认定。对此事实的举证责任应由提出相应主张的谭某承担，而谭某并未提供在杭知案［2007－1－001］号专利侵权纠纷决定书及后续的行政决定和行政判决已认定以外的证据加以证明，原审法院已根据谭某的证据保全及证据调取申请到某公司及杭州百货大楼调查取证，但并未查证某公司存在超出原有范围的生产、销售行为。因此某公司在本案中并未侵犯谭某涉案专利权。

评析探讨

本案被告杭州某电器有限公司援引在先使用权作为不侵权抗辩，这可以看出被告使用的是与原告实用新型专利技术相同的技术。本案的争议点围绕在被告是否可以继续使用其技术。

在先使用权，需要满足三个条件：一是时间要件；二是行为要件；三是范围的限制。所谓时间要件，是指要求在使用行为发生在专利申请日（或者优先权日）前。本案实用新型专利的申请时间是2001年12月，被告引进技术的时间的2001年8月，时间早于原告申请日。所谓行为要件，是指要求被诉侵权人已经"使用"技术。一方面，使用可以是自己实际的使用，也可以是制造行为。又因为制造不只是满足自己使用的需要，所以，使用还可以理解为包括制造后的销售。另一方面，使用需要是实际的使用，不能是计划使用，也不可以是许诺销售的使用，还不可以是仅为销售而不实际制造。本案被告从外国引进技术，建成生产流水线，符合"使用"的要求。需要澄清的一点是，专利申请日前已经出现使用专利技术的行为不一定会导致专利的无效。因为专利需要满足的新颖性要求，是专利技术不能在申请日前被公众广泛知道。如果，某一技术虽然被使用，但只是在小范围内使用，或者被当成商业秘密使用，这些使用不会破坏在后申请的专利的新颖性。所谓范围的限制，是指使用不能超过申请日前已有的生产规模以及利用已有的生产设备或者根据已有的生产准备可以达到的生产规模。本案被告是从外国引进设备，因此范围的限制实际上是指被告的生产规模不能超过专利申请日前，被告已经建成的生产线的生产能力。本案被告生产的产品类型以及年度生产量均不能有效地说明被告是否超过原有的生产范围。

被告援引在先使用权作为侵权抗辩缘由，被告应该承担举证责任。举证的内容包括，其是否在申请日前已经使用或者做好使用的准备、其是否超过原有生产范围使用专利技术。本案，法院驳回原告诉求的理由是原告没有提供充分的证据，这并不是说原告有证明被告没有在先使用权利的义务，而是，在诉讼前行政机关以及法院行政庭均认定被告没有超过原先使用的范围，原告想要推翻这些官方文件，需要自己提供更加有效的证据。

第六节 专利侵权纠纷

主题案例

外国某公司与浙江某眼镜公司侵犯发明专利权纠纷案①

案情回顾

外国某公司于1996年4月24日向国家知识产权局申请了申请号为96191123.9.名称为“弹簧铰链的制造方法”的发明专利，2001年10月24日被授予专利权。在国家知识产权局对涉案专利申请进行实质审查的过程中，申请再审人在答复审查员发出的第二次审查意见通知书时对权利要求书进行了修改，并就“权利要求1的方案是完整的”陈述如下意见：“申请再审人认为将权利要求3所述的特征补充进权利要求1并非必要。在铰接件尚与金属带连接并从而设置在一个预定的位置上时，通过对铰接件进行冲压或变形，以及通过将弹簧件安装在铰接件上，就可以改进装配弹簧铰接部件的方法。”

授权公告的权利要求1为：“1. 一种制造弹簧铰链的方法。该铰链由至少一个外壳、一个铰接件和一个弹簧构成，其特征是该方法包括下述步骤：提供一用于形成铰接件的金属带；切割出大致与铰接件外形一致的区域；通过冲压形成一圆形部分以形成铰接件的凸肩；冲出铰接件的铰接孔。”

① 最高人民法院民事裁定书（2008）民申字第980号。

涉案专利的说明书中有如下记载："众所周知，弹簧铰链具有一装弹簧件的外壳，弹簧件可随与眼镜腿连接的弹簧铰链超过正常的戴镜位置移动，并对眼镜腿施加预应力，通过预应力使眼镜腿对着戴镜人的头施压。业已证明，这种弹簧铰链的缺点是制造费用很高。""这种弹簧件一般由一个铰接件、一个锁紧件和一个弹簧件组成，由于这些零件的尺寸很小，组装相当复杂。又由于这些零件通常都是散装料供给，所以首先需要麻烦地找正，才能把各件组装在正确的位置上。所以，本发明的任务在于，提供一种弹簧铰链的经济制作方法，并改进零件的搬运，因而产生良好的经济效益。""在本发明中，用金属带加工的铰接件在铰接件仍与金属带连接时进行弹簧件和最好锁紧件安装，这样在部件组装之前一方面取消了铰接件的中间加垫，另一方面又取消了铰接件的找正。""组成的部件不从金属带上切断，因而搬运到弹簧铰链外壳中使用特别方便。"

浙江某眼镜公司也开始加工类似产品，其加工过程为：第一，人工将从金属带材送入冲压机冲下铰接件；第二，人工用钳子夹住铰接件前部，用锻压机将铰接件后部砸圆；第三，人工用钳子夹住铰接件前部，将铰接件插入打孔机内打孔；第四，人工用铅丝从铰接件前部圆孔中穿过，将若干个铰接件穿在一起后用抛光轮抛光。外国某公司认为，浙江某眼镜公司擅自使用其专利方法侵犯了其专利权，故向法院起诉。在案件审理过程中，申请再审人先后提交了两份不同的《发明人海因茨·莫斯尼出具的声明》以及一份《关于本专利的背景技术介绍》。根据所述文件记载的有关内容，涉案专利的背景技术主要包括如下步骤：第一，准备一种特殊的成形件，该成形件的制造过程非常复杂，耗资巨大；第二，使用专用锯床锯断成形件，形成单个的铰接件毛坯件；第三，用铣床对单个的毛坯件进行铣削加工，将细杆件加工成形，这道加工工序也很复杂，且铣床磨损十分严重，所使用的铣床很贵，在这个加工过程中还需使用复杂的工件夹紧装置固定铰接件；第四，加工铰链孔。

争议焦点

1. 判断方法专利是否被使用该不该考虑制造方法的步骤？

2. 在解释专利保护范围时应该考虑的因素有哪些？

裁判意见

一审法院认为：浙江某眼镜公司加工铰接件的方法为在金属带材上通过冲压的方式冲下铰接件，即浙江某眼镜公司所称的"冲裁落料"（而涉案专利则是在铰接件安装弹簧件装配单元之前仍与金属带连接），尔后由人工手持钳子夹住铰接件，将铰接件凸肩延伸部分用锻压机砸圆，即浙江某眼镜公司所称的"模锻"，再由人工将铰接件插入打孔机进行打孔。将权利要求 1 与浙江某眼镜公司的加工方法对比可以看出，浙江某眼镜公司加工铰接件的方法与权利要求 1 的保护范围无明显差异，涉案专利的权利要求 1 为四个步骤，浙江某眼镜公司的加工步骤亦为四个，在将铰接件从金属带材上冲下后，模锻、打孔的顺序虽然可调，但顺序的调整并未产生新的效果。综上所述，浙江某眼镜公司加工生产铰接件的方法与涉案专利权利要求1所保护的方法等同，落入了涉案专利权利要求1的保护范围。

二审法院认为：涉案专利说明书的记载，涉案专利技术方案是建立在铰接件同金属带料不分离且各步骤先后顺延的情况下实现的，这既是涉案专利的发明目的，又是涉案专利方法的特征和效果的体现。将铰接件从金属带料分离下来或步骤变化均无法实现涉案专利方法的技术效果和技术目的。被控侵权产品中铰接件的制造方法包括：第一，金属带材；第二，冲下铰接件；第三，砸圆；第四，打孔该加工方法是首先将铰接件与金属带料分离下来，采取传统机械加工工艺中的冲裁、锻压和冲孔设备逐一完成的，其中砸圆和打孔的顺序可调。由此可见，这与专利方案所采取的铰接件同金属带料不分离且各步骤先后顺延的方法不同，被控侵权产品的制造方法与专利方法既不相同也不等同，没有落入涉案专利权的保护范围。

再审法院支持二审法院的裁决，并认为："切割出大致与铰接件外形一致的区域"是指金属带的一部分，而被控技术铰接件与金属带完全分离，两者不能等同，故而不侵权。

评析探讨

本案是方法专利侵权纠纷，法院需要做的是比对被诉技术是否落入专利的保护范围。涉案方法专利的具体实施步骤以及被诉技术的操作流程等均牵涉复杂的技术问题，但选取本案例的目的主要是在解析法院如何判定专利侵权，因而该部分将忽略具体技术方案的分析。

被诉技术生产流程为4个，数量上与方法专利相同，但实质操作流程不同。因而，涉案方法专利的保护范围是否与权利要求书写明的操作顺序有关就直接影响到专利的权利范围。具体来说，如果方法专利限于权利要求书书写的操作步骤，涉案方法专利保护范围也就受制于该步骤，保护范围也相应更小。一审法院认为方法专利写明的4个步骤没有先后顺序，因而被诉技术即使与方法专利操作步骤不同，仍落入专利保护范围。二审法院与再审法院则认为，权利要求书写明的步骤有先后顺序之分，调整顺序不能得到专利权人追求的效果。然而，单从权利要求书本身的记载并不能得出是否该考虑方法专利的实施步骤。支持理解权利要求书应该有顺序的法院认为，专利行政部门在审查专利申请文件时，是按照专利权利要求书书写的顺序进行，而且普通技术人员也是根据权利要求书的记载实施专利，不会将方法专利的权利要求书记载的实施步骤重新排序实施。法院为支持其观点，从普通技术人员将如何阅读并实施公布的专利技术的角度出发，与专利法律要求的解释专利文件应根据本领域普通技术人员的理解相符合。因而，方法专利的实施应该按照权利要求书记载的顺序进行更符合法律的规定。

此外，再审法院还提出了被诉技术与方法专利不同的另外一点考量，即如何理解权利要求书中的“切割出大致与铰接件外形一致的区域”这句话。被诉技术的铰接件与金属带料分离，而方法专利的铰接件与金属带是否分离不是很明确。法院在理解时，结合了方法专利的说明书以及附图理解。方法专利说明书提出，涉案方法专利是“提供一种弹簧铰链的经济制作方法，并改进零件的搬运”，“组成的部件不从金属带上切断，因而搬运到弹簧铰链外壳中使用特别方便”，这些可以看出铰接件与金属带是连接在一起。另外，原告在法庭上提交的《发明人海因茨·莫斯尼出具的声明》、《关于本专利的背景技术介绍》等说明文件也被法院用来解释方法专利权利说明书中不清楚的地方。法院认为其提交的文件可以说明原告专利的突出地方正是无需步步加工、分离，而是在这个条带金属材料上切削，冲印，冲压等，再把弹簧铰链最后一步才从金属带上切下来。再审法院的做法符合专利法律规定的，确定专利权保护范围可以结合专利的技术背景资料、工具书、教科书等公知文件进行理解。此外，专利权人在向专利行政部门申请专利时曾作出的声明也被法院用来理解涉案专利的技术特征。专利权人向专利行政部门表示，“权利要求1的方案是完整的”“在铰接件尚与金属带连接并从而设置在一个预定的位置上时，通过对铰接件进行冲压或变形，以及通过将弹簧件安装在铰接件上，就可以改进装配弹簧铰接部件的方法”，这点也可以看出金属带与铰接件在生产过程中是相连的这一特征。专利权人放弃的权利不得成为其后主张他人侵权时的依据，同样，其作出的留在专利行政部门的声明、说明，也可以用来解释专利保护范围。综上所述，二审法院、再审法院从普通技术人员的角度出发，以权利要求书为中心，结合说明书、附图、权利人的声明、专利技术背景资料来理解专利保护范围的做法更为可取。

专题三

商 标

第一节 基本原理

商标俗称品牌，是一种识别标识，通常使用于商品包装上，指向该商品的提供者，将其与其他商品提供者相区分，从而使得消费者可以追溯该商品的来源。各国或国际组织对于商标有不同的定义。一般认为，商标是指生产者、经营者为使自己的商品或服务与他人的商品或服务相区别，而使用在商品及其包装上或服务标记上的由文字、图形、字母、数字、三维标志和颜色组合，以及上述要素的组合所构成的一种可视性标志。简言之，商标就是能够将一个企业的商品或者服务同其他企业的商品或者服务区别开来的标志。

商标权是一种无形财产权。无形相对有形而言。例如，对一辆车的所有权的权利标的是这辆车，我们可以看到或者触摸到这辆车；而商标权的权利标的只能依法存在，不能被感知。有些大陆法系国家，在财产法、担保法等法中把知识产权称为“以权利为标的”的“物权”；有些英美法系国家，则把它（知识产权）称为“诉讼中的准物权”或“无形准动产”。[①] 由此可见，作为知识产权的商标权尽管和所附随的产品不可分离，也需要以一定的标识存在，商标权却只是一种权利，无法物化。商标权是财产权，具有“排他性”，没得到权利人许可，也无法律规定的例外情形，使用他人商标的，构成商标侵权。也正因为商标权的专有性，我国《商标法》[②] 保护的是注册商标，而不是一切商标。该法第 3 条第 1 款即规定：“经商标局核准注册的商标为注册商标，包括商品商

---

① 郑成思．知识产权论．北京：法律出版社，2007：46.

② 文中没有特别注明的，《商标法》均指《中华人民共和国商标法》，该法于 1982 年 8 月 23 日第五届全国人民代表大会常务委员会第二十四次会议通过；根据 2001 年 10 月 27 日第九届全国人民代表大会常务委员会第二十四次会议《关于修改〈中华人民共和国商标法〉的决定》第二次修正。

标、服务商标和集体商标、证明商标；商标注册人享有商标专用权，受法律保护。”

商标权具有时间和地域属性。时间性并不是说商标会随着时间的消逝而消灭，而是法律强制规定商标权享有的期限，在该期限过后，如果不经续展，原权利人的商标权丧失。商标的地域属性，是指在一个国家享有商标权的商标，并不当然在另一个国家同样享有权利。虽然通过国际条约的缔结，或根据互惠原则一国承认他国商标可以在本国申请注册获得权利，但是商标的地域属性仍然很明显，这表现为没有根据本国法律注册的外国商标仍不享有权利。在一国取得商标权后，由于各国根据本国法律保护享有权利的商标，在其他国家丧失权利的商标在该国不一定丧失权利。商标的地域属性还表现在，有的国家规定，即使权利人在外国将含商标的商品投放市场（包括许可他人使用投放市场），他人未经商标权人同意，进口带该商标的商品进入本国，仍可能构成对商标权利人在本国商标权的侵犯。

根据全球领先的市场研究机构华通明略公布的2010年全球品牌百强排行榜，前十名品牌和其各自的价值（百万美元）分别是：Google（114260）；IBM（86383）；Apple（83153）；Microsoft（76344）；Coca-Cola（67983）；McDonald's（66005）；Marlboro（57047）；China Mobile（52616）；GE（45054）；Vodafone（44404）。可见，商标的价值可以用货币表现，与一般的财产权无异。但是，作为知识产权的一种，商标权又有其特殊之处。本章将会介绍与商标有关的一些基本法律制度。

一、商标权主体

商标权的主体是商标的所有人，其有权使用和处分商标。因为商标权是一种经济权利，所以对商标权主体的确定不似著作权，更为简单。这里只需要注意以下几点。

（一）主体类型

首先，修改前的《商标法》只允许企业、个体工商户以及外国自然人申请商标注册，中国自然人被排除在外。2001年《商标法》第4条第1款规定：“自然人、法人或者其他组织对其生产、制造、加工、拣选或者经销的商品，需要取得商标专用权的，应当向商标局申请商标注册。”可见，现在我国自然人也可以单独取得商标所有权。

其次，由于商标权的地域属性，在外国拥有所有权的商标在中国不一定受商标法保护，所以外国人还需要根据中国的《商标法》和中国加入的国际条约的规定在中国境内取得商标权。外国人可以委托中国政府认可的具有商标代理资格的组织直接向中国商标局提出注册申请，也可以根据中国加入的《商标国际注册马德里协定有关议定书》以及中国国内颁布的《马德里商标国际注册实施办法》对中国提起商标国际注册申请。

最后，商标的主体除了可以是单一个人（包括自然人和法人）外，还可以是集体。这就是我们通常说的集体商标。所谓集体商标，是指以团体、协会或者其他组织名义注册，供该组织成员在商事活动中使用，以表明使用者在该组织中的成员资格的标志。根据国家工商局制定的《集体商标、证明商标注册和管理办法》的规定，申请集体商标的主体需要满足一定的资质条件，使用集体商标的只能是该集体内的成员。但是，如果是将地理标志注册为集体商标的，不要求参加该集体的，只要其商品符合该地理标志条件，也可以使用该注册为集体商标的地理标志。

（二）主体产生途径

商标权主体产生的途径可以分为原始取得和继受取得。

商标的原始取得是指商标权产生后的首次取得。纵观各国做法，原始取得的方式又可以分为根据使用取得商标权、根据注册取得商标权、根据使用或注册均可取得商标权。使用取得商标权将商标专用权授予先使用人，体现了商标的功能和价值，但是却不利于权利的确定，主张先使用的商品生产者难以证明其先使用的具体时间，其他生产者也不知道自己使用的商标是否已经被人先使用，商标权利处于不稳定的状态。除美国外，现在很少国家采取使用在先取得制度。大多数国家均规定将商标专用权授予在国家机关登记注册的申请人，即根据注册取得商标权。《商标法》采取的是自愿注册制度，即除了必须使用注册商标的人用药品和烟草制品外，商标使用者可以自由决定是否注册商标。不过，法律保护的是注册商标，未注册商标可以使用，但是如果侵犯其他注册商标权时则构成侵权。注册取得商标制度使得商标权利归属更加明确和透明，但却容易引发"抢注"的出现，即将他人商标注册为自己所有。为解决这一问题，很多国家在规定根据注册取得商标权时，又认可了一些商标的在先使用的权利。《商标法》第31条规定："申请商标注册不得损害他人现有的在先权利，也不得以不正当手段抢注他人已经使用并有一定影响的商标。"可见，法律将在先使用的权利并不是给予一切标记，而是经使用并有一定影响的商标，而这类商标也往往容易被抢注。

商标的继受取得是指商标权转移后的再次取得。商标继受取得的方式有商标转让、商标继承、企业合并后的概括承受等。商标不能脱离商品以及商品生产者独立存在，因为商标的作用是区别商品的出处，但是商标作为一种无形财产权却可以单独转让。转让注册商标的，转让人和受让人要签订转让协议，并向商标主管机关提出申请，经主管机关核准并公告后，受让人才取得商标专有权。为保证商品质量，《商标法》第39条要求受让人应当保证使用该注册商标的商品质量。

（三）商标共有的情形

共有是指两个以上权利人对某权利标的的共同享有。根据民法关于共有的规定可知，共有分为共同共有和按份共有，不能证明是按份共有的视为共同共有。共有人不能单独处分共有财产。得到其他共有人允许后可以处分的，其他共有人也有优先购买权。商标共有也需要遵循共有的一般法律规定。

商标共有可以分为原始共有以及继受共有。《商标法》第5条规定："两个以上的自然人、法人或其他组织可以共同向商标局申请注册同一商标，共同享有和行使该商标专用权。"当事人主观上有共同所有的意思，向商标局共同申请同一商标是商标原始取得的最主要途径。继受取得可以基于继承、企业分立等缘由，继受取得的商标共有与原始取得的商标共有在法律上的地位相同。理解商标共有法律制度需要注意以下三点：首先，商标共有的是商标权利标的，而非商标权利换得的经济收益。根据我国《婚姻法》的规定，在没有特别约定时，夫妻对婚姻关系存续期间所得的知识产权收益共同所有。这个共同所有并非是对商标的共有，而是对商标权产生的收益的共同所有，因而夫妻一方仍不可以擅自处置归另一方所有的商标。其次，商标共有不同于商标共存。商标权利人对使用在相同或相似产品上的相同或相似标识不提出异议，或提出异议的时间超过了法律规定的期限时，商标共存则成为客观存在的现象。商标共存与商标共有的差别是商标共存人缺乏商标共有的意思，商标共存人也不共同处分商标。最后，集体商标的主体是申请注册的集体，而非集体内成员，因而成员不对商标共有。成员可以使用集体商标，以表明其在该集体中的成员资格，但是却不能对该商标行使共有人的权利。

二、商标权客体

在我国，商标权的客体是商标权利指向的对象，即注册商标。注册商标按不同的标准可以分为不同的类别，主要有以下几大类：

（一）商品商标与服务商标

根据商标使用的对象的不同可以将商标分为商品商标与服务商标。其中，商品商标使用在商品生产者生产的商品上；服务商标使用在服务提供者提供的服务上。从数量来看，商品商标较服务商标多，《商标注册用商品和服务国际分类》表中商品商标占34类，服务商标占11类。中国1993年第一次修订《商标法》时开始从国内法角度保护服务商标，但为兼顾保护修订前未注册服务商标人的利益，从立法上作出过渡安排，对持续使用至1993年7月1日的服务商标，即使与他人在相同或相似服务上注册的商标相同或相似，也可以继续使用。1993年7月1日后中断使用3年以上的服务商标，不得继续使用。法律允许继续使用的未注册服务商标也受到限制，即不得在原使用基础上扩大使用，不得更改商标图形、色彩、结构等，不得转让或者许可该商标，不得注册该商标。

（二）集体商标、证明商标、联合商标与防御商标

根据商标作用和功能的不同，可以将商标分为集体商标、证明商标、联合商标与防御商标。集体商标在前面已经涉及，此处不再赘述。证明商标，是指由对某种商品或服务具有监督能力的组织所控制，而由该组织外的单位或者个人使用于其商品或者服务之

上，用以证明该商品或者服务的原产地、原制造方法、质量或者其他特定品质的标志。由于证明商标起到的是证明商品特定质量、规格的作用，所以证明商标的所有人与使用人不同，所有人不能使用该证明商标。另外，证明商标使用的标志不同于普通的商标，由证明商标的定义可知，证明商标使用的标志如果使用于普通商标上，则会因为具有功能性而被驳回申请或者撤销商标。此外，证明商标同集体商标一样，可以包含地名，而一般的商标不得包含县级以上行政区划的地名或者公众知晓的外国地名。

论及集体商标与证明商标，不得不提及地理标志。严格地讲，地理标志不是商标。《与贸易有关的知识产权协议》第 22 条对地理标志作如下定义：所谓地理标志是指标示出某商品来源于某成员国地域内，或来源于该地域中的某些地区或某地方，该商品的特定质量、信誉或其他特征，主要与该地理来源相关联。由于地理标志与特定地区的人文地理环境息息相关，为保护该地区生产者和所有消费者利益，法律对地理标志作出规定。我国《商标法》第 16 条第 1 款规定：“商标中有商品的地理标志，而该商品并非来源于该标志所标示的地区，误导公众的，不予注册并禁止使用；但是，已经善意取得注册的继续有效。”此外，由于地理标志主要以地名形式出现，法律限制以地名注册商标也有助于保护地理标志。符合地理标志条件的自然人、法人均可以使用该地理标志，所以当地理标志被非法利用时，利益受损方均可以依法制止侵权。我国允许地理标志以集体商标或证明商标的形式注册。由于集体商标的使用者是集体成员，为防止地理标志被注册为集体商标后，该标志地区的其他符合使用地理标志的厂家无法正常使用，《商标法实施条例》规定：“……以地理标志作为集体商标注册的，其商品符合使用该地理标志条件的自然人、法人或者其他组织，可以要求参加以该地理标志作为集体商标注册的团体、协会或者其他组织，该团体、协会或者其他组织应当依据其章程接纳为会员；不要求参加以该地理标志作为集体商标注册的团体、协会或者其他组织的，也可以正当使用该地理标志，该团体、协会或者其他组织无权禁止。”

联合商标，是商标注册者在同种商品或服务上注册多个相似的商标。防御商标，是商标注册者将同一个商标注册在不同的商品或服务种类上。联合商标和防御商标的差别是，联合商标是同种商品或服务，多个商标；防御商标是一个商标，多种商品或服务。有人认为驰名商标的保护使得联合商标与防御商标的必要性降低。其实不然，尽管法律规定在相同或相似商品或服务上使用与他人注册商标相同或近似的标志都将构成侵权，但是商标注册人注册商标的目的是使用，而不是被侵权后的诉讼，联合商标可以提前预防，使得同种商品或服务上使用相似商标变得更不可能。而且，即使发生诉讼，商标所有人也无须举证证明商标相同或相似，只需要提供其注册的其他相似商标证明即可。被认定为驰名商标需要系列条件，很多没有达到驰名商标要求的商标通过联合商标、防御商标注册，可以极大地减少侵权。由于法律对商标有使用的要求，一定期限内未使用的商标可能被撤销，因而联合商标还面临使用的问题。很多允许联合商标注册的国家规定，其中一个商标的使用可以视为整个联合商标的使用，使得联合商标的维系变得更加容易。

（三）视觉商标与非视觉商标

根据商标使用的标志的不同，可以将商标分为视觉商标与非视觉商标。《商标法》第 8 条规定："任何能将自然人、法人或者其他组织的商品与他人的商品区别开的可视性标志，包括文字、图形、字母、数字、三维标志和颜色组合，以及上述要素的组合，均可以作为商标申请注册。"可见，我国法律只对视觉可感知的标志才允许注册为商标。根据上述定义可以将视觉商标分为文字商标、图形商标、颜色商标以及组合商标。其中，文字商标是指以文字组成的商标，这些文字可以是中文，也可以是英文、字母或者少数民族文字。图形商标是指以图形构成的商标，由于图形易给消费者带来很大的视觉冲击力，图形商标也被广泛使用。图形商标除了平面图形外，还包括立体图形，也就是我们平时所说的三维标志，这些标志可见于商品包装外，也可以就是商品本身，比如 ZIPPO 打火机即是一件商品，本身也是一件商标。颜色商标是指以颜色构成的商标。我国《商标法》允许颜色组合作为商标注册，但是却没有规定单一颜色是否可以注册。单一颜色很多情形下因为缺乏显著性而不能成为注册商标。而且，在自然界颜色有限的情况下，允许注册颜色，使得某一颜色成为专有，有时会造成不公的现象。但是，如果某一颜色已经由于使用而具备显著性，并且该颜色不是某产品必须使用的颜色时，即该种颜色标识不具有功能性时，单一颜色成为注册商标仍然存在空间。外国某些法院也承认单一颜色可以作为注册商标保护。组合商标是指文字、颜色以及图形组合而成的商标，组合商标需要至少两种以上商标构成要素。

非视觉商标是指不能直观看到，但是可以通过听、闻、触摸到的商标。我国法律要求商标必须具有可视性，从而排除了非视觉商标作为商标注册的可能。《与贸易有关的知识产权协议》规定，任何能够将一企业的商品或服务与其他企业的商品或服务区分开的标记或标记组合，均应能够构成商标，而且，成员只是可以将"标记应系视觉可感知"作为注册条件，足可见，并没有排除非视觉商标注册的可能。很多国家也承认非视觉商标。欧共体对非视觉商标保护的条件是可以"书面表达"，而且书面表达必须"明白、准确、完整独立、便于接触、易于理解、持久和客观"。由于商标的作用是标识商品的来源，任何有这类功效的标记都不能排除有成为商标的可能。况且，科技的发展促使很多以前不能实现的事情渐渐变成现实，因而我国商标立法也需扩大商标的组成标志范围。

三、商标权的取得

商标权的取得需要满足法律规定的程序和条件，即一个商标需要在法律规定的条件下履行法律规定的程序才能得到法律的保护。一般情况下，法律保护的是获得注册的商标，但商标是否注册则属于自愿。除了法律规定必须注册的商标（比如烟草制品的商标）外，自然人、法人可以自由使用其商标，而无须注册。

由于商标权是一种财产权，具有排他性，因而《商标法》将商标专用权给予申请在先的商标。商标注册的申请日期以商标局收到申请文件的日期为准，而不是当事人投寄申请文件的日期。两个或两个以上当事人在同一天申请在相同或相似商品、服务上注册相同或相似商标的，各申请人应该在收到商标局通知之日起30日内提交其申请前在先使用该商标的证据，此时，商标专用权归属使用在先的当事人。同日使用或者均未使用的，各申请人可以在收到商标局通知之日起30日内自行协商，并将书面协议报送商标局。不愿协商或者协商不成的，商标局通知各当事人以抽签的方式确定一个申请人，驳回其他申请人的申请。

自然人、法人申请一个商标需要提交一份申请，这就是我们平时所说的一商标一申请。注册商标人需要变更注册人名义、地址或者其他注册事项的，应当提出的是变更申请，但是注册人需要扩大注册商标使用范围的，或者更改注册商标的，均需要重新提出申请，这也是一商标一申请的体现。

（一）商标取得的程序

商标注册需要满足法律规定的程序要求，因商标注册主体的不同可以将商标注册分为国内商标注册和涉外商标注册。

1. 国内商标注册

国内商标注册当事人需要先提出注册申请，启动注册程序。

首先，商标申请人应该提供能够证明其身份的有效复印件，并且申请人的名义需要与所提交的证件相一致。共同申请一项商标的，申请人需要在申请书中指定一个代表人，申请人没有指定的，以申请书中姓名书写顺序排列第一的为代表人，以便商标局与申请人联络。

其次，商标申请人提交的申请书以及其他文件应当符合法律的规定。申请人每一件商标注册申请需要向商标局提交《商标注册申请书》1份、商标图样5份。商标有颜色来增强其显著性的，商标申请人还需要提交着色图样5份、黑白稿1份，还需要在申请书中专门说明以及提交文字说明。商标的图样应当清晰、便于粘贴，用光洁耐用的纸张印刷或者用照片代替，长或宽应当不大于10厘米，不小于5厘米。申请三维标志注册的，需要在申请书中作出说明，以及提交能够确定三维形状的图样。申请集体、证明商标注册的，需要提交主体资格合格的证明。申请手续不齐备的或者未按照规定填写申请文件的，商标局不予受理。申请手续齐备或者申请文件基本符合规定，但是需要补正的，商标局通知申请人，限其在收到通知之日起30日内补正，否则视同放弃申请。按期以及按商标局的要求补正的，商标局保留其先前的申请日。

最后，申请商标注册应该按照商品分类表填写商品的类别和名称，商品分类表中没有囊括的商品或服务，申请人应该另外附送对该商品或服务的说明。目前我国使用的商品分类表是2002年制定的《类似商品和服务区分表》，该表参照第8版《商标注册用商品和服务国际分类尼斯协定》而制定。一份申请书可以指定若干商品或服务类别，每个类别，申请人需要缴纳1 000元人民币，每个类别限定申请注册10个商品或服务子项，每超过一个商品子项，增加缴纳100元人民币。

商标局收到商标申请人书面申请后，先是进行形式审查。形式审查的内容包括：申请人是否有资格申请商标、申请人提交的文件是否正确、申请人填写的基本资料是否详细和属实、申请人委托手续是否齐备、申请人是否缴纳申请费用等方面。商标通过商标局的形式审查后，商标局将对商标进行实质审查。实质审查的内容包括：商标是否属于法律规定的禁止使用范围之列、商标是否具有显著性、商标是否具有功能性、商标是否与在先权利冲突、商标是否以欺骗等非法手段取得等方面。通过商标实质审查的商标将公布在《商标公告》上，部分通过实质审查的商标也将部分地公布。没有通过实质审查的商标将被驳回申请、不予公告，申请人不服商标局决定的，可以自收到商标局驳回通知之日起15日内向商标评审委员会申请复审。当事人对商标评审委员会复审结果不服的，可以自收到商标评审委员会书面通知之日起30日内向法院提起诉讼。

任何人均可以在通过实质审查的商标公布在《商标公告》之日起3个月内对该商标提起异议。提出异议的理由可以是商标缺乏显著性、商标具有功能性、商标与在先权利冲突以及所有能够使得商标无效或被撤销的事由。商标局就异议作出裁定后，不服的一方可以在收到商标局书面通知的15日内向商标评审委员会申请复审。当事人对商标评审委员会的裁定不服的，可以在收到通知的30日内向法院起诉，法院应当将未提起诉讼的对方当事人增列为诉讼第三人。

当事人未在法律规定的异议期内提起异议，或者提起异议但不成立的，商标获得核准，商标申请人自核准注册日期开始对商标享有专用权。需要注意的一点是，提起异议但异议不成立的商标，在该商标异议期满至该商标异议裁定生效这段时间内，由于权利尚处于不确定状态，他人使用与该商标相同或相似的标志与相同或相似的商品服务上不构成侵权。但是，如果使用人主观上存在恶意给申请人造成损失时，则仍然需要赔偿损失。

2. 涉外商标注册

商标除了国内注册外，还存在大量的涉外注册情形。这些涉外注册根据注册主体的不同可以是外国人在中国注册商标，也可以是中国人到外国注册商标；根据注册方式的不同，还可以分为狭义的涉外注册以及商标国际注册。

关于商标涉外注册，首先需要了解商标的优先权原则以及商标注册代理制度。优先权原则最先来源于《保护工业产权巴黎公约》，目的是通过规定商标的申请日期为优先权日，而不是实际申请日，从而使得商标申请日期提前到优先权规定的期限前。《商标法》规定了两种优先权：申请优先权以及展览优先权。

所谓申请优先权，是指商标申请人自其商标在外国第一次提出商标申请之日起6个月内，又在中国就相同商品以同一商标提出申请的，依照该外国同中国签订的协议或共同参加的国际条约，或者按照互相承认优先权的原则，享有的优先权。要求享有申请优先权的当事人，应当在提出商标注册申请时提出书面声明，并且在3个月内提交第一次提出的商标注册申请文件的副本。未提供书面声明或逾期未提供商标注册申请文件副本的，视为未要求优先权。

所谓展览优先权，是指商标在中国主办或者承认的国际展览会展出的商品上首次使用的，自该商品展出之日起6个月内，该商标注册申请人享有的优先权。需要注意的是，该展出的商标必须是在展览会上首次使用。申请人要求享有展览优先权的，应当在提出商标申请时作出书面声明，并在3个月内提交展出其商品的展览会名称、在展出其商品上使用该商标的证据、展出日期等证明文件。未能提供书面声明或者逾期未提交其他证明文件的，视为未要求优先权。

外国人在我国提起商标注册需要委托我国认可的商标代理机构进行，这就是我们所说的商标代理制度。要求外国人在我国申请商标注册须委托我国认可的商标代理机构不违反《保护工业产权巴黎公约》以及《与贸易有关的知识产权协议》中有关国民待遇的规定，也是我国商标主管机构受理商标注册的便捷所需。正因为要求外国人通过商标代理机构代理注册商标是为了商标主管机构工作的便捷，法律也允许在我国国内有经常居所或营业所的外国人直接向商标主管机关申请商标注册。

外国人到我国注册商标分为三种情形：一是申请人所属国与中国有签订协议的，按照协议规定申请注册；二是申请人所属国与中国共同参与国际协定，比如均为《与贸易有关的知识产权协议》成员方，按照该国际协定的规定申请注册；三是申请人所属国与中国既无双边协定，也无共同参与多边协定的，则按照对等原则申请注册。我国商标到外国注册，可以由当事人直接向外国申请，也可以委托我国或者外国商标代理机构代理注册。由于知识产权法律具有地域属性，我国商标到外国注册还需要依据外国法律提起申请，这就要求涉外商标注册申请人了解外国商标法律规定。为了加强管理，我国还要求我国当事人到外国注册商标时先到本人所在地的工商局登记，其后商标是否得到注册、是否变更、是否失效、是否转让等均需要到原先登记机关登记。

商标涉外注册可以由我国当事人直接向外国申请注册，也可以由外国当事人直接向我国申请注册，还可以由当事人申请商标国际注册。目前规范商标国际注册的国际性法律有《商标国际注册马德里协定》（以下简称马德里协定）以及《商标国际注册马德里协定有关议定书》（以下简称马德里议定书），我国均已参与。马德里协定要求国际注册的商标须在其原属国获得注册，马德里议定书则要求只需在原属国提出注册申请即可，条件放得更宽。商标国际注册申请人可以指定若干个指定国，本人直接或通过本国商标主管机构，向国际局提出商标国际注册申请，由商标国际局将申请告知被指定的国家。指定国有一定的时间驳回申请，马德里协定规定的期限是1年，马德里议定书规定的期限是18个月或更长的时间。被驳回的申请，申请人可以在指定国寻求法律救助。获得国际注册的商标自国际注册之日起5年内还受到基础注册商标的影响，即基础商标无效或者被撤销，国际注册的商标也不受保护，这是对商标权利地域属性的突破。另外，如果一自然人或法人先在一国申请商标，再通过国际申请指定该国为商标国际申请指定国，国际申请可以取代国内的申请，但是不影响其先前已经取得的权利。

以中国为原属国申请商标国际注册需要注意两点：一是国际条约的适用，只要指定国是马德里协定成员国，就需要适用马德里协定；二是适用马德里协定时，申请人申请商标、放弃、注销商标均需要通过商标局办理，变更商标、续展商标才可以既通过商标局办理，也可以自己直接办理。而适用马德里议定书时，只有申请商标需要通过商标局办理，其他与商标有关的事宜则可以自己亲自办理。

（二）商标权取得的条件

商标申请进入实质审查阶段，商标局审查的标准是商标是否满足法律规定的实质条件。商标权取得的条件包括：商标是否具有合法性、是否具有显著性、是否具有功能性以及是否与在先权利相冲突。

1. 商标的合法性

商标的合法性是指商标标志不得违反法律禁止性规定。各国根据自己国家的实际情况都对可以作为商标的标识作出规定，并明确列举不得作为商标使用或者注册的标志。根据我国《商标法》的规定，不得作为商标使用的标记包括：（1）同中华人民共和国的国家名称、国旗、国徽、军旗、勋章相同或者近似的，以及同中央国家机关所在地特定地点的名称或者标志性建筑物的名称、图形相同的；（2）同外国的国家名称、国旗、国徽、军旗相同或者近似的，但该国政府同意的除外；（3）同政府间国际组织的名称、旗帜、徽记相同或者近似的，但经该组织同意或者不易误导公众的除外；（4）与表明实施控制、予以保证的官方标志、检验印记相同或者近似的，但经授权的除外；（5）同“红十字”、“红新月”的名称、标志相同或者近似的；（6）带有民族歧视性的；（7）夸大宣传并带有欺骗性的；（8）有害于社会主义道德风尚或者有其他不良影响的。上述被禁止的标记不仅不能注册，还不可以使用在商品或者服务上。通过分析这些被禁止的标记可知，这些标记要么和国家、国际组织使用的标记有关，如果作为商标将会损害国家、国际组织的威严；要么与一国的公序良俗有关，如果作为商标将会损害该国的整体利益；要么与虚假、夸大宣传有关，如果作为商标将损害该国消费者的利益。这些都是这些标记不得作为商标使用的绝对事由。

另外，《商标法》还规定，县级以上行政区划的地名或者公众知晓的外国地名，不得作为商标。但是，地名具有其他含义或者作为集体商标、证明商标组成部分的除外。但是，已经注册的使用地名的商标继续有效。禁止使用地名作为一般商标的理由是，属于该地的自然人、法人均可以合法使用地名，将地名作为专属权利限制了地名的合法使用；地名缺乏显著性，难以将不同生产者的商品区别开来；允许地名注册为商标会影响地理标志权利，也会误导消费者。地名因为上述原因不得作为商标使用和注册，而且不可以通过使用来获得显著性，进而注册为商标。但是，如果地名有第二涵义，即除表明地点以外的其他意义的，可以作为商标注册。典型的例子是，“凤凰”在我国是一个地名，但是还是一种鸟类的名称，因而可以获得注册。

2. 商标的显著性和非功能性

商标的显著性，是指商标能够区别不同的商品或服务的出处。商标的非功能性，是指商标不能与商品或者服务本身的功能密切相关。《商标法》第 9 条规定：“申请注册的商标，应当有显著特征，便于识别……”同时，《商标法》还规定以下商标标记不得获得注册：（1）仅有本商品的通用名称、图形、型号的；（2）仅仅直接表示商品的质量、主要原料、功能、用途、重量、数量及其他特点的；（3）缺乏显著特征的。可见，法律对商标的显著性和非功能性都有规定。商标应当具有显著性的原因是商标的作用是区分商品出处，使得商品提供者得以被识别，也使得消费者通过商标这一桥梁选定自己想购买的商品。缺乏显著性的商标使得商标作用落空，对其保护丧失必要。商标应当具有非功能性的原因是，如果一个商标体现的是商品的功能，此商标和该类商品密不可分，对其提供保护将会对其他该类商品生产者造成严重不公。

需要注意的是，认定商标是否具有显著性不能抽象地进行，即除了需要分析商标标记外，还需要看商标标记使用在何种商品或服务上，结合具体的商品和服务加以认定。由于使用商标的主体主要是相关公众，认定商标是否有显著性还需要站在这些公众的立场，视其在特定的购物环境下是否可以通过商标标记识别商品来源。按照司法解释，相关公众，是指与商标所标识的某类商品或服务有关的消费者和与前述商品或者服务的营销有密切联系的其他经营者。营销经营者可以视为广义上的消费者。相关公众也是社会大众，其具有一般大众的知识和能力，其来源于接触到该商标的人群，而非特定地区，具有普遍性。商标的显著性可以通过使用来获得，一项商标标记本身没有显著性，但是在注册前广泛使用，消费者可以识别该商标的，该商标也具有显著性。《商标法》第 11 条第 2 款规定的“……标志经过使用取得显著特征，并便于识别的，可以作为商标注册。”体现的正是这一理念。此外，商标申请时缺乏显著性被驳回，尔后商标申请人提起复审，但复审时商标经过使用又获得显著性的，应该依据复审时的情形确定商标的显著性。判断商标是否具有功能性大体有三个标准：（1）该标识是否为商品性质所独有；（2）该标识是否为取得技术成果所必需；（3）该标识是否为形成商品实质性价值。一个标识如果具备上述标准之一即不能作为商标进行注册，这对于三维标志和颜色标记尤为重要。[①]《商标法》第 12 条专门规定：“以三维标志申请注册商标的，仅由商品自身的性质产生的形状、为获得技术效果而需有的商品形状或者使商品具有实质性价值的形状，不得注册。”但是，需要明确的是，认定商品是否具有显著性以及非功能性没有统一的标准，仍然应该在司法实践中个案分析。

3. 商标不得侵犯在先权利

商标权是一种财产私权，不得侵犯其他同样受法律保护的权利。《商标法》第 31 条规定：“申请商标注册不得损害他人现有的在先权利……”在先权利包括他人在先商标权，也包括商标权以外的各种权利。申请商标注册不得和已经注册的商标权利相冲突，这主要表现在四个方面：一是申请注册的商标不得和使用在相同或相似商品服务上的已注册或已申请注册的商标相同或近似；二是申请注册的商标不得和已经注册的驰名商标相同或者近似；三是申请注册的商标不得和使用在相同或相似商品服务上的未注册的驰名商标相同或近似；四是根据《商标法》31 条的规定，申请注册的商标不得以不正当的手段抢注他人已经使用并有一定影响的商标，这类商标不一定是驰名商标。此外，由于法律禁止申请人以欺骗等不正当手段取得注册，而欺骗的一种表现是将委托人商标以自己名义注册。因而，不得非法注册委托人所有的商标也属于不得侵犯他人在先权利。

由于商标表现为一种标记，因而不得侵犯他人在先权利还包括不得侵犯他人著作权、外观设计专利权、商品装潢权利、姓名权、企业名称字号权、地理标志权利、域名权等。上述权利有的属于反不正当竞争法的保护范围，比如商品装潢权利；有的属于知识产权法保护的范围，比如著作权、外观设计专利权；有的属于专门立法的保护范围，比如企业名称字号权、域名权利等；有的则属于民法保护的个人基本权利，比如姓名权。至于商标权和这些权利的冲突，一般保护在先的权利。比如，根据国家工商局颁布的《关于解决商标与企业名称中若干问题的意见》的规定，商标专用权的取得不得利用他人企业名称的信誉进行不正当竞争，以及“商标中的文字和企业名称中的字号相

① 李颖怡．知识产权法．广州：中山大学出版社，2008：131.

同或者近似，使他人对市场主体及其商品或者服务的来源产生混淆（包括混淆的可能性，下同），从而构成不正当竞争的，应当依法予以制止。”“处理商标与企业名称的混淆，应当适用维护公平竞争和保护在先合法权利人利益的原则。”

（三）商标取得后的维系

商标获得注册后，从核准注册日起算，保护期限为 10 年。商标保护期 10 年届满后，商标权人可以续展，并且没有续展次数限制。《商标法》第 38 条第 1 款规定：“注册商标有效期满，需要继续使用的，应当在期满前六个月内申请续展注册；在此期间未能提出申请的，可以给予六个月的宽展期。宽展期满仍未提出申请的，注销其注册商标。”在商标有效期届满 6 个月前提起续展要求的情形下，他人在相同或相似商品服务上使用相同或相似标记的，自然构成侵权。在宽展期内提起商标续展的情形下，他人在相同或相似商品服务上使用相同或相似标记的，也构成侵权，商标续展具有溯及力。在宽展期间提起诉讼的，法院应当受理，因为商标提起续展要求，商标局只是形式审查，一般均会核准续展。商标未续展，商标局依职权注销商标。商标权人也可以自己注销商标，使得商标权利终止。《商标法》第 46 条规定：“注册商标被撤销的或者期满不再续展的，自撤销或者注销之日起一年内，商标局对与该商标相同或者近似的商标注册申请，不予核准。”商标注册后，还可能因为各种事由被宣告无效、被撤销等，这些将在下文涉及。

四、商标权的争议与撤销

这部分所说的商标争议是商标获得注册后发生的争议，虽然发生争议的事由相同，但却非商标异议阶段的商标异议。商标争议是针对商标本身的争议，不一定存在争议的对立双方，所以该部分还包括商标局依职权撤销商标的情形。商标争议的后果，可能是商标被维持，也可能是被撤销。我国《商标法》对争议后果使用“撤销”一词，包括被宣告无效的情形。

商标撤销的缘由可以分为三类：一是商标本身缺乏合法性、显著性以及非功能性；二是商标与在先权利冲突；三是商标违反使用管理要求。如此划分的原因首先从立法上看，《商标法》第 41 条用两个不同的条款来区分撤销的不同情形，但商标的使用管理规定则出现在《商标法》的第 44 条及其后条款；其次，商标因为缺乏合法性等被撤销没有时间的限制，也无须其他人向商标局提起，但商标与他人在先权利冲突则需要其他权利人主动提起，而且为使得商标权利固定下来，法律还规定了其他人提起异议的期限。

《商标法》第 41 条第 1 款规定：“已经注册的商标，违反本法第十条、第十一条、第十二条规定的，或者是以欺骗手段或者其他不正当手段取得注册的，由商标局撤销该注册商标；其他单位或者个人可以请求商标评审委员会裁定撤销该注册商标。”可见，商标注册后，如果发现使用的是不得作为商标使用的标记、不得作为商标注册的标记的，应当撤销该商标。这种情形一般是由于商标局在受理商标申请时的疏忽所致，但也有例外情形。比如，商标欠缺显著性可能是由于商标一开始就没有显著性，也可能是由于商标注册人不当使用使得商标显著性丧失。商标在其后的使用过程中丧失显著性的典型例子是阿司匹林和“Walkman”随身听。阿司匹林本是一种使用在药品上的商标，但是却在使用的过程中显著性渐渐变淡，以致成为该类商品的通用名称而被撤销。注册商标丧失显著性成为通用名称的情形往往发生在一些较出名的商标上，只有这种商标才有足够的影响力成为通用名称。这种情形也对企业保护其商标，在提升商标影响力时又避免其丧失显著性提出挑战。

《商标法》第41条第2款规定：“已经注册的商标，违反本法第十三条、第十五条、第十六条、第三十一条规定的，自商标注册之日起五年内，商标所有人或者利害关系人可以请求商标评审委员会裁定撤销该注册商标。对恶意注册的，驰名商标所有人不受五年的时间限制。”商标注册后，因为发现与在先权利发生冲突，在先权利人可以请求商标局撤销商标。与商标可能发生冲突的权利，如前所述，包括姓名权、企业名称权、商品装潢权、著作权、地理标志权等，还包括已经注册的商标权利、驰名商标权利、他人使用并已经有一定影响的商标权利。在先权利人需要在5年期限内向商标评审委员会提出撤销申请，经异议裁定核准注册的商标，申请撤销商标的5年期限从该商标异议裁定公告之日起计算。恶意注册，侵犯他人驰名商标权利的，驰名商标人申请撤销侵权商标则不受5年期限的限制，这是对驰名商标较强保护的体现。因为驰名商标的知名程度高，注册他人驰名商标一般还会被认为是恶意的。

根据商标评审的程序规则，申请商标评审应当首先向商标评审委员会提交申请书。商标评审委员会认为提交的材料需要补正的，通知申请人自收到通知之日起30日内补正。经补正仍不符合规定的，商标评审委员会不予受理，书面通知申请人并说明理由。期满未补正的，视为撤回申请。申请人在商标评审委员会作出决定、裁定前，要求撤回申请的，经书面向商标评审委员会说明理由，可以撤回。申请人撤回商标评审申请后，包括被视为撤回申请的情形，不得再以相同的事实和理由提出评审申请。对核准注册前已经提起异议并经裁定的注册商标，商标争议人不得以相同理由再次提起异议。商标被撤销的，其他人在1年内不得申请注册该商标，以免利用该商标尚存的影响误导消费者。

注册商标使用不当的，也可能导致商标被撤销。使用不当的情形有：自行改变注册商标标记、自行改变注册商标注册人名义或地址、自行转让商标、连续3年未使用商标、商品粗制滥造等。商标权利人在使用注册商标的过程中可能会对商标标记作出一些变更，比如由简体字变成繁体字、由宋体字变成楷体字、给商标着不同的颜色等。由于商标保护的范围和商标标记有关，擅自变更商标标记使得商标保护范围不确定，因而被法律禁止。此外，擅自改变注册商标与他人使用在相同相似商品服务上注册商标相同或者相似的，还会构成商标侵权。商标是一种法定权利，其获得需要国家机关核准，其转让、变更也需要履行法律规定的程序，擅自变更商标、转让商标也将使得商标被撤销。商标需要被使用，从而建立起消费者、商品和商标权利人之间的联系和信赖关系，因而，一些国家将商标的使用作为获得商标注册的原因，大多数国家将商标使用作为商标权利维持的条件。我国《商标法》不要求使用作为注册的条件，但要求商标不得连续3年不使用。《商标法》对“使用”作出了宽泛的定义，包括将商标使用于商品、商品包装或者容器以及商品交易文书上，或者将商标用于广告宣传、展览以及其他商业活动中。商标许可他人使用也是商标使用的一种方式。《商标法》保护商标权的部分原因也是保护消费者利益，使得消费者可以通过自己青睐的商标找到想要的产品。滥用商标，提供粗劣产品的行为被法律禁止，也将使得商标被撤销。

商标被撤销如果经过商标局的裁定，被撤销人不服裁定的，可以自收到书面通知之日起15日内向商标评审委员会申请复审。对商标评审委员会的评审结果不满意的，可以自收到通知之日起30日内向法院提起诉讼。由此可以看出，商标评审委员会的复审是提起行政诉讼的前置程序，不可跨过该复审程序直接向法院针对商标局提起诉讼。法院审理被撤销人提起的诉讼时，如果提起撤销的是其他当事人，法院还应该通知该当事人作为第三方参加诉讼。商标被撤销人提起诉讼的，商标行政机构的行政裁决暂时中止效力。商标依据《商标法》第41条被撤销的，具有追溯性，商标权利自始不存在。但是，有关撤销注册商标的决定或者裁定，对在撤销前人民法院作出并已执行的商标侵权案件的判决、裁定，工商行政管理部门作出并已执行的商标侵权案件的处理决定，以及已经履行的商标转让或者使用许可合同，不具有追溯力。只有因商标注册人恶意给他人造成损失的才应当给予赔偿。

这样就出现一个问题，如果商标侵权案件尚处于审理中，一方当事人对他方商标提起撤销，商标评审委员会尚未作出裁定或者针对评审委员会的行政诉讼尚未作出裁定，而审理侵权案件的法院也不中止审理的，此后，审理侵权案件的法院作出了认定侵权的判决，但是商标最后被撤销。被诉侵权人只能立即提出上诉来挽回自己权利，或者提出再审。如果认定其侵权的判决已经被执行的，根据法律的规定，被诉侵权人没有其他救济方式，除非证明商标被撤销人存在主观的故意。无论是前面的提起上诉、再审，还是后面的丧失救济，都将带给被诉侵权人损害，因而，更好的办法是，赋予法院认定商标是否可以被撤销的权力，或者要求审理商标侵权的法院，在商标是否被撤销的行政裁定未生效前中止审理侵权案件。

五、商标的使用

商标的生命在于使用，使用是商标权利得以维系的条件，也是商标权人通过商标获得经济利益的途径。商标权人可以自己使用商标，也可以许可他人使用商标，还可以彻底转让商标的所有权。

（一）商标许可

所谓商标许可，是指商标权利人（许可人）许可他人（被许可人）将其所有的商标使用在被许可人的商品或服务上。商标的作用是区别商品的来源，因而商标许可他人使用将使得商标的这一作用弱化，这是商标许可最初不被法律允许的原因。商标许可被法律承认，并成为商标使用的最主要方式的原因则是：商标权作为一种无形财产权，有其独立的价值；将商标许可他人使用不一定将带来商品质量的下降；法律对商标许可后商品质量的保证有专门的规定。《商标法》第40条就规定："……许可人应当监督被许可人使用其注册商标的商品质量。被许可人应当保证使用该注册商标的商品质量。经许可使用他人注册商标的，必须在使用该注册商标的商品上标明被许可人的名称和商品产地。"

根据我国法律的规定，商标许可分为三类：一是独占使用许可，指商标注册人在约定的期间、地域和以约定的方式，将该注册商标仅许可一个被许可人使用，商标注册人依约定不得使用该注册商标；二是排他使用许可，指商标注册人在约定的期间、地域和以约定的方式，将该注册商标仅许可一个被许可人使用，商标注册人依约定可以使用该注册商标但不得另行许可他人使用该注册商标；三是普通使用许可，指商标注册人在约定的期间、地域和以约定的方式，许可他人使用其注册商标，并可自行使用该注册商标和许可他人使用其注册商标。商标独占使用许可与排他使用许可的差别是商标权利人有无权利使用许可后的商标，商标排他使用许可与商标普通使用许可的差别是商标许可人、被许可人外的第三人有无权利再次获得商标使用权。

商标许可方式的多样使得与商标有关的利害关系人包括商标所有人、商标独占被许可人、商标排他被许可人、商标普通被许可人。然而，当商标权益被侵犯时，可以单独提起诉讼的并非上述所有利害关系人。我国法律规定：在发生注册商标专用权被侵害时，独占使用许可合同的被许可人可以向人民法院提起诉讼；排他使用许可合同的被许可人可以和商标注册人共同起诉，也可以在商标注册人不起诉的情况下，自行提起诉讼；普通使用许可合同的被许可人经商标注册人明确授权，可以提起诉讼。此外，商标和专利许可的一个差别是，商标不可以被强制许可。商标代表了企业的商誉是商标不能被强制许可的一方面原因，另一方面，商标也没有被强制许可的理由，任何人都可以创设自己的商标，而不必然需要使用别人的商标。商标被许可后，商标所有人转让商标的，需要得到被许可人的同意，否则转让不生效。而且，转让也不影响被许可人已经取得的使用权利，这与物权法里面的“买卖不破租赁”相似，是对物权优于债权的一个突破，也是保护商标许可这种使用方式的必需。

商标许可合同包括许可合同双方当事人信息、被许可商标信息、许可方式、许可使用的时间以及范围、许可费的计算方式以及违约救济等内容。另外，考虑到许可合同终止后，被许可人尚有附着被许可商标的商品未售出，许可合同最好约定一段期限，以处理这些商品。超过这段期限，再使用该商标则视为商标侵权。法律禁止在商标许可合同中加入限制竞争的条款，比如禁止对许可商标的有效性提出质疑、强制一揽子商标许可等，这些条款使得商标权利被滥用，因而为法律所不允许。

商标许可合同由许可人与被许可人签订，但是却需要履行法律规定的程序，即在合同签订之日起3个月内向商标局申请备案。备案是商标许可合同效力的对抗性要件，而非生效要件，没有经过商标局备案的商标许可不得对抗善意第三人。

（二）商标转让

所谓商标转让，是指商标所有人转让商标所有权，而不再享有商标权利的行为。商标是否可以自由转让在立法上也经历了一个从禁止到允许的过程，法律允许商标转让的原因与法律允许商标许可的原因类似。商标转让是一种法律行为，需要具备法律行为应该具备的要件，比如行为人应有行为能力、行为人意思表示正确等。此外，商标转让行为还需要遵循商标法律的一些特别要求：首先，商标法律对某些商标所有人有特殊的资质要求的，比如烟草制品的商标，这些商标受让人也应该符合法律的要求。其次，商标转让一般签订转让合同，转让人与受让人签订合同后还需要共同向商标局提出申请，以使合同生效，进而使得权利转移生效。再次，为避免混淆，转让注册商标的，商标注册人对其在同一种或者类似商品上注册的相同或者近似的商标，应当一并转让。未一并转让的，由商标局通知其限期改正。期满不改正的，视为放弃转让该注册商标的申请。最后，受让人还需要保证使用转让商标的商品的质量。

与上述商标转移性质不同，但是程序相当的还有商标移转。商标转移的典型事由是企业合并分立。《商标法实施条例》第26条第1款规定：“注册商标专用权因转让以外的其他事由发生移转的，接受该注册商标专用权移转的当事人应当凭有关证明文件或者法律文书到商标局办理注册商标专用权移转手续。”第2款规定：“注册商标专用权移转的，注册商标专用权人在同一种或者类似商品上注册的相同或者近似的商标，应当一并移转；未一并移转的，由商标局通知其限期改正；期满不改正的，视为放弃该移转注册商标的申请，商标局应当书面通知申请人。”

商标的使用还包括将商标出质。商标质押人与质权人应签订合同，并向商标局登记。登记是商标权质押合同的生效要件。商标质押后，商标权利人不得任意处置商标，除非征得质押权利人的同意。

六、商标权侵权

侵犯商标权属于侵权行为，适用侵权法的一般原理，即需要存在合法有效的权利、有侵权行为人、有侵权行为以及有侵权后果等；侵权责任表现为民事责任、行政责任，甚至刑事责任，商标侵权也需要承担上述责任。此外，商标侵权行为责任还有自身特殊的地方，商标侵权行为发生即应该承担侵权责任，但是有时也存在一些免责事由，或者减责事由。下文将分为三个部分论及这些问题。

（一）商标侵权

1. 商标侵权的种类

《商标法》第51条规定："注册商标的专用权，以核准注册的商标和核定使用的商品为限。"可见，商标侵权需要结合商品、服务种类分析商标是否相同或者类似。根据法律规定可以将商标侵权分为以下几种：（1）未经商标注册人的许可，在同一种商品或者类似商品上使用与其注册商标相同或者近似的商标的；（2）销售侵犯注册商标专用权的商品的；（3）伪造、擅自制造他人注册商标标识或者销售伪造、擅自制造的注册商标标识的；（4）未经商标注册人同意，更换其注册商标并将该更换商标的商品又投入市场的。

第（1）种侵权行为的"使用"他人商标是最直接和最明显的侵权行为。使用，根据《商标法实施条例》第3条的规定，是指将商标用于商品、商品包装或者容器以及商品交易文书上，或者将商标用于广告宣传、展览以及其他商业活动中。可见，对"使用"的界定非常广泛，囊括了商标使用的各种情形，还兜底规定了各种商业活动中的使用也属于商标侵权的"使用"。第（2）种侵权行为是"销售"带他人商标的产品。修改前的《商标法》规定销售侵犯他人商标权的商品，除非销售人主观上明知销售行为侵权，否则不承担责任。但是，知识产权法领域的侵权一般不以过错为要件，因而修改后的《商标法》删除这一规定，只是规定销售侵犯商标权的销售者，如果可以证明其商品的正当来源的，可以不承担赔偿责任。第（3）种侵权行为，主要指盗窃商标人的商标或者非法利用他人商标标记。与前面两种侵权行为不同的是，前面两种侵权行为人制造他人商标，并用在自己商品上，第（3）种侵权行为则没有制造他人商标标记，而是非法利用他人商标标记。第（4）种侵权行为，我们称之为"反向假冒"行为。之所以是"反向"，原因是一般商标侵权是利用他人商标，而第（4）种侵权行为是利用自己商标于他人商品上，并除去他人商品上的商标。"反向假冒"将他人商标与商品的联系割断，也属于侵犯商标权的行为。

其他商标侵权行为还包括：（1）在同一种或者类似商品上，将与他人注册商标相同或者近似的标志作为商品名称或者商品装潢使用，误导公众的；（2）故意为侵犯他人注册商标专用权行为提供仓储、运输、邮寄、隐匿等便利条件的；（3）将与他人注册商标相同或者相近似的文字作为企业的字号在相同或者类似商品上突出使用，容易使相关公众产生误认的；（4）将与他人注册商标相同或者相近似的文字注册为域名，并且通过该域名进行相关商品交易的电子商务，容易使相关公众产生误认的。上述侵权行为或者是商品装潢上使用他人商标，或者是商号侵犯他人商标权，或者是域名侵犯他人商标权，造成相关公众误认，或者是协助他人侵权，为他人侵权提供各种便利。

2. 商标侵权的认定

认定商标侵权，除了掌握商标侵权包括的类型外，最主要的是判断“相同或者类似”。相同或者相似，既要求商品服务的相同或者类似，还要求商标标记相同或者相似。虽然，判断相同或者相似在司法活动中需要个案分析，法律还是规定了一些指引。类似商品，是指在功能、用途、生产部门、销售渠道、消费对象等方面相同，或者相关公众一般认为其存在特定联系、容易造成混淆的商品。类似服务，是指在服务的目的、内容、方式、对象等方面相同，或者相关公众一般认为存在特定联系、容易造成混淆的服务。商品与服务类似，是指商品和服务之间存在特定联系，容易使相关公众混淆。

认定商品服务是否相同或者类似需要综合考虑上述因素。在考虑上述因素时，还应该结合相关公众是否混淆进行。法官不是从自己的立场，而是假定存在可以接触到该类商品或者服务的“相关公众”，这些人在特定的购物环境下，在缺乏真正商标人商标在身旁对比的情况下，面对该种商品或者服务是否会认为是商标权人提供的。“混淆”是一种主观标准，只是单纯的混淆不一定会被认定为商标侵权，但是混淆却可以被作为认定商品或者服务是否相同或者类似的一个考虑因素，有时混淆本身代表了商标或者服务相同或者类似。商品或者服务相同可以推定为必然存在混淆，但是混淆不可作为一个单独的衡量标准，在商品或者服务存在混淆，但是无论如何也不可能属于相同或者类似种类时，则不构成侵权。认定商品或者服务相同或者相似，加上“混淆”的标准，有时可以避免单纯分析商品与商品相同或者相似的弊端。因为，认定商品与商品相同或者相似弹性极大，而且相同或者近似也会经常发生变动，而“混淆”标准就可以作为考量的指引。认定商品或者服务是否类似，应当以相关公众对商品或者服务的一般认识综合判断，《商标注册用商品和服务国际分类表》、《类似商品和服务区分表》可以作为判断类似商品或者服务的参考。从名字可知这些分类表只是作为注册使用，而且这些分类表本身也规定其不可以作为认定商品或者服务相同或者近似的标准。

根据《最高人民法院关于审理商标民事纠纷案件适用法律若干问题的解释》可知，商标相同，是指被控侵权的商标与原告的注册商标相比较，二者在视觉上基本无差别。商标近似，是指被控侵权的商标与原告的注册商标相比较，其文字的字形、读音、含义或者图形的构图及颜色，或者其各要素组合后的整体结构相似，或者其立体形状、颜色组合近似，易使相关公众对商品的来源产生误认或者认为其来源与原告注册商标的商品有特定的联系。同样，认定商标标记相同或者类似需要个案分析，法律只是为其提供一些原则性指导。这些指导包括：（1）以相关公众的一般注意力为标准；（2）既要进行对商标的整体比对，又要进行对商标主要部分的比对，比对应当在比对对象隔离的状态下分别进行；（3）判断商标是否近似，应当考虑请求保护注册商标的显著性和知名度。由于接触消费商标的主要是购买者，因而法院需要站在这些人角度去判定是否存在商标相同类似，这点在论述商品相同类似部分已经提及，此处不再赘述。由于购买者接触一个商标是从整体上看到这个商标，对商标留下的也是整体的印象，因而比对时要整体比对。但是，一个商标的主要部分也会给购买者视觉造成很大的冲击，因而在整体比对时还需要对比商标的主要部位是否相同近似。同时显著性和知名度较高的商标较容易被认定为存在混淆，也正由于显著性较强的商标较易被假冒，法律对这类商标的保护力度更强。

（二）商标侵权的救济

商标侵权的救济方式有行政救济、民事救济以及刑事救济。工商行政部门先受理侵权案件，权利人再向法院起诉的，行政救济和民事救济同时存在；工商行政部门认为侵权构成犯罪，因而提交法院，权利人以侵权向法院起诉的，民事救济与刑事救济同时存在。无论是否已经追究侵权人的行政责任、刑事责任，权利人以侵权向法院起诉的，法院均应当受理。行政部门已经处罚过的，法院在刑事处罚以及民事制裁的时候可以适当考虑。

1. 行政救济

行政机关发现商标侵权的，可以依职权主动查处，也可以依权利人的申请发动调查。工商行政管理部门认定侵权的，可以责令行为人停止侵权，没收或者销毁侵权商品和专门用于制造侵权商品的工具，并可以处以罚款。罚款数额为非法经营额的 3 倍以下，无法计算非法经营额的，则为10 万元以下。此外，工商行政部门还可以就商标侵权的赔偿数额在双方当事人之间进行调解。

行政救济的一个重要途径是通过海关部门。《知识产权海关保护条例》以及《海关法》对海关保护知识产权作出了规定。权利人发现侵权商品进出口时可以申请海关保护，海关也可以主动保护。申请人申请海关保护的，需要提供担保，提供担保的数额不超过货物的价值。海关主动查处的，应该通知权利人，权利人得到通知后 3 日内应提出保护申请，否则海关将解除保护措施。申请人或者海关采取保护措施有误的，应该赔偿被申请人损失。

申请人、被申请人对行政机关作出的决定不服的，可以在收到通知之日起 15 日提起行政复议，也可以直接向法院提起诉讼。行政复议是选择程序，而不是前置程序。

2. 民事救济

商标侵权的，权利人可以向中级以上人民法院或者最高人民法院指定的、符合其规定标准的基层法院提起民事诉讼。根据《最高人民法院关于审理商标民事纠纷案件适用法律若干问题的解释》的规定可知，商标侵权行为实施地、侵权商品的储藏地或者查封扣押地、被告住所地人民法院对商标侵权案件均有管辖权。侵权商品的储藏地，是指大量或者经常性储存、隐匿侵权商品所在地。查封扣押地，是指海关、工商等行政机关依法查封、扣押侵权商品所在地。对涉及不同侵权行为实施地的多个被告提起的共同诉讼，原告可以选择其中一个被告的侵权行为实施地人民法院管辖；仅对其中某一被告提起的诉讼，该被告侵权行为实施地的人民法院有管辖权。

提起诉讼之前，商标权利人可以提起诉前财产保全和证据保全，也可以针对侵权人的行为向法院申请诉前禁令。权利人提起财产保全、证据保全的，法院可以要求其提供担保，而申请诉前禁令的，申请人应当提供担保。无论是提起保全还是申请禁令，申请人在法院采取相关措施后15日内不提起诉讼的，法院解除保全或者禁止侵权行为的措施。目前，我国财产保全和证据保全是民事诉讼中经常采用的两种措施，而诉前禁令则只是在知识产权民事诉讼中使用。

认定商标侵权采取的是无过错责任原则，即权利人不要求举证证明侵权人主观上存在侵权的故意或者过失，只需要证明侵权行为的存在和侵权结果的产生。但是，销售侵权商品的销售者，只要证明其商品是合法取得，并说明商品提供者，可以免除赔偿责任。法院认定行为是否侵权后，需要确定赔偿额。我国法律规定了3种计算赔偿数额的方法：（1）侵权人在侵权期间因侵权所获得的利益；（2）或者被侵权人在被侵权期间因被侵权所受到的损失；（3）法律规定的赔偿数额，即法院判决50万元以下的赔偿。权利人和侵权人还可以就赔偿数额自行达成协议。

侵权所获得的利益，可以根据侵权商品销售量与该商品单位利润乘积计算。如果该商品单位利润无法查明的，则按注册商标商品的单位利润计算；因被侵权所受到的损失，可以根据权利人因侵权所造成商品销售减少量或者侵权商品销售量与该注册商标商品的单位利润乘积计算。在计算原告的实际损失时，需要注意的是要区别原告是否许可他人使用其商标，原告如果只是自己生产、销售，损害赔偿额可以以因被侵权减少的产品销售额乘以单件产品的利润额；如果原告自己只许可，不生产，也可以以许可费的计算方法来计算损失，或者按被许可人因被侵权减少的产品销售额乘以单件产品的利润额计算。[①] 侵权所获得的收益是侵权人销售侵权商品所有的收益，被侵权人在被侵权期间

① 黄晖．商标法．北京：法律出版社，2005：237.

因被侵权所受到的损失则不应该计算所有的损失，比如有些损失是由权利人自己造成的，或者受市场影响而造成的。权利人也可以在（1）和（2）中选择一种赔偿方式。根据这两种方式计算赔偿额时，法院还可以计算进权利人为制止侵权行为支出的合理费用，包括调查取证的费用和委托代理人的费用。法院在上述两种计算方式均不能计算出应赔偿的数额时，才适用法律规定的最高赔偿限额的规定。此时，需要综合考虑侵权行为的性质、期间、后果，商标的声誉，商标使用许可费的数额，商标使用许可的种类、时间、范围及制止侵权行为的合理开支等因素。由于权利人损失和侵权人收益难以确定，法院在司法实践中采取更多的是法定赔偿的方式。

商标侵权诉讼时效同一般侵权诉讼时效一样为2年。但是，商标注册人或者利害关系人超过2年起诉的，如果侵权行为在起诉时仍在持续，在该注册商标专用权有效期限内，人民法院应当判决被告停止侵权行为，侵权损害赔偿数额应当自权利人向人民法院起诉之日起向前推算2年计算。

3. 刑事救济

根据《商标法》的规定，需要承担刑事责任的商标侵权行为包括：（1）侵权人未经商标注册人许可，在同一种商品上使用与其注册商标相同的商标，构成犯罪的，还应该追究刑事责任；（2）伪造、擅自制造他人注册商标标识或者销售伪造、擅自制造的注册商标标识，构成犯罪的，也应该追究刑事责任；（3）销售明知是假冒注册商标的商品，构成犯罪的，应该追究刑事责任。由上述规定可知，承担刑事责任的商标侵权行为是在相同的商品上使用相同的商标标记，这就不存在商标民事侵权中的“相似”标准。商标刑事责任的成立还需要行为人主观上的过错，这与商标民事侵权坚持的无过错责任不同。

（三）商标权利限制

商标权受到系列限制，并非所有使用他人注册商标的行为均构成商标侵权。《商标法实施条例》第49条规定：“注册商标中含有的本商品的通用名称、图形、型号，或者直接表示商品的质量、主要原料、功能、用途、重量、数量及其他特点，或者含有地名，注册商标专用权人无权禁止他人正当使用。”这是有关商标合理使用的规定。这条规定并不涉及商标的效力问题，因为含有商标通用名称商标不一定无效，比如“美国标准”。既然含有商品通用名字、功能、用途以及地名等的商标均可以获得商标权，商标权人就不能禁止他人使用商标包含的这部分属于公共领域的东西，否则将使得商标权利无限变大。

与商标权利限制有关的还有商标权利用尽。所谓商标权利用尽，是指商标权利人将生产或者授权生产的带有其商标的商品投入市场后，他人可以自由使用或再转卖其商品，而不构成侵权。各国一般都规定商标的国内权利用尽，但对于商标权利国际用尽，即商品“平行进口”问题却没有一致看法。一般来说，商标权利人只可以一次行使自己权利，经其授权使用其商标的商品的再使用、流转不会再构成侵权。但是，由于商标的地域属性使得同一个商标所有人根据不同国家法律取得的商标权互相独立和不同，因而，很多国家规定，本国有商标权的权利人在外国将带有商标的产品投入市场后，其他人仍然不得将这些产品进口到本国。其中的理由是，商标在外国用尽，但是根据本国法律权利人仍然享有另外一个独立的权利，进口其产品仍然需要得到商标权人许可。禁止商标平行进口可以避免更低价格的商品流入本国市场，给本国市场带来冲击，但允许平行进口对消费者来说却有好处。因而，各国根据本国情况决定是否允许商品的平行进口。允许平行进口的国家，也一般允许商标的国内用尽，无论是商标的国内用尽还是国际用尽，都是对商标权的限制。

七、驰名商标的保护和企业的商标战略

驰名商标是指被相关公众广泛知晓，享有一定盛名的商标。驰名商标不要求被所有公众知晓，只需要在与该商品有关的消费者、营销者中出名。我国关于驰名商标的规定可见《商标法》、《商标法实施条例》、《最高人民法院关于审理商标民事纠纷案件适用法律若干问题的解释》以及《驰名商标认定和保护规定》。根据这些法律规定，驰名商标的认定可以通过行政程序和司法程序。驰名商标所有人对他人注册商标提出异议，或者申请撤销，或者请求商标行政部门查处侵权时均可以申请行政认定，有权作出行政认定的为商标局。驰名商标所有人对他人提起侵权诉讼时也可以申请司法认定。

相关部门在认定驰名商标时应该综合考虑以下因素：（1）相关公众对该商标的知晓程度；（2）该商标使用的持续时间；（3）该商标的任何宣传工作的持续时间、程度和地理范围；（4）该商标作为驰名商标受保护的记录；（5）该商标驰名的其他因素。相应地，申请认定人可以向认定机关提供以下证据材料：（1）证明相关公众对该商标知晓程度的有关材料；（2）证明该商标使用持续时间的有关材料，包括该商标使用、注册的历史和范围的有关材料；（3）证明该商标的任何宣传工作的持续时间、程度和地理范围的有关材料，包括广告宣传和促销活动的方式、地域范围、宣传媒体的种类以及广告投放量等有关材料；（4）证明该商标作为驰名商标受保护记录的有关材料，包括该商标曾在中国或者其他国家和地区作为驰名商标受保护的有关材料；（5）证明该商标驰名的其他证据材料，包括使用该商标的主要商品近三年的产量、销售量、销售收入、利税、销售区域等有关材料。由于认定驰名商标是个案进行，因而，一个商标被认定为驰名商标并非意味着这个商标一直拥有驰名商标的身份。商标所有人向行政机关、司法机关要求驰名商标保护的，仍应该再提起认定。而且，提起驰名商标认定被驳回的，1 年内不得以相同理由提起认定。但是，如果一个商标先前获得驰名商标认定的，

先前的认定对后续的认定仍有影响。具体表现为，对方当事人对驰名商标的驰名性不提出异议，或者提出异议但是没有提供相应证据的，商标仍有可能获得驰名商标的保护。

我国对驰名商标的保护与对普通商标保护不同，具体表现为：（1）在相同或者类似商品申请注册的商标是复制、摹仿或者翻译他人未在中国注册的驰名商标，容易导致混淆的，不予注册并禁止使用；（2）在不相同或者不相类似商品申请注册的商标是复制、摹仿或者翻译他人已经在中国注册的驰名商标，误导公众，致使该驰名商标注册人的利益可能受到损害的，不予注册并禁止使用；（3）已经注册的商标，侵犯他人在先权利的，自商标注册之日起5年内，商标所有人或者利害关系人可以请求商标评审委员会裁定撤销该注册商标，对恶意注册的，驰名商标所有人则不受5年的时间限制；（4）复制、摹仿、翻译他人注册的驰名商标或其主要部分在不相同或者不相类似商品上作为商标使用，误导公众，致使该驰名商标注册人的利益可能受到损害的需要承担侵权责任；（5）复制、摹仿、翻译他人未在中国注册的驰名商标或其主要部分，在相同或者类似商品上作为商标使用，容易导致混淆的，应当承担停止侵害的民事法律责任。法律对驰名商标保护强于一般商标，可以体现为：（1）普通注册商标的保护范围以核定的商品或服务以及商标标记为准；驰名商标则具有很强的独立性，不受核准的商品或者服务限制。（2）普通未注册商标不受法律保护，侵犯他人注册商标的，还需要承担侵权责任；未注册驰名商标则获得类似普通注册商标权利的保护程度。（3）申请注册的商标侵犯他人注册商标的，权利人需要在5年内提起撤销申请；而恶意申请注册，侵犯驰名商标权的，则没有5年时间的限制。（4）在认定一个商标是否和驰名商标相同或者近似时，因为驰名商标的显著性，法院也更加倾向认定为侵权。（5）侵犯他人驰名商标的，不管法院采取哪种计算赔偿方法，侵权人均有可能需要作出更大数额的赔偿。

商标作为一种无形财产权，对一个企业的生存和发展至关重要，从每年不断增长的注册商标数量可以看出企业越来越重视商标工作。但是，一个企业并非将商标注册后就万事大吉，还需要尽可能地利用商标的价值。首先，企业注册商标后要使用商标，这是商标得以维系的要件；其次，企业还需要时刻维护自己的商标，关注自己商标是否被他人提起注册或者已经注册，是否有人生产、销售侵犯其商标权的商品；再次，提高商品质量，使得商标代表的商品生产者信誉提升；最后，增加对商标的投入，使得商标显著性增强，获得更强的法律保护。在不断使用自己的商标，对商标增加广告宣传投入的同时，还要避免商标显著性的丧失。一旦发现丧失商标显著性的行为，比如自己商标被别人用于商品装潢、自己商标被当成通用名称写入字典等，要通过诉讼或者提出异议等行为来主张自己的专有权利。

第二节 商标权属纠纷

主题案例

广东省某进出口集团公司与香港某贸易有限公司商标权属纠纷上诉案[①]

1979年春季中国出口商品交易会上广东省某进出口集团公司（以下称为某公司）与王某商谈期间，达成由香港合作方提供商标的意向，当时王某是东明贸易公司唯一股东。“TMT”商标是王某根据原东明贸易公司及东明公司英文名称词汇的第一个字母和沙特阿拉伯海关入境签章的菱形图案设计的文字和图形组合商标。

1979年9月15日、1980年11月1日，东明公司与某公司分别签订二份《包销协议》，约定由东明公司定牌及包销TMT、TMC牌吊扇，免费提供生产吊扇所需的漆包线、轴承、电容器、UL引出线、商标等，由某公司生产。另还约定东明公司出资并采取各种有效方式进行宣传广告，其所用的图案、文字内容应事先与某公司商定。

东明公司1980年7月11日、1981年1月23日签订的两份有关“TMT”“TMC、SMC、SMT”商标权属协议书，约定上述商标权归属某公司所有，委托王某代表某公司在香港及世界各电器主销地区申请办理“TMT、TMC、SMT、SMC”牌家用电器产品注册的一切事宜，但该两份协议均无单位盖章。

1983年4月，某公司根据香港某贸易有限公司（原东明贸易公司、东明公司的继受公司）法定代表人王某的要求，向国家商标局申请注册了200833号TMT文字与图形组合商标。这一组合商标为内地定牌加工产品实际使用的商标，并与香港某贸易有限公司在海外注册和宣传的商标完全一致，也是本案争议的核心商标。某公司先后在内地一共办理了五类商品的TMT商标注册。

1994年10月6日，某公司与香港某贸易有限公司签订一份协议，约定：（1）在中国境内，“TMT”牌商标属某公司注册，某公司有绝对的经营和管理权利。如发现国内

① 案例详见中华人民共和国最高人民法院（1998）知终字第8号民事判决书。

有任何公司和制造厂假冒或侵犯“TMT”牌商标行为，某公司需要有效地制止或通过法律途径解决侵权行为。(2) 在中国境外（包括香港）“TMT”牌商标属香港某贸易有限公司注册，香港某贸易有限公司有绝对的经营和管理权利，如发现有任何公司或制造厂假冒或侵犯“TMT”牌商标行为，香港某贸易有限公司需有效地制止或通过法律途径解决侵权行为。

后来，双方就TMT商标所有权归属发生争议，香港某贸易有限公司诉至法院，要求某公司返还其商标。

争议焦点

1. 香港某贸易有限公司与某公司就商标作出的协议的性质是什么？
2. 香港某贸易有限公司是否默认商标归属某公司所有？

裁判意见

一审法院认为：双方争议的TMT商标是东明公司自行设计和首先、实际使用的商标。后经双方商定，上述商标暂由某公司在国内办理注册和管理。自1979年始所签订的合同和包销协议、某公司原经办人关于TMT商标问题所作的书面说明，以及香港某贸易有限公司长期与某公司定牌生产的合作事实以及1987年某公司所出具的两份权属证明为凭，足以认定。双方出具的书函对权属问题的表述虽前后有不一致，尚不影响这一认定的可靠性。因而，香港某贸易有限公司主张其对这三个商标的权属也是有合法依据的。TMT等三个商标一直是由香港某贸易有限公司及其前身东明公司在内地作定牌生产使用的，这些商标还给香港某贸易有限公司，有利于继续发挥其应有的作用；只有香港某贸易有限公司才能在境外市场合法经销这三个牌子的商品；双方也已发生矛盾，失去合作基础，原告不能在内地继续组织生产和出口，被告则不能在境外相关地区销售同一品牌商品的状况和矛盾，香港某贸易有限公司诉请终止其与某公司的委托关系，由某公司返还上述商标的主张应予支持。

二审法院认为：王某设计并代表东明公司提供TMT等商标，目的是要求某公司定牌生产东明公司指定牌号的商品，且双方已经实际履行了定牌生产合同，故双方形成了事实上的商标权财产信托法律关系。涉案商标则是直接由王某以香港某贸易有限公司法定代表人的身份要求某公司进行注册的。原审法院判决将商标仅返还香港某贸易有限公司是正确的，但原审判决认定存在委托关系，未考虑该商标是以被委托人名义注册并管理的这一事实，未认定存在信托关系，所作认定欠妥。双方于1994年签订的协议对商标权属问题再次作了约定。根据香港某贸易有限公司的陈述和某公司1994年7月的通知函，可以认定签订该协议的目的是加强商标管理，打击假冒商品。由于当时双方尚未发生纠纷，香港某贸易有限公司也未提出返还商标权的问题，某公司仍是商标的注册人，因此，这份协议中关于商标权的约定应当看作是对商标权当时状况的一种确认，不影响香港某贸易有限公司在双方发生纠纷后提出返还商标权的主张。

评析探讨

本案案情相对简单，一审原告（以下称为原告）以为自己的商标不可以在内地注册，因而委托一审被告（以下称为被告）注册，并许可被告使用其商标。被告以自己名义注册，得到原告的使用许可。原告与被告签订系列协议，有的协议约定涉案商标属于原告所有，被告只是管理商标；有的协议又约定被告享有商标的专用权。因而本案的焦点是，原告与被告的协议的性质。

原告提交的证据显示涉案商标为原告所有，在内地由被告加工产品，并使用原告的商标，也就是我们通常说的定牌加工，原告与被告的协议只是授权使用协议以及委托注册协议。被告提交的证据证明原告将商标已经转让，但是协议没有双方的盖章，使得该份证据无效。另外，其提供的 1994 年的协议，只是涉及商标由谁注册以及管理，也没有很明确地约定商标的所有权。所以，从双方提交的证据来看，原告是委托被告以被告的名义注册商标，因而原告仍然是商标的所有人。原告可以让被告使用其商标而不提出异议，也可以在有争议时收回自己的商标。由于商标获得专用权的前提是申请注册，商标权人可以转让已经注册的商标，也可以在注册前就转让商标注册权利。如果未注册商标所有人在注册前已经转让商标注册权利的，不得在日后主张其拥有商标专用权。如果本案被告可以证明已经与原告有这样的转让协议，被告可以对商标拥有权利。本案二审法院认为，1994 年原被告双方的协议虽然对权属作了规定，但只是为了加强管理，所以仍视商标属于原告。但是，如果本协议果真是对商标归属作了约定，从尊重当事人意思自治和诚实信用的角度出发，涉案商标应该归属被告。所以，1994 年的协议并不是明确地约定了商标归属，而只是约定了商标的注册以及管理。

被告以自己名义注册商标并不影响委托协议的性质。原被告之间存在协议的性质应该具体分析协议本身规定的内容。原告委托被告注册商标，被告可以以自己名义注册商标，也可以依旧以原告名义注册商标，这与代理关系里的直接代理与间接代理性质相同。因而，本案原被告之间的关系是委托代理关系。根据商标法律的规定，申请商标注册的，不得侵犯他人在先权利，也不得以不正当手段抢先注册他人已经使用并有一定影响的商标。被告将委托人商标以自己名义注册是双方协议的内容，并不违反法律的规定。但是，被告却将商标占为己有，拒不归还，并且用来制止原告使用的行为已经违反了商标法律的上述规定。原告可以向商标行政主管部门申请撤销商标，但是受到 5 年期限的限制。另外，将代理人商标注册拒不归还属于商标权属纠纷，原告可以不经过行政部门而直接向法院起诉。

第三节 商标使用纠纷

主题案例

××有限公司与香港××公司技术转让合同争议仲裁案①

案情回顾

1992 年 9 月 18 日，广东省对外经济发展××公司、南光（香港）公司和日豪实业有限公司签订了“中外合作××有限公司合同”，三方约定在中国××市××县共同举办合作经营企业××有限公司（即申请人）。

1995 年 9 月 12 日，广东省对外经济发展××公司、Y 企业有限公司和被申请人签订了关于被申请人加入合作经营××有限公司的补充合同。同日，申请人和被申请人签订了一份技术转让合同，双方约定：被申请人同意不作价提供其已在香港注册的轻质墙板××商标的使用权，以及制造该商标项下产品的有关技术，作为其加入申请人的合作条件。申请人向被申请人购买价值为 CIF××港 50 万美元的进口设备，用于配套申请人已有的设备。被申请人应向申请人提供涉及生产合同产品的书面及非书面的技术资料和经验，包括产品的设计、产品图纸、制造工艺、材料配方、质量控制、试验、设备安装、调试、运行、维修等一切技术数据及参数等。被申请人应在申请人开出信用证后 4 个月内装运设备清单所列的补充设备，运抵××港。申请人应在合同生效之日起 7 个工作日内开出以被申请人为受益人的，有效期为 4 个月的不可撤销的信用证，其金额为设备总值的 60%，计 30 万美元。被申请人同意将余下的设备款 20 万美元作为技术风险担保金。补充设备与原有设备配套、安装、调试等，应在补充设备运抵厂区之日起 3 个月内完成。由申请人、被申请人共同组成产品考核小组，对试产的产品进行考核及送检，若考核的产品合格，由考核小组及申请人、被申请人共同签署产品合格证书予以确认。到此，申请人应在 3 个工作日内用电汇的方式将余下的 20 万美元的风险担保金汇往被申请人指定的银行账号。若考核的产品不合格，应由被申请人负责进行整改。整改

① 中国国际经济贸易仲裁委员会华南分会仲裁案例，未公布。

必须在1个月内完成。若整改后仍不合格，被申请人应赔偿申请人因此遭受的经济损失。整改完毕后，仍未达到整改目的，申请人有权没收技术风险担保金。被申请人有责任协助合同产品进入国际市场。申请人的出口产品使用被申请人提供的在香港地区注册的××商标，并在产品的包装上注明“中华人民共和国××有限公司制造”字样。合同经申请人、被申请人授权代表签名后，报中国政府的审批机关批准生效，适用中国的有关法律、法规。1995年11月21日，××市对外经济贸易委员会批复，批准了上述“补充合同”和“技术转让合同”。在上述“技术转让合同”的履行过程中，双方当事人发生争议，申请人认为被申请人侵犯其商标使用权，被申请人则向香港法院起诉申请人的买方侵犯其商标权，并要求解除合同。

争议焦点

1. 涉案商标许可合同是否有效？

2. 申请人是否侵犯了被申请人的商标权？

裁判意见

依据香港《商标条例》的有关规定，注册商标权人以外的人，如欲获得某一注册商标的使用权，须和商标权人签订商标许可使用合同，并在香港依法办理注册登记，取得“注册使用人”资格。但在本案中没有证据证明申请人已经依法获得了××注册商标使用权。因此，被申请人前述排斥申请人在香港使用××注册商标的行为，不能认为是侵犯了申请人的合法权利。被申请人不能完成设备的安装和调试，其基本原因是由于被申请人与其所雇工程技术人员之间发生拖欠薪酬纠纷，以及与其所签合同设备安装承包商发生拖欠工程款纠纷，导致工程停工。被申请人在“技术转让合同”规定的期限内未完成补充设备的配套安装、调试，在延长了安装期限后，被申请人仍未能履行合同义务，因此，被申请人的行为已违反了“技术转让合同”的规定，构成违约。由于被申请人是违约方，因此，对于被申请人要求解除“技术转让合同”的反请求，仲裁庭不予支持。

评析探讨

本案是技术转让合同纠纷，但商标使用权转让作为技术合同的一部分，本案也涉及商标许可问题。

首先，本案需要考虑的是商标使用权是否可以出资，即申请人与被申请人的合同是否有效。商标除了彰显商品的提供者，还独立为无形财产，商标使用权是一种经济权益，也可以通过合同转让。但是，由于商标使用权作为商标所有权的派生权利，受到商标所有人是否维持的影响，商标使用权是否可以作为出资还是一个有争议的话题。1994年《公司法》第82条规定：“以发起设立方式设立股份有限公司的，发起人以书面认足公司章程规定发行的股份后，应即缴纳全部股款；以实物、工业产权、非专利技术或者土地使用权抵作股款的，应当依法办理其财产权的转移手续。”2005年《公司法》第27条规定：“股东可以用货币出资，也可以用实物、知识产权、土地使用权等可以用货币估价并可以依法转让的非货币财产作价出资；……全体股东的货币出资金额不得低于有限责任公司注册资本的百分之三十。”第28条第1款规定：“股东应当按期足额缴纳公司章程中规定的各自所认缴的出资额。股东以货币出资的，应当将货币出资足额存入有限责任公司在银行开设的账户；以非货币财产出资的，应当依法办理其财产权的转移手续。”因此，有人认为无形财产权出资的客体只能是所有权，而不包括使用权，因为法律使用的是“转移”的法律概念，而《商标法》对商标的转让和许可作了单独的规定，转让或者转移对应的是所有权，许可对应的才是使用权。但是，我国《合同法》第342条规定，“技术转让合同包括专利权转让、专利申请权转让、技术秘密转让、专利实施许可合同”，可见我国关于技术“转让”的标的，并非仅限于所有权，还包括申请权、使用权。最高人民法院《关于审理技术合同纠纷案件适用法律若干问题的解释》第16条也规定：“当事人以技术成果向企业出资但未明确约定权属，接受出资的企业主张该技术成果归其享有的，人民法院一般应当予以支持，但是该技术成果价值与该技术成果所占出资额比例明显不合理损害出资人利益的除外。”这条可以看出法律默许了使用权出资。而且，由于土地使用权作为所有权的派生权利可以出资，商标使用权作为出资方式没有法律障碍。此外，商标使用权出资可以通过备案来转移权利，具有实际可操作性。虽然本案合同的商标使用权出资只是作为涉案合同的一个部分，涉案合同主要是技术的转让，但外商提供商标使用权、保留所有权到中国建立合资企业的情形在我国很常见，探索这类出资合同的效力也是必要的。

其次，需要考虑申请人与被申请人许可合同是否生效。由于知识产权的地域属性，与商标权利有关的法律问题适用权利产生地法律。涉案商标是在香港注册，因而虽然合同约定适用中国内地法律，但与商标权有关的事项适用香港地区法律。商标的许可合同是否需要履行向主管机关登记的程序，各国家、地区规定不同，主要有登记生效和登记对抗效力两种。登记生效将登记作为许可合同生效的前提，而登记对抗不要求登记作为合同生效的条件，只是不能以登记对抗善意第三人的请求。相比内地对商标许可登记对抗效力的规定，香港《商标条例》要求注册商标权人以外的人，如欲获得某一注册商标的使用权，须和商标所有人签订书面合同，作出明确约定，并在香港依法办理注册登记，否则无权获得商标使用权。涉案合同未能履行登记手续，根据香港法律，商标使用权未能转移。

最后，如果涉案合同符合法律规定的形式，即向主管机关履行了相应的登记程序，该案被申请人也有权解除合同时，申请人什么时候构成商标侵权的问题。如果被申请人有权解除合同，自解除合同通知到达申请人时开始，合同解除，申请人失去使用商标的权利，申请人继续使用商标构成侵权。最后，如果涉案合同向主管机构登记，但是被申请人无权解除合同，申请人是否可以出口到香港的问题。由于商标的地域属性，在内地获得商标权的商标不一定在香港同样享有商标权，反之亦然。所以，根据两地的法律，权利人享受的是独立的商标权。香港商标权人许可他人使用其商标是否允许该商标进口到香港涉及商标平行进口问题。平行进口是否允许首先取决于当事人的约定，涉案合同约定申请人可以适用被申请人商标并出口，可以看出被申请人推广其商标的意图，许可申请人出口其商标产品也是允许了其商标进口到香港。如果，涉案合同未作出如此约定，是否允许平行进口则取决于香港商标法律的相应规定。

第四节 商标侵权纠纷

主题案例

陈某等与南京某服饰集团有限公司商标侵权纠纷上诉案[①]

案情回顾

1993年8月，南京某针织毛衫厂在第25类羊毛衫商品上向国家工商行政管理总局商标局申请注册“海尔曼斯＋HAIERMANSI＋浪花图形”的组合商标，1995年2月21日经核准注册；1996年5月7日，该商标注册人名义变更为南京某服饰总厂；2005年2月21日，该商标续展注册，有效期自2005年2月21日至2015年2月20日。南京某服饰总厂又在国际分类的第3、18、23、24、25、26、40、42类商品上注册了上述商标。2001年1月28日在核定使用的第25类服装、针织服装、衬衣等商品上注册了“海尔曼斯”、“HAIERMANSI”商标，后又陆续在第25类商品上注册了“海尔曼斯·金牌”、“金牌·海尔曼斯”和“海尔曼斯＋浪花图形”（2件）、“金牌·海尔曼斯＋皇冠图形”的组合商标。南京某服饰总厂改制后，南京某服饰公司依法办理了核准变更商标人名义或核准转让注册商标的登记，取得了上述全部16件商标的专用权，并在核定使用的第20类商品上注册了“海尔曼斯”商标。

---

① 江苏省南京市中级人民法院民事判决书（2008）苏民三终字第0141号。

2007 年 6 月 6 日，南京某服饰公司的委托代理人在南京市公证处公证员的监督下，从某陶瓷有限公司苏皖营销中心处购买了海尔曼斯 519 型白色坐便器和海尔曼斯 643 型白色立柱盆，发现该营销中心营业厅和门面招牌和仓库外景都标明了带有“Hierms”、“Haierms”和“海尔曼斯洁具”标识的店招或大型的广告宣传海报。所购之物包装带、包装胶带以及立柱盆盆头外包装上都印制了“Haierms”、“海尔曼斯洁具”的标识，坐便器和立柱盆外包装上均标示生产商为“潮安县某陶瓷有限公司”，坐便器外包装上也印制了“Haierms”标识，坐便器和立柱盆头都加贴了“Haierms”、“海尔曼斯”的彩色标贴，立柱盆头还有烧铸的“Haierms”标识。

南京某服饰公司以某陶瓷公司侵犯其商标权向法院起诉，某陶瓷公司认为其使用的字母“Haierms”商标是 2005 年向商标局申请注册的商标，中文商标是对字母商标的音译。于是，某陶瓷公司不服一审认定其侵权的判决，向二审法院提起上诉。

争议焦点

1. 被告某陶瓷公司使用的商标标记是否全部侵犯南京某服饰公司的商标专用权？
2. 法院是否有权在侵权诉讼中认定驰名商标？

裁判意见

一审法院认为：某陶瓷公司、陈某使用的“Haierms”、“海尔曼斯”标识，其中“海尔曼斯”与南京某服饰公司的“海尔曼斯”注册商标构成近似，“Haierms”与南京某服饰公司的“HAIERMANSI”注册商标不相同、不近似。

根据南京某服饰公司提交的各种证据，可以认定其注册的海尔曼商标为驰名商标，该商标依法应给予跨类扩大保护。尽管南京某服饰公司的服装类商品与某陶瓷公司、陈某的卫生洁具等商品不属于同类或类似商品，但导致经销商要求代理“海尔曼斯”卫生洁具情况发生的原因并不在于商品本身，而在于南京某服饰公司注册商标在相关公众中具有较高的知名度和认同感，某陶瓷公司、陈某对南京某服饰公司注册商标的攀附使用而引起消费者对“海尔曼斯”商标的联想，进而对商品的来源产生混淆，误认为标注了“海尔曼斯”和“海尔曼斯洁具”等文字或标识的卫生洁具、陶瓷制品系南京某服饰公司生产和销售，以此吸引普通消费群，造成南京某服饰公司经销商提出了代理销售请求，以获得更大的经济利益，更证明了南京某服饰公司商标的价值。某陶瓷公司、陈某摹仿南京某服饰公司驰名商标文字在不同商品上作为商标标识使用的行为，构成了对相关公众的误导，对驰名商标权利人的合法权益造成了损害。

二审法院认为：“海尔曼斯”注册商标（商标注册证号为第 1513571 号）应认定为驰名商标。根据一审法院查明的事实，早在 1993 年，南京某服饰公司的前身南京海鹰针织毛衫厂就申请注册含有“海尔曼斯”文字的商标。经过长期经营，“海尔曼斯”品牌的羊毛、羊绒、桑蚕丝制品等产品的销售网络覆盖全国 30 个省、直辖市、自治区，并占有一定海外市场，为广大消费者所熟知。南京某服饰公司及其产品获得各种荣誉累计30多项。2004年以来南京某服饰公司的生产销售情况良好。根据上述事实，足以认定"海尔曼斯"商标为驰名商标。陈某及某陶瓷公司认为相关公众对"海尔曼斯"商标的知晓程度未达到驰名标准，但不能提供充分的证据推翻上述事实。

陈某及某陶瓷公司认为，他们在其生产和销售的卫生洁具上使用字母商标"Haierms"后标注"海尔曼斯"文字，属于对字母商标音译的正当使用，且其经营范围与南京某服饰公司分属两个不同的领域，相关公众不可能产生误解，故不构成侵权。对此法院认为，驰名商标之所以具有较高的商业价值，原因在于其所标识的商品及其制造（提供）者拥有很高的商誉，为广大消费者所熟知和认可；使用他人驰名商标，即使其商品不相同或者不类似，消费者也容易对两个商品制造（提供）者之间存在某种关联关系产生联想，从而在客观上造成混淆，因此对驰名商标必须给予跨类保护。

评析探讨

原告南京某服饰公司获得注册"海尔曼斯"、"HAIERMANSI"以及其组合形成的一系列商标，核定使用的商品主要是羊毛衫以及服装等。被告在其经营的陶瓷制品上使用"Haierms"、"海尔曼斯"的标识。原告以被告侵犯其拥有的众多商标里的文字商标"海尔曼斯"以及字母商标"HAIERMANSI"为由向法院提起诉讼。本案的争议点主要是被告是否使用了原告的商标？原告的商标是否是驰名商标？被告是否侵犯了原告的商标权？

被告使用了两个商标标记，其中文字商标与原告的文字商标"海尔曼斯"完全相同，可见是使用了原告的商标。但是，"Haierms"与"HAIERMANSI"商标则不相同也不相近似。在分析字母商标是否相同或者近似时，需要看两者的读音、外形以及相对应的中文翻译。所以，涉案字母商品标记不同的原因主要是：首先，"Haierms"没有特定的中文含义，是一个臆造的商品标记，因而具有更高的显著性，而"HAIERMANSI"商标则是其"海尔曼斯"的拼音字母，有相对应的中文意思；其次，外形上来看，"HAIERMANSI"是大写的字母，而"Haierms"不全部是大写字母，而且两者在长短上也不相同；再次，"Haierms"较"HAIERMANSI"商标少的部分不能构成一个独立的部分，"Haierms"也可以单独作为一个商品标记，可见不是仅仅对"HAIERMANSI"商标字母的抽取组合；最后，"HAIERMANSI"商标可以读成海尔曼斯，而"Haierms"商标标记则读成海尔恩斯更为恰当。综合上述原因，可见被告没有使用原告的字母商标。又因为"Haierms"不是对海尔曼斯的翻译，"Haierms"也不是使用了"海尔曼斯"的中文商标。南京某服饰公司的商标因为其具有高的知名度，相应的受到更多的保护，法院在分析商标是否相同或者近似时，除了分析商标相同或者近似的客观标准外，还会结合商标的知名度等主观标准，考量商标是否容易被混淆。但是，利用主观标准的前提还是应该满足客观标准的相同或者相似的前提，主观标准只是用来协助利用客观标准，具体到本案，指的是一方面不管南京某服饰公司的商标如何出名和具有显著性，只要他人的商标确实不是与其商标相同或者近似，则不是使用其商标；另一方面南京某服饰公司商标的显著性和知名度更容易导致一被控标记被认为与其商标相同或者近似。

法律对知名商标的保护更有利于制止他人利用商标信誉的“搭便车”行为，因而，法律对驰名商标的保护更甚于一般的商标。一般商标的保护范围限于其核定使用的商品，需要注意的是这里的商品不是原告经营的商品，而是其在商标登记部门登记的将使用注册商标的商品。因为商标的作用是区分商品的来源，必须与商品结合使用，将商标权利保护范围限定在核准注册的商品上体现的正是商标的本质属性。但由于驰名商标在公众中的知名度高，被非法利用的可能性也大；驰名商标在公众中信誉高，被非法利用后给商标权利人带来的损失也大。所以，法律规定对已经注册的驰名商标的保护不限于其核准注册的商品。因而，本案原告在法院诉讼时提起认定驰名商标的要求，法院在司法认定驰名商标后，判定是否存在侵权行为只需要分析商标标记是否相同或者相似，而无须再分析是否使用在相同或者相似的商品上。

驰名商标容易被混淆，比如本案的被告使用原告的商标后，导致一般社会公众（本案具体是指联系原告要求取得代理权的经营者）认为被告与原告有代理关系，因而也要求代理原告的产品。但对驰名商标的特殊保护更是为防止驰名商标的淡化。一般来说，驰名商标被非法用于与商标所有人注册的商品完全没有联系的商品上，或者被用于普通消费者绝对不会以为商标权人与使用人存在关系的领域时，对驰名商标的特殊保护就是为了防止驰名商标被广泛利用后，丧失其显著性。防止驰名商标淡化相对于避免商标被混淆，更偏重对商标本身作为一种财产的保护。

本案原告的商标从注册到使用，再到被认定为驰名商标的过程体现了一个商标的成长过程，给我们的启示有：第一，注册后的商标应该一直被使用。使用可以不断加强商标与商品的联系，使得商标获得更多显著性与识别性。第二，在自己商标尚且不能达到驰名商标标准时，注册联合商标与防御商标，尽量扩大自己商标的保护范围。第三，注意商品的质量，争取使得商标获得各项殊荣。虽然各地区自行认定的著名商标不能使得商标获得驰名商标的保护，但这些均可以作为法院考量商标权利范围的依据，也可以作为申请驰名商标认定的证据。第四，在商标注册事项或者注册人信息发生变化时，及时向商标行政部门申请变更，使得商标权利得以维持以及没有瑕疵。第五，通过诉讼等途径，在维护自己权利的同时避免自己商标在获得知名度的过程中被淡化，进而丧失显著性。第六，申请驰名商标的行政认定或者司法认定，使得商标获得法律规定的特殊保护。由于驰名商标是个案认定，不具有持久性，所以商标权人每次主张权利时应该充分利用自己商标曾经被认定为驰名商标的记录，比如使得证明商标非属于驰名的举证责任转移到对方当事人。

专题四

商业秘密

第一节 基本原理

一、商业秘密的保护对象和构成要件

商业秘密保护是知识产权法中举足轻重的内容之一，是知识产权保护体系的四个基本支柱之一。今天，商业秘密作为一项重要的权利得到法律的确认和保护已经成为国际上的共识。

（一）商业秘密的概念和保护对象

1. 商业秘密的概念

（1）国际上对商业秘密的界定

有关商业秘密的国际性文件主要有 WTO 的《与贸易有关的知识产权协定》（以下简称 TRIPS）和世界知识产权组织（World Intellectual Property Organization，WIPO）制定的《反不正当竞争示范法》。

TRIPS 第七节“未经公开的信息的保护”（Unclosed Information）第 39 条第 2 款规定：自然人或法人应有可能防止他人未经许可而以违反诚实商业惯例的方式，披露、获取或使用其合法持有并满足下述条件的信息：① 具有秘密性质，即该信息就其整体，或者具体的配置及成分的组合，非为一般处理同类信息的人普遍知悉或容易获得的；② 因其秘密性而具有商业价值；③ 该信息的合法持有人，为保持其秘密性，根据有关情况采取了合理的措施。

《反不正当竞争示范法》第 6 条第 3 款对秘密信息（secret information）的界定是以 TRIPS 第 39 条的规定为基础的，并对之有较详细的规定：① 作为一个整体或作为其组成部分的构造或组合，它未被通常从事该类信息工作的领域内的人普遍知悉或者容易获

得，在此并不要求绝对的秘密信息，只要该信息不是通常与其打交道的圈子里的人们普遍知悉或易于取得，该信息就被认定为秘密信息；② 由于是秘密信息而具有商业价值；③ 权利人根据概况采取了合理的保密措施，必须考虑努力的程度、权利人保持秘密信息的花费、该信息的价值以及他人通过合法方式取得该信息的难易程度。但是，秘密信息必须是可辨认的，如记载在文件上或储存在数据库中，尽管通过合同约定义务并不是必须的，权利人必须表明他将信息作为秘密对待的意图。[①]

（2）我国关于商业秘密的界定

我国专门关于商业秘密界定的规定可见于 1993 年实施的《反不正当竞争法》，该法第 10 条第 3 款："本条所称的商业秘密，是指不为公众所知悉、能为权利人带来经济利益、具有实用性并经权利人采取保密措施的技术信息和经营信息。"

1998 年修订的《关于禁止侵犯商业秘密行为的若干规定》第 2 条第 2 款至第 4 款分别就不为公众所知悉、能为权利人带来经济利益、具有实用性、保密措施及商业秘密的内容作出了解释：① 不为公众所知悉，是指该信息是不能从公开渠道直接获取的；② 能为权利人带来经济利益、具有实用性，是指该信息具有确定的可应用性，能为权利人带来现实的或者潜在的经济利益或者竞争优势；③ 权利人采取保密措施，包括订立保密协议，建立保密制度及采取其他合理的保密措施。

由上述规定可知，我国对商业秘密的界定与国际的相关规定基本一致，凡是尚未为公众所知悉、具有经济价值并采取保密措施的技术信息和经营信息，一般可被认定为商业秘密。

2. 商业秘密的保护对象

我国《反不正当竞争法》所规定的商业秘密包括技术信息和经营信息。实际上，我国有关规定只是对商业秘密可能涉及的比较常见的表现形式进行非穷尽列举，技术秘密与经营秘密是商业秘密的主要部分，但商业秘密还可有其他内容。

（1）技术秘密

技术，是指人类在利用自然和改造自然的过程中积累起来并在生产劳动中体现出来的经验和知识，也泛指其他操作方法和技巧。根据 1997 年由国家科学委员会印发的《关于加强科技人员流动中技术秘密管理的若干工作通知》第 2 条规定：……技术秘密……包括但不限于设计图纸（含草图）、试验结果和试验记录、工艺、配方、样品、数据、计算机程序等。技术信息可以是有特定的完整的技术内容，构成一项产品、工艺、材料及其改进的技术方案，也可以是某一产品、工艺、材料等技术或产品中的部分技术要素。

---

① 孔祥俊．商业秘密保护法原理．北京：中国法制出版社，1999：130.

(2) 经营秘密

经营秘密的内容十分广泛。经营是市场主体的法律行为，是工商经营者以赢利为目的的连续行为，包括筹划并管理、计划并组织。根据对相关的法规、意见及案例的考查，经营秘密包括管理诀窍、客户名单、交易习惯、货源情报、产销策略、招投标中的标底及标书内容等信息。经营秘密通常是在经营的过程中，通过投入人力、物力对有用的运营信息日积月累形成或者是通过一定时间内对大量的相关信息进行归纳总结而形成对自己经营有价值的信息。

(3) 其他秘密

保密信息，主要是指商业秘密中新颖性、秘密性较低，但又要求保密的部分。对这部分信息的保密义务，通常通过合同、工作性质、交易惯例、商业惯例等产生。只要当事人之间有产生保密义务的情况，那么保密信息当然作为商业秘密受到保护。

暂时性商业秘密，主要是指某些价值效用时间短，但却能为生产经营者争取到竞争优势的信息，例如一次性的市场价格预测报告等。这些商业秘密使用的时间短，甚至只是一次性使用，但其投入的人力、物力、时间，以及为使用者带来的潜在或实际经济利益或成功机会却是不容忽视的，因此，应当受到商业秘密法律的保护。

零散的商业秘密，是指生产经营非系统、非连续的信息，只要有关比较重大的经济利益，也有必要保护。

否定性的商业秘密，是指过去开发、研究失败的经验、资料等。这些资料虽然不能生成一个促进生产经营的结果，但是这些资料能反映出研究过程中的经验教训，其背后凝聚了研究的时间、人力、经费的投入，对继续研究的开发人员和对相对滞后的竞争对手来说是一种提示和指引，可以为他们节省时间、经费等。从这种角度看，即使是否定性信息仍然具有实用性，仍然应当受到保护。

(二) 商业秘密的构成要件

商业秘密的构成要件，是商业秘密组成的基本要素，也是商业秘密的本质特征。根据有关商业秘密的定义可知，商业秘密主要有秘密性、新颖性、实用性与价值性、管理性等四个本质特征，它们相互联系、缺一不可。以下主要结合 TRIPS 与我国有关的立法对商业秘密的构成要件进行分析。

1. 秘密性

秘密性是商业秘密区别于其他商业信息的最根本的属性，是决定商业信息能否成为商业秘密最权威的因素。

TRIPS 第 39 条有关秘密性的表述为：具有秘密性质，即该信息就其整体，或者具体的配置及成分的组合，非为一般处理同类信息的人普遍知悉或容易获得的。我国《最高人民法院关于审理不正当竞争民事案件应用法律若干问题的解释》第 9 条第 1 款规定，有关信息不为其所属领域的相关人员普遍知悉和容易获得，应当认定为“不为公众所知悉”。该条第2款进一步列举了几种不构成不为公众所知悉的情形：(1) 该信息为其所属技术或者经济领域的人的一般常识或者行业惯例；(2) 该信息仅涉及产品的尺寸、结构、材料、部件的简单组合等内容，进入市场后相关公众通过观察产品即可直接获得；(3) 该信息已经在公开出版物或者其他媒体上公开披露；(4) 该信息已通过公开的报告会、展览等方式公开；(5) 该信息从其他公开渠道可以获得；(6) 该信息无需付出一定的代价而容易获得。

就秘密性的客体而言，它是指信息整体的确切内容、各组成要素的确切内容、各组成要素的确切组合；就秘密性的感知主体而言，这是指“一般处理同类信息的人”，即同行或内行人中的一般人或多数人；就知悉的难易程度而言，秘密要求该信息并非在该领域内大多数人通过正当途径可以轻便地知悉该信息，例如该信息已经在公开出版物或者其他媒体上公开披露，或该信息已经在国内使用并公开，或信息从其他公开渠道可以获得，或该信息无需付出相当的代价而容易获得。

2. 新颖性

新颖性是有关商业秘密的一个颇具争议的构成因素。我国乃至许多国家有关商业秘密的立法当中并没有提及新颖性这一要求，在有关的国际公约中也没有关于新颖性的明确表述。

有学者认为，TRIPS第39条第2款中“非为一般处理同类信息的人普遍知悉或容易获得”的“普遍知悉”是关于秘密性的表述，而“容易获得”则可解释为对商业秘密信息具有一定程度的新颖性要求。而且从理论上看，公有领域归全人类所有，任何人不得借商业秘密之名，把事实上属于公有领域的技术知识、经营智慧据为己有，而新颖性正是体现了保护公有知识的要求。①

新颖性与秘密性紧密相联：一方面，一项商业信息若可经正当的公开渠道获得，则其新颖性就因为其秘密性的丧失而相应消失；另一方面，有外国判例认为某种信息事实上被保持机密，该秘密性至少默示具有最低程度的新颖性。② 由此，有时候我们很难将新颖性与秘密性截然分开。但是，为了在公共信息的共享与商业秘密的保护之间取得平衡，笔者认为在秘密性的基础上，加入新颖性的要求是十分必要的。

含有商业秘密的产品推向市场后，是否会因为反向工程即通过把产品分解或成分分

---

① 张玉瑞. 商业秘密·商业贿赂：法律风险与对策. 北京：法律出版社，2005：51.

② Kewanee Oil Co. v. Bicron Corp. , 416u. S. 470, 476 (1974); Henry Hop X-Ray Prods. , In C. U. Marron Canrel, 674F. 2d 1336, 1340 (9th Cir. (1982) 转引自戴永盛. 商业秘密法比较研究. 上海：华东师范大学出版社，2005：46.

析掌握该技术信息或经营信息时，而影响其新颖性。这需要根据具体情况作出具体分析，如果一项商业秘密需要经过较长的时间、较高的经费投入才能被发现，那么该商业秘密不丧失新颖性；如果根据合同租借或特许产品通过内存检查很容易发现其中的秘密，而合同禁止租借或被特许人对产品进行分解检查，则该商业秘密不丧失新颖性。

3. 实用性与价值性

TRIPS 规定未公开披露的信息“因保密而具有商业价值”。我国《关于禁止侵犯商业秘密行为的若干规定》第 2 条第 3 款指出，能为权利人带来经济利益、具有实用性，是指该信息具有确定的可应用性，能为权利人带来现实的或者潜在的经济利益或者竞争优势。这说明商业秘密必须具有实用性与价值性。

实用性有三方面内涵，包括客观有用性、具体性、确定性。客观有用性，是指秘密信息是其控制人产生经济利益、竞争优势的原因之一，二者存在因果关系。仅仅主观上的有用性，例如某种信仰、宗教，不能构成有用性。具体性，是指商业秘密应该是具体方案或信息，不应该是大概的原理、抽象的概念或大致的构想。法律并不保护模糊的思想，因为这些想法并不能转化为竞争优势。“控制人”自己尚在摸索并未能使之实际适用时，法律对其保护，无异于束缚了社会上他人的手脚，不利于增进社会公共利益。确定性，是指商业秘密的权利人应能够对商业秘密说明详细内容和划定明确界限，商业秘密由何种信息组成，各部分内容和相互关系，哪些是公有信息，与自己商业秘密的界线等。确定性，并不要求控制人将商业秘密记载于可感知的实物或已用文字材料加以固定，而只要求商业秘密必须是一个完整的或相对完整的方案，权利人即可将其实施。①

商业秘密的价值性体现为现实或潜在的经济利益或竞争优势。对于已经投入使用的商业秘密，其经济价值性应是现实的，可以用数据，例如投入的成本、经营的利润等来表现。对于尚未投入使用的商业秘密，其价值则体现为一种竞争优势的获得。竞争优势，可以表现为一种领先的时间优势、或者是潜在的得益。

商业秘密价值必须具有独立性，这要求商业秘密在使用中可以独立存在，而不必依附其他信息、构思而存在，或依附于其他知识、技能、经验而存在。在特定的情况下，商业秘密可能紧密地附着于其不应该享有权利的公共知识，或与他人的知识产权、劳动者的一般知识、技能、经验结合得太紧密，而整体上处于从属地位。这种情况下保护了商业秘密，就会对社会合法权益，造成不合理的损害。② 为了促进公共知识的共享、保护他人的合法权益和社会人员的正常流动，商业秘密价值的独立性要求显得非常必要。

---

① 王冰，王博．完美的商业秘密管理：商业秘密保护与纠纷预防．武汉：武汉大学出版社，2008：13.

② 张玉瑞．商业秘密・商业贿赂：法律风险与对策．北京：法律出版社，2005：37.

4. 管理性

管理性是指权利人根据具体环境需要，对商业秘密采取的合理保护措施。保密措施，是商业秘密持有彰显“占有”的一种外部表现形式。

从法律意义上看，权利人采取保密措施的法律意义在于产生创设商业秘密权的法律效果。一件财产之所以无主，在于没有宣告对其占有。如果秘密信息持有人不采取保密措施，任何人皆可随意得到该信息，则不能证明自己对该秘密信息具有占有的主观意图，也就不能成为权利人。因此，保密信息不但是事实行为，也是重要的法律行为。① 采取保密措施，同时也是保持秘密信息秘密性的重要手段。由于权利人采取了保密措施彰显了商业秘密的存在，使得必要人员承担了不得泄露商业秘密的义务。

从保密措施的合理性看，法律并不要求保密措施在任何标准之下均万无一失，仅要求在当时、当地的条件下是合理的。这里隐含一个法律前提，即义务人被看作是一个有通常心智的人，其在正常的注意状态下，应该意识到雇主或者他人商业秘密的存在。任何人尊重他人的保密意志，遇到他人保密措施即应回避。即使权利人存在疏忽的情况，有关义务人仍然应当负有保密义务。法院应当根据所涉信息载体的特性、权利人保密的意愿、保密措施的可识别程度、他人通过正当方式获得的难易程度等因素，认定权利人是否采取了保密措施。

从保密措施的形式看，保密措施可以是多种多样的。《最高人民法院关于审理不正当竞争民事案件应用法律若干问题的解释》第 11 条第 3 款列举了在正常情况下足以防止涉密信息泄漏的几项保密措施：(1) 限定涉密信息的知悉范围，只对必须知悉的相关人员告知其内容；(2) 对于涉密信息载体采取加锁等防范措施；(3) 在涉密信息的载体上标有保密标志；(4) 对于涉密信息采用密码或者代码等；(5) 签订保密协议；(6) 对于涉密的机器、厂房、车间等场所限制来访者或者提出保密要求；(7) 确保信息保密的其他合理措施。

二、商业秘密的法律保护

（一）商业秘密保护原则

商业秘密保护法律制度是一国关于商业秘密保护的所有法律规范的总和。由于商业秘密是一种特殊的无形财产权，因此有关法律制度具有不同的原则和作用。

1. 商业秘密保护的法律原则

(1) 维护商业道德和公平竞争秩序

在竞争激烈的市场竞争中，信息、技术优势往往能为生产经营者带来巨大的经济利

---

① 张玉瑞. 商业秘密·商业贿赂：法律风险与对策. 北京：法律出版社，2005：37.

益与竞争优势。良性的经济发展，离不开诚实信用、公平的竞争环境。商业秘密能为权利人带来经济利益和竞争优势，因此生产经营者才要投入大量的人力、物力、时间去创造和保护这些秘密信息。如果不正当的行为反而能够更快地、更便宜地获取价值更大的信息，那么市场主体就不会靠诚实的劳动和研究去开拓崭新的技术和管理方法。任何一个社会的道德规范，最终都直接或间接地受到规定、制约，并反过来对经济生活产生影响。因此，商业秘密保护法律的主要目的之一就是要维护商业道德，防止全社会生产、经营环境的普遍恶化，从而营造公平的竞争秩序。

（2）协调个人利益与社会公共利益

商业秘密保护法律保护个人的合法权益，保护个人通过诚实劳动获得的经济利益和竞争优势，但这种自由也并非毫无限制。首先，商业秘密的取得必须是合法的、符合国家利益和社会公共利益。这也被称为“手脚不干净者不受保护”原则。从另一个角度看，只要权利主体的商业秘密来源合法，商业秘密权利人不能向通过权利穷竭、反向工程、善意取得或披露商业秘密的自然人、法人或其他组织主张权利。

（二）商业秘密的合同保护

1. 保密义务

保护商业秘密的合同义务，基于两种客观事实产生：第一，当事人双方存在明示的保密合同；第二，虽然当事人双方不存在明示的保密合同，但存在默示的合同关系，从而使当事人对另一方的商业秘密负起保密义务。由于明示合同义务比较明确，以下主要就默示保密义务展开讨论。

默示保密义务，是指当事人存在着保密关系，即使在没有明示保密合同关系的情况下仍然应当承担的保密义务。以下主要讨论两种最常见的默示保密义务：

一是基于商业秘密交易产生的保密义务。我国《合同法》第43条明确规定：“当事人在订立合同过程中知悉的商业秘密，无论合同是否成立，不得泄露或者不正当地使用。泄露或者不正当地使用该商业秘密给对方造成损失的，应当承担损害赔偿责任。”第60条第2款规定：“当事人应当遵循诚实信用原则，根据合同的性质、目的和交易习惯履行通知、协助、保密等义务。”第92条规定：“合同的权利义务终止后，当事人应当遵循诚实信用原则，根据交易习惯履行通知、协助、保密等义务。”第347条与第348条更明文规定，技术秘密转让合同的让与人与受让人，应当承担保密义务。第350条规定，技术转让合同的受让人应当按照约定的范围和期限，对让与人提供的技术中尚未公开的秘密部分，承担保密义务。由此可知，我国《合同法》从合同订立的过程、合同的履行及合同终止后三个阶段都规定了默示保密义务，在技术秘密的转让中，还明确规定了法定的保密义务。

二是基于雇佣关系产生的保密义务。凡论及保密义务和竞业限制条款必然会讨论到商业秘密的保护与劳动权、择业自由权、生存权等公民基本权利保障的冲突。对此，首先要明确商业秘密的内容与劳动者常识经验、普通技能的区别。一般认为，在特殊的商业经营上并在长期雇佣关系中发展而来的特殊信息，有别于一般性信息，是雇佣人的商业秘密。若受雇人在受雇前并未获得与原告商业秘密的相同或相似的知识、经验、技能，在离职后不得主张该商业秘密为其自己的技能和经验。但是如果在具体个案中，受雇人具有足够的能力发展该信息，那么也不能禁止受雇人在离职后使用该信息。这里需要强调的是受雇人的“记忆力”不能算作为“能力”的范畴，受雇人记住接触过的数据、图表、公式等秘密信息并以之谋取私利，一定程度上无异于窃取与复制，违反诚实信用原则。① 对于与经营有关的信息，取决于该信息获得的难易程度（是否为一般公知信息）以及雇主是否对该信息进行了秘密管理。对于客户对雇员的信赖，我国《最高人民法院关于审理不正当竞争民事案件应用法律若干问题的解释》第 13 条第 2 款明确规定，客户基于对职工个人的信赖而与职工所在单位进行市场交易，该职工离职后，能够证明客户自愿选择与自己或者其新单位进行市场交易的，应当认定没有采用不正当手段，但职工与原单位另有约定的除外。

2. 竞业限制义务

竞业禁止，或称竞业限制、竞业避止，最早规定于民法的代理人制度中，旨在用法律防止代理人对被代理人利益的侵害。例如，德国《联邦最高法院民事判决汇编》第 42 卷第 59 ~ 69 页通过判例规定：商业代理人在代理契约的有效期内，不得代表其委托人的竞争对手进行活动。其后，由代理扩及合同双方当事人、买卖双方当事人及至近代商法中的代理人，然后至现代的企业法、公司法中的企业、公司的董事、经理、高级管理人等商业辅助人制度中，是针对所有的与特定营业有特定民事关系的特定的竞争性行为的禁止。通常认为，竞业限制，即禁止与特定营业有特定关系的人从事特定的行为，其被禁止的客体为特定行为，其被禁止的主体亦为特定人，该特定人与该特定营业之间必须存在着某种特定的法律关系（如雇佣关系、委任关系等）。②

竞业限制义务可由法律规定而产生，也可由约定产生。由法律规定而产生的竞业限制义务，可称为法定的竞业限制义务，例如《公司法》第 149 条第 1 款第 5 项规定，“董事、高级管理人员不得未经股东会或者股东大会同意，……自营或者为他人经营与所任职公司同类的业务”。由约定产生的竞业限制义务，存在于竞业限制条款。竞业限制条款，是指用人单位与员工签订的，约定员工在一定时间、地域范围内不能从事某种特定行为的条款。我国《劳动合同法》第 23 条规定，用人单位与劳动者可以在劳动合

① 戴永盛．商业秘密法比较研究．上海：华东师范大学出版社，2005：105－106.

② 戴永盛．商业秘密法比较研究．上海：华东师范大学出版社，2005：110.

同中约定保守用人单位的商业秘密和与知识产权相关的保密事项。对负有保密义务的劳动者，用人单位可以在劳动合同或者保密协议中与劳动者约定竞业限制条款。

合理限制竞争的法律含义为：（1）合同当事人约定一方当事人不得从事某些商业活动；（2）在没有明示合同的情况下，当事人之间根据社会有关商业选择，也应该承担的默示合同义务；（3）如果某种默示的合同义务受到法律的明文保护，那么有关的合理限制竞争义务同时又是法律义务。①

合理限制竞争的适用条件主要有以下三个方面：

一是合理限制竞争的前提是存在合法的应保利益，包括商誉、业务关系、商业秘密、经营效率、整体或社会利益。

二是协议限制竞争的条件合法。首先，合法的应保利益大于被牺牲的利益。这里必须要强调竞争限制所指向的劳动者工作领域、工作技能的运用，受限制的是劳动者的就业选择权，这是公民的基本权利之一，因此必须要有足够的理由才能限制这种权利。其次，协议限制竞争的条件应当合理，这包括对行为、地域、时间的限制都控制在适当的范围内。最后，不能妨碍公共利益。

三是限制竞争一方应该给予受限制一方以相应的对价。

在我国，《劳动合同法》第 23 条第 2 款规定："用人单位在竞业限制期限内应按月给予劳动者经济补偿。劳动者违反竞业限制约定的，应当按照约定向用人单位支付违约金。"第 24 条规定，竞业限制适用主体限于用人单位的高级管理人员、高级技术人员和其他负有保密义务的人员。竞业限制的范围、地域、期限由用人单位与劳动者约定，竞业限制的约定不得违反法律、法规的规定，而且竞业限制的期限不得超过 2 年。虽然我国的《劳动合同法》有关于竞业限制的一般规定，但是并没有对竞业限制的具体适用条件进行规定或解释，而是将这些内容留给市场主体自行把握以及留给各地司法实践去丰富。例如：关于竞业限制的经济补偿，各地由于经济水平差异而各有不同，《江苏省劳动合同条例》第 17 条规定："……竞业限制条款……年经济补偿额不得低于该劳动者离开用人单位前十二个月从该用人单位获得的报酬总额的三分之一。"《深圳经济特区企业技术秘密保护条例》第 17 条规定："竞业限制协议约定补偿费，按年计算不得少于该员工离开企业前最后一个年度从该企业获得的报酬总额的三分之二。"

（三）商业秘密的侵权法保护

合同法律保护是权利人保护商业秘密的常用手段，但是仅凭合同法律保护是不周全的。即使当事人之间不存在任何合同关系或默示保密义务，只要当事人的合法权益受到

---

① 张玉瑞．商业秘密法学．北京：中国法制出版社，1999：270.

侵害，都应当得到救济，而这要靠侵权法律制度予以实现。

1. 商业秘密侵权的主要形式

(1) 以不正当手段获取商业秘密

商业秘密法的宗旨之一是维护商业道德，而且商业秘密因其秘密性而体现其价值。因此，只要获得的手段违法，即使还未使用和披露，亦应当给予及时的制止，以最大程度地保护商业秘密权利人的利益。《反不正当竞争法》所列举的不正当手段主要包括：一是盗窃，即以非法占有为目的窃取他人商业秘密，盗窃在窃取客观秘密，即商业秘密的各种表现形式时成立，在窃取主观秘密，即商业秘密的实质时也成立；二是利诱，即以非法占有为目的，以给予利益或许诺给予利益为手段，从有关人员那里获取商业秘密；三是胁迫，即以威胁或要挟的方法，强迫有关人员透露商业秘密。直接对权利人采取不正当手段，当然构成侵权，如果唆使他人对权利人采取不正当手段，也构成直接侵权。《侵权责任法》第9条规定："教唆、帮助他人实施侵权行为的，应当与行为人承担连带责任。"

另外，从与权利人有关的第三人那里以不正当手段获得权利人的商业秘密，亦构成侵权。例如，商业秘密许可给第三人使用时，侵权人从该第三人处盗窃商业秘密，或商业秘密交付给保管人、委托人，而侵权人从该保管人、委托人那里非法获取商业秘密等。

负有保密义务的义务人，违反保密义务擅自披露或使用，一般应按违反合同法上的义务来处理而不认为是以不正当的手段获取了商业秘密。但在有些情况下除外，例如私自复制图纸或保密文件，私自搜集不属于工作、业务范围的信息等。

明知他人有不正当行为，即他人违法获取或违约披露商业秘密，但仍然故意接受其结果的人，也属于以不正当手段获取商业秘密。恶意第三人按直接侵犯商业秘密的人处理。

(2) 过失或意外获得商业秘密

意外获得商业秘密，包括因意外事件或行为失误使有关信息为行为人所知。这些意外事件或失误行为，既有可能发生在意外获得者身上，也有可能发生在权利人身上。因此，我们要从三方面考虑：一是，权利人有无采取合理的保密措施。如果权利人没有采取足够的保密措施或存在疏忽，意外获得者使用或披露的，不承担任何责任。二是，意外获得者是否知道获得的是他人的商业秘密。如果意外获得者知道其获得的是他人的商业秘密，则该意外获得者应当承担起相应的法律义务，不得使用或披露。如果存在第三人的过错，例如邮递员的错误投递，导致行为人获得了该信件内的商业秘密，此时该意外获得人不存在不正当获得商业秘密的行为，但是善意原则要求知道该信息的商业秘密性的行为人不得利用错误，即负有不得使用或披露的义务。如果意外获得者不知道其获得的是他人的商业秘密而加以利用，在其知道那是他人的商业秘密之前，行为人不负侵权责任。如果意外获得人知道该信息为他人的商业秘密时，则必须承担起禁止使用的责任，若其继续使用或披露该信息则应承担相应的赔偿责任。

（3）违法使用、披露或允许他人使用

《反不正当竞争法》第10条第1款第2项规定，不得使用、披露以不正当手段获取的商业秘密。由此条文的规定可知，违法使用、披露或允许他人使用非法获取的商业秘密与不正当获取商业秘密的“前提行为”，是相互独立的两种行为，各具有独立的侵权后果。

披露，是指侵权行为人将商业秘密向他人公开，可以是告知特定的人，可以是在特定的场合向不特定的少部分人公开，也可以通过各种信息传媒向公众公开。披露无须以明示的形式进行，只要接受一方知悉即可。

使用，是指侵权行为人以任何方式运用商业秘密。使用具有多种形式，任何利用商业秘密而可能对商业秘密所有者造成损害的，或使行为人不当得利的，均属于对商业秘密的侵权使用。侵权行为人对商业秘密任何实质性的使用都会构成侵权，即使行为人对商业秘密进行了修改或改良，除非能证明该不正当获得的商业秘密所起的作用小到可以认为其他来源才是行为人的工艺来源时，才可免除这部分有关使用的法律责任。

允许他人使用，即侵权行为人将以不正当手段获得的商业秘密供给他人使用。这种供给可以是有偿的，例如通过（通常是冒充真正权利人）与他人签订许可合同，也可以是无偿的，例如出于朋友关系、商务关系或其他利害关系无偿供给他人使用。

（4）违反要求或约定披露、使用商业秘密

《反不正当竞争法》第10条第1款第3项规定，违反约定或者违反权利人有关保守商业秘密的要求，披露、使用或者允许他人使用其所掌握的商业秘密。运用商业秘密，免不了要在小范围内产生有关秘密信息的交流，这些信息的交流或者披露是由于正常的业务营运或者由于信任关系才发生的。这种特殊关系，可能是由于雇佣、合同谈判、交易习惯或法律规定而产生。权利人与相对人基于合同的约定，或法律规范的要求、内部管理规章、交易习惯等要求而承担保密义务，违反要求披露、使用商业秘密将构成侵权。违反约定披露、使用商业秘密的，受害方可选择合同法或侵权法上的救济。

（5）恶意第三人侵权

《反不正当竞争法》第10条第2款规定，第三人明知或者应知前款所列违法行为，获取、使用或者披露他人的商业秘密，视为侵犯商业秘密。这是有关恶意第三人侵权的规定。构成恶意第三人侵权的要素有三个：第一，从主观的角度看，第三人明知或者应知存在不正当或违法行为。明知或应知是可归责第三人的前提。明知或应知的标准是一个有理智的人，其从所掌握的信息可以推论出有关事实，产生疑问，根据疑问以合理的智力和注意力，就能知悉他人已经存在侵权行为。第二，从客观的角度看，第三人获取、使用或者披露他人的商业秘密。第三人知道了他人以不正当或违法手段获取商业秘密仍获取、使用或者披露他人的商业秘密，此时第三人自己明知不正当或违法而为之，客观上实施了违法行为。第三，第三人没有参与前述的不正当或违法行为。如果“第三人”直接参与或者唆使他人进行不正当获取、披露商业秘密的行为，再加以利用或披露，其性质就发生变化，应当被认定为直接侵权人，而不能“被视为”恶意第三人。

（6）善意第三人侵权

善意第三人，即第三人不知道或没有可能知道商业秘密的获取或披露存在不正当或违法手段，而从不法行为人处获取、使用或披露该商业秘密。通过任何途径可使善意第三人主观状态发生变化，即从“不知”到“知道”，例如通过权利人的通知，此时若该第三人进一步使用或披露该商业秘密，则其善意不再。如果行为人在还不知道商业秘密时，对善意获得的商业秘密加以利用，导致自身的生产经营发生了重大变化，对该商业秘密产生了严重的依赖性，即使其后知道了是他人的商业秘密，司法中可以根据实际情况作出合理安排，可以不禁止其使用和不支付使用费，也可以要求行为人支付合理的使用费或使用附加其他条件，在特殊情况下也可以禁止使用并作出相应安排。①

2. 商业秘密侵权的判断原则

商业秘密因其具有知识性和秘密性，而使针对商业秘密的侵权行为更具隐蔽性。这类型的案件直接证据往往很少，而更多的根据间接证据来判断侵权行为以及行为人的主观过错是否存在。在司法实践中对此类侵权行为必须采取特殊的认定原则和判断思路。有关商业秘密侵权的判断原则和思路，并非法定，而是在司法实践中经常使用而形成的一种模式和方法。这些原则包括“相似——接触——合法来源”原则和“不可避免泄露、使用原则”。

（1）相似——接触——合法来源原则

《关于禁止侵犯商业秘密行为的若干规定》第5条第3款规定：“权利人能证明被申请人所使用的信息与自己的商业秘密具有一致性或者相同性，同时能证明被申请人有获取其商业秘密的条件，而被申请人不能提供或者拒不提供其所使用的信息是合法获得或者使用的证据的，工商行政管理机关可以根据有关证据，认定被申请人有侵权行为。”这就是“相似—接触—合法来源”原则的法律依据。根据该规定，法院在审理商业秘密侵权案件中，如果原告可以证明：第一，原告拥有商业秘密；第二，被告的技术或经营信息与原告的商业秘密相同或相似；第三，被告有获取或接触原告商业秘密的条件。同时，被告不能提供或者拒不提供上述技术或经营信息具有合法来源的证据材料。

---

① 张玉瑞. 商业秘密·商业贿赂：法律风险与对策. 北京：法律出版社，2005：165.

在这样的情况下，法院就可以认定被告侵犯了原告的商业秘密权。[1] 严格来说，这个判断原则更像举证责任分配原则，而不能称为正式审判原则。它为我国有关商业秘密侵权的审判工作提供了比较清晰和合理的审判思路。

（2）不可避免泄露、使用原则

不可避免泄露、使用原则，是指：第一，原告存在商业秘密、保密信息；第二，原告与被告存在竞争关系；第三，原告的商业秘密、保密信息对被告有用，或者可以直接使用，或者可以起参考作用；第四，原告商业秘密、保密信息在特定情况下不可避免地为被告所知、所用。[2] 那些不可避免泄露、使用商业秘密的情况，主要有利用伪装的参观访问、合资谈判或者通过雇员跳槽等。

不可避免泄露、使用原则的特点主要体现为：第一，将商业秘密的保护放在没有载体的秘密知识上。即使没有体现在具体载体上的商业秘密，如商业战略和战术知识，而这些关键知识，已经超出一个人的一般技能和经验时，都将受到保护。第二，将对商业秘密的保护放在对照使用上。一般商业秘密的侵权都体现在对商业秘密的直接获取和使用上，但在特定条件下，对原告的整体经营策略进行对照部署自己的经营对策、战术安排，可能会构成对原告竞争地位的严重打击。第三，在侵权构成上突破了主观故意、过失的要求。该原则的适用，不要求有侵权的预备行为，不要求证明离职雇员、其新雇主表现出任何的主观恶意或过失，着眼于行为的客观后果，着重考察特定情况下，商业秘密遭到泄露与使用的不可避免性，以及由此将带给权利人的损害。第四，在证据运用上突出了间接证据的运用。在一个案件中，在被告没有侵权的预备行为，没有表现出任何主观恶意或过失的情况下，法官只能靠原告与被告的关系、市场竞争的商业常识等间接证据去判断原告的商业秘密被泄露或使用的可能性。第五，在适当的情况下限制了离职雇员的知识、经验、训练、技能。

3. 商业秘密侵权责任

我国《民法通则》第 111 条有关违约责任的规定，第 117 条、第 118 条有关侵犯无形财产权责任的规定，《合同法》第 107 条，《侵权责任法》第 15 条，分别对违反合同及侵犯民事权益的责任进行了规定。其中，对商业秘密适用的主要包括：停止侵害、损害赔偿、消除危险、排除妨碍。以上承担侵权责任的方式，可以单独适用，也可以合并适用。

（1）停止侵害

对于已经发生的商业秘密侵权行为，责令侵权行为人停止侵害是最直接的救济方

① 张玉瑞．商业秘密·商业贿赂：法律风险与对策．北京：法律出版社，2005：178．

② 张玉瑞．商业秘密·商业贿赂：法律风险与对策．北京：法律出版社，2005：190．

法。法院决定适用停止侵害的禁令时，必须考虑到停止侵害的范围、时间。

停止侵害的范围，是指禁止侵权行为人披露、使用权利人商业秘密的范围，包括禁止侵权行为人生产有形产品或提供服务等。法院在审理案件时，应当确定被告侵犯原告商业秘密所涉及生产和经营的业务范围，便于比较精确地确定禁止其披露或使用的信息范围，并考虑到现实的可执行性。

停止侵害的时间，是指禁止侵权行为人使用该商业信息的时间。这个期限有可能是永久的，如果在可预见的未来，该商业秘密将不可能公开，如可口可乐的秘方；这个期限也有可能是在下达停止侵害判决前已经公开，或之后公开。现在比较普遍的做法是扣除领先时间，即根据任何社会善意第三人掌握权利人开发商业秘密花费的合理时间确定一段时间，在该时间段内，侵权行为人不能使用该商业秘密。扣除领先时间的做法，是为求达到侵权行为人重新回到与其他竞争者相同的起点上，而不能因为侵权反而赢得了竞争优势。我国《最高人民法院关于审理不正当竞争民事案件应用法律若干问题的解释》采取了自由使用原则和扣除领先时间原则，该法第16条规定：“人民法院对于侵犯商业秘密行为判决停止侵害的民事责任时，停止侵害的时间一般持续到该项商业秘密已为公众知悉时为止。依据前款规定判决停止侵害的时间如果明显不合理的，可以在依法保护权利人该项商业秘密竞争优势的情况下，判决侵权人在一定期限或者范围内停止使用该项商业秘密。”

（2）损害赔偿

损害赔偿，是广泛适用于违约与侵权的救济方式。对于已经发生的商业秘密侵权，权利人所遭受侵害的直接反映就是经济上的损失。损害赔偿有两个基本要素，一是权利人所遭受的损害，二是侵权行为人由于侵权所获得的不当得利。

我国《反不正当竞争法》第20条第1款规定：“经营者违反本法规定，给被侵害的经营者造成损害的，应当承担损害赔偿责任，被侵害的经营者的损失难以计算的，赔偿额为侵权人在侵权期间因侵权所获得的利润；并应当承担被侵害的经营者因调查该经营者侵害其合法权益的不正当竞争行为所支付的合理费用。”《最高人民法院关于审理不正当竞争民事案件应用法律若干问题的解释》第17条规定，“确定反不正当竞争法第十条规定的侵犯商业秘密行为的损害赔偿额，可以参照确定侵犯专利权的损害赔偿额的方法进行”。《专利法》第65条规定：“侵犯专利权的赔偿数额按照权利人因被侵权所受到的实际损失确定；实际损失难以确定的，可以按照侵权人因侵权所获得的利益确定。权利人的损失或者侵权人获得的利益难以确定的，参照该专利许可使用费的倍数合理确定。赔偿数额还应当包括权利人为制止侵权行为所支付的合理开支。权利人的损失、侵权人获得的利益和专利许可使用费均难以确定的，人民法院可以根据专利权的类型、侵权行为的性质和情节等因素，确定给予一万元以上一百万元以下的赔偿。”上述《最高人民法院关于审理不正当竞争民事案件应用法律若干问题的解释》还规定，如因侵权行为导致商业秘密已为公众所知悉的，应当根据该项商业秘密的商业价值确定损害赔偿额。商业秘密的商业价值，根据其研究开发成本、实施该项商业秘密的收益、可得利益、可保持竞争优势的时间等因素确定。

赔偿期限，即赔偿的计算时间。当商业秘密尚未被公开，赔偿期限的计算从侵权之日起至侵权行为被制止之日止。当商业秘密于判决下达之前已经被公开，则赔偿期限自侵权行为发生之日起至商业秘密进入公共领域时止。对于后一种情况，如果权利人或第三人的专利被批准，从而公开了商业秘密，其后权利人发现侵权行为人曾侵犯其商业秘密，此时的赔偿期限应自侵权行为发生的时间点起，至专利公开之日止。该日之后没有救济，但是也可附加一段时间的赔偿，即侵权行为人在专利公开后，由于先于社会其他竞争者准备、投入生产与经营的时间。如果权利人的商业秘密没有公开，而是由于社会上其他人通过独立研发或者反向工程，在法院判决下达之前，社会上的他人已经能够比较容易地获得同样的信息。赔偿期限应自侵权行为开始之日起至侵权行为人理论上能够研发出该信息为止。

(3) 消除危险

商业秘密因其秘密性而具有经济价值，使权利人获得竞争优势。一旦遭到披露，将会使其价值性和新颖性受到重大的减损，甚至是完全丧失。因此，事前保护对商业秘密的权利人来说，无疑具有更大的效用。

消除危险的适用条件为：第一，侵权行为人有接触过权利人商业秘密的可能性；第二，侵权行为人表现出侵犯商业秘密的故意或过失；第三，侵权行为人已经实施了侵犯商业秘密的预备行为，例如印发了载有商业秘密的传单、联系到商业秘密的买家等；第四，若不加制止，将会给商业秘密权利人造成不可挽回的损失；第五，提供相应的担保。法院根据原告提供的证据，自由裁量是否判决侵权行为人消除危险。消除危险的方式包括责令侵权行为停止雇用曾在权利人单位的职工或限制其工作岗位、归还载有商业秘密的载体、销毁准备投入市场的相关产品等。

(4) 排除妨碍

排除妨碍，主要是指责令侵权人采取停止或预防商业秘密被泄露与使用的相关措施。这里主要是指销毁与非法使用权利人商业秘密有关的有形物，包括载有权利人商业秘密的载体，如盗窃技术秘密使用的电子载体，使用权利人商业秘密产生的有形物，如利用该商业秘密生产的产品，为使用权利人商业秘密的设备，如生产侵权产品的机械设备，以及其他为停止或预防商业秘密被泄露与使用的相关措施。

(四) 商业秘密的刑事法律保护

我国《刑法》第219条规定，侵犯商业秘密行为，给商业秘密的权利人造成重大损失的，处3年以下有期徒刑或者拘役，并处或者单处罚金；造成特别严重后果的，处

3年以上7年以下有期徒刑，并处罚金。从立法表述上看，《刑法》对侵犯商业秘密的规定几乎是把《反不正当竞争法》第10条的规定重复了一次，只是在行为后果上，作出了“造成重大损失”或“造成特别严重后果”的限制性规定，以昭示该侵犯商业秘密的行为已经触及需要《刑法》来保护的重要的社会公共利益。

对于何谓“重大损失”，2004年《最高人民法院、最高人民检察院关于办理侵犯知识产权刑事案件具体应用法律若干问题的解释》第7条第1款规定：“实施刑法第二百一十九条规定的行为之一，给商业秘密的权利人造成损失数额在五十万元以上的，属于‘给商业秘密的权利人造成重大损失’，应当以侵犯商业秘密罪判处三年以下有期徒刑或者拘役，并处或者单处罚金。”2005年颁布由最高人民检察院和公安部颁布的《关于公安机关管辖的刑事案件立案追诉标准的规定（二）》第73条规定：“侵犯商业秘密，涉嫌下列情形之一的，应予立案追诉：（一）给商业秘密权利人造成损失数额在五十万元以上的；（二）因侵犯商业秘密违法所得数额在五十万元以上的；（三）致使商业秘密权利人破产的；（四）其他给商业秘密权利人造成重大损失的情形。”

对于何谓“特别严重后果”，《最高人民法院、最高人民检察院关于办理侵犯知识产权刑事案件具体应用法律若干问题的解释》第7条第2款规定：“给商业秘密的权利人造成损失数额在二百五十万元以上的，属于刑法第二百一十九条规定的‘造成特别严重后果’，应当以侵犯商业秘密罪判处三年以上七年以下有期徒刑，并处罚金。”

（五）商业秘密的行政法律保护

关于侵犯商业秘密行为的查处申请，根据《关于禁止侵犯商业秘密行为的若干规定》第5条规定，权利人（申请人）认为其商业秘密受到侵害，向工商行政管理机关申请查处侵权行为时，应当提供商业秘密及侵权行为存在的有关证据。被检查的单位和个人（被申请人）及利害关系人、证明人，应当如实向工商行政管理机关提供有关证据。权利人能证明被申请人所使用的信息与自己的商业秘密具有一致性或者相同性，同时能证明被申请人有获取其商业秘密的条件，而被申请人不能提供或者拒不提供其所使用的信息是合法获得或者使用的证据的，工商行政管理机关可以根据有关证据，认定被申请人有侵权行为。

关于商业秘密侵权的事前制止，根据《关于禁止侵犯商业秘密行为的若干规定》第6条规定：“对被申请人违法披露、使用、允许他人使用商业秘密将给权利人造成不可挽回的损失的，应权利人请求并由权利人出具自愿对强制措施后果承担责任的书面保证，工商行政管理机关可以责令被申请人停止销售使用权利人商业秘密生产的产品。”

三、商业秘密法律保护的限制

与其他任何权利的法律保护一样，商业秘密权的保护也不是无限的。特别是当我们注意到对商业秘密权进行保护时，所涉及的法益的冲突，例如竞业限制和不可避免泄露原则需要衡量商业秘密保护与劳动者的就业自由权，禁止即发侵权需要衡量商业秘密保护与个人行动自由，还有商业秘密的保护与社会公共利益的博弈等。他人的合法权益以及公共利益都能构成对商业秘密保护的限制。

（一）他人合法权益对商业秘密权的限制

1. 他人的合法权益

权利有边界，他人的合法权益就是本人行使权利的边界。商业秘密权也不例外，他人合法地获得同样或相似的商业秘密主要有以下几种情形：

（1）独立研发或自身努力获得。商业秘密权不具有专利的排他性，他人通过独立研发或自身积累获得的技术信息或经营信息同样受到法律的保护。

（2）经合法许可或转让获得。通过许可合同或转让合同获得商业秘密是常见的使用方法，只要被许可人或受让人在合同约定的范围内使用商业秘密，就受到法律的保护。

（3）通过公开使用、公开展出或公开的出版物获得商业秘密。他人通过对公开展出的产品或出版的文献进行观察、分析、研究从而获得相似或相同的商业秘密，受到法律的保护。

（4）他人得到的是其雇员的职务发明、作品等职务成果。执行本单位的任务或者主要是利用本单位的物质技术条件所完成的发明创造为职务发明创造，其所有权归该单位所有。

（5）权利人的默许。如果权利人明知对他人在没有合同约定或得到其许可的情况下，获得、使用商业秘密的行为，而采取了默许态度，那么行为人的行为就因为权利人的默示同意而获得了合法性。

（6）反向工程。反向工程要取得合法地位，必须满足以下要件：第一，反向工程的对象为合法取得，例如通过公开市场购买、转让、赠与等途径获得；第二，反向工程本身没有违反约定或要求，例如配送样品或出售时明确约定禁止实施反向工程，或者反向工程者向商业秘密权利人承担了保密义务，在这些情况下，反向工程是不合法的。

（7）其他善意获得，而没有产生保密义务的情形。

2. 商业秘密权人的权利用尽

商业秘密权人的权利用尽，是指商业秘密权人在体现其商业秘密的产品出售后，对产品失去控制权。商业秘密人对其商业秘密信息享有所有权，但当含有商业秘密的产品出售以后，权利人不能对产品所有人实施任何的分析、研究或分销、转销等加以阻止。这意味着即使产品所有人对产品所体现的商业秘密进行反向工程的分解、探索，商业秘密权人也无权干涉。

（二）社会公共利益对商业秘密权的限制

维护商业道德，维护社会经济秩序和社会公共利益是商业秘密法律保护的宗旨。因此，对于违法的商业秘密和虽不违法但不正当的商业秘密，法律不应予以保护。

违法的商业秘密，可分为商业秘密本身违法和商业秘密本身虽不违法但其使用将导致违法的情形。有些商业秘密具备商业秘密的构成要件，但对其保护会违反社会良知，例如商业间谍专用的技术秘密。此时，违法商业秘密所侵犯的社会公共利益高于保护商业秘密所维护的公共利益，因此违法的商业秘密不受保护。

不正当的商业秘密，是指商业秘密并没有违法，但却有违一般的商业道德。不正当的商业秘密，是不正当行为的一部分。为了维护商业道德和竞争秩序，这种商业秘密也不应受到法律保护。

在特殊的情况下，即使商业秘密完全合法，但其保护仍然受到社会公共利益的限制。美国《侵权行为法第二次重述》第942条规定：对侵权行为发布禁令时，应当考虑第三人利益和公共利益。在商业秘密即发侵权中，商业秘密权利人必须证明，核发禁令不会与社会公共利益发生冲突。比如：Republic Aviation Corp. v. Schenk 案中，因为商业秘密可用于军事飞机上，如果核发禁令，对美国在越南战争中将构成不当妨碍，于是，法院驳回了原告的禁令申请，但法院同时判令被告应向原告支付合理的使用费，作为继续使用商业秘密的代价。①

第二节 商业秘密的构成

主题案例1

安客诚信息服务（上海）有限公司与上海辰邮科技发展有限公司等侵害商业秘密纠纷上诉案②

案情回顾

2003年2月，原告上海强人路信息服务有限公司（现名为安客诚信息服务（上海）

① 王宾容，刘晓辉，张颖．商业秘密“即发侵权”的禁令救济．北京科技大学学报：社会科学版，2007，23（2）：81－84．

② 上海市高级人民法院民事判决书（2006）沪高民三（知）终字第92号。

有限公司，以下仍简称“强人路公司”）与被告上海辰邮科技发展有限公司（以下简称“辰邮公司”）签订一份《相互保密协议书》，该协议约定了保密方与被保密方的定义、生效日期、保密信息的定义与内容、免责条款、违约责任等内容。第7条约定了“保密信息的内容”，本协议涉及双方披露的以下保密信息：强人路公司所提供的各类打印输出服务所需要的数据、报告及各类文件，强人路公司客户的名称及其客户各个活动的内容，辰邮公司对强人路公司的价目表。2003年2月至2005年5月期间，被告辰邮公司为原告强人路公司提供打印服务。

2004年9月、11月，原告强人路公司分别与上海汇奥文化传播有限公司（以下简称“汇奥公司”）、北京凯柔中国有限公司（以下简称“凯柔公司”）签订《直邮市场活动服务合同》：强人路公司为两公司的顾客招募活动分别提供5 000条与10 000条数据；上述两公司分别向原告强人路公司支付费用人民币8 768元和21 525元，每条数据包含了姓名、性别、城市、地址、邮政编码等内容。

2005年3月至2006年1月期间，上海市斜土路×××弄××号××××室的茹汇而收到以被告香罗奈（上海）国际贸易有限公司（以下简称“香罗奈公司”）、上海希望城经济发展有限公司（以下简称“希望城公司”）、上海市健康教育协会（以下简称“健康协会”）名义发出的广告函。原告强人路公司称，上述地址中的收件人姓名系其从真实的自然人姓名与公司名称所组成的数据库中随机抽取文字，重新组合而成的虚拟姓名，而上述地址收到了被告发出的广告函，可以推出被告未经许可使用了原告的商业秘密。

争议焦点

1. 原告所称的保密信息是否构成商业秘密？

原告认为，涉案的保密信息是本公司按照特定的分类方式从其数据库中将一定数量的数据重新组合形成一个新的集合（新颖性），不能从公开渠道直接获得（秘密性），有相应的市场对价（价值性和实用性），并且通过保密协议加以保密（管理性），因此符合商业秘密的要件。

被告认为，原告所主张的保密信息皆可从公开渠道获得，不构成商业秘密。

2. 被告是否侵犯了原告的“商业秘密”？

原告认为，四名被告自2005年6月起先后使用了原告强人路公司的上述保密信息，向原告强人路公司数据组中的对象邮寄产品广告和服务宣传资料等信函，四被告的行为严重侵犯了原告强人路公司的商业秘密。

原告上诉时认为，涉案2个地址所对应的数条虚拟信息具有侵权的检测功能，原审判决认定辰邮公司使用了被插入虚拟信息的事实，却又同时认为不能由此推定辰邮公司使用了系争的数据，是不当的。

被告辰邮公司辩称，关于其仅有该两条信息与原告强人路公司的两条虚拟信息发生偶然重合，并不能说明其侵犯了原告的商业秘密。

裁判意见

原审法院认为：

首先，原告强人路公司主张的2组共15 000条数据系由其依据汇奥公司、凯柔公司顾客招募活动的要求选择的，并将有关的上海地区时尚富有人群作为寄送广告对象的。因此，该2组数据中的单个信息或许可以从某些公开渠道获取，但是当原告强人路公司按照特定的分类方式从其数据库中将一定数量的数据重新组合形成一个新的集合之后，该数据库就具备了为原告强人路公司独有的特点，普通公众不可能轻易地从公开渠道获取上述信息组合。其次，原告强人路公司与汇奥公司、凯柔公司签订了《直邮市场活动服务合同》，并为上述2家公司的顾客招募活动分别提供了5 000条与10 000条数据。汇奥公司与凯柔公司为此应向原告强人路公司支付相应的对价。故原告强人路公司所主张的该2组15 000条数据具有实用性，能为其带来经济利益。最后，原告强人路公司与被告辰邮公司之间签订的保密协议中就保密信息的内容与范围约定了两项条款，该两项条款本身的含义明确并可执行。原告强人路公司对本案系争的2组共15 000条数据已经采取了合理的保密措施。

综上所述，原告强人路公司在本案中主张的2组共15 000条数据符合反不正当竞争法所规定的商业秘密的各构成要件，属于其所有的商业经营秘密。

收到广告函的2个地址所对应的数个收件人姓名，系由原告强人路公司从数据库中随机抽取组合的虚拟人名。被告辰邮公司为原告强人路公司提供打印输出服务的过程中曾接触到上述几条虚拟信息，被告辰邮公司关于其仅有该2条信息与原告强人路公司发生偶然重合的辩称理由过于牵强。但是，原告强人路公司在本案中并非指控四被告使用了其上述几条虚拟信息，而是主张四被告使用了其2组共15 000条数据。原告强人路公司仅以2个地址所对应的数条虚拟信息要求推断出被告辰邮公司使用了其全部15 000条数据，不足以为证。此外，原告强人路公司为检测目的而虚拟的数项数据，如果不能与其他真实数据共同使用，其本身并无商业价值，也不能独立地构成商业秘密。因此，在原告强人路公司只能证明被告辰邮公司使用了上述部分虚拟数据的情况下，无法认定被告辰邮公司侵犯了原告强人路公司的商业秘密。

二审法院认为：

对于商业秘密侵权纠纷案件来讲，权利人的商业秘密是否能够受到法律的保护，前提条件就是其诉称的该商业秘密是否具有合法性。所谓合法性，即当事人对该技术信息和经营信息的获取、使用等均不违反法律的规定以及不损害他人的合法权益。由于本案所涉的有关数据信息涉及公民个人的有关信息，与其他技术信息和经营信息相比，其具有较大的特殊性。如果不经过合法程序而对这些个人信息进行获取和使用将会造成对公民个人权利的损害。因此，上诉人对其主张的有关数据信息商业秘密，应当举证证明其取得及使用这些有关数据信息具有合法的依据。否则，上诉人要求保护的商业秘密不能受到法律的保护。从本案的有关证据来看，无法反映上诉人是合法取得该有关数据信息的，也无法反映上诉人对于该有关数据信息的使用是经过有关公民的许可的。因此，上诉人关于要求保护其有关数据信息商业秘密的诉请，尚缺乏足够证据的支持。

综上，上诉人关于四名被上诉人侵犯了其商业秘密，应该承担相应的民事责任的诉讼主张，以及上诉理由均缺乏事实和法律的依据，不能成立。

评析探讨

本案是经营秘密的侵权纠纷。本案比较清晰地反映了商业秘密的认定思路和证据责任的分配思路。

关于经营秘密的认定，由于客户经常会把自己的信息展示在互联网或者其他公开的渠道，因此这常常成为被告否认待证经营秘密的“秘密性”的理由。然而，《反不正当竞争法》意义上的客户名单，具有独特性，即控制人通过相当的努力、时间、资金的投入形成了比较具体的、相对固定且具有独特交易习惯的交易方式。独特性是商业秘密构成要素中“新颖性”的体现，独特性要求客户名单，有别于普通客户的信息。如果只是客户信息，包括名称、地址、产品、价格等简单信息的复制组合不能获得法律保护。

在商业秘密侵权的认定上，原告举证不能。但是，本案原告还可以通过要求消除危险，要求被告归还有关经营秘密的载体，包括有形的载体和电子文件，来限制被告的行为。由本案的事实可知，运用消除危险的救济手段的条件已经成就：第一，被告通过接受原告的委托已经合法地接触到商业秘密；第二，被告使用了原告的虚拟信息，证明被告表现出侵犯经营秘密的故意并且已经作出了预备行为；第三，若不加制止，将会给商业秘密权利人造成不可挽回的损失。因为面对 15 000 条信息，原告很难知道被告将会或已经使用了哪些信息，很难举证。因此，如果该经营秘密一旦被被告使用，将会使原告的竞争优势受到减损，给原告造成不可挽回的损失。

关于商业秘密的合法性，提出了另外的驳回理由，即涉案商业秘密的合法性问题。二审法院认为该商业秘密涉及公民个人的有关信息，而从该案的有关证据来看，无法反映上诉人是合法取得该有关数据信息的。从而，从根本上否定了涉案保密信息构成商业秘密，依法不受保护。这里法院不仅考虑到商业秘密的一般构成要件，还考虑到了社会公共利益对商业秘密保护的限制。当商业秘密权人的经济利益与社会公共利益发生矛盾时，后者获得优先保护地位。

主题案例2

常州市浩源复合材料有限公司诉常州市浩晟复合材料有限公司等侵犯经营秘密纠纷案①

案情回顾

丁某为浩晟公司法定代表人，原系原告隐名股东，丁某成立浩晟公司后于2005年5月退出原告。原告的经营范围为片状模塑料制造和化工产品（除危险品及一类易制毒化学品）的销售。浩晟公司的经营范围为片状模塑料的制造、加工。邓某曾在原告处担任副厂长，负责管理生产技术，于2006年1月28日与原告终止劳动合同关系，现在浩晟公司工作。

2005年5月30日，原告（甲方）与浩晟公司（乙方）达成协议一份，约定丁某退出原告，并约定“甲乙双方须各自保密对方的客户资源，甲乙双方不得单方行为去做对方的客户，不得向除双方外的第三方泄露对方的客户资源”。2006年1月28日，原告（甲方）与邓某（乙方）签订协议一份，约定：“双方的劳动合同自本协议签订之日起解除，乙方对于在甲方工作期间所了解的经营信息、业务信息（甲方的业务单位及供求情况）等应予保密，不得向任何第三人透露。”

原、被告确认顺达厂系原告法定代表人李某经手发展的客户，自2002年起，原告按照顺达厂的要求和自己的配方生产SMC片材。2008年初顺达厂要求原告提高每桶树脂生产SMC片材的数量，原告表示无法达到，顺达厂遂自2008年5月起将该业务给浩晟公司做，浩晟公司按照顺达厂的要求生产SMC片材，收取的价格低于原告价格。原告认为两被告用低于原告的价格和高于原告的供货数量阻止顺达厂和原告继续业务，从而使顺达厂成为浩晟公司的客户，违反了两被告与原告签订的协议，侵犯了原告的商业秘密即客户名单，两被告应承担共同侵权的连带赔偿责任。

争议焦点

1. 原告所主张的保密信息是否构成商业秘密？

两被告在庭审中辩称，原、被告签订的协议未载明顺达厂为原告的客户，客户名单及其交易方式是公开的。树脂片材生产不存在高新技术。

① 案例详见江苏省常州市高新技术产业开发区人民法院（2008）新开民初字第0012号民事判决书。

2. 两被告是否存在侵犯原告“商业秘密”的行为？

原告称，两被告2008年4月以不正当手段恶意与原告自2002年即发生业务往来的老客户顺达厂在未经原告知晓并许可的情况下发生恶意竞争行为。两被告违反了协议，侵害了原告的商业秘密，应根据协议承担责任。同时两被告恶意的行为已对原告的商业利益造成侵害，故应当共同承担侵权赔偿的连带责任。

被告称，原告没有给两被告保密费。原告明确表示不能与顺达厂合作，顺达厂才主动与被告联系的，故不存在侵害商业秘密。

裁判意见

庭审中，原告确认顺达厂是原告的长期客户、该客户名单为其商业秘密，该信息的秘密点为原告向该客户供货的数量、单价、客户所需要的产品品种和要求。对此法院认为，顺达厂对SMC片材的品种和要求，属于SMC片材市场中一般、常见的品种和要求，原告每桶树脂生产SMC片材的数量和收取的价格亦与市场上生产该SMC片材的其他厂商的生产数量和价格相仿，上述信息既不是客户的某种独特的需求，亦不构成某种独特的交易习惯，为其所属领域的相关人员普遍知悉，故不具备“不为公众所知悉”这一要件。同时，原告应对其采取了保密措施承担相应的证明责任。本案中，原告与两被告签订协议，通过其内容可反映出原告曾向两被告提出过保密要求。法院认为，原告的保密措施应当合理、有效并具可识别，应使他人不采取不正当手段或不违反约定就难以获得，同时足以使全体承担保密义务的相对人能够意识到该信息是需要保密的信息。顺达厂该客户名单信息在2002年即已形成，而原告是在2005年5月、2006年1月才分别与两被告签订协议要求保密，在2005年5月前未采取任何保密措施，故该信息在很长的一段时间内一直是处于未保密状态，虽然原告在2005年5月后与两被告签订保密协议采取事后补救，但该保密措施已丧失了有效性。另外，原告仅与两被告签订协议要求保密，但未能举证其还向除被告以外的，有可能接触涉案客户名单的公司其他员工提出过相应保密要求，或者除被告以外，原告其他工作人员均无法通过正常渠道接触到涉案客户名单，因此原告未对涉案客户名单采取合理有效的保密措施。综上，原告主张的客户名单不符合商业秘密的构成要件，不构成商业秘密，故原告主张被告侵犯原告商业秘密并要求赔偿的请求法院依法不予支持。

评析探讨

本案所涉及的保密义务是明示的合同义务，即使涉及的商业和技术信息不能构成商业秘密，原告亦可从违约的角度争取法律保护。因此，我们可以看到主张商业秘密保护与主张保密信息保护的区别所在：要求保护商业秘密的前提是存在商业秘密，如果商业秘密的证明不成功，那么后续的法律保护就必然得不到支持；如果主张保密信息的法律保护，则只需要证明保密义务（明示或默示）和具体保密信息的存在，即使保密信息并不构成商业秘密亦可获得支持。从权利的特征来看，商业秘密一定是保密信息，这是由商业秘密的秘密性与管理性决定的，然而是保密信息的并非一定为商业秘密，即使一开始是商业秘密，但后来该信息进入了公知领域，保密信息就不再是商业秘密，但就存在保密义务的当事人来说，该信息仍然为保密信息。因此，原告认为自己的保密信息被违法使用时，应当审时度势，认清自己所掌握的信息是否有足够的把握被认定为商业秘密，否则应考虑选择合同的法律保护。

选择合同的法律保护，需要注意以下几点：（1）企业对自己的商业秘密或保密信息应作出相对明确的界定；（2）企业加强证据意识，应当注意平时对证据材料的积累；（3）劳动合同保密条款应当明确，便于实际操作，而不能泛泛而谈，对于竞业限制条款应当注意国家及当地劳动部门的效力要求，以免一旦发生争议时无据可依。

第三节 竞业限制

主题案例

林某某等与世誉产品标识（苏州）有限公司不正当竞争纠纷上诉案[①]

案情回顾

世誉公司在总结了本公司多年的标签研制、生产过程中所有不良品的相关经验后自行编制了《不良品判定及对策分析》一书。该书在世誉公司文件分发及回收表中均注明为密件。

林某某于 2002 年 5 月 1 日受雇于世誉国际有限公司，并同时被聘担任其全资子公司世誉公司亚太区总裁。2003 年 6 月 25 日，林某某向世誉公司提出辞职申请，世誉公司回复表示接受辞呈并同时确认林某某可以再领 3 个月的薪水及公司为其支付此后 3 个月的住房费用等事项，但前提是林某某支持青岛厂房设施和发电站的清理合同事宜，林某某自离职日起至少 12 个月内不得在世誉公司的直接竞争公司就职。其后，林某某离职，世誉公司向其支付了 3 个月薪金共计 115 863 元。科威公司于 2004 年 3

① 案例详见江苏省高级人民法院（2008）苏民三终字第 0138 号民事判决书。

月 17 日设立，经营范围为包装装潢印刷品印刷，自公司成立时起林某某即任该公司副董事长。

张某于 2002 年 9 月受聘于世誉公司并担任该公司中国区人力资源经理。张某与世誉公司的劳动合同中约定了保密条款。2003 年 10 月 3 日，张某应林某某之意将《不良品判定及对策分析》一书全文从公司局域网邮箱发送至林某某。

诉讼中，林某某、科威公司及张某始终未能举证出能从公开渠道获得与世誉公司《不良品判定及对策分析》有效组合相同或实质性相同的完整证据。

争议焦点

1. 林某某是否存在违反竞争限制约定的行为？

被告林某某上诉称，林某某不存在违反竞业限制约定从事不正当竞争的行为。2003 年 6 月 25 日双方达成的条款并非竞业限制条款，世誉公司支付给林某某 3 个月的薪水是办理青岛厂房设施和发电站清理合同事宜的对价非竞业限制补偿金。即使认定为竞业限制补偿金，由于低于法律规定的最低标准而无效，且由于双方后又于 2003 年 6 月 30 日重新签订了正式的竞业限制条款，即约定"林某某在离开世誉公司一年内不能加入该公司全球最大竞争对手贝迪公司担任高层管理职位，并基于该制约条款，世誉公司支付林某某 15 万美元补偿费"，双方应以该新的协议为准。

2. 世誉公司编制的《不良品判定及对策分析》一书所记载的相关信息是否构成商业秘密？

原告世誉公司认为，其自行编制的《不良品判定及对策分析》一书是其在所有生产工序中遇到的 39 项不良品缺陷的描述、产生原因及纠正和预防措施等全部信息，系一个整体组合且不为公众所知悉、受法律保护的经营秘密。

两上诉人认为，《不良品判定及对策分析》不构成商业秘密，构成该书实质性内容的所有技术信息均为行业内的公知技术，将公知技术进行编辑、整理不构成商业秘密。

裁判意见

一审法院认为：

林某某离职时世誉公司对其回复辞呈中约定支付其 3 个月薪金，前提是自其离职日起至少 12 个月内不能在世誉公司的直接竞争公司就职，该约定属竞业限制条款，应属有效。理由是，依据我国《劳动法》及相关规定，用人单位与负有保守商业秘密义务的劳动者，可以在劳动合同或者保密协议中约定竞业限制条款，并给予劳动者经济补偿。其中，年经济补偿额不得低于该劳动者离开用人单位前 12 个月从该用人单位获得的报酬总额的 1/3。本案中综合考虑林某某的薪酬水平及当地生活水平因素，世誉公司支付林某某 3 个月的薪金应视为竞业限制补偿金。林某某在其离职后不满 3 个月内即出任与世誉公司有直接竞争关系的科威公司副董事长，已违反竞业限制约定，故应承担由此引起的不正当竞争行为的法律责任。

本案中世誉公司投入了一定的精力和财力，对其在柔版印刷、不干胶印刷、丝网印刷中涉及的覆胶、成型、滴晶、热转印等所有生产工序中遇到的39项不良品缺陷的描述、产生原因及纠正和预防措施等全部经验进行了总结汇编，并形成了《不良品判定及对策分析》一书。该书作为各种技术经验信息的有效组合整体，不能从公开渠道直接获取，而且能为世誉公司的规范管理和印刷品质提高带来优于对手的竞争优势，具有相当的经济价值，且世誉公司亦采取了合理的保密措施，故《不良品判定及对策分析》一书中的全部技术经验信息作为一个有效组合的整体符合受法律保护的商业秘密的构成要件，是世誉公司的技术管理秘密。

二审法院认为：

从林某某与世誉公司于2003年6月25日达成的关于同意林某某辞职的协议内容来看，该约定明确提出了竞业限制的要求，并约定了世誉公司应向林某某支付相应的对价，属于竞业限制的约定。林某某认为即使认定上述约定属于竞业限制约定，也由于世誉公司支付的3个月薪水低于法律规定的最低标准而无效，但因当时相关的法律和行政法规并未就竞业限制补偿金的标准作出明确规定，故林某某该项上诉理由因缺乏相关法律依据，法院不予支持。

评析探讨

本案主要的法律争点在于竞业限制条款的效力问题。

关于竞业限制条款的效力问题，本案的争点在于竞业限制条款效力与经济补偿的关系问题。竞业限制由于对雇员离职后一定时间内从业范围的限制，势必对其就业自由权产生影响，而经济补偿则是这种限制的对价。但仅因为经济补偿的不足能否影响竞业限制条款的效力呢？笔者认为，既然竞业限制条款满足其他构成要件，根据前述有关竞业限制的基本理论，即表明该竞业限制条款背后存在合法的应保利益，而且合法的应保利益大于被牺牲的利益，也就是说商业秘密权人的竞争利益大于雇员竞争限制所针对的劳动者某些工作技能的运用。因此，经济补偿不足不能成为竞业限制条款的效力性要件。被告林某某针对原告没有给足额的经济补偿而否认竞业限制条款的效力。其法律依据为2003年实施的《江苏省劳动合同条例》第17条规定："……竞业限制条款……年经济补偿额不得低于该劳动者离开用人单位前十二个月从该用人单位获得的报酬总额的三分之一。用人单位未按照约定给予劳动者经济补偿的，约定的竞业限制条款对劳动者不具有约束力。"根据前述的分析，对于经济补偿最低数额的规定，在此应理解为取缔性规定，而非效力性规定，被告不能因此否认竞业限制条款的效力。

第四节　商业秘密的法律保护

主题案例1

南通明康复合材料有限公司与钱某等侵犯商业秘密纠纷上诉案[①]

案情回顾

明康公司系生产销售玻璃纤维增强塑料制品的企业，产品以外销为主。制定了保密制度，将公司营销策略、营销渠道、销售合同、客户名单、采购渠道、经营决策等事项作为商业秘密要求全体员工保密。明康公司还与钱某等接触此类信息的员工签订《公司商业秘密保护协议》，约定员工在公司工作期间不得以任何手段侵犯公司的商业秘密；员工离职时应当与公司重新签订保密协议，因故未签订的，原保密协议继续有效等。明康公司于2004年至2006年与英国顺吉安踏公司（3笔）、英国顺吉国际公司（24笔）、台湾地区中凡实业有限公司（15笔）、日本U－系统公司（6笔）、以色列托姆进出口公司、香港地区信利专业工程公司、巴西靠固美罗工业公司、葡萄牙STEP公司（17笔）、新加坡超级K制造公司（1笔）等九家境外客户均成交过玻璃钢格栅等玻璃纤维制品的买卖业务。

钱某（英文名Angela）1998年左右进入明康公司工作，担任公司销售部副经理，参与了明康公司主要外贸客户的开发，并主要负责明康公司对外销售客户的联系与维护、合同谈判与签订、外贸单证的制作等事务。

顺吉公司成立于2005年9月，经营范围与明康公司相似。公司设立时股东为金某、张某，法定代表人为金某。钱某与金某系亲属关系，钱某参与、指导了顺吉公司的设立。顺吉公司成立的次日，张某的股份即转让给英国公民斯梯文·马克，代表英国顺吉国际公司接受张某在顺吉公司的股份。顺吉公司成立后与前述客户先后发生过玻璃钢格栅的买卖业务。发生本案诉讼后，台湾地区中凡实业有限公司和日本U－系统公司分别出具声明称，他们之间的合作是基于市场的要求和董事的意见。此外，2006年5月，

---

① 案例详见江苏省高级人民法院（2008）苏民三终字第0159号民事判决书。

英国顺吉国际公司与葡萄牙 STEP 公司有玻璃钢格栅的买卖业务往来，并将与葡萄牙 STEP 公司的部分业务指定给顺吉公司处理。

争议焦点

1. 明康公司主张的九个境外客户信息是否构成商业秘密中的客户名单？

顺吉公司一审答辩称：明康公司所称的九家客户的信息皆可通过互联网查询获得，不符合商业秘密的构成条件。

2. 关于钱某和顺吉公司的侵权是否成立？

明康公司诉称，钱某原是我公司销售部副经理，主要负责公司对外销售客户的联络、维护、合同谈判与签订工作。顺吉公司的设立是钱某精心策划的阴谋，其主旨是要将其掌握的商业秘密转变为其个人利益。钱某将上诉人客户挖到顺吉公司，在这种情况下，这些客户当然会积极地为被上诉人作证，以证明“大家的共同清白”，因此这些客户所提供证据可信度和证明力值得怀疑。

顺吉公司称，英国顺吉安踏公司、英国顺吉国际公司是顺吉公司的实际投资人，葡萄牙 STEP 公司的业务是英国顺吉国际公司介绍给顺吉公司，日本 U－系统公司和台湾地区中凡实业有限公司是自愿选择与顺吉公司交易。

裁判意见

（一）关于明康公司主张的九个境外客户信息是否构成我国《反不正当竞争法》保护的商业秘密中的客户名单

在明康公司主张构成商业秘密的九家境外客户中，除其与新加坡超级 K 制造公司仅发生过 1 笔交易、属于偶然的交易外，与其他八家客户均在一段连续的时间内发生过多次交易，可以说明形成了长期稳定的交易关系，这些客户构成明康公司的特定客户。同时，这些客户名单信息反映在明康公司长期从事玻璃钢制品外销业务积累形成的与国外客户的往来业务邮件、商业发票、汇款凭证中，不同于公开领域中的一般客户资料。其中记载的内容中包含了这些国外客户的交易习惯、付款方式、价款、购买产品的意向、数量等特殊需要，构成了深度信息。所以，明康公司主张的这些客户信息在相同经营领域内不为相关人员普遍知悉，具有秘密性。

此外，明康公司为取得这些国外客户、维护与客户的关系，每年都参加玻璃钢制品行业的国际、国内展会，付出了相当的人力、物力、财力。通过其所掌握的这些客户信息，明康公司在 2004 年至 2006 年与这些客户成交了达百万美元的买卖业务，故这些客户信息具有现实的商业价值、实用性显而易见。同时，明康公司为防止这些客户信息泄漏，制定了企业保密制度、与钱某等签订了保密协议，为保护其客户信息采取了合理的保密措施。所以，明康公司主张客户名单构成商业秘密。

（二）关于钱某和顺吉公司的侵权是否成立

本案中，明康公司对顺吉公司与上述客户交易的事实及钱某和顺吉公司采取不正当手段的事实没有提供任何证据证明。顺吉公司证明了英国顺吉安踏公司和英国顺吉国际公司是其实际的投资人。因此，其与这两家公司的交易是公司与其投资人之间的交易，其掌握投资人的信息具有正当性。顺吉公司还证明了其与葡萄牙 STEP 公司的业务来自于其投资人英国顺吉国际公司的业务分配，也应当认定顺吉公司与葡萄牙 STEP 公司的交易信息同样具有合法来源。

本案中，台湾地区中凡实业公司及日本 U－系统公司早已清楚钱某已离开明康公司，但仍出具声明，表明其自愿选择与顺吉公司进行交易。因此，即使明康公司能够证明有关这两家公司的信息是钱某披露给顺吉公司，也可以认定这两家公司是基于对钱某的信任而选择与钱某有联系的企业进行交易。

二审法院认为：

在上诉人涉案商业秘密成立且已证明钱某参与顺吉公司的设立及对外业务工作的情况下，结合钱某在上诉人处工作期间掌握涉案客户名单，顺吉公司应举证证明其与上述客户交易的正当性，即其客户信息来源的合法性，否则应推定被上诉人构成侵权。

英国顺吉安踏公司、英国顺吉国际公司具备顺吉公司投资人身份，且顺吉公司系基于其指定与葡萄牙 STEP 公司进行交易。因此，顺吉公司与上述公司进行交易具备正当性，其客户信息来源合法。

钱某向相关客户告知其已离职的事实仅能证明钱某未冒用明康公司名义对外进行交易，并不能证明钱某未将其所掌握的客户信息披露给顺吉公司，也不能证明顺吉公司涉案客户信息具备合法来源。鉴于台湾地区中凡实业有限公司、日本 U－系统公司已实际与顺吉公司发生交易，与本案处理结果存在一定利害关系，因此在无其他证据予以佐证的情况下，并不能仅凭其声明即认定顺吉公司涉案客户信息具备合法来源。

一审判决关于“即便是钱某将涉案客户信息披露给顺吉公司，也可以认定涉案客户是基于对钱某的信任而选择与其有联系的企业进行交易”的认定不当。被上诉人对此并未能证明台湾地区中凡实业有限公司、日本 U－系统公司之前是基于对钱某的个人信赖才与明康公司进行市场交易，因此，被上诉人并不能以存在信赖关系为由而免除责任。

评析探讨

本案主要涉及被告在职期间对法定竞业限制义务的违反、未经许可使用他人经营秘密以及以不正当手段造成原告的客户流失。

本案被告钱某本为原告销售部副经理，根据《公司法》第 148 条、149 条的规定，对原告负有忠实义务，包括不得未经股东会或者股东大会同意，利用职务便利为自己或者他人谋取属于公司的商业机会，自营或者为他人经营与所任职公司同类的业务。但其于在职期间，借亲戚之名指导建立和实际控制与原告经营方式类似的公司，企图以合法的形式掩盖非法的目的。因此，本案以《公司法》的规定作为依据，进行侵权认定将更为简便。

关于客户流失的问题，一般来说，要证明客户是基于对员工的信赖而不是企业的信赖发生交易行为是比较困难的，但是对于一些资深的在行内有名的员工来说，这种情况也有可能的。如果有这种情况发生，员工也要有证据意识。要证明客户对自己的信赖，可以在合同谈判予以记录，双方签名并留存。如果离职后客户才表现出对自己的信赖，也应当在发生交易前及早让客户向原单位出具声明，而不是在诉讼发生后才出具声明。

主题案例2

秦皇岛田春工艺品有限公司等与冈田总司商业秘密侵权纠纷上诉案[①]

案情回顾

1984年9月，山海关区经委组建了秦皇岛市山海关区工艺美术公司，主营人形头像的制作，兼营工艺美术品。1987年9月，该公司与日本国岩规市新和交易有限会社签订协议，约定将区工艺美术公司的人形车间与日方合资成立山海关工艺美术公司，该合资公司于1990年8月全部停产。

1990年7月26日原告新开公司成立，性质为外商独资经营，经营范围为日本人形工艺品的制造、销售。原山海关工艺美术公司的60名员工被新开公司陆续招聘使用，继续从事日本人形头像的生产。1995年5月，新开公司制定了《关于日本人形生产技术操作规范》，该规范规定：“每位职工及技术人员……要做到对此工艺技术的保密和维护……”同年11月，新开公司将其制定的《员工守则》、《奖惩条例实施细则》、《考勤制度》、《管理规则》等向秦皇岛市开发区劳动人事局备案。其中《员工守则》中载明：“浅井氏人形技术为专利技术，它的使用在中国只限于浅井家族独资下的新开公司。任何员工在在职期间或离退以后，都不得将此技术外传、外用、外泄、外卖，此为技术秘密。另外，浅井家在日本的销售客户、销售网络、销售渠道属于商业秘密，同样

---

① 案例详见河北省高级人民法院（2006）冀民三终字第2号民事判决书。

不得外泄或剽窃，否则追究法律责任”。

1991 年，被告冈田总司受聘于新开公司，历任联络员、技术指导、技术部长等职。2002 年 11 月 10 日，冈田总司离开该公司，同月 20 日即向秦皇岛工商行政管理局申请成立田春公司，企业性质为外商独资，投资的外方为冈田总司，经营范围为生产加工日本人形石膏头像，法定代表人为冈田总司。2003 年 3 月 31 日，原告新开公司的田某等 17 名职员与新开公司解除劳动合同，并于 4 月 1 日到被告田春公司工作。这些职员的原工种涵盖近 20 道制作工序。12 月 12 日，被告田春公司将其制作的日本人头像共计 116 套，价值 2 088 美元的产品寄往新开公司的长期客户，日本国熊仓人形店。

争议焦点

1. 原告是否拥有技术秘密或经营秘密？

田春公司上诉称新开公司所用的技术、经营信息没有秘密性，是公知公用的常规技术和营销信息。新开公司使用的技术信息是公开的，供货渠道中玉串及托盘生产厂是市场上公开的竞争单位。销售渠道的熊仓人偶店在日本妇孺皆知。新开公司与员工及冈田总司没有签订任何保密协议，所称《员工守则》等没有职工大会的会议记录等予以佐证。

2. 被告有否侵犯原告的技术秘密或经营秘密？

被告田春公司逐项说明，其日本人偶的制作技术与原告的本质上不同（详见判决意见内容），并且，该司所用技术、经营信息来源于早年在日本的研习、公开渠道获得和他人的合法授权，与新开公司所用的技术、经营信息无关，且有较大区别。其 17 名工人来源于合法招聘，没有侵犯新开公司的商业秘密。

裁判意见

原审法院认为：

关于技术秘密，新开公司在生产人形头像的工艺流程中多方面的技术不为公众所知悉。目玉接针用胶、发型定型器的制作工艺、用于复制原型的一枝多套模具的制作方法、完整工艺流程和全部 K 型产品规格比例，被告田春公司没有否认使用。因此，可以认定田春公司使用了新开公司的以上技术要点。另外，根据双方人形产品的外观观察，其组成、结构、颜色、器官位置及大小均一致，并且这种产品具有与其他手工艺产品相区别的特殊特征及效果。

关于经营秘密，熊仓偶人店作为人形头像工艺制品的收购商业企业，相关的经营者和消费者却不知悉，同时通过一般的渠道也不易获得该信息。二被告侵犯了新开公司的商业秘密：首先，冈田总司具有获取新开公司商业秘密的条件。冈田总司于 1991 年开始受聘于新开公司，曾担任联络员、技术指导、技术部长等职，有接触和获取新开公司技术秘密和经营信息的条件和可能。其次，田春公司不具有上述技术和经营信息的其他合法来源。田春公司所提冈田总司曾经在铃木偶人店工作、研修、学习，但并不能直接证明冈田总司已经掌握人形头像的制作技术。协作单位生产的相关产品是专门为原告公司制作人形头像特殊供应的工具，其在制作上需要特殊的工艺，并且是经过协作单位和新开公司长期共同努力下开发和改进的。而被告冈田总司在离开新开公司后直接找到上述单位为其加工产品，并已直接利用了为新开公司生产所用的模具，显然属于利用了在新开公司处获得的经营信息。

二审法院认为：

本案构成侵犯技术秘密的关键在于，田春公司具有使用新开公司技术秘密点的行为。二公司产品外观、颜色、器官位置等特征相同，并不必然导致制作技术也一定相同。且这些产品一经出售，其外观特征即被社会公知，不再属于商业秘密所要保护的客体。即便 17 名职员在新开公司工作期间掌握了技术秘密，但由于她们是在与新开公司的合同到期后，被田春公司招聘为职员，在没有证据证明田春公司招聘的目的是为了获取新开公司的技术秘密并加以使用的情况下，田春公司的招聘行为也不应被法律所禁止。

新开公司所主张的相同加接触原则，其适用的基础也是先证明二者的技术“相同”，被控侵权人又对技术无合理的解释时，才能考虑“接触”的问题。在新开公司没有证明田春公司使用的技术与其相同的情况下，法院不能仅凭产品外观相同及员工有接触的经历，来反推田春公司一定具有使用秘密技术的行为或已侵犯了新开公司的技术秘密。

田春公司如果不利用新开公司的经营信息，则需要付出与新开公司相当的时间、人力、财力才能获得与这些加工企业合作的机会。而田某在新开公司供职期间将新开公司的经营信息直接用于田春公司获得经济利益，有悖诚实信用原则。

评析探讨

本案的技术秘密侵权认定的争议焦点在于原、被告两公司的技术信息是否相同或相似，而针对经营秘密认定的争议焦点在于被告能否对其掌握的经营秘密提供合法来源。

关于技术秘密的认定由本案判决书详细的认定可以看出，技术秘密的认定需要非常细致和全面的对比，而且需要突出技术秘密点的实质性对比，不能仅依据技术表现出来的形式作对比。本案的技术秘密涉及日本人形的十三道制作工序，一审和二审法院都针对原被告所作的技术对比作出了逐项分析，提取技术要点中的不同之处。二审法院，通过对技术秘密点的逐一对比，最终否定了原被告技术信息的相似性。这种操作方法比较清晰也比较方便。

关于被告使用该技术秘密点的条件和可能，这里涉及一个复杂的问题，即离职员工的保密义务以及员工的一般知识、经验、技能与原单位商业秘密的判断问题。《关于加强科技人员流动中技术秘密管理的若干意见》（于 2008 年 1 月 25 日被废除）第 2 条规定，科技人员在流动中不得将本人在工作中掌握的、由本单位拥有的技术秘密（包括本人完成或参与完成的职务技术成果）非法披露给用人单位、转让给第三者或者自行使用。这里明确规定了离职员工也负有保密的义务而且不以经济补偿为对价。员工的一般知识、经验、技能与原单位商业秘密的判断，取决于员工在原单位工作前有没有掌握该知识、该知识在该行业内是否为一般的知识以及该员工自身的开发能力。新单位是否有利用原单位商业秘密的恶意也要结合其经营范围与招聘职位的工作性质加以考虑，而很难用直接的证据加以证明。

专题五

技术合同

第一节 基本原理

一、技术合同的概念和种类

（一）技术合同的概念

《合同法》第322条将技术合同定义为："技术合同是当事人就技术开发、转让、咨询或者服务订立的确立相互之间权利和义务的合同。"从本质上说，技术合同是一种民事合同，它是平等主体之间签订的，以技术开发、转让、咨询或者服务为内容的合同。对于技术合同，我们可以从以下几个方面去理解：

首先，技术合同是作为民事平等主体的自然人、法人和其他社会组织之间签订的协议，技术合同当事人之间的法律地位一律平等。

其次，技术合同所调整的民事法律关系，其主要内容是因科技成果和知识产权产生的经济权利和精神权利关系。

最后，技术合同的标的是知识形态的商品和技术密集的服务。技术合同的权利与义务关系突出的表现在知识产权和技术权益由谁享有、如何使用和转让，以及由此产生的权益怎样分享之上。

（二）技术合同的种类

根据《合同法》第322条之规定，可以将技术合同分为技术开发合同、技术转让合同、技术咨询合同和技术服务合同四种类型。

1. 技术开发合同

技术开发合同是指当事人之间就新技术、新产品、新工艺或者新材料及其系统的研究开发所订立的合同，包括委托开发合同和合作开发合同。

2. 技术转让合同

技术转让合同是指合同当事人一方将一定的技术成果交由另一方当事人使用，而另一方当事人为此支付约定费用的合同，又可分为专利转让合同、专利申请权转让合同、技术秘密转让合同和技术实施许可合同。

3. 技术咨询合同

技术咨询合同是指当事人一方为另一方就特定的技术项目提供可行性论证、技术预测、专题技术调查、分析评价报告所订立的合同。

4. 技术服务合同

技术服务合同是指当事人一方以技术知识为另一方解决特定技术问题所订立的合同，但不包括建设工程合同和承揽合同。

实践中，当事人基于自己的需要往往将几个不同类型的技术合同合并为一个合同，这称为复合型的技术合同或者混合型的技术合同。对于混合型的技术合同应注意分别适用不同的合同法律规范。

二、技术合同的权属

技术合同是以知识形态的商品和技术密集型服务为标的订立的合同。技术合同的权属问题，指的是订立、履行技术合同所提供的和产生的科技成果及其知识产权归谁所有，如何使用和转让，以及产生的权利与利益怎样分配的问题。[①] 对此，需要依照合同法和相关法律的规定，解决好以下几个问题：

（一）正确把握与技术合同有关的科技成果及其知识产权的范围、性质和内容

合同法中所称的“技术成果”是一个有着明确内涵的法律概念，是指利用科学技术知识、信息和经验作出的产品、工艺、材料及其改进等技术方案。技术成果具有知识性、完整性、竞争性。

（二）正确处理知识产权进入技术合同领域的债权债务关系

与技术合同有关的知识产权，主要指能够作为技术合同标的或者标的的一部分进入技术市场的知识产权。与技术合同有关的知识产权主要有发明专利权、实用新型、外观设计、计算机软件版权、植物新品种权、商业秘密（包括技术秘密）以及其他知识产权（包括集成电路知识产权、商标专用权等）。

在知识产权领域有两类权利：一类是依据法律产生的权利，如前所述有专利权、著作权、商标专用权、计算机软件版权、植物新品种权等；另一类是依技术合同产生的科

① 关键．技术合同．北京：中国民主法制出版社，2003：17．

技成果的使用权和转让权等。前者是为权利人享有的绝对权，后者则是依债权债务关系形成的相对权。这是两种性质的权利。对于合同的义务人来说，前者是法定之债，后者是约定之债。对于依技术合同产生的科技成果的使用权和转让权，只对特定的当事人具有约束力。

（三）正确掌握职务技术成果与非职务技术成果的政策界限和权益分配原则

《合同法》第326条规定："职务技术成果是执行法人或者其他组织的工作任务，或者主要是利用法人或者其他组织的物质技术条件所完成的技术成果。"职务技术成果是法人或者其他组织的无形财产，其使用权、转让权属于单位，单位有权就职务技术成果订立技术合同，其使用、转让的收益归单位所有。但法人或者其他组织应从使用和转让职务技术成果所获得的收益中提取合理的比例作为给予完成职务技术成果的个人的奖励和报酬。

非职务技术成果是个人在本职工作之外，利用自己的物质技术条件，为科学技术进步所作的贡献。其使用权、转让权属于完成非职务技术成果的个人。

明确了以上两个最基本的概念，在实践中要注意既不能扩大解释职务技术成果，也不能任意放宽非职务技术成果的认定，同时对于职工离休、退休、调动工作（包括辞职、退职或者留职停薪）后所完成的与在原单位承担的任务有密切关系或者直接属于原单位本职工作范围的技术成果，在确认其技术成果权属时，要注意从保密义务、技术成果的产生时间以及单位之间的利益协调等方面作出正确的认定。

（四）正确认识科技成果的经济权利与精神权利的深刻内涵

科技成果的经济权利，指的是使用、转让技术成果获得物质利益的权利。职务技术成果是法人或非法人单位组织的科学研究和技术开发活动的结晶，它凝聚了技术成果完成者的才能、智慧和创造性劳动。对完成职务技术成果者应当给予相应的奖励和报酬。合同法明确规定：法人或者其他组织应当从使用和转让该项职务技术成果所取得的收益中提取一定比例对完成该项职务技术成果的个人给予奖励和报酬。这里，从法律上肯定了完成职务技术成果者在职务技术成果使用和转让所取得的收益中有按其贡献参与分配、获取报酬的权利。

科技成果的精神权利，则是指与技术成果完成者的人身、智慧和创造性贡献不可分离的权利，即作为技术成果完成者的身份权和有资格接受国家、人民和社会所授予的奖励的荣誉权。《合同法》第328条规定："完成技术成果的个人有在有关技术成果文件上写明自己是技术成果完成者的权利和取得荣誉证书、奖励的权利。"该条即是对技术成果完成者精神权利的确认。

三、技术合同的订立与履行

（一）技术合同的订立

1. 技术合同的形式

《合同法》第330条、第342条分别规定技术开发合同、技术转让合同应当采用书面形式；但对技术咨询合同、技术服务合同未做规定。对此，可以理解为技术咨询、技术服务已经是生活中常见的经济技术工作，通过口头合同及时订立与履行，简单灵活。而技术开发合同、技术转让合同多为标的较大、所涉利益复杂的合同，以书面形式为硬性要求能够有效避免口头合同的不确定性带来的弊端。

随着经济技术信息化、数字化、全球化，在互联网上进行网上贸易日益成为一种新的交易方式。我国合同法不仅确认了电子邮件（E-Mail）、电子数据交换（EDI）合同形式的合法性，而且参照联合国国际贸易法委员会《电子商业示范法》的规定，明确合同形式包括但不限于电报、电传、传真、电子数据交换和电子邮件等形式，而且包括其他“可以有形地表现所载内容的形式”。

2. 订立技术合同的程序

订立技术合同的程序分为两个阶段：要约和承诺。我国《合同法》明确规定：“当事人订立合同，采取要约、承诺方式。”《合同法》对要约和承诺的定义、效力、撤销、撤回，要约与要约邀请的区别，以及要约和承诺规则在招标中的运用等作了较为系统和详细的规定。当事人订立技术合同时，要掌握这些规定，运用这些规定，遵守这些规定。

要约是当事人一方向另一方表示订立技术合同的愿望，提出技术合同条款的意思表示，要约是以订立技术合同为目的的提议，是一种有意订立合同的意思表示，内容应具体确定、表明经受要约人承诺，要约人即受该意思表示约束。承诺，是指受要约人同意要约的意思表示，即在要约有效期内全部接受要约人提出的合同条款。实际生活中，订立技术合同的过程往往并非一要约即承诺这么简单，而是一方发出要约，另一方提出新要约，经过多次磋商，最终一方作出承诺的过程。承诺自承诺通知到达要约人时生效。承诺生效时技术合同成立。

（二）技术合同的履行

技术合同依法成立后即具有法律效力，合同当事双方都应该严格遵守合同、认真履行合同。技术合同的履行包括如下内容：

1. 履行主体正确

技术合同是一种人身性很强的合同。以技术开发合同为例，一方当事人的技术水平、信誉等往往是对方当事人发出要约所要考量的重要因素，同样的，技术开发需要必要的研究开发费用和基础设施，因此另一方的资金设备也至关重要。技术合同主体的这种特定性对技术合同履行的主体提出了十分严格的要求，但这并不是说技术合同履行的主体具有绝对性。技术合同当事人可以约定由债务人向第三人履行债务，也可以约定由第三人向债权人履行债务，这都是我国《合同法》为顺应市场经济的发展所作出的对合同相对性的突破。

2. 履行标的正确

技术合同的标的正确是指一方当事人向另一方当事人提供合同约定的标的时，在标的的质量、标准、型号、数量、酬金等方面均符合合同的要求。

3. 履行期限适当

科学技术是生产力，时间也是一种无形的生产力，时间效益在技术合同中的表现尤为明显，因此履行期限适当对于技术合同的正确履行意义重大。技术合同当事人应当按照合同约定的期限履行义务。对合同中有明确约定的技术合同，应当在规定的期限内持续地或一次性地履行。同样以技术开发合同为例，研究开发方应当按合同约定的进度进行研究开发工作，并在合同约定的期限内完成研究开发课题，提交研究开发成果和有关技术资料。委托方也应当按照合同的约定支付研究开发经费，接受研究开发成果，支付约定的报酬。

如果合同中没有约定履行期限，双方又未达成补充协议时，根据我国《合同法》第 62 条规定，履行期限不明确的，债务人可以随时履行，债权人也可以随时要求履行，但应当给对方必要的准备时间。

4. 履行地点适当

技术合同的履行地点是指进行研究开发的地点、交付技术资料、进行技术指导的地点、提供咨询和服务的地点及支付使用费和报酬的地点。

5. 履行方式适当

履行方式适当总的来说是按照双方当事人约定的履行方式履行合同，如果没有约定，则应遵循诚实信用原则，善意、公平、合理地履行合同。

6. 履行中的成果分享

技术成果包含了两层含义：精神权利和经济权利。精神权利是一种人身权利，即技术成果完成者对发现、发明、科技成果等所拥有的权利。精神权利自技术成果完成之日起即属于完成技术成果的个人所有，不会因技术成果的转让而转让。而经济权利是一种财产权利，其不具有人身专属性，可以转让。技术成果申请实施专利权、使用和转让非专利技术成果权等都可以由当事人根据互利有偿的原则通过协商合理地分享。

四、技术合同的违约责任

（一）技术合同违约责任的概念和类型

1. 技术合同违约责任的概念

技术合同的违约责任是指技术合同的当事人不履行合同义务或者履行合同义务不符合合同约定，依照合同约定或法律规定，违约方向对方承担的责任。

2. 技术合同违约责任的类型

按照违约发生的时间不同，可以将违约行为分为预期违约和实际违约。预期违约，是指当事人一方明确表示或者以自己的行为表明不履行合同义务，对方可以在履行期限届满之前要求其承担违约责任。实际违约是指当事人一方在履行期限到来之后，不履行合同义务或者履行合同义务不符合约定，具体可以分为履行不能、履行迟延和不完全履行。

按照违约主体是一方还是双方，可以将违反技术合同的行为分为单方违约和双方违约。单方违约是指技术合同的一方当事人不履行合同或履行合同不符合约定的行为；双方违约是指合同的双方当事人均没有履行合同或履行合同均不符合合同约定的行为。

（二）技术合同违约责任的承担方式

1. 继续履行合同

一方当事人违约并不必然导致技术合同的解除，如果另一方认为有必要要求对方继续履行的，则违约方有义务继续履行合同。

2. 采取补救措施

当事人一方不履行技术合同义务或者履行合同义务不符合约定的，另一方有权要求违约方采取补救措施，以减少因违约而造成的经济损失。

3. 支付违约金

违约金是指根据当事人的约定或者法律的规定，当事人一方不履行合同或者不完全履行合同时向另一方支付的一定数额的金钱。技术合同中只要约定了违约金，不论当事人一方违反合同是否给另一方造成经济损失都应当按照约定支付违约金。同时，当事人双方可以在技术合同中特别约定，一方违反合同给另一方造成损失超过违约金时，应当继续补偿支付违约金后的不足部分。如果当事人双方在技术合同中没有约定违约金和损失赔偿额计算方法的，应根据违约给另一方造成的实际损失计算赔偿额。这里的实际损失包括受损害一方收益的减少和支出的增加。

4. 赔偿损失

所谓赔偿损失，是指技术合同的当事人因违约给对方造成财产上的损失时，依据法律的规定，由违约方赔偿对方的财产损失。通常在合同中没有约定违约金的情况下适用。如因违约方的违约行为给对方造成的损失远远大于违约金的，也存在一个赔偿的问题。构成损失赔偿，必须是因为一方的违约行为造成了另一方的经济损失，违约行为、经济损失以及两者之间的因果关系三要素缺一不可。

5. 定金罚则

技术合同的当事人可以在合同中约定一方向另一方给付定金作为履行合同的担保，给付定金的一方不履行约定的债务的，无权要求返还定金；收受定金的一方不履行约定的债务的，应当双倍返还定金。当一方的违约行为给另一方造成较大损失，定金不足以弥补损失时，受损害的一方还可以要求赔偿。如果造成的损失不超过定金时，直接适用定金罚则即可。当技术合同的当事人在合同中既约定有定金，又约定有违约金时，一方违约时，对方可以选择适用定金或者违约金条款，但不能同时适用定金条款和违约金条款。

6. 法律规定的其他方式

除了以上几种承担违约责任的方式外，《合同法》还规定了解除合同，价格制裁等承担违约责任的方式。

（三）技术合同违约责任的免除

技术合同违约责任的免除，是指根据法律的规定或者技术合同的约定，违约方可以不承担违约责任的情形。具体可以分为法定免责和约定免责两种情形。

1. 法定免责

《合同法》第 117 条规定：“因不可抗力不能履行合同的，根据不可抗力的影响，部分或者全部免除责任，但法律另有规定的除外。……本法所称不可抗力，是指不能预见、不能避免并不能克服的客观情况。”

该条正是免除违约责任的法定情形，即发生了当事人不能预见、不能避免并不能克服的客观情况。因此情况导致合同全部或部分不能履行的，受其影响的该方当事人可以不承担违约责任。

2. 约定免责

约定免责是指技术合同的当事人在订立合同时协商确定免责的条件并将其作为合同条款加以约定的情形。

约定免责的效力来源于技术合同双方在意志自由下所作出的约定，无约定，则不生效力；但免责条款的内容并非完全不受约束，其仍要符合法律的规定。《合同法》第 53 条规定：“合同中的下列免责条款无效：（一）造成对方人身伤害的；（二）因故意或者重大过失造成对方财产损失的。”因此，对于上述两种情形，当事人不应在免责条款中加以约定。

第二节　技术开发合同纠纷

主题案例1

连云港市A石英工业开发研究院有限公司诉中国科学院过程工程研究所技术委托开发合同纠纷案[①]

案情回顾

连云港市A石英工业开发研究院有限公司（下称“A公司”）于2003年12月24日与中国科学院过程工程研究所（下称“过程研究所”）在北京签订了《技术开发（委托）合同书》，项目名称为球形硅微粉及硅系产品制备新工艺与应用。合同书约定由甲方委托乙方研究开发球形硅微粉及硅系产品制备新工艺及应用项目，并支付研究开发经费和报酬，乙方接受委托并进行此项研究开发工作。合同签订后，A公司向过程研究所付款。过程研究所提供了等离子体制备纳米粉体材料工艺流程图、设备清单和场地布置方案等，到A公司进行了指导和技术培训，但未按合同第2条的约定提交研究计划。2004年11月双方对设备进行调试未成功，后中试基地发生事故，双方产生矛盾，过程研究所即未再参加该项目的技术研究，A公司也未再按合同约定向过程研究所支付研究开发经费。

过程研究所不参加研发活动后，A公司即自行组织继续研究开发，研发成功了“高频等离子制备球形硅微粉关键技术及应用”技术。

2005年6月15日，过程研究所以A公司违反合同约定为由，通知解除合同。

A公司认为过程研究所在履行合同过程中存在欺诈行为，遂向江苏省连云港市中级人民法院提起诉讼，请求撤销2003年12月24日签订的《技术开发（委托）合同书》，确认研究技术成果由A公司享有，中国科学院过程工程研究所返还研究开发经费并赔偿损失。

被告过程研究所答辩称：第一，被告拥有并向原告提供了合同约定的技术，原告违约在先，并侵害了被告拥有的知识产权，被告已按合同约定履行了自己的义务，不存在

① 案例详见江苏省连云港市中级人民法院（2006）连知初字第002号民事判决书。

欺诈的事实，原告无权要求撤销合同；第二，本案涉及的技术不可能属于原告一方所有，原告的诉讼请求应予驳回。

后被告过程研究所于4月14日向法院提起反诉请求。

反诉原告（本诉被告）过程研究所反诉称：《技术开发（委托）合同书》签订后，反诉原告向反诉被告提供了合同中约定的技术，并对中试基地的建设提出了要求，而且还协助完成了设备的订货、加工及安装。但反诉被告未按合同约定履行义务，至今尚欠研发费用；在合同履行期间，自行组织他人进行合同项目开发，违反了合同保密约定，泄露了反诉人拥有的技术信息和资料，单方指定中国建筑材料工业协会对研发成果进行鉴定验收，构成了合同违约；且擅自单独将技术转让，未向反诉原告支付转让费收入，违反了合同的约定并侵害了反诉原告的知识产权。请求法院解除反诉原告与反诉被告于2003年12月24日签订的《技术开发（委托）合同书》并判令反诉被告支付研发经费。

争议焦点

本诉争议焦点是：被告过程研究所在签订、履行《技术开发（委托）合同书》过程中是否存在欺诈行为？合同是否应予撤销？

本诉原告A公司认为被告过程研究所无合同约定的技术，存在欺诈；被告未提供基础技术，导致合同无法履行，根据《合同法》第54条的规定，合同应予撤销。本诉被告认为其已按合同履行义务，不存在欺诈行为，合同是有效成立的，不存在撤销事由。

反诉争议焦点是：（1）反诉被告在履行合同过程中是否存在违约行为，合同是否解除？（2）本案讼争的技术系反诉原、被告双方共有，还是属反诉被告所有？

对反诉争议焦点一，反诉原告提供了证据证明反诉被告未按合同约定履行义务，反诉原告已通知解除了合同。对争议焦点二，反诉原告提供了证据证明技术归反诉原告所有。反诉被告认为反诉原告提供的证据不能证明反诉被告存在违约行为，反诉原告违约在先，未提供合同约定的技术，不存在泄密行为，且调试未成功，不存在共同鉴定。反诉被告鉴定的是合同结束后自行研发的技术。

裁判意见

A公司与过程研究所签订的《技术开发（委托）合同书》是双方真实的意思表示，其内容不违反我国法律的强制性规定，应为合法有效，合同当事人应诚实守信、全面履行合同约定的义务。本案所涉合同签订后，双方当事人各自履行了部分义务，但未能全面履行合同义务。对过程研究所而言，其无证据证明自己提供了合同约定的“高频等离子体法制备球形硅微粉及硅系产品粉体技术”，也不能说出该技术的主要内容；未在合同约定的期限内提交研究计划；未按合同约定的进度完成各项研究开发工作。对A公司而言，未按合同约定的时间和方式支付研究开发经费。当事人双方均存在违约行为，应各自承担其违约责任。A公司诉称过程研究所在签订合同时存在欺诈行为，合同应予撤销的意见不能成立。判决解除A公司与过程研究所于2003年12月24日签订的《技术开发（委托）合同书》，“高频等离子制备球形硅微粉关键技术及应用”技术归A公司享有。

评析探讨

本案涉及的主要法律问题是合同是否可以撤销及“高频等离子制备球形硅微粉关键技术及应用”的归属。

原告提出的合同撤销的原因是本诉被告存在欺诈行为，那么本诉被告是否存在欺诈行为呢？所谓欺诈是指一方当事人故意实施某种欺诈他人的行为，并使他人陷入错误而订立合同。最高人民法院《关于贯彻执行〈中华人民共和国民法通则〉若干问题的意见（试行）》第68条规定：“一方当事人故意告知对方虚假情况，或者故意隐瞒真实情况，诱使对方当事人作出错误意思表示的，可以认定为欺诈行为”，这是对欺诈所作出的准确定义。

欺诈的构成要件如下：

第一，欺诈方具有欺诈的故意。所谓欺诈的故意，是指欺诈的一方明知自己告知对方的情况是虚假的且会使被欺诈人陷入错误认识，而希望或放任这种结果的发生，可见，欺诈方实际上是有恶意的。欺诈方告知虚假情况，不论是否使自己或第三人牟利，不妨碍恶意的构成。如果欺诈者意识到自己的欺诈行为会使自己或第三人牟利、使对方当事人遭受损害而恶意为之，则可认为欺诈者具有主观恶意性。

如果一方向他方陈述某种事实时，对于其陈述的事实的真伪性不能作出准确的判断，仍向他人作出陈述，以至于因陈述事实的虚伪性而导致他方陷入错误（例如某人不能确定其出售的商品是否具有某种功能而向他人吹嘘该产品具有该种功能），这种情况也可认为陈述的一方具有欺诈的故意，因为陈述人不能判定其陈述的事实是否真实也就不能告诉他人该事实是真实的。在陈述时，他应当知道该事实若属虚假，会使他人陷入错误认识，而陈述人却以虚假的事实向他人陈述，显然可认定陈述人具有欺诈他人的故意。

第二，欺诈方实施欺诈行为。所谓欺诈行为，是指欺诈方将其欺诈故意表示于外部的行为，在实践中大都表现为故意陈述虚伪事实或故意隐瞒真实情况使他人陷入错误的行为。所谓故意告知虚假情况，也就是指虚伪陈述，如将赝品说成真迹，将质量低劣的产品说成优质产品。所谓故意隐瞒真实情况，是指行为人有义务向他方如实告知某种真实的情况而故意不告知。根据诚实信用原则，当事人应当如实地向对方告知产品的使用方法、性能、隐蔽瑕疵等重要情况，这是当事人应承担的附随义务，违反此种义务，有可能构成欺诈行为。

一方在订约时明知自己没有履行能力而仍然与对方订立合同，是否都构成欺诈，值得探讨。一般对此应该区分两种情况：（1）当事人在订约后根本不准备履行合同，或者没有为履行合同做任何准备工作，甚至将订立合同作为骗取定金、预付款和货款的手段，此种情况应作为典型的欺诈来处理；（2）在订约时虽无履约能力，但当事人在订约时并没有隐瞒其无实际履约能力的事实或在订约后积极为合同的履行做各种准备，且根据实际情况，可以认定其在履行期限到来时能够履行合同，则不能按欺诈处理。因为订约时无实际履约能力并不等于履约时无实际履约能力，从订约至履行期限到来的这一段时间，当事人在很多情况下可以通过自身的努力而获得履行能力。关键在于确定当事人主观上是准备履约，还是从订约时起就准备欺诈他人。即使在订约后不能履约，对方也可以根据默示违约的规定要求不能履约的一方提供履约担保，并暂时终止合同的履行。如果将凡是无履约能力的情况都作为欺诈处理，既不符合当事人双方的利益和意志，也不利于鼓励交易。

第三，被欺诈的一方因欺诈而陷入错误。在欺诈的情况下，被欺诈人因欺诈陷入了错误的认识。这里应注意两点：（1）欺诈人提供的虚假情况与合同内容有密切关系；如果与合同内容并无联系，不能认为欺诈行为与认识错误之间有因果联系。（2）受害人基于虚假的情况而对合同内容发生了错误认识，例如因误信对方的假药宣传而将假药当成了真药。这种错误并不是因为被欺诈人自己的过失造成的，而是因受欺诈的结果。如果欺诈人实施欺诈行为以后，受欺诈人未陷入错误或者发生的错误内容并不是欺诈造成的，则不构成欺诈。

第四，被欺诈人因错误而作出了意思表示。被欺诈人在因欺诈发生了错误认识以后，基于错误的认识作出了意思表示并订立了合同，这就表明欺诈行为与受害人的不真实的意思表示之间具有因果联系。如果被欺诈人虽因欺诈行为陷入错误，但并未作出意思表示，则不能认为构成欺诈。

在本案中，合同的订立方过程研究所在订立合同时是具有履约能力的，并且也提供了等离子体制备纳米粉体材料工艺流程图、设备清单和场地布置方案，到A公司进行了指导和技术培训，已经善意地履行了部分合同义务，所以本案不存在合同欺诈的情形，合同不能撤销。

关于“高频等离子制备球形硅微粉关键技术及应用”的归属问题。《合同法》第340条规定了合作开发技术成果的归属：“合作开发完成的发明创造，除当事人另有约定的以外，申请专利的权利属于合作开发的当事人共有。”在本案中，过程研究所参与了前期的设备调试，但因为技术原因而未能取得成功。后来过程研究所因为与A公司产生矛盾而退出研究项目。A公司即自行组织继续研究开发，最终自主研发成功了“高频等离子制备球形硅微粉关键技术及应用”技术。虽然在整个研究过程中过程研究所是对A公司的研究工作提供过帮助，包括提供工艺流程图、设备清单和场地布置方案等，但这些行为都不构成实质性的“共同开发”行为，所以“高频等离子制备球形硅微粉关键技术及应用”技术应视为A公司自主研究开发的成果，过程研究所没有分享该成果的权利。

主题案例2

上海B实业发展有限公司与上海C实业有限公司技术开发合同纠纷案[①]

案情回顾

2001年2月3日，上海B实业发展有限公司（下称“B公司”）与上海C实业有限公司（下称“C公司”）签订一份《意向协议》，约定：“B公司有科研产品——机动车燃气装置，经过技术、经济等各方面的风险而现已有成果，并现有出样产品，拓展市场；C公司通过和B公司的洽谈，诚意和B公司合作开发产品，并为B公司配合出样定型产品，愿提供B公司工程师等人员的部分工资和产品测试费10 000元；B公司的机动车燃气装置产品定型在工程师的技术指导下，从动工开始计一个月左右出样定型，并可根据市场的需求和生产时的要求进一步改进；C公司在B公司的燃气装置定型出样后，可优先选择其中系列产品进行生产，C公司选择产品进行生产时，再和B公司协商签订正式合同。”协议签订后，B公司派两名工程师刘某、杨某至C公司的生产场地进行制造及测试机动车燃气装置。C公司支付B公司“工程师等人员的部分工资和测试费用”人民币10 000元。嗣后，B公司的两名工程师在未向C公司交付出样定型的机动车燃气装置及相关的技术资料情况下，擅自离开了C公司的生产场地。为此，C公司起诉至法院。

争议焦点

1. 被告B公司是否已经履行了协议的内容？

原告C公司认为B公司并没有按协议履行义务，至今没有交付C公司样品。被告B公司认为其根据《意向协议》约定委派工程师去C公司处制造样品并提供给C公司，而且C公司也与上海兰狐科技发展有限公司签订了关于销售“助动燃气装置化油器”

① 案例详见上海市静安区人民法院（2001）静经初字第640号民事判决。

的协议，故 B 公司已履行了协议的内容。

2. C 公司租赁厂房的支出是否属于履行协议所支付的费用？

C 公司认为房屋租赁协议是在与 B 公司签订意向协议后所签，就是为了履行与 B 公司间的协议。B 公司认为 C 公司租赁厂房不完全是为了履行《意向协议》，且 B 公司的两位工程师于 5 月中旬就已离开 C 公司，故 B 公司不应支付 C 公司租赁厂房的支出。

裁判意见

一审法院认为：

B 公司与 C 公司间签订的意向协议，虽然名为合作开发产品，但在实际履行中，C 公司只提供资金等物质条件，承担辅助协作工作，并未共同参与研究开发工作，因此，该意向协议，名为合作开发技术合同，实为委托技术开发合同。该协议系双方当事人的真实意思表示，未违反国家法律及行政法规，是合法有效的。B 公司作为委托开发合同的研究开发人理应按期完成研究开发工作，交付研究开发成果，并提供有关的技术资料和必要的技术指导，帮助委托人掌握研究成果。B 公司辩称已按约履行意向协议，因未提供相应的事实依据，法院不予采信。现 C 公司以 B 公司构成根本违约为由，要求解除合同，可予支持。B 公司理应退还 C 公司“工程师人员的部分工资和测试费用”，C 公司诉请 B 公司退还该部分款项，合理合法，应予支持。关于 C 公司诉请 B 公司赔偿厂房租赁费，由于 C 公司向他人租赁厂房系在签订意向协议之后，租赁厂房的用途亦为加工助动车部件，故应视为 C 公司为履行意向协议而租赁厂房，现 B 公司履行意向协议违约，C 公司要求 B 公司赔偿该部分损失，有法律上的依据，应予支持。至于 C 公司要求 B 公司赔偿买车床设备的价款，由于 C 公司购买的设备系通用设备，C 公司有经营机电设备的经营范围，且 C 公司亦未对购买上述机电设备与履行意向协议间存在因果关系进行举证，因此，C 公司要求 B 公司赔偿购买车床设备价款的诉请，法院无法支持。

二审法院认为：

C 公司与 B 公司签订的意向协议，是双方的真实意思表示，法院予以确认。双方均应按协议履行各自的义务。B 公司辩称已按协议约定向 C 公司提供了样品，因 C 公司不予确认，而从 B 公司提供法院的证据来看，无法得出 B 公司已将样品交付 C 公司的事实。二审中 B 公司要求鉴定协议书复印件上的公章，认为确是 C 公司加盖的，法院认为协议书的公章是否是 C 公司的公章对于本案不具有直接影响，即使是 C 公司与兰狐公司签订了协议书，也无法证明 B 公司确实已按意向协议约定在一个月左右将样品交给了 C 公司，故对于 B 公司认为 C 公司与兰狐公司的协议书复印件可以证明 B 公司交付样品的观点法院不予采信。B 公司没有按协议履行义务，理应承担违约责任。原审法院判令解除双方的意向协议、B 公司返还 C 公司工程师人员的部分工资和测试费用并无不当，应予维持。对于判令B公司赔偿C公司房租费，C公司在庭审中表示租赁厂房的目的是为了履行与B公司的意向协议。但作为C公司为履行协议租赁厂房时应考虑到厂房实际使用的时间，在租赁厂房时应以使用的时间为基点，而不应盲目地租赁一年，并一次性支付半年租金。况且，在B公司工程师离开后，C公司就应意识到与B公司的意向协议已无法履行，对于空置的厂房理应采取措施以减少损失，为此法院认为对于造成的房租损失C公司本身也存有过失，原审法院判令房租费全部由B公司负担有失公平，C公司应适当承担其中的一部分房租。

评析探讨

本案涉及的主要法律问题是B公司是否履行了合同和B公司是否应当承担C公司的房屋租赁费。

关于B公司是否履行了合同的问题。双方签订的意向协议虽然名为合作开发技术合同，实为委托开发技术合同，因为C公司仅仅承担部分辅助性工作，而大部分实质性开发研究工作都由B公司承担，故认定为委托开发技术合同比较合理。《合同法》第332条规定了委托开发技术合同受托人的义务："委托开发合同的研究开发人应当按照约定制定和实施研究开发计划；合理使用研究开发经费；按期完成研究开发工作，交付研究开发成果，提供有关的技术资料和必要的技术指导，帮助委托人掌握研究开发成果。"据此，B公司作为委托开发合同的研究开发人理应按期完成研究开发工作，交付研究开发成果，并提供有关的技术资料和必要的技术指导，帮助委托人掌握研究成果。而根据"谁主张谁举证"的原则，应由受托方证明其履行了相关义务（积极义务的举证责任应由义务作出方承担)。但是在庭审中，B公司并不能有效举证其履行了相关合同义务，所以它必须承担举证不能的败诉风险。

关于B公司是否应当承担C公司的房屋租赁费的问题。根据《合同法》第107条的规定："当事人一方不履行合同义务或者履行合同义务不符合约定的，应当承担继续履行、采取补救措施或者赔偿损失等违约责任。"虽然争议双方对于房屋租赁费是否属于损失的范围存在异议，但一、二审法院的对此的看法还是一致的，都认为房屋租赁费是原告C公司为了履行合同而支出的费用，应当纳入损失范围。但一审法院的判决没有看到在租赁费的问题上，原告C公司也存在过错，由此判决房屋租赁费全部由B公司承担。而二审则充分考虑到了双方在这个问题上的过错，合理地分配了双方责任，最终判决双方各承担一半的费用。

第三节 技术转让合同纠纷

主题案例1

宜兴市金属制品研究所诉上海Y经营服务公司技术转让合同纠纷案[1]

案情回顾

原告宜兴市金属制品研究所（下称“研究所”）与被告上海Y经营服务公司（下称“Y公司”）于1996年4月16日签订《技术转让合同书》，约定研究所将“淬火——回火钢丝生产技术”转让Y公司使用，“Y公司”向“研究所”支付使用费220万元。同月18日，原告与被告又签订了《技术开发合同》。后研究所发现上海Z特种金属制品有限公司（以下简称“Z金属公司”）使用研究所转让给Y公司的技术，生产出“淬火——回火弹簧钢丝”产品。研究所经调查有关工商登记资料查明，Z金属公司系由Y公司参股40%（技术作价220万元）成立的。Y公司一直未向研究所支付技术使用费，研究所遂向法院起诉要求Y公司支付技术使用费220万元。

争议焦点

1. 《技术转让合同》是否生效及是否被《技术开发合同》所替代？

原告认为《技术转让合同》是当事人的真实意思表示，内容不违反法律、法规，所以是有效的合同，并且合同自签订之日起即生效，原告亦于合同签订后交付了相关技术资料。而《技术开发合同》并没有替代《技术转让合同》，前者与后者所约定的标的物是不一样的。《技术转让合同》中的“淬火——回火钢丝生产技术”与《技术开发合同》中的“淬火——回火钢丝生产线主要设备”有关联，但并非同一技术，前者是制造产品的技术，后者是制造相关设备的技术。被告Y公司认为研究所与Y公司于1996年4月16日签订的《技术转让合同》是虚构的，双方分别持有的合同文本中关于“支付方式”的约定是不同的，且合同第13条规定的“Y公司”应向“研究所”支付定金

① 案例详见上海市第二中级人民法院（1998）沪二中知初字第56号民事判决书。

条款系该合同的生效条款，事实上“Y公司”并未向“研究所”支付定金，故该合同并未生效。Y公司与研究所于1996年4月16日签订的《技术转让合同》已为双方于同月18日签订的开发“淬火——回火钢丝生产线主要设备”的《技术开发合同》取代，双方实际履行的是《技术开发合同》。

2. 原告是否已向被告交付技术资料？

原告认为其已经向被告交付了所有技术资料，而被告Y公司则认为原告研究所从未向Y公司提供“淬火——回火钢丝生产技术”的任何技术资料，被告也仅仅是向Z金属公司提供了“淬火——回火钢丝生产线设备”，从未向Z金属公司转让或者提供研究所诉称的技术资料。

裁判意见

第一，“研究所”与“Y公司”签订的《技术转让合同》和《技术开发合同》都是合同双方当事人的真实意思表示，其中并无法律规定的合同无效或者应当撤销的情形，两份合同自双方当事人签字、盖章时合同成立。依照法律规定，依法成立的合同，自合同成立时生效，对当事人具有法律约束力。“研究所”和“Y公司”均应依照合同约定履行相应的义务，不得擅自变更或者解除合同。双方当事人对合同约定条款的解释持有异议，应当协商解决或者通过法律规定的途径予以解决。“Y公司”提出《技术转让合同》尚未生效及《技术转让合同》已经为《技术开发合同》所取代的意见，缺乏证据予以证明，法院不予采信。

第二，依照法律规定，民事诉讼当事人对自己主张的事实，负有举证责任。“研究所”诉称其已向“Y公司”交付了《技术转让合同》约定的技术资料，但是，“研究所”提交的证据均不能证明其主张的这一事实。首先，虽然“研究所”提交的证据证明“Y公司”是“Z金属公司”的股东以及“Z金属公司”生产出同一产品的事实成立，但是，根据上述事实，并不能逻辑地推定出“研究所”已经向“Y公司”交付了技术资料以及“Z金属公司”使用“Y公司”获取的技术资料生产产品的结论。其次，“研究所”仅仅提交的陕西超霸特种拉拨设备有限公司、无锡机床厂、上海德华材料检测有限公司徐某出具的《证明》，没有提交相关的《企业营业执照》副本或《公民身份证》以及必要的公证证明，也就是说，没有提交证明上述证人单位和证人身份的真实性以及上述三份《证明》确实由这些证人出具的证据，因而均不具备民事诉讼证据的形式要件。

审理期间，法院根据“研究所”的申请，向多家证人单位调查取证，也向技术专家咨询，但均不能证实“研究所”主张的事实成立。

据此，法院对“研究所”主张的已向“Y公司”交付技术资料的事实不予认定，对“研究所”依据这一事实所提出的诉讼请求不予支持。

评析探讨

本案涉及的主要法律问题是《技术转让合同》是否被《技术开发合同》所替代及原告宜兴市金属制品研究所是否向被告交付了技术资料。

关于《技术转让合同》是否被《技术开发合同》所替代的问题。《技术转让合同》签订时没有相反证据证明是违背双方意愿的，即不存在欺诈、胁迫、重大误解等可撤销情况，内容也没有违反法律、法规的强制性规定，所以合同是合法有效的。对于其后签订的《技术转让合同》，该合同上面没有对于前《技术转让合同》的替代条款，双方也没有另外签订替代协议，而且，从内容上看，两份合同约定的内容并不一样，也就是说合同标的并不一样，《技术转让合同》的标的是技术，而《技术开发合同》的标的是设备，所以也不能自然地推断出后合同已经替代前合同。对于被告 Y 公司抗辩称《技术转让合同》是虚构的这一说法，这种抗辩是非常软弱无力的。第一，即使合同是虚构的，被告也难以举证；第二，即使合同是虚构的，但是合同约定的内容并不违反法律、法规，合同也没有以合法形式掩盖非法目的，也就是说并不存在《合同法》第 52 条规定的合同无效的法定情形，所以技术转让合同应当被认为有效。

对于原告宜兴市金属制品研究所是否向被告交付了技术资料的问题。原告完全有理由合理怀疑被告 Y 公司已经将原告交付给被告的技术资料再次转让给由被告投资参股的 Z 金属公司，并且 Z 金属公司已经利用了该技术资料制造出了成品。但是法院认为原告虽然有合理怀疑，但其不能举证已经交付了技术资料。从“谁主张谁举证”的角度看，因为原告所承担的是积极的义务，所以应当由原告证明其已经履行了该义务。原告举证不能，要承担败诉风险。那么原告有没有可能转移举证不能的风险呢？本案中，原告败诉的根由就是没有利用好这一技巧。原告可以根据《最高人民法院关于民事诉讼证据的若干规定》第 17 条第 2 项申请法院调查，调取 Z 金属公司的生产技术资料，进而与原告的技术资料比对，若是与原告的技术资料一致的话，就可以判定 Z 金属公司所拥有的技术资料就是原告交付的技术资料，原告从而完成了举证。此处有必要一提的是，有必要将 Z 金属公司追加为第三人以方便法院调取证据。当然，原告也可以对 Z 金属公司另行提起侵权之诉，从而向法院申请调取其技术资料。另外，本案也给了我们一个教训就是，如果原告所拥有的技术资料已经申请了专利的话，那么根据《最高人民法院关于民事诉讼证据的若干规定》第 4 条第 1 款的规定，原告就可以直接向 Z 金属公司提起专利侵权之诉，这样就可以获得举证责任倒置的好处了。这也从另一个方面警示了广大企事业单位，一定要增强知识产权的保护意识，要学会利用专利、商标等手段来实现知识产权保护。

主题案例2

A地质仪器厂与B实业有限公司合资合同争议仲裁案

案情回顾

1994年2月22日，A地质仪器厂、C电子有限公司及B实业有限公司经友好协商在中国北京签订了“D有限公司合同”（下称合资合同），同意在北京建立合资经营D有限公司（下称合资公司）。A地质仪器厂以现有厂房、土地使用权以及有关设施投入，折价135万美元，占投资比例的45%；C电子有限公司以设备、材料、现金分期分批投入，占投资比例的30%；B实业有限公司以生产技术、资金分期分批投入，生产技术33万美元，现金42万美元，占投资比例的25%。其后C电子有限公司退出该合资公司，其股权转让给B实业有限公司，合资公司由A地质仪器厂与B实业有限公司共同经营。在合资公司经营了5年之后，A地质仪器厂以B实业有限公司未出资到位为由，依据合资合同的仲裁条款向中国国际经济贸易仲裁委员会深圳分会申请仲裁，请求终止执行“D有限公司合同”，并对D有限公司进行清算。

争议焦点

B实业有限公司是否存在出资不到位的情况？

申请人A地质仪器厂认为B实业有限公司只向合资公司提供了商标及普通有线（无线）电话机技术，其他产品技术并未提供，而且其投资中33万美元的技术出资部分与合资合同规定的生产技术极不相符，对已投入的技术产品也未按时间进入，存在出资不到位的情况。被申请人B实业有限公司认为其投入的技术入资到位，品种齐全而且产品技术水平达到国际一流。所投入的技术已经中国进出口商品检验总公司评估作价，亦由会计师事务所进行了验资，被申请人已经履行了全部的出资义务。

裁判意见

仲裁庭就本案事实作出了如下认定：

在合营合同中双方当事人仅就被申请人技术投资的价值和投入时间作出了约定，而没有就技术的内容、权利性质、投入方式和技术投入检验或鉴定等内容进行规定。双方当事人也没有就被申请人技术投资的内容和方式达成其他的书面协议。

证据表明，中国进出口商品检验总公司接受合资公司的申请，对被申请人作为出资的“生产通讯器材及相关产品的专有技术及注册商标”进行鉴定，并于1994年12月

24日出具了《价值鉴定（技术作价）结果报告书》。

N会计师事务所于1994年12月30日向合资公司出具的第四期验资报告中确认，“乙方应投入生产技术330 000美元，本（第四）期验证已足额投入。”

仲裁庭根据所认定的事实，认为：申请人认为被申请人没有按合资合同规定提供技术投资的主张，是以被申请人的技术投资应体现为合资公司生产相关产品为条件的。显然，申请人在仲裁中的主张与前述的技术投资价值鉴定、合营双方对该鉴定的认定以及会计师事务所验资报告对技术投资的验证，在对技术出资完成的方式上有根本的差异。按照申请人的主张，合营合同第8条规定的生产规模和发展计划同时也是对被申请人投入技术内容和时间的要求。例如，合资第一年投入放号及多功能按键电话机；第二年投入无线电话机、BP机、传真机、节能灯具等。但仲裁庭认为，申请人的上述主张与合营合同对被申请人技术出资的期限要求不符。合同第12条规定，合营各方的出资分两期缴纳，第一期50%注册资本应于合资公司领取营业执照后2个月内缴足，第二期50%注册资本则在领取营业执照后4个月内缴足。显然，上述对全部出资包括技术出资期限的规定与合资公司应用技术生产相关产品的时间计划并不相同。而且，申请人在收到N会计师事务所出具的第四期验资报告后，从未对被申请人的技术投资的验证提出过任何异议。

据此，仲裁庭认为，申请人的主张缺乏合同和事实依据。依照合资合同，被申请人已经全部履行了包括技术投资在内的出资义务。

评析探讨

本案涉及的主要法律问题是B实业有限公司是否存在出资不到位的情况。

《公司法》第27条规定：“股东可以用货币出资，也可以用实物、知识产权、土地使用权等可以用货币估价并可以依法转让的非货币财产作价出资；但是，法律、行政法规规定不得作为出资的财产除外。对作为出资的非货币财产应当评估作价，核实财产，不得高估或者低估作价。法律、行政法规对评估作价有规定的，从其规定。”也就是说，技术出资是必须对用作出资的技术进行价值评估的。第29条又规定了股东出资之后的验资：“股东缴纳出资后，必须经依法设立的验资机构验资并出具证明。”至此，以技术向公司出资的，至少经历三个步骤：出资——评估——验资。当然，如果法律规定了所转让的技术（如专利技术）是需要登记的话，还需要进行变更登记。具体到本案，B实业有限公司已经委托中国进出口商品检验总公司对其出资技术进行价值评估，尔后也委托N会计师事务所出具了验资报告。可以说，B实业有限公司已经完成了法律规定的出资义务了。那么，申请人所主张的“B实业公司的出资应体现为合资公司生产相关产品”的说法究竟有没有道理呢？《公司法》规定了公司的注册资本可以在2年之内缴足，也就是说股东可以约定分阶段缴纳出资。那么，本案中申请人所主张的情形是否属于分阶段出资的情况呢？显然，这种说法是非常软弱无力的。股东的出资必须体现为有形或无形财产的转移，这种转移必须是可以确定的，以“交付”行为来实现的，体现的是一种财产的动态转移，而非观察所投入的有形或无形财产在以后的生产经营活动中是否实际产生了经济效益。因为经营活动本来就存在着不确定性，存在一定的经营风险，使得企业的投入不一定得到回报。如果以股东所投入的技术在企业以后的经营活动中产生的经济效益来判定股东是否完成出资的话，势必会出现这样的情况：当企业经营情况好的话，股东的出资就高于原定的注册资本；而当企业经营情况不好，甚至出现亏损的话，股东的出资就低于原定的注册资本，出现了“出资不实”。这样的判定无疑将股东的出资置于一场赌博之中，扭曲了法律所应有的稳定性。

实际上，仲裁庭也没有采纳申请人的主张，理由是申请人的主张与“合营合同对被申请人技术出资的期限要求不符”，这是非常简单而又明智的做法，既驳回了申请人不合理的诉求，又无需运用大量的法律解释词语来进行推导，在成功处理了案件纠纷的同时，维护了法律的精神。

主题案例3

广东G墙板厂有限公司与香港J墙板有限公司技术转让合同争议仲裁案

案情回顾

1992年9月18日，广东省F发展公司、N（香港）公司和R实业有限公司签订了“中外合作G墙板厂有限公司合同”，三方约定在中国G县共同举办合作经营企业G墙板厂有限公司（下称“G公司”）。1995年9月12日，广东省F发展公司、Y企业有限公司和香港J墙板有限公司（下称“J公司”）签订了关于J公司加入合作经营G墙板厂有限公司的补充合同。同日，G公司和J公司签订了一份技术转让合同，双方约定：J公司同意不作价提供其已在香港注册的轻质墙板M商标的使用权，以及制造该商标项下产品的有关技术，作为其加入G公司的合作条件。G公司向J公司购买价值为CIF K港50万美元的进口设备，用于配套G公司已有的设备。J公司应向G公司提供涉及生产合同产品的书面及非书面的技术资料和经验。G公司的出口产品使用J公司提供的在香港地区注册的M商标，并在产品的包装上注明“中华人民共和国G有限公司制造”字样。合同经G公司、J公司授权代表签名后，报中国政府的审批机关批准生效，适用中国的有关法律、法规。

在上述《技术转让合同》的履行过程中，双方当事人发生争议。J公司未能在约定期限内完成补充设备与原有设备配套、安装和调试，G公司拒付相应款项。

后J公司在报纸上刊登维权声明，称非其公司生产的M商标的轻质墙板都是假冒产品。

1997年12月15日，J公司致函G公司称："由于贵司目前已能生产及销售产品，应该履行合约付回余款二十万美元整。如果贵司未能在1997年12月30日前按合同付款，本公司会终止我们之间的技术转让合同并以后请勿用M商标，否则以作侵犯我司版权。"

1998年5月5日，被申请人对经销由G公司生产的使用"M"商标墙板的经销商Y材料有限公司在香港高等法院提起侵权之诉。

G公司遂于1998年5月20日申请仲裁，要求J公司即时停止商标侵权行为并赔偿经济损失。针对G公司的仲裁申请，J公司提出了反请求，要求确认解除"技术转让合同"，G公司立即停止商标侵权行为并且赔偿违约损失。

争议焦点

1. G公司是否已取得商标使用权？J公司是否侵犯了G公司的商标权？

G公司认为J公司在法律及事实上已成为G公司的股东，J公司的法定代表人也成为G公司的副董事长，由此可见，G公司已经履行了合作经营合同的义务，G公司享有M万用墙板注册商标的使用权。

J公司则认为虽然J公司和G公司签订了"技术转让合同"，但就商标问题而言，J公司只是许可G公司使用商标，而不是将注册商标转让给G公司，注册商标的所有权一直是属于J公司，不存在J公司侵犯G公司商标权的问题。

2. G公司是否存在违约行为？

J公司认为其未能在约定期限内完成补充设备与原有设备配套、安装和调试的主要原因是由于G公司负责的机械模具部分迟迟未能安装及完工，以及后来G公司又更改路轨等造成拖延而致，所以G公司存在违约行为。

G公司则认为J公司拖欠、不付工程技术人员的工资及设备安装承包商的工程款，是导致J公司未能完工的最直接的原因，G公司不存在违约行为。

裁判意见

关于商标使用权的问题。仲裁庭认为双方当事人在《技术转让合同》第9章第1条规定，该合同应适用中国的有关法律、法规。因此，解决本案争议应适用的法律为中国法律。同时，依据中国法律的有关规定，本案中所涉M商标权的争议应适用商标注册地法律即中华人民共和国香港特别行政区的法律。依据香港《商标条例》的有关规定，注册商标权人以外的人，如欲获得某一注册商标的使用权，须和商标权人签订商标许可使用合同，并在香港依法办理注册登记，取得“注册使用人”资格。但在本案中没有证据证明G公司已经依法获得了M注册商标使用权。因此，J公司前述排斥G公司在香港使用M注册商标的行为，不能认为是侵犯了G公司的合法权利。G公司据此提出的裁令J公司即时停止商标侵权行为的理由不能成立。

关于合同履行的问题。仲裁庭查明，J公司不能完成设备的安装和调试，其根本原因是由于J公司与其所雇工程技术人员之间发生拖欠薪酬纠纷，以及与其所签合同设备安装承包商发生拖欠工程款纠纷，导致工程停工。J公司在“技术转让合同”规定的期限内未完成补充设备的配套安装、调试，在延长了安装期限后，J公司仍未能履行合同义务，因此J公司的行为已违反了“技术转让合同”的规定，构成违约。由于J公司是违约方，对于J公司要求解除“技术转让合同”的反请求，仲裁庭不予支持。

评析探讨

本案涉及的主要法律问题是G公司是否存在违约行为。本案的技术合同既规定了商标使用权转让的条款，也规定了技术转让的条款，虽然两类条款规定在同一个合同里面，但由于其性质是完全不一样的，所以应当分别对其适用不同的法律。对于商标使用权转让条款，仲裁庭根据我国冲突法选择适用了香港的法律。而对于技术转让部分，仲裁庭无明示应适用的法律。由于本案发生在1995年9月12日，故支配本案技术转让条款的法律应该是我国1987年的《技术合同法》。《技术合同法》第39条规定了非专利技术转让合同的转让方和受让方的主要义务：“非专利技术转让合同的转让方的主要义务是：（一）按照合同约定提供技术资料，进行技术指导；（二）保证技术的实用性、可靠性；（三）承担合同约定的保密义务。非专利技术转让合同的受让方的主要义务是：（一）在合同约定的范围内使用技术；（二）按照合同约定支付使用费；（三）承担合同约定的保密义务。”可见，作为技术转让方的J公司，应当按照合同约定提供技术资料，进行技术指导。然而，J公司却未能在约定期限内完成补充设备与原有设备配套、安装和调试，其辩称违约的原因是G公司存在在先违约行为，导致其不能履行合同义务。《技术合同法》第24条规定：“发生下列情况之一，致使技术合同的履行成为不必要或者不可能的，当事人一方有权通知另一方解除合同：（一）另一方违反合同；（二）发生不可抗力；（三）作为技术开发合同标的的技术已经由他人公开。”依此条，J公司要求解除与G公司之间的合同。而根据仲裁庭查明的事实，J公司违约并不是由于G公司的原因而是由于其自身原因，所以J公司当然不能运用上述条款解除合同。G公司不但没有违反合同，而且还可向J公司主张违约责任。不过在本案中，G公司已经拒付了作为技术担保金的20万余元，故其没有再主张违约责任。

主题案例4

瑞典S技术有限合伙公司与H通信有限公司合资经营争议仲裁案

案情回顾

瑞典S技术有限合伙公司（以下简称“S公司”）与H通信有限公司（以下简称“H公司”，为外国法人）于2000年7月28日签订《合资合同书》和《专有技术作价协议》，约定双方共同出资设立G公司，其中甲方（H公司）以货币（现金）方式出资，占公司注册资本的70%；乙方（S公司）以专利技术及相关工艺技术出资，经双方评议商定，占公司注册资本的30%，视同折价为216.9万美元。而G公司的《章程》却约定：“公司注册资本总额为723万美元，各方出资额、出资形式及所占比例如下：甲方：出资额：506.1万美元；出资形式：现金；所占比例：占注册资本的70%。乙方：出资额：216.9万美元；出资形式：现金；所占比例：占注册资本的30%。”

在G公司设立后，S公司对G公司进行了相应的技术投入，主要有技术产品开发方案的制定、在试产过程中对公司员工的技术指导等技术服务。后投资双方协议终止了《合资合同书》的履行，S公司退出了合资企业，其后就补偿问题与H公司发生争议，S公司根据合同中的仲裁条款提起仲裁。

争议焦点

1. 申请人S公司的出资应认定为货币出资还是技术出资？

申请人主张，在其与被申请人协商合作创建G公司的过程中，一直表明仅作技术投入，始终未承诺直接以货币出资；在申请人和被申请人及被申请人的母公司先后签订的每一份合同及合同性文件中，被申请人及其母公司也一直承诺承担全部的货币投资。对双方当事人分别以技术和货币出资的义务，在《合资合同书》和《专有技术作价协议》中已有明确约定。

被申请人则认为，虽然在《合资合同书》和《专有技术作价协议》中约定了申请人以技术投入方式出资，但因申请人无法按法律规定要求提供技术资料，且技术出资需经评估作价等复杂的法律程序，同时非专利技术出资所占注册资本比例不得超过20%，《合资合同书》有关技术出资的约定明显违反了前述法律规定。因此，双方最终确定均以现金出资的方式设立公司。在本案中，《合资合同书》和《章程》对申请人的出资义务规定明显不一致。按照《中华人民共和国外资企业法》及《中华人民共和国外资企业法实施细则》，章程是申请设立外资企业必备的报批文件，是外资企业设立的依据，如合同与章程的内容不符，应以章程为准。

2. 申请人是否向G公司实际投入了符合法律规定和《合资合同书》约定的技术？

申请人认为，其已按照《合资合同书》约定的进度，向G公司投入了相关的技术，直到被申请人提出终止合同。而被申请人称，申请人从未向G公司提供符合法律规定及《合资合同书》约定的技术。

裁判意见

关于对S公司出资的认定。《合资合同书》和《章程》书面打印的签订时间均为2000年7月28日，但双方当事人都承认，双方最先达成的约定，是申请人以技术方式出资，而非以货币方式出资。也就是说，《章程》对《合资合同书》中的技术出资约定作了修改。仲裁庭认为，确定双方当事人的真实意思表示，除了判明双方签署的法律文件内容之外，还需考察双方在洽谈合作和实施合作全过程中的意思和行为表示。H公司与S公司在成立合资G公司之初，即约定合资公司所有注册资本均由H公司支付，而为了得到S公司的技术资助，H公司以赠予S公司一定“干股”作为对价。但是，我国法律并不存在此种合资方式，故政府主管部门在审查合资公司章程的时候未予批准通过。为了得到主管部门的批准，当事人对《合资合同书》作出了“变通”，在提交合资公司章程的时候将S公司的出资方式由“技术出资”改为“货币出资”，实际上是由H公司全额付款。如此一来，合资公司章程就顺利通过了主管部门审批。故此，仲裁庭作出了如下认定：“双方当事人明知其在《合资合同书》中的有关约定存在与法律规定不符的问题，但却一方面通过在向政府主管机关申报的《章程》中改变《合同书》中的约定，获得G公司的设立审批，另一方面仍按《合资合同书》的约定实际履行。双方当事人这种做法是故意规避法律的约束。双方当事人对《合资合同书》与《章程》相矛盾的内容无效的后果，存在共同过错，均应承担相应的责任。”

关于申请人是否向G公司实际投入了符合法律规定和《合资合同书》约定的技术。仲裁庭认为：双方的主要分歧在于，申请人是否有义务将可表现为物质形态的技术内容或无形的技术诀窍转移或传授给G公司或被申请人。双方当事人同意申请人的专利技术及相关工艺技术投资是以通过试生产和完成生产产品为标志实现的。申请人的技术投入不体现为有形技术资料的转让，双方也没有约定技术投资每一阶段实现程度的检测标准和程序。在合同履行过程中，申请人未向G公司提供相关软件、磁盘、图纸或其他资料。《合资合同书》中所约定的作为申请人技术投资内容的专利技术及相关工艺技术，无论是其有形的技术资料或是无形的技术诀窍，都没有为G公司或被申请人所接受或掌握。在双方当事人实际终止合作之前，申请人对G公司的技术投入主要体现于技术产品开发方案的制定、在试产过程中对公司员工的技术指导等技术服务的方式。本案的证据表明，申请人为G公司的生产设备选购、《合资合同书》约定的第一阶段的技术实施和产品试制，以及对G公司技术人员的指导和培训，投入了一定的努力，进行了相关的工作。鉴于申请人以技术服务方式对G公司给予了一定的技术投入；鉴于双方已终止了《合资合同书》的履行，被申请人已经拥有了G公司的100%的注册资本，而申请人对其投入没有获得任何回报；被申请人对申请人的损失应给予合理和适当的赔偿。

评析探讨

本案涉及的主要法律问题是当事人约定的技术出资方式是否符合法律规定？申请人是否向G公司实际投入了符合法律规定和《合资合同书》约定的技术？

《公司法》第27条第1款规定了股东的出资方式："股东可以用货币出资，也可以用实物、知识产权、土地使用权等可以用货币估价并可以依法转让的非货币财产作价出资……"，该条第2款进一步规定了"对作为出资的非货币财产应当评估作价，核实财产，不得高估或者低估作价。法律、行政法规对评估作价有规定的，从其规定"。该条明确了非货币财产出资的合法性，并规定了非货币财产出资的操作方式——评估作价。专利技术作为知识产权的重要组成部分，必然可以用于出资。但是，专利技术出资的也应当按照法律的规定经过有资质的评估机构进行评估作价，不得高估或低估作价。而本案中，双方当事人并没有聘请评估机构对专利技术进行评估作价，而是由双方当事人协商作价，已经明显违反了法律的规定。

关于申请人是否向G公司实际投入了符合法律规定和《合资合同书》约定的技术的问题。技术出资的不可或缺的条件是技术必须是可以评估并且是可以转让的。《合同法》第342条规定："技术转让合同包括专利权转让、专利申请权转让、技术秘密转让、专利实施许可合同。"可见，技术转让既包括所有权的转让也包括了使用权的转让，甚至包括了专利申请权的转让。就本案而言，涉及的是专利实施许可合同，也就是技术使用权转让合同。《合同法》第349条规定了技术让与人的基本义务："技术转让合同的让与人应当保证自己是所提供技术的合法拥有者，并保证所提供的技术完整、无误、有效，能够达到约定的目标。"第345条规定了专利实施许可合同让与人的主要义务："专利实施许可合同的让与人应当按照约定许可受让人实施专利，交付实施专利有关的技术资料，提供必要的技术指导。"由此可见，该条并没有具体规定专利实施许可合同的让与人需要交付哪些技术资料，交付的方式和时间也没有规定，只是笼统地规定了让与人应当"按照约定"交付"有关"技术资料，并提供"必要"的指导。在缺乏约定的情况下，"有关"和"必要"的含义就变得模糊不清了。在本案中，仲裁庭认定了"申请人未向G公司提供相关软件、磁盘、图纸或其他资料。《合资合同书》中所约定的作为申请人技术投资内容的专利技术及相关工艺技术，无论是其有形的技术资料或是无形的技术诀窍，都没有为G公司或被申请人所接受或掌握”。那么是否可以认定申请人没有按照法律的规定履行相应的技术资料交付义务和技术指导义务呢？仲裁庭又认为“双方当事人同意申请人的专利技术及相关工艺技术投资是以通过试生产和完成生产产品为标志实现的。申请人的技术投入不体现为有形技术资料的转让”。由仲裁庭的用语可以推断出仲裁庭的态度应该是：申请人没有提供相应的有形技术资料并不意味着申请人没有履行合同义务，只要G公司通过了试生产和完成生产产品，也可以认定为履行了合同的义务。而实际上，仲裁庭在最后也没有明确表示申请人是否履行了作为技术让与人的义务，仲裁庭只是考虑对申请人的技术投入给予一定的补偿。可以看出，仲裁庭并没有肯定申请人全部履行了技术让与义务。笔者认为，专利实施许可合同的主要目的是通过实施专利技术而获得产品，而实施专利技术的必要条件是掌握的充分的技术资料，如果没有充分的技术资料，那又如何实施技术？所以相应的技术资料是必不可少的，特别是实施专利技术最核心、最关键的资料，包括技术方案、产品和工艺设计、工程设计图纸、试验报告及其他文字性技术资料。一旦资料的交付没有实现，那么就可以认为技术转让合同没有履行，至少没有全部履行，受让人就可以要求让与人承担违约责任。在本案中，申请人并没有交付实施专利的相关资料，所以应当认定其构成违约，但鉴于《合资合同书》已经被认定为无效，所以仲裁庭也没有作出申请人违约的认定，而是根据公平责任原则对申请人进行补偿。

第四节　技术咨询合同纠纷

主题案例

上海D新型建材有限公司与上海E技术咨询有限公司技术咨询合同纠纷案①

案情回顾

2004年7月1日，上海E技术咨询有限公司（受托人）与上海D新型建材有限公司（委托人）签订项目名称为“ISO14000环境管理体系认证咨询”的技术服务合同一

① 案例详见上海市第一中级人民法院（2006）沪一中民五（知）初字第183号民事判决书。

份。其中约定：服务内容、方式和要求的体系覆盖范围以认证公司核准范围为准；报酬支付方式为：项目报酬认证咨询费人民币 18 000 元，其中 5 500 元在签约后 3 天内支付，7 000 元在 2004 年 9 月 1 日前支付，5 500 元在取证时支付。合同签订后，上海 D 新型建材有限公司未按约在签约后 3 天内向 E 公司支付第一期款项，E 公司亦未提供 ISO14000 环境管理体系认证咨询项目的技术服务。据此，上海 E 技术咨询有限公司向法院提起诉讼，请求法院判决上海 D 新型建材有限公司支付认证咨询费。

争议焦点

1. 原告与被告签订的技术咨询合同是否有效？

原告认为双方订立的合同依法有效，受法律保护。被告认为 ISO14000 环境管理体系认证应得到行政审批，原告无权实施认证咨询活动，故本案的技术服务合同应属无效。

2. 原告是否存在在先违约行为？

原告认为被告未按约在签约后 3 天内向原告支付第一期款项，是被告违约在先，原告不存在在先违约行为。被告认为由于技术服务合同未约定履约期限，故原告应随时履约，在合同签署后即应实施认证工作，故原告违约在先。

裁判意见

法院认为，根据《中华人民共和国合同法》的规定，依法成立的合同，自成立时生效，对双方当事人均有法律约束力；当事人应当按照约定全面履行自己的义务；当事人一方未支付价款或者报酬的，对方可以要求其支付价款或者报酬；当事人可以约定一方违约时应当根据违约情况向对方支付一定数额的违约金，也可以约定因违约产生的损失赔偿额的计算方法。本案中，原告与被告签订的技术服务合同，系双方的真实意思表示，未违反法律规定，依法应属有效，双方均应严格遵守合同约定，履行合同义务。鉴于原、被告间的合同履行期限已届满，故双方的权利义务已自然终止。被告还辩称其因原告未提供认证咨询工作而未付款，但合同明确约定了被告支付第一期报酬的期限以及未按时付款的违约责任，但未约定原告的履约期限，因此被告的此项抗辩缺乏事实依据。

评析探讨

本案涉及的主要法律问题是原告与被告签订的技术咨询合同是否有效以及原告是否存在在先违约行为。

关于原告与被告签订的技术咨询合同是否有效的问题，根据《合同法》第 44 条的规定，“依法成立的合同，自成立时生效。法律、行政法规规定应当办理批准、登记等手续生效的，依照其规定”。那么本案中的技术咨询合同是否需要办理批准、登记手续呢？答案应当是否定的。毫无疑问，ISO14000 环境管理体系认证资格需要经过国家有权部门的审批，相关企业只有通过了国家有权部门的资格审批之后才可以领取营业执照，提供相关技术咨询服务。企业获得了技术咨询资格之后，要与其他企业签订技术咨询合同的，属于普通的民事合同，不需要再经过特殊的行政审批。故本案中的技术咨询合同自成立之时生效。

关于原告是否存在在先违约行为的问题。根据《合同法》第 67 条规定："当事人互负债务，有先后履行顺序的，应当同时履行。一方在对方履行之前有权拒绝其履行要求。先履行一方履行债务不符合约定的，后履行一方有权拒绝其相应的履行要求。"本案中，双方约定了被告在签约后 3 天内支付技术咨询费用，所以本案中被告应先履行其合同义务，从这个角度看，原告具有顺序履行抗辩权。故此，原告的行为不构成在先违约，而属于行使顺序履行抗辩权的表现。退一步讲，即使将被告"三天内支付技术咨询费"的约定视为原告提供技术咨询服务的时点，那么根据《合同法》第 66 条的规定："当事人互负债务，没有先后履行顺序的，应当同时履行。一方在对方履行之前有权拒绝其履行要求。一方在对方履行债务不符合约定时，有权拒绝其相应的履行要求。"据此，原告在被告支付技术咨询费之前也拥有同时履行抗辩权，原告的行为不构成在先违约。

第五节　技术服务合同纠纷

主题案例 1

北京 F 茶业有限责任公司与北京 G 软件技术有限公司技术服务合同纠纷案[①]

案情回顾

2008 年 11 月 21 日，G 公司与 F 公司签订了一份《计算机管理系统销售合同书》。约定由 G 公司向 F 公司提供 F 会所、茶楼综合计算机管理系统。2009 年 3 月 26 日，G 公司开始在 F 公司计算机管理系统中就其开发的"F 会所、茶楼综合计算机管理系统"进行安装调试，并派员对 F 公司的有关员工进行相应的培训。在安装调试过程中，F 公

① 案例详见北京市西城区人民法院（2009）西民初字第 8926 号民事判决书。

司就G公司开发的软件运行中的问题先后多次书面或口头向G公司提出，G公司亦派相应的工程技术人员进行整改。2009年4月12日，F公司书面提出“F会所、茶楼综合计算机管理系统”存在的问题明细共计13项要求G公司整改，G公司工作人员马某签收了该份明细。2009年4月23日，F公司致函G公司指出：“你方安装调试的F会所、茶楼综合计算机管理系统在运行中出现大量问题，该问题为计算机软件系统自身性能和技术缺陷问题，经过你方多次整改，系统仍无法使用，故我司要求与你方解除《计算机管理系统销售合同书》”。对此，G公司表示F公司所列举的内容已超出了合同附件所规定的范围，不同意F公司单方面解除合同。此后双方签订的合同未能继续履行，该套软件系统在F公司的管理系统中亦未能正式运行使用。G公司认为双方签订的合同合法有效，且G公司已经依约完成履行合同的义务，所交付的软件具备合同约定的功能，F公司理应依合同约定继续履行付款义务，但F公司却无理毁约拒付剩余款项，G公司多次催要未果，故诉至法院。

争议焦点

被告能否因为管理系统在服务期内出现问题而解除合同?

原告G公司认为被告F公司所列举的管理系统所出现的问题已超出了合同附件所规定的范围，不属于原告的服务内容，原告已经依约履行了所有合同义务；被告认为G公司违反合同约定制作的财务软件和客户管理系统，不符合合同约定的要求，构成严重违约，制作的软件没有经过验收，系统无法正常使用，在调试过程中G公司工程技术人员已经确认了软件存在的技术问题，且G公司没有履行约定的培训义务，故被告可以单方解除合同。

裁判意见

G公司、F公司双方签订的《计算机管理系统销售合同书》系双方真实意思表示，合同内容符合我国有关法律、法规规定，合法有效，G公司、F公司双方均应按合同约定的内容全面履行义务。根据双方签订的合同约定，合同的履行分为系统安装期、操作培训期和交付使用期三个阶段，在交付使用期，即系统跟踪期结束后，如整个系统运行良好，经F公司确认合格后3日内，以及正常使用1年后和正常使用2年后，方支付合同尚欠的款项。因此，在上述三个阶段中，软件系统因调试出现问题应当是正常的，但F公司尚在合同约定的跟踪服务期间内单方面以软件出现问题为由提出解除合同，致合同无法继续履行，违反了合同的约定，应当承担依合同约定支付相应报酬的义务。

评析探讨

本案涉及的主要法律问题是合同约定的管理系统在服务期内出现问题是否构成被告解除合同的事由。

《合同法》第94条规定了合同的法定解除条件：“有下列情形之一的，当事人可以解除合同：（一）因不可抗力致使不能实现合同目的；（二）在履行期限届满之前，当事人一方明确表示或者以自己的行为表明不履行主要债务；（三）当事人一方迟延履行主要债务，经催告后在合理期限内仍未履行；（四）当事人一方迟延履行债务或者有其他违约行为致使不能实现合同目的；（五）法律规定的其他情形。”就本案而言，显然不符合第（一）项的情形，而对于第（二）、（三）项，原告签订合同后，积极地履行了合同义务，交付了系统并进行了调试，应当肯定原告在合同期限内履行了“主要债务”。主要问题在于第（四）项。原告交付的管理系统经过调试后出现了多处问题，致使被告无法将该管理系统投入正常运营，也就是说原告履行债务的行为是有瑕疵的，因为它不能实现合同的目的。那么原告的这种瑕疵履行行为是否构成违约？技术服务合同是否允许原告在履行合同义务的过程中存在瑕疵？《合同法》第362条规定：“技术服务合同的受托人应当按照约定完成服务项目，解决技术问题，保证工作质量，并传授解决技术问题的知识。”由此可见，在技术服务合同中，“技术问题”是需要受托人解决的，这是受托人的义务。技术服务合同不像技术开发合同，委托人不必承担“技术问题”所带来的项目失败的风险，因为在法律的视角里面，技术服务合同的受托人所提供的技术服务应当是成熟的、经得起市场检验的“成品”而非技术开发合同中的“试验品”。一旦在技术服务过程中出现了“技术问题”，那么受托人应该解决该问题以提供给委托人符合合同要求的产品。但是，委托人应当给予受托人合理的时间去解决该技术问题。就本案而言，原告未能提供符合要求的产品，如果原告在合理的时间内不能解决存在的技术问题的话，原告就有可能构成违约，但是被告没有给予原告合理的时间去解决该产品的技术问题，而是直接采取了解除合同的消极解决问题的方法，所以被告存在过错，被告应就其过错赔偿原告的损失。

主题案例2

美国L会计事务公司与AY集团品牌引进及技术服务合同争议仲裁案①

案情回顾

美国L会计事务公司（下称“L公司”）与AY集团于1996年1月19日签订了

① 中国国际经济贸易仲裁委员会华南分会仲裁案例，未公布。

"引进使用美国L会计事务公司啤酒品牌及技术服务合同"，合同约定：AY集团下属H啤酒厂引进使用L公司拥有并已在中国注册的"M"商标品牌和相应配套技术服务，合作生产该厂的啤酒产品；在合作有效期限内，AY集团所有啤酒产品必须全部使用M品牌，未经申请人L公司同意，不得使用第二种品牌；AY集团负责办理解决该合作项目向中国有关主管部门申请、获取批准、合法生产销售、税务等事宜；根据L公司的生产、销售和技术管理，提供一整套符合AY集团实际的方案。

在合同履行过程中，AY集团以L公司提供的技术服务不符合约定为由，拒绝向L公司支付商标使用费和技术服务费。L公司遂根据合同的仲裁条款向中国国际贸易仲裁委员会提出了仲裁申请，要求被申请人AY集团支付商标使用费和技术服务费，并赔偿其经济损失。

争议焦点

1. 双方所签订的合同是否有效?

被申请人AY集团认为合同未按照《中华人民共和国技术引进合同管理条例》及《实施细则》的规定办理审批手续，因而无效；申请人L公司认为合同是双方的真实意思表示，且申请人L公司已经实际履行，所以双方所签订的合同是有效的。

2. L公司提供的技术服务是否符合约定?

申请人L公司认为其在合同签订后已按照合同的规定和要求，向被申请人委派了技术代表，提供了生产技术管理方案，啤酒扩建工程项目建议书等，为被申请人提供了技术服务，认真、积极地履行了自己的合同义务；被申请人AY集团认为申请人为了履行技术服务合同义务所提供的《生产技术管理方案》是抄袭他人的经验材料，且申请人选派的技术代表既没有较好的啤酒理论，又没有啤酒生产实践，无法履行其技术代表的职责，所以申请人并没有完全履行其合同义务，有鉴于此，被申请人才拒绝支付申请人相关技术服务费的。

裁判意见

关于双方所签订的合同是否有效的问题。仲裁庭认为双方所签订的合同应当分为两部分：一部分规定了被申请人引进使用申请人拥有的在中国使用并已在中国注册的"M"啤酒商标品牌；一部分规定了由申请人提供相应配套技术服务，所以合同是一份关于商标使用许可和技术服务的合同。证据表明，申请人已经根据中华人民共和国法律规定，向中华人民共和国有关部门申请办理"M"啤酒商标的注册，并已获准注册，而且申请人已将双方之间签订的含有商标使用许可内容的上述合同送交有关部门存查和备案，故该合同中含商标使用许可内容的部分属有效合同。而对于合同涉及技术服务的部分，根据《中华人民共和国技术引进合同管理条例》第4条的规定，技术引进的受方和供方必须签订书面的技术引进合同，并由受方在签字之日起的30天内提出申请书，报审批机关审批，而双方所签订的合同并没有取得审批机关批准，所以合同并没有生效。

关于申请人是否履行了合同义务，申请人与被申请人签订合同后，申请人按照法律规定将商标许可合同交由商标主管部门备案，且被申请人已实际使用申请人的“M”商标，所以仲裁庭认定L公司履行了合同中关于商标许可的义务。而对于涉及技术服务部分的合同义务，仲裁庭认为申请人曾向被申请人方委派了技术代表，提供了生产技术管理方案，啤酒扩建工程项目建议书等，为被申请人提供了技术服务。但申请人向被申请人提供的啤酒技术服务存在着瑕疵和缺陷，所提供的“生产技术管理方案”内容空洞、水平较低，对M啤酒厂的生产经营不具有任何现实指导意义，也不符合该管理条例中关于供方应保证自己是所提供技术的合法拥有者的要求。故仲裁庭最终认定，虽然合同中有关技术引进的部分因未得到政府有关部门批准未能生效，但合同是双方当事人真实意愿的表示，被申请人给付申请人的商标使用费和技术服务费用，应根据所认定的上述事实以及等价有偿、公平合理原则，并参照合同中的规定予以确定。据此，被申请人应按照合同所规定给付费用65%的比例向申请人支付商标使用费和技术服务费。

评析探讨

本案涉及的主要法律问题是双方所签订的合同是否有效？L公司提供的技术服务是否符合约定？

关于双方所签订的合同是否有效的问题，因为本案的发生时间是1996年1月19日，故支配本案的主要法律是《技术合同法》，又因为本案具有涉外因素，故也应适用《中华人民共和国技术引进合同管理条例》。对于合同中含商标使用许可内容的部分，因为申请人在我国拥有注册商标，而且合同也已经交送有关部门存查和备案，所以涉及商标使用许可部分的条款是有效的。而对于涉及技术服务的部分条款，虽然《技术合同法》并没有要求国内的技术合同需要得到主管部门审批，但《中华人民共和国技术引进合同管理条例》规定了技术引进合同必须得到主管部门审批：“技术引进的受方和供方必须签订书面的技术引进合同，并由受方在签字之日起的三十天内提出申请书，报中华人民共和国对外经济贸易部或对外经济贸易部授权的其他机关（以下简称审批机关）审批”，这是国内技术合同与涉外技术合同在合同生效条件上的最大的差别。《技术合同法》第10条规定：“技术合同自当事人在合同上签名、盖章后成立；按照国家规定需要经过有关机关批准的，自批准时起成立。”可见，技术引进合同需要经过有关机关批准才成立。这是本案发生时的法律规定。然而，在2001年，我国对于技术引进合同有了新的规定。《中华人民共和国技术进出口管理条例》第5条规定：“国家准许技术的自由进出口；但是，法律、行政法规另有规定的除外。”该条规定放松了国家对于技术引进合同的管制，有利于促进我国对国外新技术的引进和利用。同时，第17条规定：“对属于自由进口的技术，实行合同登记管理。进口属于自由进口的技术，合同自依法成立时生效，不以登记为合同生效的条件。”由此可见，只要不在我国限制进口及禁止进口技术的名单之列的，技术引进合同就无需登记。登记只是行政行为，与合同的效力无关。依此规定，如果本案是发生在2001年《中华人民共和国技术进出口管理条例》生效之后的话，那么本案的合同就已经发生效力了。

关于L公司提供的技术服务是否符合规定的问题。技术服务合同技术提供方要提供什么样的技术才符合法律要求呢？对此，《技术合同法》对服务提供方的义务的规定是：“（一）按期完成合同约定的服务项目，解决技术问题，保证工作质量；（二）传授解决技术问题的知识。”归纳起来就是“解决问题”和“传授知识”。那么，本案中申请人是否有解决被申请人的问题和向其“传授知识”呢？按照仲裁庭所认定的事实来看，“申请人向被申请人提供的啤酒技术服务存在着瑕疵和缺陷，所提供的生产技术管理方案内容空洞、水平较低，对M啤酒厂的生产经营不具有任何现实指导意义”，所以，可以认为申请人既没有帮被申请人有效解决问题，也没有向被申请人传授有价值的知识，申请人没有很好地履行作为技术服务提供方的法定义务，属于瑕疵履行。但是，鉴于申请人为了履行合同也作出了一定努力，也考虑到了被申请人也实际上使用了申请人的商标，所以仲裁庭裁决被申请人按照合同所规定给付费用65%的比例向申请人支付商标使用费和技术服务费也是比较合理的。

专题六

特许经营

第一节 基本原理

一、特许经营的概念及主体

（一）特许经营的概念

特许经营是21世纪主流的商业经营模式之一。根据我国2007年5月1日起施行的《商业特许经营管理条例》（以下简称《条例》）第3条的规定，特许经营是指拥有注册商标、企业标志、专利、专有技术等经营资源的企业以合同形式将其拥有的经营资源许可其他经营者使用，被特许人按照合同约定在统一的经营模式下开展经营，并向特许人支付特许经营费用的经营活动。企业以外的其他单位和个人不得作为特许人从事特许经营活动。由以上法律规定的概念可知，特许经营就是特许人与被特许人之间的一种特别的许可关系，在这种许可关系中，产品、服务或方法的所有者也就是特许人，其赋予被特许人分销的权利。

（二）特许经营的主体

特许经营的主体即特许人与被特许人。作为特许经营合同的重要一方，法律上对特许人作出了严格的要求。根据《条例》的有关规定，特许人必须是拥有注册商标、企业标志、专利、专有技术等经营资源的企业，其从事特许经营活动应当拥有成熟的经营模式，并具备为被特许人持续提供经营指导、技术支持和业务培训等服务的能力。特许人从事特许经营活动还应当拥有至少2个直营店，并且经营时间超过1年。

被特许人，是与特许人签订特许经营合同，获准使用由特许权人所有的或者控制的注册商标、企业标志、专利、专有技术等经营资源，并按照合同约定在统一经营体系下从事经营活动、向特许人支付特许经营费的一方主体。被特许人与特许人相比，无论是在资金、技术还是信息占有及独立性上均处于劣势，为了防止特许人误导或欺骗性的销售策略损害被特许人的合法权益，修订后的《条例》在原条例的基础上加强了对被特许人利益的保护，如《条例》第12条明确赋予了被特许人在一定条件下单方解除特许经营合同的权利。

二、特许经营与商标权

（一）商标权[①]

商标权，是指生产商或销售商对于自己用来标识或区别于其他商品并表明产品来源或质量的名称、标记或符号所享有的专有权利。我国实行商标注册原则，经过商标注册申请并获得国家商标局的批准后，商标权人即享有注册商标的专有权，有权排斥他人在同类商品上使用相同或类似的商标并对侵权活动起诉。由于未经核准注册的商标一般不能作为商标权的客体，故这里所说的商标权主要就是对注册商标而言的。

（二）许可使用商标的两种形式

根据我国商标管理制度，注册商标可以依法许可使用，而注册商标的许可使用也是特许经营中的一项重要内容。作为注册商标所有人的特许人，可以通过签订商标使用许可合同，许可被特许人使用其注册商标。这时被特许人获得的是该注册商标的使用权，而不是所有权。按照这种使用许可是否具有排他性为标准进行分类，可将注册商标使用许可分为独占使用许可和一般使用许可两种形式。

独占使用许可是指特许人只许可一个被特许人在规定的地区和指定的商品上独家使用其注册商标。特许人在规定的范围内不仅不能再许可第三方使用其注册商标，而且自己使用时也受到限制。一般使用许可是指特许人允许不同的被特许人同时使用同一注册商标。享有一般使用权的被特许人，不享有禁止其他被特许人使用该注册商标的权利。

（三）需注意的问题

1. 期限

被特许人使用注册商标的期限，不得超过特许人在国家商标管理机关注册商标的有效期。根据法律的有关规定，我国注册商标的有效期为10年，期满需继续使用的，商标所有人应申请续展注册。如果特许人的注册商标期限已届满却不申请续展注册，或者注册商标期限未届满而申请注销，则未到期的使用许可合同将随着特许人商标权的失效而失效，从而使被特许人的利益受损。因此，特许人必须保证被特许人在特许经营合同

① 有关商标的详细内容，可参见专题三。

有效期内都能正常地行使其对该注册商标的使用权。

2. 范围

使用注册商标的范围，一方面要符合特许人在商标注册时，按规定的商品分类表被核准使用的商品类别和商品名称；另一方面要符合特许人与被特许人双方约定的界限。

3. 备案

特许人应自签订商标使用许可合同之日起 3 个月内将许可合同副本报送商标局备案。

三、特许经营与商号权

商号是企业为进行经营活动在注册登记时用以表明自己企业的名称。根据《企业法人登记管理条例》第 10 条的规定，企业法人只准使用一个名称。企业法人申请登记注册的名称由登记主管机关核定，经核准登记注册后在规定的范围内享有专用权。商号权即由此而来。

由于现行法律尚未明确建立商号许可使用制度，因此商号是否可以构成特许经营权的组成部分就易引起争议。如果特许人需要将商号作为特许经营权的组合内容授予被特许人，其应当把商号作为商标进行注册，才能保护特许经营体系的商号专用权。

四、特许经营与专利权

（一）专利权和专利申请审批制度①

专利权是指人们对发明创造成果包括发明、实用新型、外观设计依法享有的专有利用的权利。作为一种财产权利，专利权能够为专利权人带来财产利益。

专利权的取得方式不同于著作权，它必须通过国家授予的方式获得。因此，要更好地理解专利权，必须对专利申请的审批制度有一定的了解。发明专利的审查程序与实用新型、外观设计的审查程序有所不同，以下分别予以介绍。

发明专利的审查程序包括初步审查、早期公布申请、实质审查、授权等程序。初步审查即形式审查，是国务院专利行政部门查明专利申请是否符合专利法关于形式要求的规定。《专利法》第 34 条规定："国务院专利行政部门收到发明专利申请后，经初步审查认为符合本法要求的，自申请日起满 18 个月，即行公布。国务院专利行政部门可以根据申请人的请求早日公布其申请。"而申请的公布是将发明专利申请的请求书、说明书、权利要求书等文件全文在发明专利公报上登载。发明专利申请公布后就可以得到法律的临时保护，申请人可以要求实施其发明的单位或者个人支付适当的费用，但这与专

① 有关专利权的详细内容，可参见专题二。

利许可使用费的性质是不同的，因为此时申请人并未获得专利权。实质审查是国务院专利行政部门对申请发明专利的发明创造的新颖性、创造性、实用性等依法进行审查的法定程序。在专利经过实质审查后，符合专利法要求的，即可进入专利授权程序。《专利法》第39条规定，发明专利申请经实质审查没有发现驳回理由的，由国务院专利行政部门作出授予发明专利权的决定，发给发明专利证书，同时予以登记和公告。发明专利权自公告之日起生效。

实用新型专利和外观设计专利的审查程序比较简单，其不必经实质审查，专利行政部门在受理后只进行形式审查，符合要求的即授予专利权并予以公告。

（二）特许经营与专利权

特许经营往往都包含若干项专利权，有时一项特许就是以某一专利权或专有技术为核心建立的，这样，特许经营体系就对专利权具有很大的依赖性。那么，特许人及被特许人都有必要对专利或专有技术的法律状态进行认真评价。[①] 因为如前所述，专利权从申请到授予后的一定时期，其权利状态是相对的，在授予前存在被驳回的可能，在授予后也存在被撤销的可能。同时，还应考虑专利的时效性及专有技术的保密性等因素。

根据我国《专利法》第12条规定，任何单位或者个人实施他人专利的，应当与专利权人订立实施许可合同，向专利权人支付专利使用费。被许可人无权允许合同规定以外的任何单位或者个人实施该专利。在特许经营法律关系中，特许方在与被特许方签订专利实施许可合同时，应明确专利实施许可的地域范围、专利许可他人实施的情况、有关的技术情报资料及保密事项、技术后续改进的提供和分享方式、违约责任以及争议的解决方法等。

五、特许经营与著作权

（一）著作权[②]

著作权也称版权，是指自然人、法人或者其他组织依法对文学、艺术和科学作品所享有的各项专有性权利。著作权包括两方面的内容：一是著作人身权，包括发表权、署名权、修改权和保护作品完整权等；二是著作财产权，包括复制权、出租权、展览权、表演权、放映权、广播权、信息网络传播权、摄制权、改编权、翻译权、汇编权等。

对于著作权的保护，现在大多数国家都采用自动保护原则，即著作权自作品完成之日起产生，无须经审查、登记等手续，而《世界版权公约》中规定其成员可以要求履行登记手续作为取得著作权的条件，即采用登记注册保护主义。实行登记注册保护主义

① 朱明侠，魏铁梅．特许经营．北京：对外经济贸易大学出版社，2007：248.

② 有关著作权的详细内容，可参见专题一。

可以更有效地保护著作权人的权益，著作权发生纠纷时取证比较容易，有利于著作权争议的解决。但是这种制度不能很好地保护那些没有及时登记注册的作品，现实生活中作品的数量每天都在增加，要求每一个作者都将自己的作品进行注册，显然不切实际。[①] 我国实行自动保护原则，作品一经创作产生即可受到保护。

（二）著作权的许可使用

根据我国《著作权法》第24条之规定，除法律规定可以不经许可外，凡是使用他人作品的应当同著作权人订立许可使用合同，许可使用合同应包括许可使用的权利种类、许可使用的权利是专有使用权还是非专有使用权、许可使用的地域范围和期间、付酬标准和办法、违约责任以及双方认为需要约定的其他内容。《著作权法实施条例》第23条规定，使用他人作品应当同著作权人订立许可使用合同，许可使用的权利是专有使用权的，应当采取书面形式，但是报社、期刊社刊登作品除外。

（三）特许经营与著作权

如果特许经营中的特许人拥有著作权，可以通过对作品的利用或者使用，即与被特许人签订著作权许可使用合同而获取经济收益。这其中，有两个问题需要注意：

第一，如果特许方非作者，则可能存在两重许可使用的法律关系：著作权许可使用合同应当明确著作权人授权被许可人即特许方以何种方式使用作品，是专有使用权还是非专有使用权。如果特许方是把该作品作为经营资源授权使用，则最好取得作品的专有使用权，因为专有使用权是独占、排他的权利，著作权人不仅自己不能使用，而且也不得许可他人使用；同时特许方还应当取得可以授权第三人使用的权利，以便于其授权被特许人使用。如果特许方即为作者，同样需要在著作权许可使用合同中明确被特许方是以何种方式使用作品。

第二，著作权许可使用的只是著作财产权，著作人身权不能许可使用。著作权人具体要许可哪一项权利给被许可者，应该在合同中明确约定。

六、特许经营合同

（一）特许经营合同的种类

特许经营合同根据合同标的的不同可以分为两类：一类由特许人向被特许人提供原材料、半成品或成品，特许人主要通过销售实体商品来赚取利润的合同；另一类由特许人向被特许人提供经营管理方法和销售支持，特许人从被特许人支付的使用费和其他费用中获取利润的合同。特许方可以选择第一类或第二类合同，而在许多情况下其都会同

① 杨巧. 知识产权法. 北京：法律出版社，2007：90.

时采用这两种形式，即既包括原材料供应，又包括提供专有技术和销售支持。现实中大多数经营模式型特许经营采用的都是这种混合形式的合同。

（二）特许经营合同的内容

根据《条例》第11条规定，从事特许经营活动，特许人和被特许人应当采用书面形式订立特许经营合同。特许经营合同应当包括下列主要内容：（1）特许人、被特许人的基本情况；（2）特许经营的内容、期限；（3）特许经营费用的种类、金额及其支付方式；（4）经营指导、技术支持以及业务培训等服务的具体内容和提供方式；（5）产品或者服务的质量、标准要求和保证措施；（6）产品或者服务的促销与广告宣传；（7）特许经营中的消费者权益保护和赔偿责任的承担；（8）特许经营合同的变更、解除和终止；（9）违约责任；（10）争议的解决方式；（11）特许人与被特许人约定的其他事项。

在特许经营合同中，有一些条款是合同普遍具备的，如合同双方当事人的身份、解决合同纠纷的途径、司法管辖权、不可抗力、合同的期限等，有一些条款则是特许经营合同所特有的。正是由于这些特殊性条款，特许经营涉及的法律问题与其他经营方式才有所不同，如经营模式、专利、专有技术、品牌、商标、服务标记及其他商业符号，特许经营的区域限制和价格控制，商品或原材料采购，库存商品的最低限度，特许人为控制被特许人所设立的报告制度，保险条款和保密条款等。

（三）特许经营合同的成立

1. 特许经营合同成立的一般原则

（1）特许经营合同必须是双方的法律行为，即必须是特许人与被特许人双方意思一致的表示。

（2）特许经营合同的目的是为了产生某种民事法律上的效果，即特许人与被特许人之间的一种特别的许可关系。

（3）特许经营合同的内容必须是合法的。

任何一个不符合以上三个特征的特许经营合同在法律上都是无效的。

2. 特许经营合同的诚信原则

根据《条例》第4条规定，从事特许经营活动，应当遵循自愿、公平、诚实信用的原则。特许经营合同往往是由特许人起草的格式合同，这种合同往往偏重于保护特许人的利益，因此被特许人处于很不利的地位，即使其认为某些合同条款不够公平合理，也很难对其进行修改。因此，法律强调特许经营合同要遵循自愿、公平、诚信的原则，特许人要善意和公平地进行交易。

3. 特许方的信息披露义务

特许经营具有两面性：一方面，它能够大大降低被特许人将遇到的风险等级，减少因被特许人缺乏经验而对业务所产生的不利影响，从而使被特许人比其他公司、企业具有更强的竞争优势；另一方面，在某些以欺诈为目的或是不成熟的特许经营体系中，特许人与被特许人的目的是完全相反的，特许人不是想从经营中获利，而是通过骗取被特许人的信任从而获得被特许人的投资。特许经营的这个弊端被评论家称为“信任的陷阱”。

正是为了控制这个陷阱，许多国家法律都规定了特许经营中特许方的信息披露义务。在美国，不仅有专门的特许经营披露法，有些州甚至还要求每一个特许经营权的出售都要进行登记。①

根据《条例》第20条至第23条的规定，特许人应当在订立特许经营合同之日前至少30日，以书面形式向被特许人提供以下信息：（1）特许人的名称、住所、法定代表人、注册资本额、经营范围以及从事特许经营活动的基本情况；（2）特许人的注册商标、企业标志、专利、专有技术和经营模式的基本情况；（3）特许经营费用的种类、金额和支付方式（包括是否收取保证金以及保证金的返还条件和返还方式）；（4）向被特许人提供产品、服务、设备的价格和条件；（5）为被特许人持续提供经营指导、技术支持、业务培训等服务的具体内容、提供方式和实施计划；（6）对被特许人的经营活动进行指导、监督的具体办法；（7）特许经营网点投资预算；（8）在中国境内现有的被特许人的数量、分布地域以及经营状况评估；（9）最近2年的经会计师事务所审计的财务会计报告摘要和审计报告摘要；（10）最近5年内与特许经营相关的诉讼和仲裁情况；（11）特许人及其法定代表人是否有重大违法经营记录；（12）国务院商务主管部门规定的其他信息。

特许人向被特许人提供的信息应当真实、准确、完整，不得隐瞒有关信息，或者提供虚假信息。特许人向被特许人提供的信息发生重大变更的，应当及时通知被特许人。特许人隐瞒有关信息或者提供虚假信息的，被特许人可以解除特许经营合同。

七、特许经营在中国的现状

特许经营在中国经过上世纪80年代末90年代初的萌芽阶段、1993年到1996年的正式确立阶段、21世纪初的快速发展阶段，现在已进入持续增长并形成规模的时期。

2007年5月1日起正式实施的《商业特许经营管理条例》顺应了我国特许经营迅速发展的要求，为特许经营体系在我国的发展铺平了道路。与2005年《商业特许经营管理办法》相比，《条例》有诸多创新之处，主要体现在特许经营的定义、特许人的界定、被特许人的权利、监管制度、信息披露制度、法律责任等几个方面。

① 朱明侠，魏铁梅．特许经营．北京：对外经济贸易大学出版社，2007：255．

(一) 新的特许经营定义

《条例》第3条突出强调了特许人是拥有"注册商标、企业标志、专利、专有技术"等经营资源的企业，突出了对知识产权的保护，体现了特许经营中知识产权问题的重要性。

(二) 被特许人的权利

《条例》非常注重保护被特许人的合法利益，例如第12条就明确赋予了被特许人在一定条件下单方解除特许合同的权利；第13条赋予被特许人对特许经营期限一定的控制权；第16条、第17条也在不同方面规定特许人对被特许人的告知义务及被特许人对特许人的监督权利。

(三) 监管制度和备案制度的确立

相较2005年《商业特许经营管理办法》的规定，《条例》不仅有对分级管理更加详细的规定，还加强了各方面对特许经营的监督权力，如第6条规定："任何单位或者个人对违反本条例规定的行为，有权向商务主管部门举报。商务主管部门接到举报后应当依法及时处理。"第19条规定："特许人应当在每年第一季度将其上一年度订立特许经营合同的情况向商务主管部门报告。"

确立备案制度、加强监督力度也是《条例》的一大贡献。《条例》第8条、第9条以及第10条对备案制度的具体实施、备案期限、所需备案的文件资料以及商务主管部门的备案流程作出了新的规定。《条例》附则中第33条明确了新规定的备案制度可以"溯及既往"的效力，以前没有备案的企业要在规定时间里及时向商务主管部门备案。

(四) 建立信息披露制度、预防特许诈骗

《条例》第17条、第18条为防止特许诈骗进行了专门规定，明确特许人在推广、宣传活动中，不得有欺骗、误导的行为，其发布的广告中不得含有宣传被特许人从事特许经营活动收益的内容等。而由于现实中特许人与被特许人之间信息不对称现象的广泛存在，《条例》的第三章即对信息披露制度作出专门规定，明确特许人和被特许人披露信息的时间、内容、格式等，改变了特许人与被特许人在信息占有上的不平衡，从源头上减少欺诈行为发生的可能性。

(五) 完善法律责任的规定

《条例》顺应特许经营法律责任的新形势，及时补充、完善，对各种违法行为的责任确定更加具体。在备案方面，第25条规定未备案的"处1万元以上5万元以下的罚款"，逾期不备案的，"处5万元以上10万元以下的罚款，并予以公告"。在特许经营诈骗方面，第27条规定存在诈骗行为的"由工商行政管理部门责令改正，处3万元以上10万元以下的罚款"，情节严重的"处10万元以上30万元以下的罚款，并予以公告”，构成犯罪的，“依法追究刑事责任”。第 29 条规定以特许经营名义骗取他人财物，构成犯罪的，依法追究刑事责任；尚不构成犯罪的，由公安机关依照《中华人民共和国治安管理处罚法》的规定予以处罚。以特许经营名义从事传销行为的，依照《禁止传销条例》的有关规定予以处罚。在信息披露方面，第 28 条也有相关规定，“被特许人向商务主管部门举报并经查实的，由商务主管部门责令改正，处 1 万元以上 5 万元以下的罚款；情节严重的，处 5 万元以上 10 万元以下的罚款，并予以公告”。《条例》第 30 条还规定了商务主管部门的工作人员滥用职权、玩忽职守、徇私舞弊的法律责任。

第二节　特许经营合同纠纷

主题案例 1

上海 A 食品有限公司与徐某特许经营合同纠纷案[①]

案情回顾

2005 年 5 月 24 日，上海 A 食品有限公司与徐某签订一份《“香某”特许经营合同》约定由 A 公司将“香某”特许经营权授予徐某设立“香某”加盟店，期限 3 年，徐某定期缴纳特许权使用管理金。货款每月结算，徐某在收到 A 公司发票后 5 日内支付上月货款。无特殊情况，徐某提前解约的话 A 公司可没收徐某的保证金。合同签订后，徐某向 A 公司支付了保证金、POS 机的款项以及店铺设计费。为了履行上述合同，徐某又租赁了房屋一间，按 A 公司的设计要求进行装修。

2006 年 6 月 22 日《青年报》刊登报道称：因食用 A 公司生产的不同品种的香某蛋糕，本市出现了多起中毒事故，闵行区质量监督局封存了该公司的裱花间。同年 7 月 5 日，《新民晚报》等报纸又报道称，香某蛋糕生产企业被罚 20 万元，质监部门吊销其生产裱花蛋糕的卫生许可项目，香某裱花蛋糕已完全退出市场等。同年 7、8 月间，徐某致函 A 公司，要求解除合同并作相应弥补。2007 年 5 月，A 公司致函徐某，称徐某未及时付款构成违约，双方合同解除。其后 A 公司向法院提起诉讼。后被告徐某提起反诉，诉称：徐某经营的加盟店业绩很好，但因 A 公司生产的蛋糕发生食物中毒事件

① 案例详见上海市中级人民法院 2008 沪一中民五（知）初字第 178 号民事判决书。

且蛋糕停产，致使经营受到严重影响，为防止损失扩大，徐某被迫关店，故请求法院判决A公司退还保证金并赔偿损失。

争议焦点

1. 徐某未及时付款的行为是否构成违约？

原告A公司诉称，合同履行过程中，原告徐某拖欠货款并单方终止了合作关系。A公司诉请解除合同，徐某支付货款、特许权使用管理金及逾期付款违约金；被告徐某辩称，其愿意支付双方确认的欠款，但不应承担违约责任，因A公司未提供对账单与发票，徐某不能付款。

2. 徐某是否有权要求A公司赔偿损失？

反诉原告徐某认为因A公司生产的蛋糕发生食物中毒事件且蛋糕停产，致使经营受到严重影响，为防止损失扩大，徐某被迫关店，反诉被告的违约行为已经给反诉原告造成损失。反诉被告A公司认为徐某恶意欠款不还明显违约，A公司有权没收保证金。徐某刻意夸大“蛋糕中毒事件”影响，欲将其经营不善的责任推卸给A公司，要求A公司赔偿损失于法无据。

裁判意见

特许经营合同关系不能等同于简单的货物买卖合同，特许人向被特许人提供的不仅是蛋糕、面包等商品，更为重要的提供了“香某”品牌这一无形资产的价值，代表了这一品牌的面包与蛋糕在消费者心目中的品质与信誉，商品品质与品牌形象是息息相关的。徐某作为被特许人除了正常支付货款，还特别向A公司支付了“香某”品牌的特许权使用费，因此A公司作为特许人有义务保证其商品的品质，以维护其品牌形象与市场效益。但在该合同履行期内，发生了食用“香某”蛋糕中毒的事件，质监部门为此封存了A公司的裱花间，并作出罚款、吊销生产裱花蛋糕卫生许可项目等处罚决定，在社会上造成了恶劣影响。被特许人徐某的经营额为此明显下滑，经营状况在中毒事件前后形成了强烈的反差，这显然是A公司未尽到维护商品品质与品牌形象之责。因此，合议庭认为，尽管该案中徐某先主动停止营业终止合同，但系因A公司过错所致，特许人未能履行合同义务，故法院支持徐某要求退还保证金、赔偿损失的反诉请求。

评析探讨

本案涉及的主要法律问题是徐某未及时付款的行为是否构成违约以及徐某是否有权要求A公司赔偿损失？

关于徐某未及时付款是否构成违约的问题。特殊经营合同从本质上来说是民事合同，它调整的是平等主体之间的民事法律关系，所以说，特许经营合同的双方都享有合同权利并承担合同义务。本案中的《“香某”特许经营合同》是双方协商一致签订的，为双方真实意思表示，合同内容也不违反法律、法规的强制性规定，所以说合同是有效的。从合同签订到A公司被吊销裱花蛋糕生产资质一年多的时间里面，A公司都履行了合同义务，及时的交货给徐某，所以徐某亦应按照合同约定履行义务，包括交付货款和特许经营管理费。徐某的付款义务产生于A公司被吊销裱花蛋糕生产资质之前，所以徐某不得以合同已经解除为理由拒绝付款。而对于徐某所辩称的A公司未提供对账单与发票所以不付款的理由，笔者认为不无道理。《合同法》第67条规定："当事人互负债务，有先后履行顺序，先履行一方未履行的，后履行一方有权拒绝其履行要求。先履行一方履行债务不符合约定的，后履行一方有权拒绝其相应的履行要求。"本案中，合同约定徐某在收到对账单和发票5天内支付上月货款，这是赋予徐某的后履行权，所以当A公司未能提供对账单和发票时，徐某可以行使顺序履行抗辩权，拒绝支付相关款项。

关于徐某是否有权要求A公司赔偿损失的问题。特许经营合同虽然从本质上说是民事合同，但是它又有区别于一般民事合同的性质，它的签订和履行都与特许经营权的特许人所拥有的知识产权如商标、专利密不可分。通常而言，特许人的品牌已具有一定知名度，被特许人希望凭借该品牌商品或服务的良好声誉能够迅速拓展市场获利，特许人则可通过无形资产直接盈利，并借此进一步扩大经营规模与品牌效益。所以，一旦特许人的品牌遭受到了损害又或者像本案中特许人那样被吊销生产资格，那么基于品牌而生的特许经营权的价值就会大打折扣，甚至完全丧失了价值。在本案中，A公司没有经营好自己的品牌，最终导致被吊销生产资格，丧失了继续履行特许经营合同的能力。故此，双方签订的特许经营合同应当被解除。《合同法》第97条规定："合同解除后，尚未履行的，终止履行；已经履行的，根据履行情况和合同性质，当事人可以要求恢复原状、采取其他补救措施，并有权要求赔偿损失。"据此，双方的特许经营合同应当终止履行，被特许人徐某可以要求A公司赔偿其因公司被吊销生产资格所造成的损失。

主题案例2

北京E餐饮管理有限公司诉北京F家园餐饮管理有限公司特许经营合同纠纷案①

案情回顾

2007年3月26日，F公司（合同甲方）与E公司（合同乙方）签订张家口店《特许经营合同》、《特许加盟外派员工附加合同》和《商标使用许可合同》，约定甲方特许乙方在张家口市纬一路经营"F"竹荪鹅加盟店；乙方必须向甲方一次性支付特许经营加盟费8万元，同时向甲方交纳2万元保证金。此后，E公司支付了该份合同项下的加盟费、保证金共计10万元。张家口店开业经营。

2007年5月8日，F公司（合同甲方）与E公司（合同乙方）又签订安宁庄路店《特许经营合同》《特许加盟外派员工附加合同》和《商标使用许可合同》，约定甲方特许乙方在北京市海淀区安宁庄路经营"F"竹荪鹅加盟店；乙方必须向甲方一次性支付特许经营加盟费8万元，同时向甲方交纳2万元保证金。此后，E公司支付了该份合同项下的加盟费、保证金共计10万元。安宁庄路店开业经营。

2007年10月3日，F公司与E公司达成共识，协议解除了上述两份特许经营合同。E公司将上述两份特许经营合同及附属合同的原件均已退还给F公司，F公司也已将加盟费、保证金共计20万元退还给了E公司。

后E公司因为经营失败而向法院起诉要求追究F公司缔约过失责任。

争议焦点

F公司是否应承担缔约过失责任？

原告认为被告存在缔约过失责任，致使原告开业不足三个月便因经营惨淡而停止营业，给原告造成了进货款、装修费、人员工资、水电费等大量损失。首先，被告作为特许经营企业，没有按照《特许经营管理条例》的规定履行相关信息披露义务；其次，被告向原告派送的厨师没有健康证；再次，被告提供的食品卫生许可证不真实。被告认为双方特许经营合同签订后得到了正常的履行，并于2007年10月8日被解除，不存在《合同法》第42条规定的缔约过失责任。

---

① 参见北京市丰台区人民法院（2009）丰民初字第00746号民事判决。

裁判意见

F公司与E公司签订的两份《特许经营合同》及其附属合同均是双方当事人真实意思表示，且未违反国家法律、行政法规的强制性规定，合同均为有效。F公司与E公司于2007年10月3日达成了解除合同的共识，双方均同意以F公司全额退还加盟费及保证金为条件，解除双方的特许经营合同，了结双方的纠纷。E公司在收到退款后，将所有合同原件均交还给F公司的行为，应视为E公司认可双方的权利义务已终止，纠纷已解决完毕。现E公司又起诉主张前期投入费用，违背合同法规定的诚实信用原则，由于F公司与E公司之间的特许经营合同有效成立，并已经实际履行，不适用《合同法》第42条规定的缔约过失责任。

评析探讨

本案涉及的主要法律问题是F公司是否应承担缔约过失责任。

缔约过失责任，是指在合同订立过程中，一方因违背其依据诚实信用原则所应尽的义务，而致另一方的信赖利益损失，则应承担民事责任。

（一）缔约过失责任的类型

根据《合同法》第42和43条的规定，缔约过失责任可有以下类型：

1. 假借订立合同，恶意进行磋商

所谓“恶意”，是指假借磋商、谈判，而故意给对方造成损害。受害人的一方必须证明另一方具有假借磋商、谈判而使其遭受损害的恶意。

2. 故意隐瞒与订立合同有关的重要事实或者提供虚假情况

当事人在订立合同的过程中，必须依据诚实信用原则，履行重要事实的告知义务，包括：（1）财产状况、履约能力等方面的告知义务，即在订约时，一方应当向对方如实告知其财产状况、履约能力等情况，不得为了争取与对方订约，吹嘘或夸大自己的财产状况和履约能力。（2）瑕疵告知义务。出卖人应将标的物的瑕疵告知对方，不得故意隐瞒产品瑕疵，尤其是对于隐蔽瑕疵，必须向对方如实告知。（3）性能和使用方法的告知义务。这就是说，出卖人应向买受人明确告知产品的性能、使用方法，标的物是否属于易燃和易爆或有毒物品等情况。在订约过程中，一方当事人故意隐瞒上述与订立合同有关的重要情况，或提供虚假情况，实际上已构成欺诈，如因此给对方造成财产损失，应负赔偿责任。

3. 泄露或不正当地使用商业秘密

当事人在谈判过程中，一方可能会接触、了解另一方的商业秘密，包括产品的性能、销售对象、市场营销情况等各种商业秘密，对此应依据诚实信用原则负保密义务，不得向外泄露或作不正当使用（如将该秘密转让他人）。根据《合同法》第43条，“当事人在订立合同过程中知悉的商业秘密，无论合同是否成立，不得泄露或不正当地使用。泄露或者不正当地使用该商业秘密给对方造成损失的，应当承担损害赔偿责任。”

4. 其他违背诚实信用原则的行为

一方在与另一方协商订约时，明确向另一方许诺，如果另一方完成了某项工作，则他将会与另一方订约，而在另一方信赖其许诺而完成某项工作后，该当事人拒绝订约。此种情况主要是指在订约过程中违背许诺，而给另一方造成损失。

在上述几种情况下，一方必须给另一方造成损失，才负缔约过失责任。一方由于合同不成立和无效的结果所蒙受的不利益，在法律上又称为“信赖利益的损失”。在一般情况下，此种损失主要表现为一种费用的支出。应当注意的是，信赖利益的损失不应包括因合同的成立和生效所能获得的各种利益（如利润损失），此种损失属于违约责任的范围，而不属于缔约过失责任范围。

（二）缔约过失责任的构成要件

缔约过失责任有以下构成要件：

第一，此种责任发生在合同订立阶段。缔约过失责任与违约责任的基本区别在于，它发生在缔约过程中而不是发生在合同成立以后。只有在合同尚未成立，或者虽然成立，但因为不符合法定的生效要件而被确认为无效或被撤销时，缔约人才应承担缔约过失责任。

第二，一方当事人违反了依据诚实信用原则所产生的义务。由于合同尚未成立，因此当事人并不负有合同义务，也不可能违反某种合同义务。然而，在订约阶段，当事人依据诚实信用原则应负有诚实、忠实、保密等义务，这是法定的义务。一方违反这些义务而给另一方造成信赖利益损失，应承担缔约过失责任。

第三，造成了另一方信赖利益的损失。所谓信赖利益的损失主要是指一方实施某种行为后，足以使另一方对其产生信赖（如相信其会订立合同），并因此而支付了一定的费用，后因对方违反诚信原则使该费用不能得到补偿。

第四，一方当事人违反诚实信用原则，主观存在过错。

具体到本案，特许经营合同是在双方协商一致的情况下签订的，是双方真实意思表示，被告F家园餐饮管理公司不存在恶意磋商、故意隐瞒重要事实或提供虚假情况等行为，且两家加盟餐厅已经相继开业，特许经营合同已经得到履行，故不存在缔约过失责任一说。至于原告E公司为履行该合同而支出的费用，包括进货款、装修费、人员工资、水电费等支出，则属于营业性支出，因此造成的损失属于经营风险的范畴，应当由作为加盟餐厅经营者的原告承担该风险，所以原告要求被告承担上述费用是没有依据的。

主题案例3

云南X精品有限公司与广东J时装有限公司关于C品牌单店特许加盟合同书争议仲裁案[①]

案情回顾

2005年3月15日，云南X精品有限公司与广东J时装有限公司共同签署了一份《C品牌特许加盟（区域）合同》（下称《区域加盟合同》），云南X精品有限公司作为广东J时装有限公司的区域加盟商，代理销售广东J时装有限公司的品牌服装。上述合同签订之后，云南X精品有限公司于2005年3月17日通过电汇的方式向广东J时装有限公司支付了加盟保证金人民币200 000元和服装款人民币500 000元。2005年9月12日，双方又签订了一份《补充协议》，一致同意将云南X精品有限公司的加盟方式进行变更，云南X精品有限公司由原来的区域加盟商转为单店加盟商，继续代理销售广东J时装有限公司的品牌服装。签订《补充协议》的当日，云南X精品有限公司（乙方）与广东J时装有限公司（甲方）即签订了本案《单店特许加盟合同书》（下称《单店加盟合同》），对原《区域加盟合同》进行了修改，其中规定："本合同无论出于何种原因而终止，乙方均应立即停止有关C品牌商标、标识及宣传资料的使用，并及时将所有与特许经营有关的文件、资料、手册及其他载有C品牌标识的物品无条件归还甲方，或在甲方的监督下予以销毁。对于甲方配备的数据分析软件和远程视频交互系统、实时数据交换系统软件，乙方应立即从电脑中删除。"2005年10月27日，双方当事人签署了一份《备忘录》，其中规定："合同终止且库存处理期限届满后，乙方需立即停止使用商标、标识及宣传资料，并必须于七个工作日内将所有与特许经营有关的水晶授权牌、授权书原件、文件、资料、手册、单据及其他载有标识的物品无条件归还甲方。"2005年12月14日，广东J时装有限公司出具"还款计划"，载明："甲方欠乙方货款人民币372 592.15元。还款时间为2006年1月20日支付人民币200 000元；2006年3月20日前支付人民币172 592.15元。"2006年3月9日，双方通过协商再次达成一份关于还款的"协议"，载明："甲方欠乙方的货款人民币372 592.15元分4次支付，分别是：2006年3月31日前支付货款人民币72 592.15元；2006年4月30日前支付货款人民币100 000元；2006年5月31日前支付货款人民币100 000元；2006年6月30日

① 中国国际经济贸易仲裁委员会华南分会仲裁案例，未公布。

前支付货款人民币 100 000 元。”

上述最后一份付款协议仍未能履行，云南 X 精品有限公司遂依据合同中的仲裁条款提请仲裁，要求广东 J 时装有限公司偿还欠款并支付违约金。

争议焦点

被申请人是否具有后履行抗辩权？

被申请人认为《备忘录》约定了申请人的后履行义务，即申请人应在约定的期限内将所有与特许经营有关的物品退还给被申请人，申请人只有履行了该义务，被申请人才能付款，但申请人没有履行该退还义务，两个还款计划的产生就是因为申请人没有履行此义务；而申请人则认为被申请人为维护其品牌而向申请人提供部分宣传、管理资料，申请人已使用部分，在双方协商解除合同后的多次催款中，被申请人从未提及，现已无法查找，被申请人所谓担心申请人可能继续使用其资料的观点不能成立。

裁判意见

关于被申请人是否具有后履行抗辩权的问题。仲裁庭认为虽然申请人至今未予退还《备忘录》里规定的物品，该行为可能构成违约，但被申请人却无权以后履约抗辩权拒付欠款。理由是：首先，双方并未约定被申请人履行退还货款的义务在后，双方应同时履行各自的义务；其次，被申请人并未举证证明申请人在终止合同后实际使用了被申请人的上述物品。即使申请人未退还上述物品构成违约，或由于未退还而给被申请人造成了损失，均应是被申请人在本案中提起反请求或另案提起仲裁所要解决的问题。

评析探讨

本案涉及的主要法律问题是被申请人是否具有后履行抗辩权。《合同法》第 67 条规定：“当事人互负债务，有先后履行顺序，先履行的一方未履行的，后履行一方有权拒绝其履行要求。先履行一方履行债务不符合约定的，后履行一方有权拒绝其相应的履行要求。”可见，行使后履行抗辩权必须符合以下条件：第一，当事人必须是基于同一个双务合同互负债务的。单务合同不存在对价关系，仅有一方存在义务，故不可能互负债务；而基于不同的双务合同而产生的不同债务，则属于不同的法律关系，不能以一个法律关系中的权利义务去对抗另一法律关系中的权利义务。第二，双方债务有先后的履行顺序。这里的履行顺序可以是法定的，也可以是约定的，甚至可以是依照交易习惯而确定的，无论何种情况，只要是最终确定了先后的顺序即可。第三，应当先履行义务的一方不履行或者不适当履行义务。不履行可以是明示不履行或默示不履行，即以明确的方式表明自己不履行合同义务或者以自己的行动表明不会履行合同义务。不适当履行是指当事人一方履行合同义务不符合约定或法定的要求，包括履行迟延和不完全履行等。履行延迟是指履行义务不符合约定的时间要求，延迟了义务的履行。不完全履行是指债务虽然已经履行，但是履行没有完全按照债务的内容进行。不完全履行又可以分为瑕疵给付和加害给付。瑕疵履行，是指标的物的质量、数量、规格、方法、地点等不符合要求。加害给付是债务人的给付不但含有瑕疵，而且其瑕疵还造成了债权人的损害。在本案中，被申请人是否具有后履行抗辩权呢？我们看到，虽然双方签订的《备忘录》中规定了申请人必须返还被申请人文件、手册、单据等资料，但是双方并没有明确约定履行顺序，也没有相应的法律规定和交易习惯推定申请人负有先履行其返还义务的责任，所以双方应同时履行其义务。相比较而言，被申请人所负担的返还货款的义务明显比申请人返还文件、手册、单据等资料的义务要重得多，所以被申请人以申请人所负担的义务来对抗自己所负担的义务的做法是明显不合理的，有违法律公平的目的。

第三节　特许经营权与知识产权

主题案例 1

许某与合肥 A 化妆品有限公司、B 美容机构南陵中心店侵犯特许经营权纠纷案①

案例回顾

许某系南陵县亲亲宝贝美疗馆业主，2004 年 8 月 17 日，许某与 A 公司签订的《加盟协议书》约定：A 公司授权许某成为 B 品牌芜湖市南陵县的特约加盟店，A 公司负责对许某在合约规定区域内的特许保护，不得在许某签约范围内有其他任何形式的授权加盟活动，合约有效期为 2004 年 8 月 17 日至 2005 年 8 月 16 日。协议签订后，许某为履行该协议，向 A 公司购买 B 产品用于美疗馆的经营活动。同时，A 公司向许某提供了英国 B 美容机构授权的“B 专业美容”的特约加盟店的店牌一块，并依约提供了 B 美容产品。2004 年 11 月，许某在南陵县发现以被告 B 南陵店名义散发的宣传单，该宣传单上印制有 B 南陵店于 2004 年 11 月 20 日开业以及 A 公司作为其赞助商的字样。许某据此认为被告 A 公司在许某特许经营期间又授权被告 B 南陵店的加盟，A 公司与 B 南陵店侵犯了许某所拥有的在南陵县范围内独家使用 B 商标的合法权益，遂诉至法院。

---

① 案例详见安徽省合肥市中级人民法院（2007）合民三初字第 01 号民事判决书。

争议焦点

原告与被告之间是何种法律关系?

原告认为与被告之间是特许经营法律关系，约定的是商标的专有使用权；被告认为与原告之间是产品经销关系。

裁判意见

本案原告在诉状中和庭审中诉称的事由是被告A公司违反与原告签订的加盟协议约定，又授权被告B南陵店的加盟，从而侵犯原告在先取得的特许经营权，原告在庭审中明确选择对无形资产所引起的侵权责任，因此本案案由应为侵犯特许经营权纠纷。原告许某与被告A公司签订的加盟协议系双方当事人真实意思表示，不违反法律、行政法规强制性规定，应认定为有效。依据该加盟协议，原告取得的是在南陵县范围内特许经营B品牌产品的权利，双方并未对商标使用权作出约定。原告主张商标使用权与加盟协议约定的特许经营权不是同一法律关系。因此，原告主张商标使用权无事实依据，显然不能给予支持。同时，尽管原告享有在南陵县对B品牌的特许经营权，但两被告是否构成侵权，原告仅凭提供的南陵店的宣传单和其单方拍摄南陵店的照片，不足以证明被告B南陵店合法存在，其实施的具体侵权行为以及被告A公司对B南陵店的授权关系。因此，原告主张两被告侵权无证据支持，原告的诉讼请求不能成立，应予驳回。

评析探讨

本案主要涉及的法律问题是特许经营权侵权诉讼与商标权侵权诉讼的区分，以及违约诉讼与侵权诉讼的竞合问题。

关于特许经营权与商标权的区分问题，根据《商业特许经营管理条例》的规定，特许经营是指拥有注册商标、企业标志、专利、专有技术等经营资源的企业，以合同形式将其拥有的经营资源许可其他经营者使用，被特许人依照合同约定在统一的经营模式下开展经营，并向特许人支付特许经营费用的经营活动。所以说特许经营从本质上说就是特许人让与知识产权的使用权给被特许人的活动。那么本案中原告是否可以选择提起特许经营权侵权诉讼或商标侵权诉讼呢？笔者的观点是肯定的。特许经营合同中规定了商标的使用权让与给原告许某，所以许某在特许经营的时间内和约定的地域范围内拥有商标的使用权。A公司再次把商标使用权转让给B南陵店的行为明显侵犯了许某在芜湖市南陵县对商标的排他使用权，故此，许某可以对A公司和B南陵店提起商标权侵权诉讼。而特许经营权侵权诉讼在本案中与商标权侵权诉讼存在竞合，原告许某可以择一向法院提起。本案中，原告选择了向法院提起特许经营权侵权诉讼，所以原告不能向法院主张商标使用权，而只能主张特许经营权。法院的判决意见也印证了笔者这一观点。

关于违约诉讼与侵权诉讼的竞合问题，《合同法》第122条规定：“因当事人一方的违约行为，侵害对方人身、财产权益的，受损害方有权选择依照本法要求其承担违约责任或者依照其他法律要求其承担侵权责任。”据此，原告可以根据双方签订的特许经营合同提起违约诉讼，也可以根据特许经营合同所保障的特许经营权和商标权，择一提起侵权诉讼。

主题案例 2

南京 C 教育培训学校诉北京 D 文化艺术传播有限公司特许经营合同纠纷案[①]

案例回顾

2007 年 4 月 30 日，北京 D 文化艺术传播有限公司（甲方）与南京 C 教育培训学校（乙方）签订特许加盟合作协议书。合同约定：甲方授权乙方为罗某钢管舞健身俱乐部南京加盟部，乙方加盟后可以在江苏省南京市范围内使用“罗某钢管健身舞培训中心”及“罗某钢管健身舞”和“北京 D 文化艺术传播有限公司”等名称，使用罗某钢管健身舞蹈的名称对外招收学习钢管健身的学员及从事广告活动，并享有罗某本人的广告肖像权；甲方享有对乙方进行业务监督管理的权利；甲方协助乙方每季度不少于一次更新钢管舞舞蹈音乐和运动服装的服务；甲方提供市场信息和不定期合作举办钢管舞演出活动，促进乙方开展工作；甲方每年组织乙方开展一次经营交流会和为期 2 至 5 天的技术指导，费用乙方自理；甲方给乙方提供一个免费的高级钢管舞健身教练培训名额，并颁发相应的证书；甲方根据乙方的申请，提供培训、讲解，指导传授工作方法与技巧；甲方根据乙方的申请，委派教练到当地培训学员，需提前一天提出申请，应提前预支教练的交通费和课时劳务费及食宿费，食宿标准每天不低于 200 元，课时劳务费每天不低于 300 元；甲方不定期进行广告宣传（媒体、网站等），甲方的网站上需体现乙方的钢管舞方面的相关娱乐健身信息，具体信息内容由乙方提供，甲方审核；合同签订之后，甲方在收到乙方的加盟费 7 天之内，需将配送的物品包括专业钢管舞靴子 5 双、服装 5 套、罗某牌便携式钢管 5 根、教学光盘、管理手册、教材、会员卡、员工手册、各类管理表格文档、喷绘设计、形象板、授权铜牌等发给乙方；协议签订三天内，乙方应交纳加盟费 38 000 元；如甲方违约，需返还乙方全部加盟费用，如乙方违约，甲方有权根

---

① 案例详见北京市朝阳区人民法院（2008）朝民初字第 14410 号民事判决书。

据损失抵扣加盟费；合作业务地点为江苏省南京市玄武区珠江路88号新世界中心B座3603室；合作期间为2007年5月1日至2017年4月30日止。同年5月4日，C学校向D公司交纳了加盟费38 000元。同年5月，林某作为C学校的教练到D公司接受了培训，并获得了高级教练证书。

另，D公司的法定代表人罗某于2007年4月5日申请在用于健身的钢管设备上注册实用新型专利，2008年3月5日被授予专利权。罗某还于同年8月21日分别申请在高筒靴和服装上注册外观设计专利，但尚未获准注册。2007年4月20日，D公司分别申请将文字“LOLAN”和“罗某”注册为商标，目前亦未获准注册。

后C学校认为罗某公司存在违约行为，遂向法院提起诉讼，C学校在诉讼中明确D公司违反宣传义务的行为体现为在其网站上进行夸大宣传。

争议焦点

被告北京D文化艺术传播有限公司是否履行了合同义务？

南京C教育培训学校依约交纳了加盟费38 000元，但D公司却没有按照合同约定履行合同义务；被告北京D文化艺术传播有限公司认为其已经全面履行了合同义务。

裁判意见

C学校和D公司签订的特许加盟合作协议书，系双方真实意思表示，内容亦不违反法律或行政法规的强制性规定，属合法有效的合同，双方应当严格按照合同约定全面履行自己的义务。

对于C学校提出D公司存在的违约行为，第一，每季度不少于一次更新钢管舞舞蹈音乐和运动服装服务，D公司就此仅提供了北京中体音像出版中心出版发行的罗某钢管舞教学光盘，但未举证证明曾将上述光盘交予C学校，此外，也未提供其他证据，故根据D公司的现有证据不能认定其履行了此项合同义务；第二，提供市场信息和不定期合作举办钢管舞演出活动，D公司于2007年7月14日至7月15日和北京市健美协会共同组织了首届全国钢管舞公开赛，C学校也派人参加了该比赛，故可以认定D公司履行了此项义务；第三，每年组织开展一次经营交流会和为期2至5天的技术指导，D公司未就此进行举证，应认定其违约；第四，提供一个免费的高级钢管舞健身教练培训名额，并颁发相应的证书，根据本案查明的事实，C学校的教练林某到D公司接受了培训并取得了证书，因此D公司已经履行了上述义务；第五，根据申请，提供培训、讲解，指导传授工作方法与技巧，C学校并未举证证明其曾向D公司提出过申请，且D公司法定代表人罗某曾到该校进行指导、培训，故不能认定D公司违约，对C学校此项主张，不予支持；第六，根据申请，委派教练到当地培训学员，C学校表示其未向D公司提出过申请，故即使D公司未向其派出教练，也不构成违约；第七，关于网站上的夸大宣传，虽然D公司通过报纸、比赛等途径进行了宣传，但网站上的内容与客观事实不符，因此属于履行不当的行为，同样构成违约；第八，关于配送物品，C学校认可其确实使用了D公司的授权牌和罗某本人的肖像，但否认收到过其他物品，D公司的现有证据亦不足以证明其确实给C学校配送了合同约定的全部物品，据此法院认定D公司仅部分履行了此项义务。

综上，根据双方的现有证据，可以认定D公司存在没有每季度不少于一次更新钢管舞舞蹈音乐和运动服装服务、没有每年组织开展一次经营交流会和为期2至5天的技术指导、在网站上进行夸大宣传和没有依约配送物品等违约行为。但这些违约行为并未影响C学校使用罗某钢管健身舞的名称经营加盟项目，故均不构成根本违约，因此C学校仅有权据此要求D公司承担相应的违约责任，而无权据此要求解除双方合同。因此，对C学校要求解除合同并据此要求返还加盟费和赔偿损失的诉讼请求，法院不予支持。

评析探讨

本案涉及的主要法律问题是被告D公司的行为是否构成根本违约？

根本违约制度起源于英国判例法。英国法官运用根本违约来排除各种不公平的免责条款的使用，他们主张如果一方违反合同义务以致动摇了合同的根本时，则不得利用合同中的免责条款逃避违约或侵权责任。而美国法与英国法不同，没有使用“根本违约”的概念，而是采用“重大违约”或“根本性不履行”概念，把违约分为轻微违约和重大违约，一般只有构成重大违约，非违约方才有解除合同的权利之可能。根本违约制度的意义不在于使债权人在另一方违约的情况下获得解除合同的机会，而在于严格限定解除权的行使，限制一方当事人在对方违约以后滥用解除合同的权利。

我国《合同法》没有使用“根本违约”这个概念，但实质上在具体条文里面还是体现出了“根本违约”精神的。该法第94条规定：“有下列情形之一的，当事人可以解除合同：（一）因不可抗力致使不能实现合同目的；（二）在履行期限届满之前，当事人一方明确表示或者以自己的行为表明不履行主要债务；（三）当事人一方迟延履行主要债务，经催告后在合理期限内仍未履行；（四）当事人一方迟延履行债务或者有其他违约行为致使不能实现合同目的；（五）法律规定的其他情形。”而且仅当上述情况出现时，当事人一方才可以单方面解除合同。具体到本案，D公司的行为是否构成根本违约呢？这就要考察D公司的行为是否符合《合同法》第94条的情形了。根据法院认定的事实，D公司存在“没有每季度不少于一次更新钢管舞舞蹈音乐和运动服装服务、没有每年组织开展一次经营交流会和为期2至5天的技术指导、在网站上进行夸大宣传和没有依约配送物品等违约行为”，那么这些约定的义务是否为合同的主要义务呢？这些违约行为是否致使合同目的不能实现呢？笔者认为，特许经营权的核心在于知识产权如商标权、专利权、商号和商业秘密等经济权利，特许经营合同的主要义务应为知识产权使用权的让与。被特许人签订合同的目的是利用特许人的品牌优势、技术优势、渠道优势等来进行经营活动，故只有当特许人侵犯了被特许人的知识产权使用权时才会导致合同目的不能实现。就本案而言，特许人D公司允许被特许人C学校“在江苏省南京市范围内使用‘罗某钢管健身舞培训中心’及‘罗某钢管健身舞’和‘北京D文化艺术传播有限公司’等名称，使用罗某钢管健身舞蹈的名称对外招收学习钢管健身的学员及从事广告活动，并享有罗某本人的广告肖像权”，并且在履行合同的过程中没有作出侵犯被特许人所拥有的上述权利的行为，所以D公司已经履行了合同的主要义务，D公司“没有每季度不少于一次更新钢管舞舞蹈音乐和运动服装服务、没有每年组织开展一次经营交流会和为期2至5天的技术指导、在网站上进行夸大宣传和没有依约配送物品等违约行为”并不会导致合同目的落空，所以C学校不得根据《合同法》第94条解除合同。

本案引申出的另一个问题就是非专利权是否可以作为特许经营合同的标的？C学校在诉讼中指出D公司在其网站上进行了夸大宣传，声称自己拥有钢管设备的实用新型专利、高筒靴和服装的外观设计专利，而实际上在与C学校签订特许经营合同的时候还没有获得前述专利权。那么，D公司是否可以将前述非专利权作为特许经营合同的一部分呢？

特许经营合同本质上也是民事合同，只要双方协商一致，任何合法的权利都可以作为特许经营合同的标的。我国《商业特许经营管理条例》第3条也作出了如此的规定：“商业特许经营（以下简称特许经营），是指拥有注册商标、企业标志、专利、专有技术等经营资源的企业（以下简称特许人），以合同形式将其拥有的经营资源许可其他经营者（以下简称被特许人）使用，被特许人按照合同约定在统一的经营模式下开展经营，并向特许人支付特许经营费用的经营活动。”该条文使用列举的形式并没有穷尽所有的经营资源，所以非专利权也应当是可以作为特许经营合同的标的的。

主题案例3

陈某与深圳市Z有限公司授权经销协议书争议仲裁案[①]

案情回顾

2005年3月27日，申请人（陈某）与被申请人（深圳市Z有限公司）签订《授

① 中国国际经济贸易仲裁委员会华南分会仲裁案例，未公布。

权经销协议书》。协议书约定，被申请人在中国大陆合法经营专利产品：无框、推拉、叠收阳台窗（专利号：××××××），被申请人授权申请人为中国大陆（福建省福州）地区经销总代理。协议书签订后，被申请人向申请人收取5 000元加盟费和“Z”品牌风险押金5 000元。依据协议书，被申请人曾先后派出两名工人师傅支持申请人开展安装、培训业务。为开拓福州市场，申请人进行广告宣传活动花去费用8 000元。

在执行协议书过程中，被申请人未按约定的货物质量发货给申请人，存在缺斤少两的行为，为此申请人与被申请人于同年12月4日签订《补充协议》，被申请人承认缺斤少两，双方约定由被申请人退还货款2 000元。

后经申请人向国家知识产权局了解，“无框、推拉、叠收阳台窗”实用新型专利的权利人是胡某，其并未许可被申请人实施该专利。申请人认为，被申请人采取欺诈手段签订合同，侵犯了申请人的合法权利，为此提出仲裁申请，请求裁决申请人与被申请人签订的《授权经销协议书》无效，并要求被申请人退还收取的押金和加盟费，给申请人造成的损失也应予赔偿。

被申请人申辩称，胡某已将专利使用权转让给其员工邱某，被申请人早期从邱某处进取型材，后又从H公司法人代表潘某处进取型材，潘某拥有胡某所授权使用其专利的证明文件，因此申请人所说的被申请人采取欺诈行为签订合同没有依据。关于申请人所说被申请人未按合同约定重量提供货物，被申请人认为铝型材前后两次重量稍有差别属最普遍的行业特征，且申请人在用工方面严重违反了《授权经销协议书》第6条的规定，被申请人同申请人签订《补充协议》，本意是做出重大让步以保护员工切身利益，而不是被申请人承认货物缺斤少两的证据。被申请人进一步提出，申请人在执行协议过程中提前采用自有品牌“J”，属严重的仿冒行为和欺骗行为。

综上，被申请人决定解除合同，并按合同约定扣除申请人的加盟费和保证金，同时还保留追究申请人法律责任和要求经济赔偿的权利。

争议焦点

1. 被申请人有无合法取得“无框、推拉、叠收阳台窗”专利实施许可权？《授权经销协议书》的效力如何？

申请人认为：“无框、推拉、叠收阳台窗”实用新型专利并未许可给被申请人，被申请人无权实施该专利，被申请人也无证据证明其可将专利产品授权他人经销，而且“Z”品牌已被别人注册。以上事实有申请人提交的证据材料予以证明，被申请人均予以确认。因此，被申请人并无“无框、推拉、叠收阳台窗”专利的实施许可权。根据《合同法》第52条“有下列情形之一的，合同无效：……（五）违反法律、行政法规的强制性规定”的规定，该《授权经销协议书》应为无效合同。

2.《补充协议》能否作为被申请人承认货物缺斤少两的证据？

被申请人与申请人经协商在《授权经销协议书》之外又签订了《补充协议》，在该补充协议中，被申请人承认供货重量不足，并承诺退还该差额部分货款2 000元。对于该项事实，被申请人也认可《补充协议》的真实性，被申请人申辩称《补充协议》不是其承认货物缺斤少两的证据不能成立。

裁判意见

《专利法》第11条规定："发明和实用新型专利权被授予后，除本法另有规定的以外，任何单位或者个人未经专利权人许可，都不得实施其专利，即不得为生产经营目的制造、使用、许诺销售、销售、进口其专利产品，或者使用其专利方法以及使用、许诺销售、销售、进口依照该专利方法直接获得的产品。……"《专利法》第12条规定："任何单位或者个人实施他人专利的，应当与专利权人订立书面实施许可合同，向专利权人支付专利使用费。被许可人无权允许合同规定以外的任何单位或者个人实施该专利。"

依据上述法律的规定和前述查明的事实，本案被申请人并不是"无框、推拉、叠收阳台窗"的专利权人，也未从专利权人处取得该项专利权的实施许可，却在《授权经销协议书》中授权申请人销售该专利产品，违反了《专利法》的禁止性规定。根据《合同法》第52条的规定，申请人提出该《授权经销协议书》属无效合同的主张应该得到支持。因无效合同取得的财产，应当予以返还，因此被申请人收取申请人的押金5 000元和加盟费5 000元应予退回。

关于《补充协议》中叙述的供货重量不足的事实，被申请人虽对此否认，但没有提交任何证据材料予以证明。因此，仲裁庭认为，根据"谁主张谁举证"的原则，被申请人否认供货重量不足的主张没有证据材料予以证明，仲裁庭无法采信。《补充协议》作为《授权经销协议书》的从合同，在主合同无效的情况下，其效力也应当认定为无效。但是，根据前面仲裁庭的分析，在《补充协议》中叙述的供货重量不足、货款差额2 000元的事实应当得到确认。根据上述法律规定，该货款差额2 000元属于被申请人因履行《授权经销协议书》而取得的财产，应当返还给申请人。

评析探讨

关于本案，被申请人有无合法取得专利实施许可权至关重要。

专利实施许可，指专利的所有人允许另外的自然人或法律实体在一定的地域范围和专利有效期间内，实施一项或者数项专利权的行为。专利实施许可是专利权人实现其专有权的重要方式。专利实施许可既使专利权人克服了缺乏市场判断能力的弊病，又使部分市场主体摆脱无专利技术的窘境，推动了专利技术的产业化进程，提升了社会科学技术水平。但在现实社会中，专利权人的专利实施许可权经常面临着被第三方侵犯的危险。第三方的侵权行为无论是对专利权人，还是对其他合法享有专利实施许可权的被许可人来说都有严重的影响。对专利权人来说，侵权行为既侵犯了其对专利的专有权利，也使专利权人承担了巨大的经济损失；对其他被许可人来说，第三方未经许可人的授权使用被许可的专利，会使被许可人处于竞争劣势并可能遭受诉讼危险。

依据专利法的规定，发明和实用新型专利权被授予后，除《专利法》第 63 条规定的四种情形外，未经专利权人许可，都不得实施其专利，即不得为生产经营目的制造、使用、许诺销售、销售、进口其专利产品，或者使用其专利方法以及使用、许诺销售、销售、进口依照该专利方法直接获得的产品。而成立专利实施许可权，必须签订专利实施许可合同，根据我国《专利法》和《合同法》的规定，专利实施许可合同为要式合同，必须采取特定的形式——书面形式，否则，合同不成立。本案被申请人申辩称，其从 H 公司法人代表潘某处进取型材，而潘某拥有专利权人胡某授权使用其专利的证明文件，该证明文件是什么，是否是能证明潘某依法享有专利实施许可权的符合法律规定的专利实施许可合同，被申请人没有提交相关证据证明。更重要的是，即使潘某享有专利实施许可权，也不能理所当然地推出被申请人同样享有该项权利，从根本上来说，被申请人缺少书面的、能证明其合法的专利实施许可权利的合同，因此其声称的实施相关专利的权利不能得到法律的认可和保护。

本案双方签订的《授权经销协议书》就是依赖于被申请方享有专利实施许可权而建立的，一旦证实了被申请方并不享有专利实施许可权，就可以理所当然地得出其无权授权申请人经营相关专利产品的结论。

专题七

不正当竞争

第一节　不正当竞争概述

一、不正当竞争的概念及种类

竞争是经济生活中最常见的表现形式，也是商品经济最基本的运行机制。竞争与市场紧密联系在一起，没有市场就谈不到市场竞争，不能保证充分竞争状态的市场不是完整的市场经济。市场经济因为有了竞争而变得充满活力，经济学上的竞争是指经济主体在市场上为实现自身的经济利益和既定目标而不断进行的角逐过程。有人说过，垄断者提供的只是平淡的生活、低劣的质量以及不文明的服务。具体而言，在市场上存在大量潜在的供应商和消费者，因此没有人能控制产品、价格等市场因素。所以为实现自身利益和既定目标，经营者背负了很大的压力和动力，促使他们通过不断提高产品的质量，降低产品价格，优化服务水平，吸引更多的消费者，以达到在同行业中占据优势地位，取得较强的竞争力。

在企业不断寻求自身利益实现的过程中，竞争行为就会通过分化而形成正当竞争和不正当竞争两种。正当竞争是指经营者采用符合国家法律、遵守社会公认的商业道德、信守诚实信用原则的商业手段进行竞争的行为。不正当竞争（unfair competetion）是相对于正当竞争而言的，是对正当竞争行为的违反和侵害，指经营者违反反不正当竞争法的规定，损害其他经营者的合法权益，扰乱社会经济秩序的行为。按照《巴黎公约》第 10 条之二规定，不正当竞争是指“在工商业活动中违反诚实惯例的任何竞争行为”。这种对不正当竞争行为的界定在国际上得到了广泛认可，成为不正当竞争行为的通行定义。根据我国《反不正当竞争法》第 2 条第 2 款的规定，不正当竞争是指经营者违反该法规定，损害其他经营者的合法权益，扰乱社会经济秩序的行为。因此，凡是在竞争过程中，采用虚假、欺诈、损人利己等违反国家法律的手段进行的竞争，都是不正当竞争行为，都会损害其他的经营者的合法权益，扰乱社会经济秩序。对于依法应当追究法律责任的不正当竞争行为，反不正当竞争法已经作出明确规定。

市场经济的发展和各种经营方式的层出不穷，竞争的正反两面事实上也都在不停变化着。从这个角度而言，不正当竞争行为很难有一个确定性的定义及分类。从国际公约和各国实践来看，对于不正当竞争行为，一般采取了列举和概括方式。例如，我国《反不正当竞争法》以第2条第2款为一般概括性规定，并在第2章中列举了具体的11种不正当竞争行为，包括：(1) 采用假冒或混淆等不正当手段从事市场交易的行为；(2) 商业贿赂行为；(3) 引人误解的虚假宣传行为；(4) 侵犯商业秘密行为；(5) 不正当有奖销售行为；(6) 损害他人商业信誉或商品声誉行为；(7) 公用企业或者具有独占地位的经营者强制交易行为；(8) 滥用行政权力限制竞争行为；(9) 以排挤竞争对手为目的、以低于成本的价格销售商品的行为；(10) 搭售和附加不合理交易条件行为；(11) 串通投标行为。

二、不正当竞争的构成要件

根据《反不正当竞争法》的规定，构成不正当竞争行为应当具备以下要件：

第一，不正当竞争行为的主体是市场经营者。该主体包括自然人，法人和其他组织。按照《反不正当竞争法》的规定，只有市场经营者实施法律规定的不正当竞争行为的，才构成不正当竞争，非经营者的行为不构成不正当竞争。

第二，不正当竞争行为以同业经营者作为侵害的对象。不正当竞争行为，通常发生在同行业经营者之间，主要是不法行为人对同行业其他经营者权益的侵害。对消费者权益构成的损害不属反不正当竞争法调整、规范的范围。

第三，不正当竞争行为具有违法性。不正当竞争行为直接违反《反不正当竞争法》的具体规定。

第四，不正当竞争行为具有危害性。不正当竞争行为通常会扰乱正常的市场经济秩序和公平竞争机制的正常运行，侵害同业经营者合法权益，并且损害消费者和整个社会的公共利益。

三、反不正当竞争与知识产权保护的关系

(一) 反不正当竞争对知识产权的附加保护

关于反不正当竞争对于知识产权的附加保护问题通常会引发以下的疑问：(1) 既然我国现有的知识产权单行法已经明文规定了如何去保护知识产权，还有没有必要引入反不正当竞争法给予保护？(2) 反不正当竞争法所规范的范围非常广，将其全部纳入

知识产权的保护范围是否切合实际呢？（3）知识产权法和反不正当竞争法分别归属于私权的保护和公权的保护，能否将公私两种法律规范相混淆？[①] 基于以上三个疑问，我国任一单行的知识产权法中都很难找到反不正当竞争条款，但是根据我国现有的司法、行政实践以及外国的实际经验，应当认为：中国的知识产权保护制度要做到疏而不漏，就需要反不正当竞争法对它进行兜底性的保护。知识产权单行法中所规定的保护要件，使一大部分本应受到某种保护的客体，被“漏”掉了，这时如若仅仅通过引用民法的基本原则的解释又很难补上这个漏洞，在这种情况下，反不正当竞争法的附加保护，就显得十分必要了。关于反不正当竞争法与知识产权保护的关系问题，有一个非常著名且形象的比喻，即商标法、专利法和版权法好比浮在冰面上的三座冰山，反不正当竞争法则是托着冰山的海水。意思是说，商标法、专利法和版权法所涉及不到的领域，都由反不正当竞争法来兜底。在法律适用上，如果反不正当竞争法与其他知识产权特别法存在着内容上的交叉，则特别法一般要优先适用；这些法律没有规定或者管不到的内容，则一般由反不正当竞争法进行规范。例如，专利法不能保护的商业秘密，商标法不能保护的未注册商标以及注册商标在非相同近似商品上的使用，或者版权法不能调整的作品名称的保护，都可以由反不正当竞争法予以调整。当然，这只是一般的原则或者说法，在特殊情况下，也不排除可以在侵犯其他知识产权与不正当竞争行为之间择一请求。

（二）反不正当竞争法与知识产权法在知识产权保护上的区别

1. 二者的立法目的不同

知识产权法的立法目的在于通过一种法律规范机制来赋予技术创新者一种专有的独占性权利，保护其由于这种创新所享有的经济利益的实现，并规定侵犯这种智力成果所应承担的不利后果，从而鼓励创新，推动社会科技的进步。知识产权法所关注是技术创新者与社会公众的利益，它所设置的是一套既要保护知识产权人的权益、又要维护被许可人的利益和社会公共利益的机制；通过知识产权法的调整，使得知识产权人、被许可人与社会公众之间实现利益平衡。

反不正当竞争法的立法理由从表面上看是与知识产权的立法目的存在冲突，因为它的立法目的在于约束或制裁这种限制市场竞争的行为，保证市场竞争的公平性，反对所有利用其他因素进行的不正当竞争，有效的利用市场资源，创造社会财富。反不正当竞争法所要解决的是维持竞争者与竞争者之间、竞争者与消费者之间的利益平衡，使市场处于自由竞争的状态之中；而知识产权人滥用权利的行为，使得与其竞争的主体和消费者的权利与之发生冲突，结果就是后者丧失了应有的利益地位。

---

① 郑成思．反不正当竞争——知识产权的附加保护．http：//www. iolaw. org. cn/shownews. asp？id =4017.

2. 知识产权保护的具体方式、条件和措施不同

反不正当竞争法与知识产权法所提供的知识产权保护的具体方式、条件和措施不同。其一，反不正当竞争法对知识产权的保护并没有特殊的认定程序和认定机制；知识产权法对知识产权的保护不仅有满足法律构成要件的要求，而且还有很严格的专业认定程序和认定方式。例如，在知识产权法中，对发明创造、专利都规定了严格的审查制度和授权条件；而反不正当竞争法虽然也对侵犯商业秘密的行为有规定，但是没有严格的认定程序、认定标准、认定机构，主要都是在个案上给予保护。其二，反不正当竞争法的保护强度弱且有侧重性；而知识产权法的保护力度显著且范围广。其三，反不正当竞争法只涉及知识产权保护的极小部分，主要是对知识产权保护起拾遗补阙的作用；而知识产权法对知识产权的保护涉及智力创造的各个领域，保护对象十分广泛。

（三）国际知识产权公约对反不正当竞争的规定

第一，1967 年颁布的《成立世界知识产权组织公约》第 2 条第 8 项在对知识产权进行定义时明确指出了“知识产权包括关于制止不正当竞争的权利”。

第二，《保护工业产权巴黎公约》第 1 条第 2 款也规定了工业产权的保护对象包括制止不正当竞争。第 10 条第 2 款将不正当竞争行为界定为“凡在工商业活动中违反诚实经营的行为”外，还明文列举了特别应予禁止的三种属于不正当竞争行为的情况：(1) 采用任何手段对竞争对方的企业、商品或工商业活动造成混乱的一切行为；(2) 在经营商业中利用谎言损害竞争对方的企业、商品或工商业活动的信誉的；(3) 在经营商业中使用会使公众对商品的性质、制造方法、特点、使用目的或数量发生混乱的表示或说法。按照第 10 条的规定“本同盟成员国必须对各该国国民保证予以取缔不正当竞争的有效保护”，巴黎公约只要求各国保证其他缔约国国民能够获得法律上的救济手段，而没有具体说明这些救济手段是什么。但是，公约对“起诉权”作了具体规定：成员国“约定采取措施，准许其成立并不违反各该国法律的、代表有关的工业家、生产者或商人的联合会和社团，在向之请求保护的国家法律允许该国的联合会和社团可以采取同样行动的范围内，向法庭或有关行政机关控告，要求制止第九、第十和第十条之二中的行为”。

第三，1995 年，在 WTO 的《与贸易有关的知识产权协议》（TRIPs）缔结之后，反不正当竞争的另一个重点——商业秘密形成了，即第 39 条第 1 款规定的“在确保针对巴黎公约（1967）第 10 条之 2 所规定的不正当竞争行为提供有效保护的过程中，缔约方应该根据下述第 2 款的规定对未公开的信息提供保护，根据下述第 3 款的规定对于由政府或政府性机构提供的数据提供保护。”但是，对于怎样的保护是有效的，TRIPs 没有再提及。

第四，1996 年，WIPO 国际局公布了《反不正当竞争示范条款》，其中把与知识产

权保护有关的不正当竞争行为归纳为五种：（1）对他人企业或活动引起混同；（2）损害他人的商誉或声誉；（3）误导公众；（4）诋毁他人企业或其活动；（5）针对秘密信息的不正当竞争。该示范法成为许多国家制定或修订其反不正当竞争法的重要参考。

（四）反不正当竞争法对知识产权在实践中的保护及完善

我国《反不正当竞争法》的第5条和第10条规定了侵犯知识产权的不正当竞争行为，主要包括：

1.“搭便车”行为

（1）假冒他人注册商标，是指不正当竞争者非法利用他人已经注册的商标用于自己的产品，传达出一种误导消费者的信息，实质上是对商标注册人商业信誉的一种侵犯。

（2）擅自使用知名商品特有的名称、包装、装潢，或者使用与知名商品近似的名称、包装、装潢，造成和他人的知名商品相混淆，使购买者误认为是该知名商品。

（3）擅自使用他人的企业名称或者姓名，引人误认为是他人的商品。

（4）在商品上伪造或者冒用认证标志、名优标志等质量标志，伪造产地，对商品质量作引人误解的虚假表示。

以上4种行为都是通常所称的“搭便车”行为，不正当竞争者通过擅自使用知名产品特有的各种外在因素达到混淆消费者辨认能力，从而促进自己的产品增加销量。

2. 侵犯商业秘密行为

商业秘密是一种重要的无形财产，也是知识产权法的重要保护客体，对于商业秘密的保护有专门论述。

3. 商业诽谤行为

商业诽谤行为是指通过捏造、公开虚伪事实或虚假信息，对特定商事主体的商誉、商品或服务进行贬低和诋毁，造成其商业利益损失的侵权行为。不正当竞争者通过对竞争对手的一些信息的捏造和散布虚假事实从而贬低其商业信誉，削弱其竞争能力。

虽然《反不正当竞争法》对于知识产权的保护有明确的规定，但是其对知识产权的兜底保护仍然不够全面，还需在以下方面进行完善：

首先，扩大《反不正当竞争法》中关于知识产权领域中的不正当行为的范围。如上列举的，在《反不正当竞争法》中只有第5条和第10条中列举了知识产权领域中的不正当竞争行为，但是现实生活中的不正当竞争行为不断升级，已经远远超出了法条中所列举的行为，这样一来这种限制性的列举无疑大大地限制了该法的调控力。很多新出现的行为没有办法被纳入到法规中予以调整，所以《反不正当竞争法》应该不断适应新的发展，根据形势不断扩大其调整关于知识产权领域不正当行为的范围。例如，在版权之外提供更宽的保护，商业标识的保护就是一个需要完善的部分，商业标识有时既不是"作品"，也不是"肖像"，又不是"姓名"，我们无法通过版权进行保护它们，只能由反不正当竞争法去保护。WIPO1996 年的《反不正当竞争示范条款》已经把"商品化权" – 真实的或虚拟的人物或动物的形象专用权的保护 – 列为必要的一项［5］。然而在我国的《反不正当竞争法》中还见不到。

其次，明确对商标的保护。中国《商标法》中仅有第 31 条对未注册、已有一定影响的商标，在他人恶意抢注的情况下给予有限保护。但除 31 条之外的，借他人未注册商标为自己牟利的情况就应当由《反不正当竞争法》来进行兜底性的保护，但在《反不正当竞争法》中很难找到明确规范该行为的条款。因此有必要对未注册商标的不正当竞争性质做出明确规定。《反不正当竞争法》第 5 条第 1 款规定了禁止"假冒他人的注册商标"，本条第 2 款规定禁止"擅自使用知名商品特有的名称、包装、装潢，或者使用与知名商品近似的名称、包装、装潢，造成和他人的知名商品想混淆，使购买者误认为是该知名商品"的行为。在我国，未注册商标权是《商标法》外的法律上的权利，《反不正当竞争法》第 5 条第 2 款对知名商品标识的保护性规定实际上就是把未注册商标纳入其保护范围，符合《反不正当竞争法》的立法主旨和兜底性法律的特征。

商标保护的另一个重要问题是商标和商号的相互侵权行为。商号是商事主体为表明自己不同于他人的特征而在商事交易中为法律行为时所使用的专有名称，是用于区别不同企业的标志。商号是商誉的重要载体，商号权应该得到法律的保护。一般是由工商企业经营者根据企业的住所、经营范围、业务性质、企业规模、民族习惯、传统等情况命名。我国目前对商号登记是采用"强制登记"的原则，即未经登记的商号不得使用。根据我国《商标法》的规定，我国对商标实行的是申请在先的原则。对于在先申请注册的商标，即使是拿他人的商号作为自己的商标的行为，只要不违背《商标法》的有关条款，都可以核准注册并得到法律保护。而我国法律对是否可以拿他人的注册商标作为自己商号的行为却没有明文规定。在我国目前没有专门对商号权进行立法保护的情况下，应在《反不正当竞争法》中明确保护商号权。

最后，我国《反不正当竞争法》对于毁损他人外观设计的声誉、毁损他人产品（服务）指南或说明的声誉、毁损他人"商品化权"所涉客体的声誉，基本没有规定；对于搭他人产品（服务）便车和毁他人产品（服务）声誉的行为，也没有明确规定，这几大块缺陷，给中国的司法与执法的实践带来了很多不便，急需完善。

四、不正当竞争的法律救济

既然不正当竞争行为是一种被法律所禁止的行为，行为人承担相应的法律责任也是理所当然的。世界各国大多综合运用了民事的、刑事的法律责任方式来规制不正当的竞争行为。通常存在两种不同方式的立法例：一种是采用实际赔偿原则，即侵害人的损害赔偿责任以受害人的实际损害为限；另一种则是采用惩罚性赔偿原则，即规定侵害人要承担超过受害人实际损失的赔偿责任。而对于构成犯罪的不正当竞争行为，则要承担相应的刑事责任。我国的《反不正当竞争法》对于不正当竞争行为的法律责任的规定吸收借鉴了国外的做法，规定了以下三种主要的救济方式：

（一）民事责任

我国《反不正当竞争法》第20条规定，经营者违反本法规定，给被侵害的经营者造成损害的，应当承担损害赔偿责任，被侵害的经营者的损失难以计算的，赔偿额为侵权人在侵权期间因侵权所获得的利润；并应当承担被侵害的经营者因调查该经营者侵害其合法权益的不正当竞争行为所支付的合理费用。被侵害的经营者的合法权益受到不正当竞争行为损害的，可以向人民法院提起诉讼。

上述规定是对不正当竞争行为的民事责任的特别规定，也是追究不正当竞争行为民事责任的依据，凡是不正当竞争的行为给其他经营者造成了损害的都要承担损害赔偿责任，其损害赔偿额为受侵害的经营者因侵权所遭受的实际损失或者在侵权期间所应获得的利润，赔偿范围既包括实际损失也包括其他合理费用。由于不正当竞争行为所侵害的权利既包括如商标权和商业秘密权等财产权，也包括如企业名称权和姓名权等人身权，所以侵权人的损害赔偿责任也包括了精神损害赔偿。

（二）行政责任

我国的《反不正当竞争法》采取行政处罚为主、辅以相应的民事救济原则。行政救济的规定比较详细，主要有：(1) 责令停止违法行为，即监督检查部门对于经营者实施的不正当竞争行为有权要求其停止。这是最基本的行政处罚，其目的在于迅速有效地制止不正当竞争行为继续进行，从而避免和减少由于不正当竞争行为给被害人所造成的损失。(2) 罚款。我国针对不同类型的不正当竞争行为分别设定了不同额度的罚款标准。(3) 没收违法所得。(4) 吊销营业执照。这是我国一项较严厉的对经营活动的处罚。一般仅用于“情节严重的”的不正当竞争行为，因此我国的《反不正当竞争法》仅在第21条规定了这一措施。(5) 裁定中标行为无效。这是一项特殊的行政法律、法规措施，仅适用于我国的《反不正当竞争法》第27条规定的投标者串通投标行为的处罚。

（三）刑事责任

我国《反不正当竞争法》的规定只是将刑事责任作为补充出现，所以刑事责任规定原则，条文少，只是对商业贿赂和销售伪劣商品构成犯罪的行为追究刑事责任，而对侵犯商业秘密、损害他人商业信誉、强迫性交易、滥用经济优势等严重破坏市场秩序和损害公共利益及消费者权益的违法行为却无此种规定。这表明我国《反不正当竞争法》

中刑事责任制裁职能较为薄弱，其体现在行政、司法部门在执法实施中就是“以罚代刑”现象严重或对大量严重不正当竞争案件只是作为一般的民事案件处理。结果导致法律调控功能疲软，未能有效制止不正当竞争。

第二节　不正当竞争行为的构成要件

主题案例

广州市好迪化妆品有限公司诉上海好迪化妆品有限公司其他不正当竞争纠纷案

案情回顾

原告广州市好迪化妆品有限公司成立于1992年8月10日，自1994年起原告先后注册了核定使用在第3类商品上的多个“好迪”商标。经过原告的长期使用和广泛宣传，原告的“好迪”商标已具有很高的知名度和影响力，并于2005年7月5日被吉林省延边朝鲜族自治州中级人民法院认定为驰名商标。被告上海好迪化妆品有限公司于2007年7月17日成立，其经营范围主要为化妆品，与原告属于同业竞争者。原告发现被告在网站上以“上海好迪化妆品有限公司”名义经营并销售化妆品，并以“上海好迪”、“上海好迪化妆品”名义进行宣传。被告还对外进行商品招商，后因该化妆品含有沉淀物的质量问题而被中国化妆品网曝光，被告的行为已经造成了不良的社会影响，并在一定程度上损害了原告“好迪”字号和商标的声誉。据此，原告请求法院判令被告：（1）立即停止对原告的不正当竞争行为，立即停止使用含有“好迪”字样的企业名称；（2）限期变更企业名称，变更后的企业名称中不得含有与“好迪”相同或近似的字样；（3）赔偿原告因调查和制止被告不正当竞争行为所支付的合理费用人民币3 600元；（4）在《中国工商报》、《化妆品报》上刊登声明、消除影响。被告上海好迪化妆品有限公司辩称，其企业名称系合法注册取得，且其在经营活动中依法使用自己的企业名称，并未对原告构成不正当竞争，故请求法院依法驳回原告的诉讼请求，原告明确指控被告登记和使用企业名称的行为构成了对原告的不正当竞争。

被告陈述，其以“好迪”作为企业名称的字号是取谐音于“好的”，因上海已有“好德”超市，用“好德”怕注册不下来，故用了“好迪”。其在登记企业名称时，知道原告及其“好迪”商标的存在，但经咨询得知企业名称具有一定的地域性，故在上海亦可用“好迪”字号，其在经营活动中仅将“好迪”作为商号使用而未作为商标使用。

争议焦点

本案的争议焦点在于被告登记和使用以“好迪”为字号的企业名称的行为是否构成了对原告的不正当竞争？

裁判意见

《最高人民法院关于审理注册商标、企业名称与在先权利冲突的民事纠纷案件若干问题的规定》第4条规定：“被诉企业名称侵犯注册商标专用权或者构成不正当竞争的，人民法院可以根据原告的诉讼请求和案件具体情况，确定被告承担停止使用、规范使用等民事责任。”法院根据上述事实认定被告的行为已经违反了诚实信用原则及应当遵守的商业道德，构成了对原告的不正当竞争，应承担停止侵害、消除影响等民事责任。根据原告的诉请并结合本案的实际情况，法院对原告要求被告变更企业名称、登报消除影响并承担原告为制止被告不正当竞争行为所支出的合理费用等诉讼请求均予以支持。关于消除影响的载体，原告主张在《中国工商报》和《化妆品报》上刊登声明，法院认为，在其中一份报纸上刊登声明就足以达到消除影响的目的，故无必要在多家媒体上重复声明，法院将择其一份作为被告刊登声明、消除影响的载体。据此，依照《中华人民共和国反不正当竞争法》第2条和第20条、《最高人民法院关于审理注册商标、企业名称与在先权利冲突的民事纠纷案件若干问题的规定》第4条之规定判决如下：

第一，被告上海好迪化妆品有限公司立即停止对原告广州市好迪化妆品有限公司的不正当竞争行为；

第二，被告上海好迪化妆品有限公司于本判决生效之日起30日内变更企业名称，变更后的企业名称中不得包含“好迪”文字；

第三，被告上海好迪化妆品有限公司于本判决生效之日起30日内在《中国工商报》除中缝以外的版面上刊登声明（内容须经法院审核），消除因其不正当竞争行为给原告广州市好迪化妆品有限公司造成的不良影响；

第四，被告上海好迪化妆品有限公司于本判决生效之日起10日内支付原告广州市好迪化妆品有限公司为本案诉讼支出的合理费用人民币3 600元。

评析探讨

本案是一起因非法使用他人注册的企业字号而给原字号所有人带来不利影响的不正当竞争纠纷案。经营者在市场经营活动中应当秉承诚实信用和公平竞争的原则，遵守公认的商业道德，任何法人、组织和个人均应尊重他人的在先权利，不得利用他人企业名称或商标的商誉进行不正当竞争。不正当竞争包括以下四个构成要件：一是主体是市场经营者；二是侵害的对象主要是同业经营者；三是行为的违法性；四是行为的危害性。

首先，本案中原被告都使用了同一企业字号“好迪”，然而，原告对“好迪”文字使用在先。原告的企业名称虽然经过了多次变更，但其自1993年起就一直将“好迪”文字作为企业的字号，同时，原告于1994年起注册了多个含有“好迪”文字的商标。而被告企业名称的核准登记时间为2007年7月17日，因此，无论是原告“好迪”企业字号的登记时间还是带有“好迪”文字的商标的注册时间均远早于被告的“好迪”企业字号获得登记的时间。

其次，“好迪”一词并非汉语通用词汇，亦无特定含义，是原告最初在企业名称中使用的臆造词，原告经过多年发展，其“好迪”字号与商标在行业内及消费者心目中有了较高的知名度。被告在企业名称登记之前，对“好迪”文字不享有任何权利或权益，其将“好迪”登记为企业字号无合理的依据，亦难以解释为是一种巧合。从原、被告的经营范围来看，主要均为化妆品的生产与销售，双方具有直接的竞争关系，被告在诉讼中亦确认其在登记企业名称时知道原告企业及其“好迪”商标的存在，并承认原告的“好迪”具有一定的知名度，但其仍登记和使用含有“好迪”字号的企业名称，具有明显攀附原告商誉的故意。

最后，被告登记的“好迪”字号是其企业名称中的核心部分，与原告企业名称、字号以及在先注册的“好迪”系列商标中的“好迪”文字完全相同。特别是原、被告的企业名称，在字号、行业、组织形式上完全相同，唯一区别在于行政区划，而由于原告企业在全国范围内具有知名度，且其产品在上海亦有销售，原、被告如此相似的企业名称势必会使相关公众对原、被告在法律上是否有关联造成混淆或误认，从被告在庭审中的陈述也可得知，在客观上亦已造成了相关公众对原、被告之间关系的误认。综上所述，被告的行为符合不正当竞争行为的构成要件，被告作为市场经营者，通过使用他人已经注册的企业字号，在相同的经营范围中造成对消费者的混淆，构成了不正当竞争。

实践中这种借助于滥用知名品牌的商标权和字号而促进自己企业不当获利的行为比比皆是，这种行为也被形象的称为“搭便车”现象。《反不正当竞争法》第5条列举了各种不正当竞争行为，其中包括假冒他人的注册商标；擅自使用知名商品特有的名称、包装、装潢，或者使用与知名商品近似的名称、包装、装潢，造成和他人的知名商品相混淆，使购买者误认为是该知名商品；擅自使用他人的企业名称或者姓名，引人误认为是他人的商品等，这些行为的主观目的都是为了达到混淆消费者的辨识，借助不当利用知名产品的企业名称或者包装、装潢来使自己的产品不断地和知名产品产生联系，不断“搭”、“靠”这些产品，来增加自己的获利，导致这些知名产品的企业经济利益和产品声誉受到影响，实践中这种搭便车的行为不仅仅表现为《反不正当竞争法》第5条中所列举各种不正当竞争行为，还包括像擅自使用他人商品（服务）样式的行为以及对商业标识的侵犯等，这些行为无论在中国还是在外国，都经常是不正当竞争者不法行为的重点。仿商品的样式本身，比仿商品的包装、装潢，往往使权利人受到的损失更严重。我们的法律保护了正当经营者的商品包装，却没有规定保护其商品的本体。作为“商品化权”保护对象的商业标识，例如虚构的人物或者动物的名称（中国的“三毛”、日本的“阿童木”、美国的“米老鼠”），这些有时既不是“作品”，也不是“肖像”，又不是“姓名”，所以知识产权无从予以保护，便成为不正当竞争者的“搭”、“靠”或“仿”的对象，这时只能依靠不正当竞争法给予其兜底性的保护，然而在我国的《反不正当竞争法》中，由于是列举式的规定，则找不到这种保护依据。所以我国的《反不正当竞争法》还存在较大的缺陷，与世界知识产权组织的“示范法条”相比，其对于毁损他人外观设计的声誉、毁损他人产品（服务）指南或说明的声誉、毁损他人“商品化权”所涉客体的声誉，基本没有规定；对无论搭他人产品（服务）便车还是毁损他人产品（服务）声誉的行为，则完全没有规定。这几大块缺陷，给中国司法与执法带来了不便，急需完善。

第三节 擅自使用他人企业名称、知名商品特有名称、使用知名商品特有包装、装潢

主题案例

金湖世纪华联超市连锁有限公司与华联超市股份有限公司擅自使用他人企业名称及其他不正当竞争纠纷上诉案

案情回顾

原告华联超市于1992年成立，经营范围包括服装鞋帽、服饰系列配套商品、日用百货、超市管理等。被告为金湖世纪华联公司、金湖世纪华联松江分公司（下称松江分公司）、金湖世纪华联上海分公司（下称上海分公司）。原告在全国范围内共拥有超市门店1 947家。曾获得多项荣誉，口碑甚好。被告金湖世纪华联公司于2005年6月15日

成立，经营范围包括商业管理咨询、商业策划、商业零售业连锁、特许经营与投资管理、日用百货、服装鞋帽等，公司法定代表人张某曾在上海华联超市杭州有限公司（下称杭州公司）担任管理岗位工作。2005 年 6 月辞职，另查明，原告曾为杭州公司的股东，2004 年 11 月，杭州公司的股东之一由原告变更为原告投资设立的华联超市（浙江）有限公司，张某经办了该次变更登记手续。被告松江分公司于 2005 年 11 月成立，上海分公司于 2005 年 12 月成立，经营范围包括日用百货、五金、家电、通讯器材、文具用品等。

根据公证保全时所拍照片显示，包括三被告在内的 11 家“世纪华联”超市门店均悬挂“世纪华联”或“世纪华联超市”的招牌，其中有 8 家超市的招牌采用绿底白字或绿底白字外加黄色线框的装潢。超市的购物袋、标价签、吊旗、超市营业员所穿工衣上均印有“世纪华联”字样。此外，包括被告金湖世纪华联松江分公司、金湖世纪华联上海分公司在内的 5 家超市还对外销售原告的定牌产品，产品上均标有原告的企业名称及“华联超市”的标识。

2007 年 7 月 18 日，上海市黄浦区第一公证处经原告申请对被告金湖世纪华联公司网站上的内容进行保全证据公证。发现该公司在其网站上的宣传完全不符合实际，属于夸大宣传。

争议焦点

本案的争议焦点主要有三个：

1. 三被告在企业名称中使用“华联”文字是否侵犯了原告的企业名称权？

原告认为：被告使用“华联”侵犯了原告的企业名称权。

被告认为：“华联”并不具有显著性，而且被告是以合法方式取得该企业名称，并没有给公众造成混淆，故并未侵犯原告的企业名称权。

2. 被告超市门店装潢的性质如何？

原告认为：被告超市门店的店招及营业员工衣等采用与原告相近似的文字和色彩，构成对原告的不正当竞争。

被告认为：原告并未主张并举证证明其店招装饰及营业员的服饰等属于知名商品（服务）特有的装潢，而且单从色彩而言不足以使消费者对原、被告提供的商业零售服务产生混淆，不构成不正当竞争。

3. 被告对外销售原告定牌产品的行为性质如何？

原告认为：被告将原告定牌产品置于其自己的超市门店内销售的主观意图较为明显，其目的就是想使消费者进一步确信其就是原告的“华联超市”，从而达到混淆大众的目的，构成不正当竞争。

被告认为：凡是有资质的企业都可以通过批发或零售的方式取得原告的定牌产品，被告亦是通过正规渠道从原告处合法获得的，所以不构成不正当竞争。

裁判意见

法院认为原告对“华联”文字使用在先且在经过十几年的发展后具有一定的经营规模和知名度并在同业内获得了较多的荣誉。三被告成立于2005年，其对“华联”文字的使用晚于原告并且其对企业名称的登记具有主观恶意，表现在：（1）被告的企业字号与原告的企业字号构成近似；（2）被告在成立时应该知晓原告及其“华联”字号；（3）被告在企业名称中使用“华联”文字无合法依据。综上所述，根据最高人民法院《关于审理不正当竞争民事案件应用法律若干问题的解释》第6条的规定，具有一定市场知名度、为相关公众所知悉的企业名称中的字号，可以认定为《反不正当竞争法》第5条第（三）项规定的企业名称。被告未经许可，擅自使用与原告“华联”字号相近似的“世纪华联”字号，已经造成了相关公众的混淆或误认，被告的行为违反了公平竞争和诚实信用原则，侵犯了原告的企业名称权，对原告构成不正当竞争。对于原告指控被告超市门店的店招及营业员工衣等采用与原告相近似的文字和色彩，构成对原告的不正当竞争。一审法院认为本案中，原告并未主张并举证证明其店招装饰及营业员的服饰等属于知名商品（服务）特有的装潢。而且，原告各超市门店店招的色彩搭配亦不尽相同，脱离文字部分，单从色彩而言不足以使消费者对原、被告提供的商业零售服务产生混淆。构成对原告不正当竞争的主张缺乏事实和法律依据，不予支持。被告对外销售原告定牌产品的行为提供的证据尚不能证明其所销售的原告定牌产品是通过合法途径获得，被告这种搭乘原告便车、故意误导消费者消费的行为同样违反了公平竞争和诚实信用的原则，构成对原告的不正当竞争。

具体判决如下：第一，三被告立即停止在其企业名称、门店店招、门店内部装饰及商品标识中使用“华联”文字；第二，被告松江分公司赔偿原告经济损失人民币50 000元，被告金湖世纪华联公司承担连带责任，于判决生效之日起10日内履行完毕；第三，被告上海分公司赔偿原告经济损失人民币50 000元，被告金湖世纪华联公司承担连带责任，于判决生效之日起10日内履行完毕；第四，被告金湖世纪华联公司赔偿原告华联超市经济损失人民币40万元，于判决生效之日起10日内履行完毕。案件受理费人民币9 600元，由被告华联松江分公司负担人民币960元，被告上海分公司负担人民币960元，被告金湖世纪华联公司负担人民币7 680元。

判决后，原审被告金湖世纪华联公司不服，向法院提起上诉，二审法院认为原审判决认定事实清楚，适用法律正确，依法应予维持。但原审判决对案件的受理费计算有误，予以纠正。

评析探讨

首先，企业的名称权是企业发展的核心，企业的名称是企业形象的代表，产品在投入市场，经过长时间的市场检验之后，会形成很好的声誉和信誉，消费者通过其产品的企业名称来和其他产品作以辨识，从而获得市场知名度。本案中原告华联超市自1992年成立以来，经过十几年的发展已具有一定的经营规模，在超市行业拥有一定的市场占有率，“华联”字号具有一定的知名度，并具有较高的显著性，“华联”二字已经深入人心，口碑甚好。被告金湖世纪华联公司使用与原告极其相似的企业字号，而且经营的范围与原告属于同类产业，并在其超市内销售原告的定牌产品，以上事实足以构成超市消费者的混淆并发生误认的结果。被告在上诉中称原告的企业名称并不具有显著性，且其企业字号与被上诉人华联超市的企业字号并不近似；其对企业名称的使用并未造成相关公众的混淆或误认，法院并未采信，即使其企业名称中加入了“世纪”二字，但是“华联”二字才是起主要识别作用的，被告企业名称的使用已经造成了相关公众的混淆或误认。被告在经营活动中，在其店招、营业员工服饰、购物袋、标价签、吊旗等处将“世纪华联”或“世纪华联超市”作为其企业名称的简称使用，由于被告的企业字号与原告的企业字号构成近似，且原、被告都从事超市连锁经营，具有同业竞争关系，这在客观上会使相关公众对“世纪华联超市”与原告的“华联超市”产生混淆或误认为原、被告之间存在某种关联关系。结合原告提供的几篇新闻报道及对相关公众所作的问卷调查，足以认定被告的行为已经造成了消费者的混淆或误认，所以被告的行为构成了不正当竞争。

其次，我国反不正当竞争法明文规定对知名商品（服务）特有的名称、包装、装潢予以保护。商品（服务）特有的名称、包装、装潢对于一个商品（服务）有重要的意义，代表的是一种理念和创新，也是作为一种和其他商品（服务）辨识的工具。但是，包装、装潢的形式多，容易有相似或相同，且只是其包装、装潢的近似不足以给消费者产生严重混淆，所以我国反不正当竞争法中只规定了对于知名商品的保护，原因在于知名产品的辨识度往往很高，其通过各种形式使得其特有的名称、包装、装潢为大众所熟知，已经成为其产品特有的一种标志，如若其他同类产品的经营者想要“搭靠”的话就会很容易得逞，构成不正当竞争。本案中原告并未主张并举证证明其店招装饰及营业员的服饰等属于知名商品（服务）特有的装潢。而且，原告各超市门店店招的色彩搭配亦不尽相同，脱离文字部分，单从色彩而言不足以使消费者对原、被告提供的商业零售服务产生混淆。所以法院不支持其诉讼请求。

最后，关于被告对外销售原告定牌产品的行为。被告辩称，凡是有资质的企业都可以通过批发或零售的方式取得原告的定牌产品，被告亦是通过正规渠道从原告处合法获得的。对此，一审法院认为，被告提供的证据尚不能证明其所销售的原告定牌产品是通过合法途径获得，退一步而言，即便这些产品来源合法，但被告将原告定牌产品置于其自己的超市门店内销售的主观意图较为明显，其目的就是想使消费者进一步确信其就是原告的“华联超市”。因此，被告这种搭乘原告便车、故意误导消费者消费的行为同样违反了公平竞争和诚实信用的原则，构成对原告的不正当竞争。

专题八

信息网络与电子商务

第一节 基本原理

一、电子商务的概念

截至 2009 年 12 月，中国网民人数达 3.84 亿，居世界第一，网络已成为一种重要的信息传播媒介。伴随着互联网的日益普及，电子商务的全球总收入也在暴增当中。信息网络的无形性增加了知识产权的保护难题，而电子商务则通过改变知识产权贸易方式而改变了其保护范围与保护程度。与两者有关的知识产权保护问题往往带有综合性及复杂性的特点。

按照联合国贸易与发展会议及经济合作和发展组织的权威定义，电子商务（Electronic Commerce 或 Electronic Business）指通过计算机网络和远程通信技术进行的经济贸易活动。目前，我国关于知识产权在信息网络与电子商务的立法并不多，具体有《计算机软件保护条例》及《关于审理涉及计算机网络著作权纠纷案件适用法律若干问题的解释》，而著作权法在修订后也出现了“信息网络传播权”，国家更出台《信息网络传播权保护条例》，但对于电子商务的知识产权保护关注度不够，目前还找不到关于“电子商务”的解释，只在《合同法》中出现类似的词语：“数据电文”。[①]

二、虚拟世界中的知识产权

电子商务中的知识产权往往与其他具体的知识产权类型相联系，但其保护形式及合

---

① 《中华人民共和国合同法》第 16 条第 2 款规定：“采用数据电文形式订立合同，收件人指定特定系统接收数据电文的，该数据电文进入该特定系统的时间，视为到达时间；未指定特定系统的，该数据电文进入收件人的任何系统的首次时间，视为到达时间。”

理使用范围与传统知识产权有所不同。信息网络传播权是著作权法修订后新增加的一项权利，指以有线或者无线方式向公众提供作品，使公众可以在其个人选定的时间和地点获得作品中的权利。其与复制权有一定的区别。信息网络传播权更类似于复制权与传播权的统一体，由于网络交互性传播的特点，信息网络传播权在传播的范围、程度及使用方式上并不是单方的，而是由双方共同决定的。传统的复制权与传播权包括如发行、出租、表演、放映、展览、广播，一般只是一次性享有的，但信息网络传播权并不是完全一次性权利，更多的在长期的期限内有效。

（一）上载与下载

上载作为作品在信息网络中传播的前提，实质是将数字化的作品从存储的计算机复制到供作品传播的服务器上。作为复制作品行为，由于有可能使作品于公众间传播，若未经作品权利人允许而擅自将作品公布于互联网中，该上载行为便构成侵犯作品权利人的复制权的行为。而从网站等在线服务系统中下载作品，更是一个作品复制过程。从网站、电子公告板和其他在线服务系统下载作品，是指以电子传输的形式将作品从服务器复制到用户的计算机中，在硬盘、软盘或者随机存取器中形成一份作品的复制件。后者更多发于我们的生活当中。音乐下载、文档下载、资料下载已成为我们生活中的一部分，若并不属于法律、法规所列明的侵权豁免范围的，如为个人学习、研究或者欣赏，下载的是他人已发表的作品的，下载者便要承担侵犯权利人知识产权的责任。如同上载一样，若是出于商业营利目的，未经许可或是超过许可范围的，应当承担法律责任。即便是经过许可的合理利用，也应当给予权利人必要的费用。

（二）浏览与合理应用

若只是用作个人学习、研究或者欣赏的，该行为并不构成侵犯知识产权的行为。但若是以营利为目的，显然超出了合理使用的范围，需要向权利者支付必要的费用。而向公众传播未经权利人许可的作品时，更侵犯了权利人的知识产权。但问题在于如何界定主体的范围：个人与公众。开始时，著作权法只是将“个人”延伸至与该个体有关的家庭，而公众是指“不特定的多数人”。自从内部网出现后，这个“个人”是否可以扩展到内部网络中的用户成为问题。实际上，这种延伸是不恰当的。即便内部网只限于一个单位里的员工——具有特定性，也符合“公众”的认定标准。由于信息网络世界传播的快捷性，即便只是在特定的多数人间传播，也属于在公众间发布。因此，现实当中大部分内部网的资源共享，只要超出了个人及其家庭、亲友后，均属于侵权的行为。

（三）网页的知识产权保护

网页或网站往往不是一个单纯的作品，当中包含着如同文字、图画、声音、活动影像等众多元素。因此，以普通作品的著作权认定标准进行知识产权方面的保护，略显不足。由于网页或网站内容元素众多，因此其更接近多个作品的信息集合体，网页内每个元素都有可能成为知识产权保护的对象。同时，由于信息网络的日益普及，越来越多的内容进入到公有领域，单纯从其颜色、文字、图标的独立性来认定整个网页的侵权是不恰当的。判断网页内容是否成为知识产权法所保护的对象，除了其外观及内容外，网页的编排应作为著作权的“独创性”最主要考虑对象。网页内容作为一个集合体，类似于我国著作权法的汇编作品，认定侵权时主要从整体的选择、构思、排列、设计、组合，而不仅仅从网页上所引用的内容是否缺乏独创性而进行认定。但网页的知识产权保护范围应该是有限的，不应无限扩大，其编排或设计可以成为保护的内容，但每个网页所选择进行汇编的内容却不能被延及。这就涉及另一个信息网络中的知识产权问题——链接——是否受知识产权保护，同时产生网页的制造者是否需要支付其选择汇编内容的知识产权人合理费用问题。

（四）网络作品的出版问题

根据著作权法的规定，改变作品，创作出具有独创性的新作品，构成改编。但是，未经作者同意又没有其他合法的理由，擅自改变作品，不论是否创作出新的作品，都有可能侵犯了作者的修改权（修改或者授权他人修改作品的权利）和保护作品的完整权（即保护作品不受歪曲、篡改的权利）这两项著作权。当前我国信息网络当中，由于网络小说、漫画的日益发达，改文、同人漫画、转载成为时下不少宅男宅女所热衷的活动。从我国知名的网上交流平台百度的贴吧中，每个贴吧内均可以发现“改文”的踪迹。同时一些公共论坛等也不乏改文的身影。根据著作权法，当作品一旦经过发表后，他人可以未经著作权人同意且不用支付报酬的情况下进行合理使用，但应当指明作者姓名、作品名称，并且不得侵犯著作权人依照本法享有的其他权利。可见，即便是在网络中随处可见的“改文”行为，实质存在不少的侵权现象。即便改文者并非以营利为目的，但也并非是仅供个人的学习、研究、欣赏之用，由于他们的行为已对原有的作品进行了修改，且通常未取得著作权人的同意或许可，更多情况下，改文者也并不会标明原权利人的姓名及作品名称。因此，改文者的行为已构成侵犯他人知识产权的效果。但由于目前大部分存在着改文的网站均属于非营利性质的网站，且均属于些小修小改的，因此，对于某些在网络上已发表且没有设置阅读权限的文章，只要在改文或转载前表明原来的著作权人及作品的名称，并注明以下文章属于改文的，应当可以豁免于侵权责任。但若用户转载或改文的对象是没有在网上发布的文章，如书面出版物，或者转载或改文的是含有技术措施于内的文章的，如增加阅读权限，这时仅仅注明权利人的姓名及文章的名称便不可以豁免侵权责任了。即便在这些情况下，作品已在公众中发布，改文者或转载者并不以营利为目标，但该行为无疑侵犯了权利人的信息网络传输权。某些作品并没有在网上公开，若一旦在网上公开以后，便处于让公众在非特定时间、地点内可以获得的状态，即便是非营利性质的，但也并不属于“仅供个人学习、研究、欣赏”责任豁免之列，同时更不属于法定许可之列，即使在后来支付报酬，这种行为也属于侵犯著作权人知识产权的范围。除了改文、转载以外，随着《互联网出版管理暂行规定》的出台，网络出版也成为电子商务中重要的一个角色。网络出版属于“数字化出版”的其中一种。除了较传统的现有出版社增加网络出版这个业务外，现在对知识产权的保护产生挑战的是新型从事互联网出版的网站及数字图书馆、数据库。对于传统的纸质型出版社的网络出版业务，知识产权保护方面的疑惑在于对于由其发表的作品的网上出版行为是否享有权利。我国现行做法是，将著作权法中强制许可中的“报刊”延伸至网站上。因此，即已在报刊上刊登或者网络上传播的作品，除著作权人声明不得转载或者摘编的以外，网站予以转载、摘编并按有关规定支付报酬、注明出处的，不构成侵权。因此，可以理解为对于出版社已发表的作品，只要支付相应的报酬并注明相关信息，其网络出版并不属于侵权行为。但并不是说该作品的网络出版权已属于该出版社，只是在强制许可下，出版社可以在未征得权利人的允许下而进行网络出版。

对于新型主营网站出版，包括小说、游戏、音乐的网络出版网站，其著作权的归属也是一个问题。由于信息网络发展迅速，可以看到，如今大型的小说阅读网站及音乐网站发展迅速，这些网站大部分是非营利的，但还是存在一些以营利为目的的网站。这些网站大部分经过技术加密，只有当用户成为当中的某层次会员或是向其账户充值后才可以获得某些著作的阅读权限。一般有阅读权限作品的作者均为该网站的签约作者，因此，这些作品可看作是雇佣作品，因此按照现行我国著作权法规定，作品的著作权归属按网站与作者间的合同确定；没有约定的，属作者所有。因此，网络出版中著作权的归属问题不大，但知识产权的保护难题却来自于网络出版社与被侵权作品间的关系。由于网络出版社一般作为著作权人，若作者有侵犯他人知识产权的行为，其是否要为合同下的作者承担责任呢？由于目前对“出版”已延伸至信息网络，因此，可以适用《著作权法》第52条的司法解释：出版物侵犯他人著作权，但尽到了合理的注意义务，著作权人也无法证明出版者应当知道其出版涉及侵权的，出版者承担停止侵权、返还其侵权所得利润的民事责任，但是不承担赔偿责任。一些网站内自我标签免责条款，并不能豁免网络出版者责任。

另一方面，已成为不受阅读限制的用户，其有可能在其他网站内以其现有的信息进行转载或者发布。由于其获得作品的途径是合法的，但后来的传播却有侵犯知识产权之嫌，且直接影响该网站的电子商务收益，其损失是难以计算的，而刊登这些侵权作品的网站的责任如何认定随之衍生。在出版数字化这个方面，由于目前我国法律对于作品的出版并没有如同音像产品那样的集体管理制度，但由于作品的数字化传播越来越成为社会主流，因此文字作品的集体管理制度也应当相应建立。除了这种个别利用本身阅读权限的做法，更有利用破解某些加密网站或技术措施的做法，后者的影响更为巨大。这便涉及另一个信息网络的知识产权问题了。

（五）技术措施与管理电子信息

在信息网络世界里，由于传播的快速、便捷、廉价，因此技术措施应运而生，以减少盗版等侵权行为的发生。但任何技术均是有漏洞的，以攻击这些技术屏障而生的破解程序也同时出现，因此，两者在信息网络世界中进行没有硝烟的战争。技术措施主要包括控制访问的措施和控制使用的措施两类，以防止用户进行无限制的访问、浏览、复制、传播和散布。修订后的著作权法也认识到这点，根据其规定，未经著作权人或者与著作权有关的权利人许可，故意避开或者破坏权利人为其作品、录音录像制品等采取的保护著作权或者与著作权有关权利的技术措施的，应当承担相应的侵权责任。即便是修订后的著作权法也已有差不多十年的历史，因此，当时对于如何进行对技术措施的侵犯并没有详细列明。现实当中，大规模地制造、销售破解装置行为甚至是无偿向公众提供后门程序，或向公众散布破解技术或信息的行为对知识产权的保护造成沉重的打击。但由于目前我国法律对这些做法并没有明文规定，且现实中更存在某些非法的技术措施，如某些加密程序不但阻却盗版的运行，更会令用户整个系统陷于崩溃状态。因此，如何规范信息网络的技术措施是一大难题。目前我国虽也遇到这样的案例，但现实中对于技术措施的保护范围及限制却没有说明。以美国为例，其《跨世纪数字化版权化》中明确对其技术措施的保护范围进行限制，同时也给予了豁免，包括了反向工程、合理的加密研究、安全测试、保护个人隐私、非营利性质的图书馆、数据库、教育机构及广播组织的豁免。这类似于我国著作权法中所规定的知识产权合理利用中的法定豁免。另外，对于什么是可受知识产权保护的技术措施也有相应的限定，只有权利人本人可以在作品中施加的、只能是防御性质的、只能在给予侵权活动造成必要障碍的范围内的。

而另一个与技术措施相关的便是知识产权的管理电子信息，两者都以保护作品权利人的经济权利而产生的。作品的权利管理信息主要是在作品传播中附加于作品上所显示出来的信息。我国著作权法规定，未经著作权人或者与著作权有关的权利人许可，故意删除或者改变作品、录音录像制品等的权利管理电子信息的，应当承担相应的侵权责任。但法律中却未对什么是权利管理电子信息进行规定，也并未对其进行保护的限制。现行的著作权法只注意到“故意删除或者改变”，但没有考虑到也有可能予以虚假附加，或者故意散布权利管理电子信息的行为是否属于侵权行为。

（六）超文本链接与搜索引擎

超文本链接作为信息网络中不同位置的独立信息的连接体，让入网者可以跳跃不同的内容。若单纯在网站上设置通向另一个网站的网址链接，用户通过链接访问另一网站的，设链网站者不会侵犯被链者的知识产权。但若是设置的并不是具体网站地址而是一个特定的图标、照片、图案、音乐、影像的，设链者便应承担相应的因擅自使用他人作品的侵权责任。有些情况下，设链者甚至会利用使用驰名商标、商号或是他人已申请保护的商标标识进行产品混淆宣传的，设链者在此情况下应当承担侵犯商标权的责任或是不正当竞争责任。其认定应从是否具备商业营利性质、是否造成消费者的混淆、是否利用商业标识权利者的商誉、是否造成消费者的难以辨认、是否有使消费者认为设链者与商标权利者具有某方面的授权许可或是联系的可能性等方面进行。同时，该链接商标、商号的知名度及是否已提交商标法等法律、法规的保护申请也应成为考虑是否构成侵权的因素。但此时，由于发生在信息网络当中，信息网络所覆盖范围广阔，甚至是无地域性造成区域因素并不属于此时应考虑的条件。换言之，即便是某些商标是具有地域限制的，设置通往此地域之外的链接也可能导致商标侵权。

设链者的侵权并不仅仅限于设链这个行为，有时更会延伸至其设链背后所指向的内容。此归结于若被链网站传播或包含着有侵犯他人知识产权的内容或是其他侵权行为的内容的，设链者是否应当承担辅助侵权责任。在链接行为本身不构成对任何权利人的侵权的情况下，正如上文所述对网站内容的保护标准来看，其知识产权范围应限于网站的编排与设计上，而不应延伸至网站建立者进行编排设计所选择的内容，设链者的责任也不应延伸至其所设链接背后的网站的内容。仅仅从客观方面——设链的效果——来追究设链者的责任显然是不公平的，任何无心者均不应为第三方的侵权行为而承担责任。但也并不是任何情况下设链者均可以豁免于侵权责任。当设链者在明知或应当知道其所设链接背后的网站有侵权行为时，其设链行为相当于扩大侵权行为的影响范围，提供帮助或便利条件，应当承担连带侵权责任。而如何认定设链者是否属于明知或是应当知道的范围，还是可以从一些客观事实中得知的。例如设链者在网站中宣布入网者可以通过链接获得侵权内容，或者鼓励入网者提供传播侵权内容的网站的行为，均可以作为认定设链者明知或是应当知道设链背后存在侵权行为的事实。但面对日益复杂的信息网络世界，上述明显表明设链者存在辅助侵权的行为并不多见，更多的侵权行为存在于隐蔽处。以客观事实方面来认定设链者的主观意愿越来越有难度。因此，我国法院在面对此类因链接而产生的侵权行为时，设链者面对事件的态度起着更为重要的作用。

若说设置链接是横向关系，设链者与被设链者处于同一高度的，那么搜索引擎便应该放在纵向方面来探讨权利者与使用者之间的关系。搜索引擎是非常重要的网络信息工具，可以说，它已经走进了我们的生活。搜索引擎的种类繁多，像我们日常所用的“百度”便是当中被称为“蛛网”的类型。蛛网是一种持续在网上搜索信息的计算机程序，有了它，用户在输入特定的搜索指令后，不仅可访问各种网站页面显示的信息，更可搜索网站内超文本标记语言中用来描述网站的“元标记”。现实中这是通过一系列的复制过程完成的。蛛网在搜索信息过程中为了形成相关网站的索引，需要暂时性地复制网站内容，并记录有关内容的网址，以便在以后其他用户的相关搜索中形成通向含有这些特定指令内容的链接。除了复制外，部分内容更不得不被储存在计算机当中。此复制行为，因其短暂性且出自程序的自动完成，作为一种临时链接，只涉及用户所要求的关键字信息，并不涉及整个作品的内容，因此其与作品的使用应有所区别。由于不是直接侵犯权利人的知识产权行为，因此搜索引擎提供者不应因未得到作品的权利人的许可或授权而产生侵权责任，更不应该承担其蛛网程序的搜索结果中可能含有的侵权内容而承担连带责任。强加搜索引擎提供者的额外审查义务并不公平。

广义来说，链接以及搜索都属于网络服务。于前者而言，在没有其他证据证明设链者事先对第三方的侵权行为知情的情况下，设链者在收到权利人的侵权通知后所采取的态度起关键作用。同样的道理也应该可以应用于电子商务的交易平台当中。一旦收到侵权指控，被指控的信息就已经特定化，设链者完全有能力控制这些信息，更有能力将设置的链接去除。如果对侵权指控置之不理，则侵权行为也因知识产权所保护的客体特定化而使设链者承担侵权责任。但同样的情况若是存在于搜索引擎中，要分类对待。若只是单纯的提供网络信息的，以关键字为服务指令的搜索引擎，只是作为信息网络上的搜索工具，其本身并不传播信息，即便在接到权利人关于某些网站内的侵权行为通知，只要尽到合理的义务——停止相关侵权链接的接入，即便是以后还可以通过该搜索引擎搜索到相关的权利人的作品，也不应承担相应的侵权责任。相反，若是权利人要求把其姓名或是作品从搜索引擎中的关键字作彻底删除的，将有可能切断公众对某方面信息的链接，后来的行为反而有可能侵犯了网络传输权，也不利于公众对信息的追求。

相信有使用过搜索引擎的人都会知道，每次当用户输入特定关键词作为任务信息时，引擎会通过其程序自动显示出与用户输入的关键词相关的网站信息。视用户输入的关键词的范围大小，该搜索结果量可以高达成千个网页。由于一个版面并不能全然显示如此多的内容，因此，不同网页的排位便有不同。作为一个理性的用户，通常被假定其会先选择前面版面所显示的网站而非后面的。因此，便出现有的搜索引擎服务提供者出于商业目的干预搜索结果，甚至更出现出卖关键词的交易。搜索引擎提供者会根据购买该关键词的买主所支付的价钱多少来决定这些同一关键词买主的网站或网页的排位先后。当某驰名商标或注册商标、商号被不法分子购买后，用户在搜索该名称时便会率先在搜索结果中看到竞争对手或者是不法侵权人的网址。因此，需要对搜索引擎显示结果的规则进行规制。搜索引擎服务的提供者将他人的驰名商标、注册商标、商号等作为搜索词出卖时，等于默认和纵容不法侵权者利用商业标识的“搭便车”行为，有使商业标志权利人的同行竞争者得以利用该标志为自己的商品和服务进行宣传效果，足以误导公众，造成混淆，应当与购买该搜索词的竞争者一起承担不正当竞争的责任以及侵犯商标、商号的责任。

与蛛网不同，关键词系统是将域名系统的定位功能与搜索引擎的搜索功能结合的产物。现今影响较大的关键词系统为原美国真实名称公司的系统和中国互联网络信息中心提供的“通用网址”服务。它基于用户对网络关键词的注册，用户只要在支持网络关键词系统的浏览器地址栏中输入注册的名称或者词语，就可以直接访问对应的网站或者网页，跳过了普通的蛛网搜索引擎出现的供用户筛选的后续过程，可以说更为便利、快捷。但正是由于关键词系统只会定位于一个固定的网站或网页，更容易出现如同专利、商标的“抢注”现象。且由于其标识性明显，比起一般商业标识的注册引起的知识产权问题更为严重。由于信息网络世界瞬息万变，处理以上的矛盾应该建立一套快速纠纷解决机制，且必须是明确、公正、权威。我国于2001年8月公布了《通用网址争议解决机制》，明确采用仲裁的方式解决，并授权中国国际经济贸易仲裁委员会为争议解决机构，且明确只有同时符合以下四种条件才属争议管辖：一是投诉人享有受中国法律保护的权利或合法利益，一般以是否为注册商业标识或驰名商标；二是被投诉的通用网址与投诉人享有权利或利益的名称相同或者近似，以是否达到造成用户混淆或难以辨认或是否有利用他人商誉的目的；三是被投诉的通用网址注册人对通用网址或其主要部分不享有权利或者合法利益；四是被投诉的通用网址注册人对通用网址的注册或者使用具有恶意，以是否明知或应当知道，同时投诉人与被投诉人所关注的行业范围也应当成为考虑因素。

（七）网络音乐与网络广播的知识产权保护

信息网络的传播对音像产品的知识产权保护产生了巨大的挑战，MP3以及P2P技术便是当中最为令权利人头痛的对象。前者已成为通用的国际性文件压缩技术标准，而后者则成为个人文件交换实现资源共享，并提供个性化选择的新型技术。目前我国对两者均未有法律上的限制或规定，但无疑他们已进入到我国公民的日常生活当中。音乐下载、电影观看已成为网民的普遍行为。但他们的无所限制，导致知识产权人蒙受巨大损失。无论是MP3技术还是P2P技术，用户未经权利人的同意，擅自上载或者下载作品或录音录像制品，并不必然为个人学习、研究或者欣赏使用他人已发表作品的合理行为，因此必然侵犯他人知识产权的行为。同时，由于录像作品在信息网络的发展日益加快，因此，如同翻唱，自拍等录像产品如何进行知识产权保护也是一大问题。这当中涉及邻接权人以及表演者的复制权以及信息网络传播权。而由于转载的盛行，网络提供者，如同P2P技术的持有人如何确保其所提供的作品是否有侵权之嫌，这主要来自于收到侵权通知后的态度。拒绝采取有效措施阻止侵权范围及损害继续扩大的，应当承担侵权的连带责任。另外，由于音像产品在信息网络中的飞速传播，且难以抑制的盗版现象，目前也有不少如同著作的网络发行一样的音像产品网络发行。如何保证网络发行者的知识产权不被侵犯，缔造合法环境支持网络的音像发行很有必要。由于音像产品的知识产权保护目前在我国实行的是集体管理制度，因此 P2P 技术也可以利用这个制度与集体管理组织共同开发计算机程序，让用户在享受音像产品的同时，在每一次的上传或下载过程当中交纳相应的版税。正如前文所述，著作权法对产品有规定合理使用制度，集体管理也是得益于这个制度。但什么情况下可以确定为“合理使用”确有必要明确。首先，只有个人拥有的作品及录音制品的合法复制件才可以成为合理使用制度的客体。因此，本身是盗版的复制品并不能适用这个制度。其次，以个人交互性播放音像制品为核心的 P2P 技术必须保证使用过程仅限于个人学习、欣赏，而非向社会公众传播产品。最后，这样的合理使用仅适用于音像产品，而如同电影作品、录像产品并不应适用该技术，网上视频播放器不应成为合理使用范畴，这主要来源于作品成本及影响力范围的考量。

谈及网络视频的传播，自然让人联想起网络广播以及电视的知识产权问题。两者以数据流式传播的方式在信息网络中传输录音制品、广播、电视，但由于其传播场所的特点决定了其与传统的广播、电视有本质的不同。目前我国著作权法也规定，广播电台、电视台播放他人已发表的作品，可以不经著作权人许可，但应按照国家规定或者当事人约定支付报酬。这属于合理使用的范畴，但由于信息网络的跨地域性，因此将网络广播及电视归类到现有的合理使用范畴有一定的难度。同时可以看到，对于传统的广播组织、电视的知识产权保护中，著作权法规定，广播组织有权禁止未经其许可将其播放的广播、电视转播，及将其播放的广播、电视录制在音像载体上以及复制音像载体的行为。因此，网络广播似乎在未得到原权利人的同意下进行传播的话，将有可能侵犯权利人的知识产权。当面对网络广播侵犯传统广播组织时，现实是通常以和解的方式解决纠纷。同时，网络广播、电视也在努力与传统的广播组织者寻求合作的空间。

（八）“警告——移除”机制

在提及信息网络及电子商务的知识产权的保护中时，不少侵权的认定均以“态度”作为关键因素。这也是在侵权案中有利于网络服务提供者的机制。由于直接侵权容易识别，但间接或辅助侵权却难以辨别。由于态度作为主观因素，一般难以查明，因此，在纠纷解决的方式中，逐渐发展出一套固定与信息网络相关的规则。这包括权利人的警告以及疑似侵权人的移除，简称“警告——移除”机制。权利人在得知有侵犯其知识产权的情况发生后，通过一定的警告方式对网络提供者，提示其系统中存在侵权内容，网络服务提供者在合理时间内进行查明并对被提示为侵权的内容进行移除，在移除后不承担侵权责任或只承担赔偿的有限责任。这种机制相当便利。虽然目前我国没有明文规定这种机制的实施，但已有相似的制度存在。在纠纷发生后，权利人向网络服务提供者提出警告必须符合一定的条件：只有权利人及经其授权的人才有资格进行警告，且一定是合法的权利人。最高人民法院《关于审理涉及计算机网络著作权纠纷案件适用法律若干问题的解释》中规定，著作权人在发现侵权信息向网络服务提供者发出警告时，必须出示身份证明、著作权权属证明及侵权情况证明；不能出示这些材料的，视为未提出警告。这可以作为信息网络中权利人进行警告的必要条件，但对于其程序及有效性，目前我国法律却没有规定。由于并非所有的警告均为合法的警告，因此当发现虚假警告时，提出警告者将须承担相应的赔偿责任。同时，警告作为追究侵权责任的前置程序，一旦做出警告，在网络服务提供者进行移除后，权利人不可再对网络服务提供者追究责任，但在合理时限内网络服务提供者拒绝移除，权利人即有权要求网络服务提供者承担相应的侵权责任。对于移除的规定，主要在于什么是“合理期限”以及到底要移除相应侵权内容到什么程度。这要根据个案而定。一般网络服务提供者属于帮助性质的，因此，不管是同意移除还是拒绝移除，网络服务提供者均有义务对内容的上载者进行提醒。这可以认为是网络服务提供者的附随义务。

第二节 信息网络传播权

主题案例1

广州市J文化传播有限公司与广东T控股有限公司信息网络传播权许可使用合同争议仲裁案[①]

案情回顾

2008年6月5日，申请人（乙方）和被申请人（甲方）签订了《信息网络传播权许可使用合同》（下称《许可合同》）。《许可合同》就乙方授予甲方影视节目《A》独家信息网络传播权的相关事宜作出了约定。《许可合同》的有关条款如下：

“一、授权范围

1.1 授权类型：独家信息网络传播权（包括但不限于互联网网络点播，直播和下载、IPTV、手机无线增值、局域网、NVOD等权利）；以上权利均含转授权、维权权利。

① 中国国际经济贸易仲裁委员会华南分会仲裁案例，未公布。

1.2　授权地区/授权语言：即授权区域/国语。

1.3　授权期限：5年；自该电视剧在国内首家电视台播映完毕次日起。

二、版权及使用

2.1　乙方向甲方提供影视节目时，应已拥有实施本合同所需的合法权利（乙方须提供能够证明乙方享有影视节目信息网络传播权的书面文件作为本合同附件，书面文件分别为原件扫描件及复印件，复印件需加盖乙方公章），并保证甲方对上述影视节目享有独家信息网络传播权（包含转授权）。

2.2　合作期内，乙方保证甲方在授权区域内独家性享有影视节目的信息网络传播权，同时包含通过互联网站对计算机终端用户以直播方式进行传播节目的独家权利（包含转授权）。

……

三、费用支付

3.1　甲方向乙方支付版权使用费，共计人民币180 000元整。

3.2　甲方分2次支付版权使用费。合同生效后5个工作日内，乙方须提供所有原始授权复印件（加盖公章）及发行许可证，经甲方检验合格后5个工作日内甲方先支付50%版权使用费共计人民币90 000元整给乙方；所有原始版权文件的原件或公证件（费用由甲方自付）和发票，须经甲方验收合格。因乙方原因未能确定该网络授权具体生效日期，故待乙方确定该网络授权具体生效日期及乙方提供全部节目介质、正式授权书原件后再支付50%版权使用费共计人民币90 000元整给乙方。

3.3　甲方未付清该影视节目的信息网络传播权全部费用前，不得发行。否则视甲方违约，乙方有权终止该合同，本合同内提及一切有关（合同影视节目）之信息网络传播权仍属乙方所拥有。

3.4　乙方应确保《A》（40集）在2008年12月31日前在Z电视台首播，逾期未能播映，甲方有权解除本合同，且乙方应全额返还甲方已付款项。

……

四、侵权

4.1　乙方承诺，乙方对影视节目享有知识产权或业已取得相关权利人的授权许可，没有侵犯任何人的著作权、商标权、信息网络传播权等权利。

……

4.6　甲方必须保证该剧在电视台首播未完之前，不准进行信息网络传播，否则由此造成的一切后果及责任（包括经济损失）由甲方承担。

五、违约责任

5.1　任何一方违反本合同约定的，守约方有权要求违约方按约定履行本合同并向守约方支付因违约造成的所有损失。

5.2 任何一方严重违反本合同致使本合同约定的经济目的无法达到或严重损害另一方权益，则守约方可在通知违约方后解除本合同，并要求其赔偿因违约造成的一切损失。

……

八、法律适用

8.1 本合同适用授权区域现行有效法律。”

双方当事人因履行上述合同而发生争议，申请人遂依据合同中的仲裁条款提请仲裁，请求裁决被申请人立即支付申请人人民币9万元（网络传播许可使用费），以及被申请人承担本案的仲裁费。

争议焦点

被申请人已经支付了版权使用费人民币9万元，至今尚未支付剩余50%的版权使用费人民币9万元，双方当事人对于上述事实没有异议。但申请人辩称其拒付剩余50%的版权使用费的原因在于：申请人的授权存在瑕疵；授权文件交付迟延；在Z电视台播放时的片名和授权书中的片名不一致。

裁判意见

本案合同是双方当事人自愿签订的，没有任何证据表明本案存有《合同法》中规定的导致合同无效的情形，因此，仲裁庭认为，本案合同是合法有效的，对双方当事人均有约束力。关于授权问题，仲裁庭作出如下分析和认定：

双方当事人提交的证据表明：

(1) 2008年4月22日，H省广播电影电视局出具了《国产电视剧发行许可证》。该许可证写明的剧目名称为《A》，长度为40集，制作单位为H电影电视制作集团有限公司，合作单位为Z影视文化中心，电视剧制作许可证编号为甲第×××号。该许可证还明确写明“经审查，同意该剧在全国范围适当时段播出”。

(2) 2006年9月12日，H电影电视制作集团有限公司出具了一份《证明书》，称《A》是该公司和Z影视文化中心联合摄制的电视剧作品，根据双方约定，Z影视文化中心完全拥有该剧完成片以及一切衍生产品的发行权、经销权和处置权。

(3) H电影电视制作集团有限公司于2008年4月22日向Z影视文化中心出具了《授权委托书》，全权委托Z影视文化中心经销发行40集电视连续剧《A》及一切衍生品。

(4) Z影视文化中心于2008年5月12日出具了《授权书》，授予申请人独家使用电视剧《A》在中国大陆地区的信息网络传播权。授权使用期限自该电视剧在国内首播电视台播映完毕后在网络发行，期限为5年。网络维权时间自该电视剧在国内首播电视台播映完毕次日起期限为5年。

(5) Z影视文化中心于2008年5月21日向申请人出具了《承诺证明书》。该中心承诺其为授权给申请人40集《A》网络版权的唯一授权单位，其他合作公司对该作品只有署名权而没有实质版权，如合作公司与之发生版权纠纷，由该中心承担全部责任。

(6) 被申请人提交了一份申请人于2008年6月5日向其出具的《授权书》，授予被申请人独家使用电视剧《A》在中国大陆地区的信息网络传播权。授权使用期限自该电视剧在国内首播电视台播映完毕后在网络发行，期限为5年。网络维权时间自该电视剧在国内首播电视台播映完毕次日起期限为5年。

(7) 除Z影视文化中心于2008年5月12日出具的《授权书》之外，申请人还提交了一份Z影视文化中心于2008年10月28日向其出具的《授权书》，该《授权书》规定的授权使用期限自授权书盖章生效之日起5年期，其他内容和2008年5月12日的《授权书》基本一致。

被申请人辩称申请人提供的介质（即DVD碟片）上明确标出的出品单位和摄制单位不仅仅是H电影电视制作集团有限公司和Z影视文化中心，还包括Z电视台文艺节目中心影视部、J出版集团、X文化传媒有限公司等单位，而申请人只提交了能证明H电影电视制作集团公司、Z影视文化中心向其授予权利的证据。仲裁庭注意到，《著作权法》第15条规定："电影作品和以类似摄制电影的方法创作的作品的著作权由制片者享有，但编剧、导演、摄影、作词、作曲等作者享有署名权……"因此，《A》的制片者应是该剧的著作权人，享有发表权、发行权、信息网络传播权等权利，并有权依据《著作权法》的规定许可他人行使前述相关权利。在中国内地，对于电视剧的制作和发行，相关的法律、法规均作出了相应的规定。关于电视剧的制作，依据《广播电视节目制作经营管理规定》第4条和第12条的规定，国家对设立广播电视节目制作经营机构或从事广播电视节目制作经营活动实行许可制度，电视剧由持有《广播电视节目制作经营许可证》的机构、地市级（含）以上电视台（含广播电视台、广播影视集团）和持有《摄制电影许可证》的电影制片机构制作，但须事先另行取得电视剧制作许可。关于电视剧的发行，《电视剧审查管理规定》第4条规定，国家对电视剧实行电视剧发行许可制度，未取得《电视剧发行许可证》的电视剧，不得发行、播出、进口、出口。同时，依据《电视剧管理规定》第23条和第24条的规定，国产电视剧制作单位应当在电视剧制作完成后，按规定报相应的电视剧审查机构审查。电视剧审查机构审查通过的，颁发《电视剧发行许可证》。仲裁庭认为，上述规定表明，只有符合相关法律规定条件的机构才能够制作电视剧，而在电视剧制作完成后，也只有电视剧的制作单位才能够向电视剧审查机构申请并取得《电视剧发行许可证》。因此，《国产电视剧发行许可证》上载明的制作单位和合作单位应当就是《著作权法》第15条中所规定的制片者，即《A》的著作权人，被申请人仅仅以DVD介质上标出的出品单位和摄制单位不只这两家公司，认为《A》的著作权属于全体出品单位和摄制单位，并进而提出申请人的授权存有瑕疵的主张不能成立。

评析探讨

本案的争论焦点在于网络信息传播权的权利人的争议。信息网络传播权作为一项专有权利，我国《著作权法》第41条规定，录音录像制作者对其制作的录音录像作品，享有许可他人通过信息网络向公众传播并获得报酬的权利。《信息网络传播权保护条例》第1条规定，保护著作权人、表演者、录音录像制作者的信息网络传播权。可见，我国目前对信息网络传播权的权利人的规定不仅仅是著作权人，也包括邻接权人，如表演者、录音录像制作者。仲裁庭在本案中，不仅运用了上位法著作权法，也运用了一系列的行政管理条例等论证了申请人作为影视作品的著作权人。

本案中，争议的对象主要是一部影视作品，即平常百姓生活中经常接触的电视剧。如同电影一样，电视剧作为一件集故事、表演、歌曲、图像于一体的混合体作品，与一般的单一作品有一定的区别。因此，对于其著作权的保护，也有别于一般的作品。仲裁庭运用了《著作权法》第15条“电影作品和以类似摄制电影的方法创作的作品的著作权由制片者享有，但编剧、导演、摄影、作词、作曲等作者享有署名权”的规定，认为该影视作品的著作权属于被申请人，而其他的编剧、导演等参与创作者享有的是署名权。暂不论该规定是否合理，按照现行的法律，确实，该影视作品的著作权人应享有完整而充分的信息网络传播权。影视作品作为包含多种创作于一体的作品，若所有创作者均享有整体的信息网络传播权，将有可能导致该权利的滥用。因此，为了保护以及推广信息网络传播权，将其整体授予一方是现实的做法。但应该看到，如同电影作品一样，若单论当中的主题曲、插曲等，该歌曲的作曲者、作词者应当享有该单一作品的著作权，也应当享有该单一作品的信息网络传播权。因此，应当区分影视作品整体的信息网络传播权与当中部分可以单独成形的作品的信息网络传播权，既不能否认制作人整体的信息网络传播权，也不能否认每个创作者单独作品的信息网络传播权。而本案当中，申请人作为《许可证》上被登记的制作人，应当享有完整的信息网络传播权，其授权应当是有效而充分的，因此该许可使用合同应当有效。

同时，我们应当看到这里存在着关于《许可证》的性质以及效力的问题。目前，在我国法律规定下如无相反证明，在影视作品片头、片尾署名的制片者应为著作权人。但是，当前我国影视作品的署名状况非常混乱。署名包括总制片人、制片人、执行人、出品人、出品单位、联合出品单位、摄制单位、联合摄制单位、参加摄制单位等，林林总总，使公众难以判断到底谁是影视作品的真正著作权人，当事人之间也常因权属问题而产生纠纷。而本案的纠纷就来自于此。这种现象的产生与我国影视作品的生产和管理制度有关，其中一个重要原因就是拍摄影视作品需要制作《许可证》。本案的对象影视作品中，除了导演、监制以外，还存在着如同摄影师、作曲家、作词家等创作人，当然也包括没有参与制作但进行了资金投入的投资者。由于需要对影视作品的内容进行一定的关于法律、社会公德的检验，因此我国目前对影视作品的拍摄存在一个行政管理制度，即许可证的要求。可见，《电视剧发行许可证》、《电影公映许可证》并非著作权权属文件，而是国家对影视作品的公映、播放实行的行政许可制度。但由于署名人众多，因此许可证在这时便成为一个判定著作权的证明。在一个影视作品的制作过程当中，掺杂着众多的利益的争夺与分配。最终，通过内部协议、收入分成等方式，当事人之间达成了一种平衡，《许可证》便是这样一种博弈的结果，其标明的制作单位及合作单位获得著作财产权就是这种平衡的结果，各方当事人均认可这种结果。因此，《许可证》虽然不是权属文件，不是证明著作权权属的直接证据，却是证明著作权权属的间接证据。它从侧面真实地记录了当事人之间争夺著作权的过程与结果，并将这种结果反映在《许可证》之上，由反映其上的一方成为著作权人，享有信息网络传播权也是理所当然的。

主题案例 2

陈某诉数字图书馆著作权侵权纠纷案①

案情回顾

原告陈某因与被告中国数字图书馆有限责任公司（以下简称数字图书馆）发生著作权侵权纠纷，于 2002 年向北京市海淀区人民法院提起诉讼。原告认为被告未经原告同意，在自己的网站上（网址为 http：//www. d-library. com. cn）使用原告的三部作品，分别为 1999 年 4 月出版的《当代中国刑法新视角》、1999 年 6 月出版的《刑法适用总论》及 1987 年出版的《正当防卫论》，读者付费后就成为被告网站的会员，可以在该网站上阅读并下载网上作品。原告提交了四份证据：一是三部作品的版权页复印件；二是公证书及读书卡；三是读书卡收据；四是发票。而被告中国数字图书馆有限责任公司则认为其基本属于公益型的事业单位。为适应信息时代广大公众的需求，被告在网上于

---

① 案例详见中华人民共和国最高人民法院公报二〇〇三年第二期（总第 82 期）。

2000年1月建立了“中国数字图书馆”，企业性质为有限责任公司，经营范围为计算机软件的技术开发、技术转让、电子商务（未取得专项许可的项目除外）、制作发布网络广告等，并于2002年3月进行了工商年检登记。该公司所设的“中国数字图书馆”网站，以搜集、整理和发布他人作品为主。“中国数字图书馆”网站的访问方式为：使用联网主机启动IE浏览器5.5版，在地址栏中键入www.d-library.com.cn，可进入“中国数字图书馆”主页，主页上注明“版权所有：中国数字图书馆有限责任公司”；点击该页面中“下载标准版浏览器”，新网页中显示：“中国数图浏览器Betal.01版是中国数字图书馆有限责任公司为网上图书馆开发的专用浏览器，读者通过它足不出户即可方便地进入网上图书馆读书借阅，同时以独特的方式对网上著作权进行了保护”；同时提示：“读者浏览、借阅图书需办理读书证——利用网上或卡式方式付费，并通过用户注册获得用户名和密码”。在“中国数字图书馆”网站的主页上，使用“高级检索”系统，检索词语为“陈兴良”，检索途径为“责任者”，检索结果就包括涉及本案的《当代中国刑法新视界》、《刑法适用总论》、《正当防卫论》三部著作，同时包括这三部著作的有关信息。如，关于《当代中国刑法新视界》的信息是：题名责任者为“《当代中国刑法新视界》陈某著”；出版发行者为“北京：中国政法大学出版社，1999”；载体形态为“897页；20cm”；主题词为“刑法——研究——中国”等。2002年3月，案外人张某以用户名“张呆”，身份证号码370602730301353，感兴趣的图书要目是“法律”等信息，注册成为“中国数字图书馆”的用户，注册号码为459757，使用期限是2002年3月13日至2002年6月11日。同年3月15日，张某使用其注册号码，在“中国数字图书馆”网站阅读了与本案有关的三部著作，并对其中的部分网页进行了现场打印。被告提交了四份证据：一是文化部关于申请成立“中国数字图书馆有限责任公司”的公函；二是关于在“数字图书馆有限责任公司”前冠以“中国”字头的请示；三是关于在数图公司前冠以“中国”字头的批示；四是国家计委关于审批数图工程的通知。

争议焦点

1. 本案被告是否属于公益性质的数字化图书馆？

原告认为被告的行为，侵犯了原告的信息网络传播权。诉请判令被告立即停止侵权，并赔偿原告的经济损失40万元，以及原告为制止被告的侵权行为而支出的合理费用8 000元。

2. 已出版刊物的网上传播行为是否属于合理使用范围？

被告认为，图书馆的性质就是收集各种图书供人阅览参考。原告所称的三部作品都已公开出版发行，被告将其收入数字图书馆中，有利于这三部作品的再次开发利用，不能视为侵权。况且被告一直十分重视对版权的保护，现正在投入资金开发版权保护系统。这套系统开发出来后，一方面能保护著作权人的利益不受侵犯，另一方面又能发挥数字图书馆的作用，使图书馆更好地为公众服务。

裁判意见

北京市海淀法院认为，根据《中华人民共和国著作权法》（以下简称著作权法）第2条、第10条、第11条、第47条的规定，著作权是法律赋予作者享有的专有权利，作者有权据此限制他人未经许可使用其作品。这种限制，只有在社会公众接触作品的范围扩大到足以影响作者行使著作权时作者才能行使。原告陈某依法享有《当代中国刑法新视界》、《刑法适用总论》、《正当防卫论》三部作品的著作权，有权许可他人使用自己的作品。在没有相反证据的情况下，目前只能认定陈某允许有关出版社以出版发行的方式将这三部作品固定在纸张上提供给公众。被告数字图书馆未经陈某许可，将这三部作品列入“中国数字图书馆”网站中，势必对陈某在网络空间行使这三部作品的著作权产生影响，侵犯陈某对自己作品享有的信息网络传播权。被告数字图书馆应当依照法律的规定承担侵权的民事责任。

图书馆是搜集、整理、收藏图书资料供人阅览参考的机构，其功能在于保存作品并向社会公众提供接触作品的机会。图书馆向社会公众提供作品，对传播知识和促进社会文明进步，具有非常重要的意义。只有特定的社会公众（有阅览资格的读者），在特定的时间以特定的方式（借阅），才能接触到图书馆向社会公众提供的作品。因此，这种接触对作者行使著作权的影响是有限的，不构成侵权。

被告数字图书馆作为企业法人，将原告陈某的作品上载到国际互联网上。对作品使用的这种方式，扩大了作品传播的时间和空间，扩大了接触作品的人数，超出了作者允许社会公众接触其作品的范围。数字图书馆未经许可在网上使用陈某的作品，并且没有采取有效的手段保证陈某获得合理的报酬。这种行为妨碍了陈某依法对自己的作品行使著作权，是侵权行为。数字图书馆否认侵权的辩解理由，不能成立。因此，应立刻停止在其网站上继续使用原告作品的行为。

根据《著作权法》第48条规定原告陈某主张被告数字图书馆的侵权行为给其造成40万元的经济损失，并使其支出8 000元律师费，要求赔偿。但是，陈某没有举证证明自己的实际损失或者侵权人的违法所得相当于诉讼请求赔偿的数额，也没有举证证明支出8 000元律师费的合理性。因此，只能依侵权行为的情节确定数字图书馆的赔偿数额，不能全额支持陈某诉讼请求赔偿的数额。

评析探讨

数字化属于复制，这个观点目前在世界上得到广泛的同意。但网络传播权却与传统的复制权有深刻的区别，因此我们需要建立广义复制权的制度。由于数字化出版中的“出版”并不限于对作品的复制和发行，而且包括信息网络传播等向公众提供作品的方式。因此，数字化图书馆的出现，除了传统的复制或发行以外，也注定了其必然牵涉网络传播权这一新型的权利。对于数字化版权的权属问题，目前我国著作权法规定未经作品权利人允许，复制、发行或者以其他方式在信息网络传播向公众传播作品，属于著作权侵权行为。但这一规定却并不阻碍合理使用对部分行为的责任豁免。许多国家都根据网络环境的需要调整了原来给予图书馆、档案馆复制作品的豁免。我国《著作权法》第22条规定，图书馆、档案馆、纪念馆、博物馆、美术馆等为陈列或者保存版本的需要，可以复制本馆收藏的作品。因此，我国图书馆、档案馆等公益性信息提供者复制自己藏品的，可以属于合理使用。但复制权并不等同于网络传播权，因此，即使是公益性质的，信息提供者把藏品予以网上传播的，也不属于合理使用之列。由于网上图书馆已在我国互联网上建立了大型的网站，而这种发展趋势越来越多，有完全属于公益性质的图书馆，也有以营利性质为主的图书馆。对于信息网络上的著作权问题，不少图书馆采取其认为有效的方式阻止侵权行为的发生。如同采取技术措施，让用户只能浏览但不能下载或使用；或在网页上声明，本图书馆的作品不得任意转载或者使用，转载或使用必须得到作者的允许；或在网页上声明，若作品的作者并不愿意让其作品展示在信息网络上，可以通知图书馆管理员进行移除等。但尽管有技术措施及著作权声明，并不代表图书馆的防范措施有法律上的效力，如被告所辩称那样，即便其有采取技术措施的趋向，但并不具有法律上的效力。且目前我国出现了大量以“数字化图书馆”等打着公益幌子的收费性质网络，付费用户可以任意浏览甚至下载使用网站内提供的产品。但并非任何自称是公益性质的“图书馆”都可以得到合理使用的豁免。信息提供者只有真正为了公益而使用他人作品才属于合理使用，才得以侵权豁免。否则，未经他人同意而把产品在信息网络上进行传播并收费的并不属于合理使用范围，更是侵犯权利人信息网络传播权的行为。被告作为一个收费网站，并没有证据证明其图书馆属于公益性质，而且其并未征得原告的同意，擅自把其三部作品发布在信息网络上。即便原告的产品已发行，但信息网络传播权并不是复制权，且已发行产品除公益及个人合理使用外，其他的合理使用或强制许可均需要付出相应的权利使用费。因此，被告的行为侵犯了原告的知识产权。

这样的事例多不胜数，很多情况下并不是这些信息网络上的行为合法，可能由于权利人并不清楚，或是迫于诉讼的繁复而没有去主张权利。网络图书馆日益发达，因此，有必要针对图书馆等其他信息提供者的行为在信息网络环境下使用作品作出具体规定，这将对权利人及网络提供者的权益保护提供一个更好的指引。

第三节 信息网络与不正当竞争

主题案例

北京百度网讯科技有限公司诉上海××信息技术有限公司等不正当竞争和侵犯著作权纠纷案[①]

案情回顾

2005年1月26日，原告百度网讯公司是拥有 www. baidu. com 的中文搜索引擎网络。2004年8月起，二被告上海××信息技术有限公司、北京×××科技有限公司在其各自的网站上向公众提供××小秘书软件。用户下载该软件后，该软件在 windows 启动时即自动运行，当用户在原告所属的百度网站进行搜索时，键入相关关键词，该软件会在百度网页搜索结果页面右下侧强行插入预置的广告页面，使百度搜索页面发生重大改变。该广告页面不能被拖动，30秒后自动消失。2006年6月27日，百度网讯公司的委托代理人王某在北京市国信公证处使用该处的计算机登录"××"网站及相关网站并进行操作，在IE地址栏中输入××网址后，进入"××（××拼音）"网站。IE标题栏显示"××新版站"。网站版权信息显示："版权所有 Copyright 2006 上海××信息技术有限公司 沪 ICP 备 05024586 号"。点击"××"网站首页的"产品中心"，显示产品中心包括"关联网名"等。针对"关联网名"该网站提供有以下信息："上网用户在搜索引擎或地址栏中输入企业选定的行业或产品关联的关键字时，采用升起、直达的广告方式展示客户广告或网站……"；"产品优势：……5. 全面锁定地址栏和搜索引擎用户在地址栏或任何搜索引擎（支持包括 baidu，……等在内的所有搜索引擎）搜索时，无需任何点击，直接升起企业广告，优先于所有竞争对手出现在客户面前……"；"产品价格：按词的冷热不同，区分定价，其价格范围为1 500元－18万每年每个……"；"广告规格：升起式广告形式，投放位置为右下角升起。直弹网站广告形式，投放位置为右下角弹出。两种广告形式的素材规格均为：窗口大小：400×300像素，播放时间

① 案例详见北京市第一中级人民法院（2006）一中民初字第11337号民事判决书，北京市高级人民法院（2007）高民终字第967号民事裁定书。

最长不超过30秒。”点击“××”网站首页的“成功案例”，显示“客户案例”页面，包括以下信息：太子狼皮具有限公司，所在地址：义乌市，购买服务：[关联网名]手机套；广州市哈电电力设备有限公司，购买服务：[关联网名]……电机维修；深圳市铭泰达汽车销售有限公司，购买服务：[关联网名]美人豹、跑车、美人豹跑车；深圳华联航空售票中心，购买服务：[关联网名]机票……；北京市朝阳门医院中医科、内科，购买服务：[关联网名]小脑萎缩……；义乌市正太湿帘冷风机厂，购买服务：[关联网名]冷风机；上海大张过滤设备有限公司，购买服务：[关联网名]离心机。在IE地址栏中输入http：//www.miibeian.gov.cn，进入信息产业部ICP/IP地址信息备案管理系统网站，点击“是否备案查询”，在“查询选择”栏目下选择“根据备案许可证号”，在“输入查询条件”处输入“05024586”，点击“查询”，显示与该许可证号对应的网站首页URL，icp单位全称为：上海××信息技术有限公司。公证人员对操作过程进行了现场监督，并出具了第2129号公证书。

2006年6月27日，百度网讯公司的委托代理人王某在北京市国信公证处使用该处的计算机登录×××网址及相关网站并进行操作，公证人员对操作过程进行了现场监督并出具了第2131号公证书。该公证书公证内容表明×××公司系××公司“××关联广告”、“关联网名”广告产品的北京地区授权总代理。该公证书第4页所载系××公司北京地区授权总代理×××公司网站网页的打印页。2006年6月27日，百度网讯公司的委托代理人王某到北京市国信公证处，使用公证处电脑登录国际互联网对下载××小秘书软件的过程及下载××小秘书软件前后百度搜索结果页面的显示情况进行了现场公证，进入控制面板中的“添加或删除程序”选项，查看当前已经安装的程序列表；进入百度搜索引擎网站，以“手机套”和“减肥”为关键词进行搜索；在IE浏览器地址栏中输入www.baidu.com，进入百度网站首页。在搜索栏内输入“减肥”后点击“百度搜索”，电脑屏幕上显示就关键词“减肥”的百度搜索结果网页，与下载××小秘书软件之前相比，该网页右下角显示有另一面积较小的IE浏览器窗口（百度搜索结果网页右下角部分广告被其遮挡），该IE浏览器窗口的标题栏显示“减肥_瘦身_菲克顾问减肥网”，网页上显示有“菲克顾问减肥网”字样。后分别针对另外七个关键词进行搜索，结果均在百度搜索结果页面右下角显示有另一面积较小的IE浏览器窗口，该窗口中网页的内容与在百度搜索栏中输入的关键词具有相关性。其中，以“手机套”为搜索关键词时，屏幕右下角IE浏览器窗口的标题栏显示“手机套”，网页上显示有“法国太子狼皮具义乌分公司”字样；以“电机维修”为搜索关键词时，屏幕右下角IE浏览器窗口的标题栏显示“电机维修”；以“美人豹”为搜索关键词时，屏幕右下角IE浏览器窗口的标题栏显示“美人豹跑车”；以“机票”为搜索关键词时，屏幕右下角IE浏览器窗口的标题栏显示“特价机票”，网页上显示有“深圳华联航空售票中心”字样；以“小脑萎缩”为搜索关键词时，屏幕右下角 IE 浏览器窗口的标题栏显示“北京朝阳门医院脑萎缩诊室”，网页上显示有“北京朝阳门医院脑萎缩诊室”字样；以“冷风机”为搜索关键词时，屏幕右下角 IE 浏览器窗口的标题栏显示“冷风机”；以“离心机”为搜索关键词时，屏幕右下角 IE 浏览器窗口的标题栏显示“上海大张过滤设备有限公司”，网页上显示有“大张过滤”字样；公证人员对操作过程进行了现场监督并出具了第 2130 号公证书。

百度网讯公司认为××公司在百度网页上强行匹配的搭便车行为损害了其社会声誉，因此于 2005 年 11 月 25 日向××公司发出了要求停止侵权的告知函，要求××公司立即停止附随百度网页弹出广告的行为，并在收到该函 3 日内向百度网讯公司书面赔礼道歉。2005 年 12 月 16 日××公司向百度网讯公司发出了声明，××公司在声明中表明该公司的行为是通过软件提供信息发布渠道，在用户上网时为其提供最快捷信息的行为，对百度公司的要求未予理睬。××公司是××小秘书软件的著作权人。

争议焦点

1. ××公司的行为是否侵犯了百度网讯公司的著作权？

原告对百度网页享有著作权，二被告利用××小秘书软件未经原告许可强行改变百度搜索结果页面，二被告行为已构成对原告网站页面著作权的侵犯；被告未经原告许可在原告的搜索结果页面上强行增加广告，使原告不能按照自己的意志向互联网用户提供服务，破坏了原告的商业运作模式，削弱了原告搜索引擎的竞争力。且被告在原告的搜索页面强行插入广告，极易引导或带走原告网站的访问者，导致原告的访问量减少，损害了原告网站的经济效益。被告的行为违背了诚实信用和公平交易的市场行为准则，构成不正当竞争，并导致用户误认原告的搜索界面风格不统一，从而侵害了原告的商誉；原告曾多次与被告联系，但被告置若罔闻。

2. ××公司的行为是否构成对百度网讯公司的不正当竞争？

被告××公司辩称：第一，××小秘书软件是一款利用互联网资源帮助用户进行信息查找和整理的软件。××富媒体广告软件（Rich Media）是××小秘书软件的一个功能模块。用户可以直接下载 Rich Media 软件，也可以下载捆绑了 Rich Media 软件的××小秘书软件，但对于广告服务起作用的还是 Rich Media 软件。第二，针对××小秘书软件和××Rich Media 软件，用户可以自主决定安装和卸载，下载安装上述软件时会出现许可协议，通过该协议用户可以了解该软件的状况，用户的知情权、选择权得到了充分的保障。原告公证书公证过程涉及的网址与被告公证过程涉及的网址不同，因此上述过程才会有细微差别。下载我公司软件应从 www.（××拼音）.com 或 club.（××拼音）.net 网站下载，main.（××拼音）.net 只是临时使用的网址。第三，××Rich Media 软件的技术原理表明，用户在搜索引擎的搜索框中输入关键词并进行搜索后，该软件将读取搜索行为产生的IE地址栏关键词信息，然后根据关键词弹出相应广告。这一过程与原告网站并无直接关联性，且搜索引擎可以在搜索框代码中设置特定代码来控制是否弹出广告。第四，我公司的行为并未侵犯原告的著作权。搜索引擎对搜索结果页面难以享有著作权，且××Rich Media软件提供的广告服务所弹出的页面是独立页面，该页面不依附于搜索引擎的搜索结果页面，也不是搜索结果页面的组成部分，用户可以手动将其关闭，否则页面会在停留10秒左右后自动消失。另外，在××公司软件安装前后，搜索引擎对特定关键词的搜索结果页面的源代码并未改变，这说明××公司软件并没有修改搜索结果页面。因此我公司行为未侵犯原告的著作权。第五，我公司的行为不构成不正当竞争。用户在享受搜索引擎服务的同时，有权享受××公司提供的服务。××公司提供的广告服务并未损害原告的商业利益，我公司也未从原告的页面中受益，因此我公司行为不构成不正当竞争。第六，我公司将××Rich Media软件放在自己的网站上供公众下载的行为不存在违法性，不应追究我公司的法律责任。第七，互联网行业内的大公司享有巨大公共资源，应承担一定社会责任，不应谋求网络霸权和垄断。对于基于互联网的新型增值服务应予以鼓励。我公司提供的广告服务与其他互联网增值服务一样，适应社会正常需求，具有积极的社会效果。第八，原告的诉讼请求缺乏事实、法律依据。综上，请求法院依法驳回原告的诉讼请求。

裁判意见

××公司称××富媒体广告软件（Rich Media）是××小秘书软件的一个功能模块，对于广告服务起作用的是Rich Media软件。百度网讯公司公证书载明，下载××小秘书软件后，Rich Media软件被自动安装，此后百度搜索结果页面发生了变化，由此可以认定对于在百度搜索结果页面右下角插入广告页面起作用的是Rich Media软件。但××公司未提供相应证据证明Rich Media软件是××小秘书软件的一个模块，且由于下载××小秘书软件后Rich Media软件才被自动安装，不能排除Rich Media软件系××小秘书软件别称或其安装后名称的可能。因此百度网讯公司认为涉案软件是××小秘书软件有事实根据，并无不当。

百度网讯公司提交的第2129号公证书载明，main.（××拼音）.net网站的备案许可证号为××公司所有，××公司亦认可该网站是其临时使用的一个网站，因此可以认定××公司是该网站的所有者，其应对该网站的内容负责，这与该网站是正式使用还是临时使用无关，故××公司的异议不能成立，法院不予支持。

一般来讲，软件的下载和安装是两个不同的步骤。采用下载后自动安装的方式提供软件，应有相应提示。如将下载和安装步骤合二为一不加以提示，则会使用户处于完全不知情的状态。百度网讯公司提交的第2130号公证书载明，用户在××公司网站上点击××小秘书软件下载后，名为“Rich Media”的软件将被自动安装。用户对下载××

小秘书软件所使用的计算机已经被安装了 Rich Media 软件的情况并不完全知晓。××公司提供的××小秘书软件的下载安装方式导致用户对于下载××小秘书软件后将发生的一些变化并不知情亦无法预见和控制，因此××公司提供××小秘书软件的下载安装方式确有不当之处。

经营者在市场交易中，应当遵循自愿、平等、公平、诚实信用的原则，遵守公认的商业道德。从××公司的行为性质看，××公司在一定程度上利用了百度网讯公司网站的知名度及市场份额，进行商业性运作，并从中获利。同时，××公司未经百度网讯公司许可在百度搜索结果页面上强行添加广告窗口，遮挡了百度搜索结果网页的部分广告位置，使百度网讯公司不能按照自己的意志向互联网用户提供服务，破坏了百度网讯公司的商业运作模式，损害了百度网讯公司的经济利益，并在一定程度上损害了百度网讯公司的商誉。××公司违背了诚实信用和公平交易的市场行为准则，其行为构成不正当竞争，应当承担其相应的民事责任。

×××公司系××公司北京地区授权总代理，×××公司在其网站上对××公司广告产品的名称、价格等内容及××小秘书软件进行宣传，用户可通过×××公司这一渠道成为××公司的广告客户。×××公司在明知或应知××公司广告产品的性能及其实现方式的情况下，帮助××公司招揽和维护广告服务，主观上具有过错，其应与××公司就侵犯百度网讯公司著作权及不正当竞争行为承担连带责任。

依据《中华人民共和国反不正当竞争法》第 2 条，《中华人民共和国民法通则》第 130 条之规定，被告上海××信息技术有限公司、北京×××科技有限公司立即停止利用××小秘书软件对原告北京百度网讯科技有限公司实施的不正当竞争行为；被告上海××信息技术有限公司、北京×××科技有限公司就其涉案侵权行为在各自网站首页位置上刊登声明（刊登时间为 10 日）以消除影响，声明内容须经法院审核，逾期不执行的，法院将在相关的门户网站上公开本判决书的主要内容，所需费用由被告上海××信息技术有限公司、北京×××科技有限公司承担。

评析探讨

目前信息网络中发生的关于知识产权纠纷的案件大部分来自于著作权纠纷，但如同不正当竞争、商标权的案件发生率不及著作权多，但形式多样，且不断“发展”。弹跳窗口或浮动窗口作为附加在网页上的广告，当用户访问某个网页时，这些窗口会自动弹跳出来，挡住用户的视线以达到广告的效果。若未经网页权利人允许，擅自在网页上附加他人的广告，有可能引发商标权侵权纠纷。本案中，被告属于后者情况，其行为类似于内加框技术，起到了广告的效果，但却未得到网络服务提供者的同意。软件的安装和下载作为两个不同的程序，前者需要得到软件权利人的同意，但软件的下载作为交互性最为明显的过程，需要得到用户的同意并进行选择。被告的弹窗系统属于在没有得到用户的同意下自动被安装至电脑当中，剥夺了使用者的选择权。但更为重要的是本案中牵扯到不正当竞争的问题。按照不正当竞争的普遍概念，其行为需要类型化，如同虚假宣传信息、侵犯他人商业秘密、假冒或仿冒行为、商业诽谤行为。表面上，被告的弹窗行为并不属于这四类，且也难以证明其对商誉的影响。但正是由于信息网络世界的交互性使得这种不正当竞争的情况扩大了。在信息网络世界当中，似乎营利性成为对不正当竞争或是商誉侵犯的考量标准之一，反而实质上的损害并不是重要考虑因素。实质上这种类似广告的弹窗行为实质上是利用了原告的市场占有率及其影响力。“搭便车”行为由于信息网络系统的快速传播性而扩大了影响力，因而即便难以证明其损失——这个在现实的不正当竞争中需要被证明的事实——也可以认定为侵权行为。

当然，该案件除了从不正当竞争方面进行诉讼外，本身弹窗系统或是类似弹窗的老鼠夹插件直接损害的应该是网页内容的完整性。由于网页内容可以作为一个汇编作品进行保护。因此，信息网络的知识产权保护诉讼中，是否可以设立如同产品侵权案一样，选择不同的诉由而进行不同的诉讼，不同的举证责任以及赔偿标准。那是否代表选择了其中之一便放弃了另外的选择呢？这是个需要探讨的问题。

信息网络中的不正当竞争是不是有必要进行放宽，由于插件、弹窗、浮动窗口、子文件夹的软件出现，“搭便车”行为需要我们的正视。同时，大型网站的商誉问题也必须得到相应的保护，正是由于他们的影响以及传播范围，使得他们更容易受到他人的利用，因此，对于无形信息网络中无形商誉的知识产权保护，需要得到更加特殊的制度加以维护。

第四节　电子商务与商标侵权

主题案例

宝健（中国）日用品有限公司诉浙江淘宝网络有限公司侵犯商标专用权纠纷案[①]

案情回顾

原告宝健（中国）日用品有限公司对“宝健”、“Pro-Health”、“宝健姣媛”、“姣

① （2009）杭西知初字第11号

媛”等商标在核定使用的商品上享有专用权，从事上述品牌食品的生产和销售。原告是“宝健”、“宝芙”“宝馨”等商标的专用权人，从事上述品牌的营养保健、美容护肤、日化等产品的研发、生产和销售。2004 年始，被告经营的 www. taobao. com 网站（以下称淘宝网）出现大量低价出售疑似原告上述品牌产品的信息。原告的产品有统一的价格和销售渠道，未授权他人在淘宝网上销售，无法证实网上产品是否为原告生产，无法得知产品质量的真假伪劣。常有消费者向原告举报网上所购产品质量，进而对原告产品信誉产生质疑。2008 年 6 月 30 日、7 月 31 日，原告致函被告，认为原告未授权任何人在淘宝网发布其上述品牌产品的销售信息，不法商家利用淘宝网宣传原告的食品具有保健功能属虚假宣传，且宣传内容涉及原告“宝健”商标、包装装潢及背景图片，要求被告对网上的销售信息予以清理。2008 年 7 月 31 日、8 月 5 日，被告回函给原告，认为淘宝网是网络服务平台，涉案商品销售信息由网店经营者发布，删除用户信息需提供权利证明和侵权事实，用户销售原告产品不构成对原告商标权的侵害。原告多次要求被告停止侵权未果，认为被告的所为侵犯了原告的商标等权利。2008 年 10 月 8 日，原告的工作人员唐某某在公证人员的监督下对计算机进行了操作，结果显示：被告经营的淘宝网上有众多食品销售商，该系列食品冠有“宝健”、“Pro-Health”、“宝健姣媛”、“姣媛”等商标。

争议焦点

1. “警告——移除”机制是否适用此案件？

原告多次要求被告停止侵权未果，被告的所为侵犯了原告的商标等权利。诉请判令被告停止侵权，在其淘宝网上不再出现原告商标；被告赔偿给原告损害 100 000 元；由被告承担本案诉讼费。

2. 电子商务平台是否需要为其提供服务的用户的侵权行为负责？其义务范围到底界限在哪里？

被告辩称，涉案产品销售信息是由淘宝网的店铺经营者发布，被告仅提供信息发布平台，不是淘宝网店铺的经营者，不应承担因店铺经营而引发的侵权责任。原告现有证据不能证明店铺经营者实施了商标侵权行为，被告无法知悉销售信息是否违法，被告提供信息发布平台的行为没有过错，不构成侵权。涉案产品销售信息不属法律禁止发布的范围，被告已尽审查职责和注意义务。原告所诉的商标侵权不能成立，要求驳回原告的诉讼请求。

裁判意见

本案原告是以被告侵犯其商标权为诉由要求被告承担侵权损害赔偿责任。原告提供的商标注册证、注册商标变更证明等证据能够证明原告在核定使用的商品上对“宝健”、“Pro-Health”、“宝健姣媛”、“姣媛”等商标享有支配使用权，有权禁止他人在同一种商品或类似商品上擅自使用上述相同或近似的注册商标。从法庭调查的情况来看，没有证据显示被告是涉案网上商品的销售商；现有证据显示，被告经营的淘宝网上的网店经营者实施了涉案商品的销售行为，淘宝网为该销售行为提供销售信息平台。根据《中华人民共和国商标法实施条例》第50条第（二）项之规定，本案被告构成商标侵权的条件是网店经营者实施了侵犯原告商标权的行为，且被告明知网店经营者实施了该商标侵权行为但仍为其提供销售信息平台等便利条件。

《中华人民共和国商标法》第52条和《中华人民共和国商标法实施条例》第50条对商标侵权行为以列举方式作出了明确的规定。然而，现有证据不能证明网上销售的涉案商品不是原告生产或者该商品的商标属于假冒、伪造或擅自制造，这使得法院在本案中很难确定网店经营者是否实施了商标侵权行为。更何况，根据程序正当原则，在网店经营者没有作为本案被告参加诉讼并对侵权指控进行抗辩的情形下，法院无权对网店经营者是否构成侵权作出认定。判断被告是否故意为网店经营者实施的商标侵权行为提供便利进而构成帮助侵权的前提条件是网店经营者的侵权责任能够确定，在网店经营者的商标侵权责任至今尚无法判定的情形下，被告作为信息服务平台的提供者因没有过错而无需承担侵权赔偿责任。被告对淘宝网上的销售信息的合法性有审查义务，但根据义务源于法定或约定原则，对该审查义务广度、深度的设定必须源于法律、法规的明确规定。为被告设定审查义务，要求其对涉案商品是否构成商标侵权作出专业性判断，缺乏法律依据的支撑。原告要求停止侵权、赔偿损失的诉讼请求应予驳回。

评析探讨

近年来电子商务的发展最明显的特征在于网上购物平台的发展。阿里巴巴旗下的淘宝网作为目前我国最大的网络购物平台经常遭遇到关于知识产权的诉讼等纠纷问题。但作为一个仅提供空间服务的平台，其是否需要为网络下真正进行销售服务者的行为承担连带责任或是辅助责任，是个值得探讨的问题。作为网络购物平台，其更类似于网络服务提供者，网络提供者的权益保护在于存在着“警告——移除”机制，但其审查义务依然是存在的，但审查的义务到底在哪里，需要言明。关于对网络商店的身份审查义务，这其实是《互联网信息服务管理办法》规定的网络服务商义务的应有之义。根据该办法的规定，互联网信息服务提供者在发现9项禁止传输的信息时除进行删除，还须保存有关记录并向国家有关机关报告。为履行其报告义务，网络服务商必须对网络商店的身份进行审查，掌握其真实的身份情况。但由于网络的容量近乎无限，网络商店及其销售的商品数量是惊人的。因此，即便是有审查的义务，也应该在有限合理的范围内。淘宝网等目前大部分正规网络交易服务平台均设有资格审查义务。淘宝网规定，用户要在淘宝网销售物品须通过实名认证，包括个人认证和商家认证。个人认证是对年满18周岁以上的用户所进行的身份证认证（可用证件还包括护照、驾照、军官证、户籍证明)，商家认证是对具有法人资格的商家所进行的认证。淘宝网在每个用户填写注册信息申请成为会员时都着重提示，只有同意《淘宝网服务条款》才能成为其会员。这也是现在大部分正规的网络交易平台形成的规则。除了入网的审查义务外，现在通行的网络平台也有关于制定售假制裁规则并在显著的地方予以公布的义务。确立该项义务还有利于网络服务商履行上述事后补救义务。网络服务商在发现网络商店售假时应当删除有关信息。这也印证了“警告——移除”机制。将这一措施事前告知用户，一方面满足了用户的知情权，另一方面也有利于该措施的执行。

2005年6月9日的《淘宝网服务条款》规定，用户在淘宝网网上交易平台上不得买卖国家禁止销售或限制销售的物品，不得买卖侵犯他人知识产权或其他合法权益的物品；用户承诺自己在使用淘宝网时实施的所有行为遵守国家法律、法规和淘宝的相关规定以及各种社会公共利益或公共道德。《投诉规则》是《淘宝网服务条款》的组成。2005年6月9日的《投诉规则》规定商标权人可以对淘宝网用户出售假冒伪劣产品进行投诉，淘宝网查实被诉事实后可以针对具体情况对被诉用户采取查看、警告、限权、冻结和查封等措施。而且，在淘宝网的主页中只要点击“帮助”或“客服中心”，用户就能轻易查到包括《投诉规则》在内的各种淘宝规则。虽然这些条款及规则并没有实质的法律效力，但确实这些条款符合了先行义务——如同审查，也符合了附随义务——移除。但正是由于这些条款并没有法律效力，编制得再好的制度没有得到执行也只是一种空白，且由于如同面对日销售量上亿的网络交易平台，接收警告或是移除的义务并没有落到实处。因此，侵权责任还是没有得到很好的落实。

有必要对提供电子商务最为频繁的网络交易平台的交易规则进行一个必要的规定。对于商家的认证，相应的审查则需要符合可作证明的证书类资料，而附随义务中，“警告——移除”机制是必要的，只要是合理的诉求，需要对其正视而不是简单地以列明自身的免责条款便可以豁免其责任的。

专题九

域名争议

第一节 基本原理

一、域名的概述

(一) 域名的概念

域名是互联网络技术不断发展不断应用于生活的产物，是连接到国际互联网的地址。对于域名的具体定义，各国立法尚未有统一的规定。《中国互联网络域名管理办法》将域名定义为是互联网络上识别和定位计算机的层次结构式的字符标识，与该计算机的互联网协议（IP）地址相对应。美国《反域名抢注消费者保护法》对域名定义为："是指由任何域名注册员、域名登记机构或其他域名注册管理机构注册或分配的任何包括文字与数字的名称，作为互联网络之上电子地址的一部分。"

从域名的构成来看，其一般是由英文字母和数字组成，不区分大小写字母。标号中除连字符（-）及实点（.）外不能使用其他的标点符号。但是互联网中，每台计算机是用一个唯一的IP地址来表示。但是IP地址，如123.156.8.65，是4个小于256的数字组成，数字之间用点间隔，对于普通用户难以记忆。为了方便计算机用户的使用，一种新的、便于识别记忆的地址系统被设计出来，即是域名系统。该域名系统使每个域名与每个IP地址构成一一对应的关系。用户只需要输入相关文字名称，域名系统就会自动地将文字名称转化为网络信息传输中的IP地址，从而准确定位相应计算机主页。

通俗来说，域名就是上网单位的名称，是一个通过计算机登上网络的单位在该网中的地址。一个上网单位如果希望在网络上建立自己的主页，就必须取得一个域名。该域名是由若干部分组成，包括数字和字母。通过该地址，人们可以在网络上找到所需的详细资料。域名是上网单位和个人在网络上的重要标识，有着识别作用，便于他人识别和检索某一企业、组织或个人的信息资源，从而更好地实现网络上的资源共享。除了识别功能外，在虚拟环境下，域名还可以起到引导、宣传、代表等作用。

(二) 域名的结构

目前，域名是按照等级组成的，一个域名从右到左分别为顶级域名、二级域名、三级域名等。顶级域名位于域名体系的最右边，其又分为国家顶级域名（简称 nTLDs）和国际顶级域名（简称 iTDs）。国家顶级域名是用将国家与地区的英文名称缩写为两位英文字母形成的代码来区别表示不同国家的顶级域名，例如中国是 cn，美国是 us，日本是 jp 等。而国际顶级域名没有国界限制，是用于表示域名注册人类别的顶级域名，例如表示工商企业的 . com，表示网络提供商的 . net，表示非营利组织的 . org 等。目前大多数域名争议都发生在 com 的顶级域名下，因为多数公司上网的目的都是为了赢利。为加强域名管理，解决域名资源的紧张，Internet 协会、Internet 分址机构及世界知识产权组织（WIPO）等国际组织经过广泛协商，在原来三个国际通用顶级域名 . com. net. org 的基础上，新增加 7 个国际通用顶级域名，“biz”代表商业组织、“coop”代表合作商业组织、“info”可以代替 com 通用域名、“aero”代表航空运输业、“name”代表个人姓名、“museum”代表博物馆等教科文组织、“pro”代表职业。

二级域名（SLDS）是指顶级域名之下的域名。在国际顶级域名下，它是指域名注册人的网上名称，例如 ibm，yahoo，microsoft 或 cnarb 等；在国家顶级域名下，它是表示注册企业类别的符号，例如 com，edu，gov，net 等。

二、域名的使用

域名，从技术上说，是联入网络的计算机在 internet 网络中的特定标识符，是易被人记忆的网络计算机标识符，但是随着网络的不断发展，域名不再仅仅是标识符，而成为用户在网上寻找、了解、评价及认知网站的一种重要身份符号，是一种“无形财产”。于此，各国对域名的使用做了规范与管理，主要包括规范域名的申请、变更以及注销。

(一) 域名的申请

要取得域名必须先向相应的域名注册组织提起申请。国际顶级域名下的域名注册应到互联网名称与数字地址分配机构（ICANN）授权的域名注册商处申请；国家顶级域名下的域名注册则到各国域名管理机构授权的域名注册组织处申请，如在中国受理 . CN 级域名申请的组织是中国互联网络信息服务中心（CNNIC）授权下的域名注册服务机构。域名注册实行“先申请先注册”原则。申请人可以通过电子邮件、传真等方式提出注册申请，随后在规定日期内提交全部申请文件。具体要求由各域名注册组织通过实施细则来规定。域名注册组织通过形式审查后，予以注册。

（二）域名的变更或注销

注册域名持有人可以申请变更或注销注册域名，应按照相关规定提交有关证件，并交回原域名注册证。经域名管理机构审查后，予以变更或注销。

三、域名与其他权利的冲突

随着互联网商业化进程和我国经济的快速发展，域名已经从一个单纯的技术名词转变成为一个蕴藏着巨大商机的标志，与原来的商业标识等权利发生着剧烈的冲突，其主要表现为域名与商业标识权的冲突、域名与域名之间的权利冲突。

（一）域名与商业标识权的冲突

所谓商业标识，是向消费者传递市场上的一种商品或者服务特定来源和牌子象征，一般包括商标、商号、企业名称、地理标志等。随着网络的迅速发展，域名的商业价值日益突出，以至于在许多国家都已经成为企业密切关注、志在必得的竞争手段，被称为“企业的网上商标”。使得本来是依据不同的法律部门而产生的知识产权，在互联网和电子商务的广泛应用中产生了权利冲突。其中域名与商业标志权的冲突集中于域名与商标权的冲突。实践中，域名与商标的权利冲突主要表现为恶意抢注域名行为、域名盗用行为以及单纯的权利冲突。

1. 恶意抢注域名行为导致的域名与商标权的冲突

恶意抢注域名是指行为人将他人的知名或比较知名的商标、商号或其他商业标识抢先注册为域名，自己却不实际使用的行为。相对域名与商标冲突的其他类型来说，抢注域名是最常见、最典型的。无论是国内还是国外，恶意抢注域名一般都具备以下基本特征：（1）被抢注的域名与他人知名的商标、商号或其他商业标志相同或相近；（2）抢注大量域名而不用；（3）域名抢注人高价出租、出售域名；（4）有意阻止知名商标、商号或其他商业标志的权利人注册该域名，迫使其高价买回。历史上，早在 1993 年就有人将微软、麦当劳等知名企业的名称或商标抢注为域名。

2. 域名盗用行为导致的域名与商标权的冲突

域名盗用行为是指自己没有商标或者商标的知名度低，于是将与他人具有一定知名度的商标相同的设计抢先注册为域名，使真正的商标权人无法注册该域名。判断域名盗用的基本特征在于域名注册人是否存在盗用的故意和有没有可能造成商品或服务的来源混淆。如果域名注册人存在盗用的恶意且其行为有可能混淆商品和服务的来源，则应认定其域名盗用行为成立，构成对商标所有人合法权益的侵犯；如果域名注册人主观上没有恶意，也不存在混淆商品和服务来源的可能，则不属于域名盗用。域名盗用与恶意抢注域名的区别在于注册人是否对该域名进行实际使用。

3. 单纯的权利冲突

单纯的权利冲突是指域名注册人并无恶意的“抢注”，而由于域名与商标的法律特征，如域名的唯一性，而商标保护的相对性，不可避免地与商标权人发生权利冲突。在有若干商标权人就相同商标分享商标权的情况下，其中一个商标权人将与商标相同的设计注册为自己的域名，而使得其他商标权人无法再用自己的商标做域名。单纯的权利冲突是由于域名与商标之间的差异性造成的，不存在行为人的主观恶意，因此谈不上对任何人的权利侵犯。因此不宜直接采用强制的做法，而应以协商为原则，由商标权利人和域名注册人达成协议，和平解决冲突。

（二）域名与域名之间的权利冲突

域名与域名之间的权利冲突主要是指两个域名注册人所注册的域名相似，造成了普通公众的混淆，影响了商机。根据统计，域名之间的纠纷主要分为两类：一是利用域名区分等级、类别的特点来适用相同的具体域名，例如某一域名注册人在 .com 下注册了 cnarb. com，另一域名注册人则立即在 . net 下注册 cnarb. org；二是在相同等级或类别的情况下，适用相近或相似的具体域名，例如某一域名注册人注册 cnarb. com，另一域名注册人则相应注册 cnarbs. com。但是，一般情况下，并不是域名之间存在类似就构成侵权，只要当在先注册域名有着极大的商业价值，在后注册的域名凭其注册的相类似的域名，造成了普通公众的混淆，影响了在前注册人的商业经营，才构成侵权行为。

四、域名系统对纠纷的预防与解决

在现实生活中，域名的商业价值在不断提升的同时，也引发了越来越多的域名纠纷。域名纠纷的发生数量和频率已经达到了令人吃惊的程度，因此有效地预防和解决域名纠纷已经是当务之急。

（一）域名纠纷的预防

域名纠纷的预防针对的是事先防止。事先防止比事后补救在效果上更胜一筹。因此，对于域名纠纷，大家把关注更多地转移到事先预防上来了。早在 1998 年 12 月，世界知识产权组织公布了域名措施进程的《阶段性报告》，其中就包含有关预防域名纠纷措施的建议。经过多方讨论与研究，1999 年的《WIPO 最终报告》对相关预防措施的建议进行了完善，而 ICANN 则在实践中对相关预防措施的建议进行了检验。

1. 不同类型之预防措施

域名纠纷一般可以分为单纯权利冲突和恶意注册两类，因此预防不同类别的纠纷需要采取不同的措施。

（1）权利冲突类域名纠纷的预防

对于权利冲突类域名纠纷，法律上目前尚无有效的预防措施。但是，用技术方法来积极预防这类纠纷并非不可能。网上地址录、文件列表服务、门户网站等技术方法都能向用户提供某个企业确切的网上地址，使得多个权利人共享同一个域名，但同时又能区别每个权利人在网上的存在，避免可能出现的差错和混淆。[①] 然而，这类技术手段毕竟在现实中仍然没有普及，因此这些技术手段并没有成为强制性的预防措施，而是采取一种鼓励的姿态，或许在互联网技术发展的不久将来，这一类预防措施能够得以普及并确定下来。

(2) 恶意抢注域名纠纷的预防

恶意抢注域名纠纷是域名纠纷的主流。因此这类纠纷的预防是整个域名纠纷预防的重心所在。预防这类纠纷的出发点应当是以相关的法律关系为基础，通过法律来明确规范相关当事方的法律责任，增强域名注册人和域名注册组织的责任感。如果域名注册人在申请注册某个域名时和域名注册组织在给予某个域名注册时，都已明确可能承担责任的风险，那么一些明显的恶意注册行为就能够被有效防止。正是法律的这种后果可预见性一定程度上防止了恶意注册的泛滥。国际通说认为，域名注册人与域名注册组织之间形成的是合同关系，因此明确规范相关当事方的法律责任的关键，就是明确域名注册人与域名注册组织之间的合同法律责任。这种以域名注册合同为基础的域名纠纷预防措施将在下面具体分析。

2. 合同关系角度之预防

域名注册人与域名注册组织之间形成的是域名注册合同法律关系。域名注册合同之所以具有预防纠纷的作用，不仅在于事先对合同权利义务以及责任的认识，使得域名注册人的责任感增强，还在于通过合同法律责任的规定来防止恶意注册人事后逃避责任。此外，域名注册合同还是争议解决程序的基础。

基于 WIPO《最终报告》的建议和国际上通用的做法，域名注册合同可以主要包括以下内容：(1) 域名注册人必须提供名称、地址、电话号码等真实、具体的联系信息；(2) 域名注册人必须作出真实的陈述，保证不侵权，注册域名不是出于违法目的；(3) 域名注册人应当按时缴纳注册费等费用；(4) 域名注册人同意域名注册组织公布其联系信息，而域名注册组织应当采取合理的措施防止他人对联系信息的非法使用；(5) 域名注册人同意受理域名注册组织采用的争议解决程序。

在上述内容中，域名注册人的联系信息是关键。在提出通过域名注册合同来预防纠纷的建议之前，域名注册人采用假名或提供虚假联系信息的情况泛滥，由此给恶意域名抢注有了可乘之机。因此，要求域名注册人提供真实、确切的联系信息可以保证将来一旦发生纠纷，能够及时、有效地查处恶意的域名注册，而域名注册人不能蒙混过关逃避追究的可预见后果使得域名注册人对注册域名这一事项采取负责的态度。此外，为了保证联系信息的真实性，ICANN 规定故意提供不确切或不可靠的联系信息的行为，或者

---

① 陈进，曹淑艳．电子商务中的知识产权．北京：对外经济贸易大学出版社，2008：105.

在联系信息发生变动后，故意不及时更新联系信息的行为，构成对域名注册合同义务的实质性违反，其域名注册应被取消。对此问题，WIPO 的《最终报告》则建议，只要无法与域名注册人联系，域名注册就应当被取消，具体可以通过“通知”和“取消”两个步骤完成。“通知”是指任何第三人告知域名注册组织，某个注册域名侵犯了知识产权，而且由于域名注册人的联系信息不确切、不可靠，所以无法与域名注册人取得联系。“取消”的程序是指域名注册组织收到第三人的通知之后，应当独立地按照域名注册人提供的联系信息，努力与域名注册人取得联系；如果域名注册组织在一段合理的时间内无法与域名注册人取得联系，该域名注册就将被自动取消。

（二）域名争议解决机制

在较为完善的预防机制下，域名纠纷是可以减少，但是杜绝域名纠纷是完全不可能的。因此，在采取域名纠纷预防措施的同时，需要采用适当的机制来进行事后的解决。一般来说，域名争议解决可以采取诉讼、调解的方式。随着域名纠纷的不断增多，独立形成一种域名争议解决机制成为迫切的需要。因而，统一域名争议解决机制应运而生。

1. 和解、调解或诉讼

诉讼调解是任何争议发生时可以采取的解决办法。争议当事方可以私下和解，对域名权属、注册纠纷的解决达成一致的解决方案，也可以将域名争议提交有管辖权的法院，通过调解或诉讼的方式来解决争议。但是毕竟能达成和解、调解的情况是少数部分，这使得和解、调解不可能作为域名争议解决的普遍合适的制度。而对于诉讼来说，诉讼费用高、耗时长，在处理域名纠纷方面表现出多方面的局限性，如许多不同国家的法院基于地域管辖对同一域名纠纷作出的判决和适用的法律可能是相互冲突的。因而，诉讼方式也不是理想的域名争议解决制度。

2. 统一域名争议解决机制

面对现行的纠纷处理机制的各种局限和不足，人们热切期待建立一种新的成本低廉、简便迅速、利益平衡的统一域名纠纷处理机制[①]。WIPO 的《最终报告》对这些建议作了归纳和总结，而 ICANN 在 WIPO 的《最终报告》的基础上，通过了《统一域名争议解决规则》和《统一域名争议解决规则细则》，开始实践统一域名争议解决机制。

统一域名争议解决机制是一种非司法手段解决域名纠纷的规则，适用于所有通用顶级域名，目前仅适用于因恶意域名注册的情形。按照 ICANN《统一域名争议解决规则》的规定，统一域名纠纷处理机制是以域名注册合同为基础的，要求域名注册申请人只有接受“统一域名纠纷处理规则”作为解决其与域名注册组织之外的任何第三人之间因其域名的

① 薛虹．域名系统的改革与域名纠纷的解决．http：//www. cnnic. net. cn/resource/daily/2000 - 10/11. shtml. 2010 年 5 月 31 日访问。

注册和使用而引起纠纷的规则和条件，才能获得域名注册。争议解决服务机构由 ICANN 指定，且各自制定相应的补充规则。投诉人只能从 ICANN 授权的争议解决服务机构中选择其中之一，提交其投诉，而相应的受理投诉的服务机构将主持程序的运行。

具体来说，在统一域名争议解决机制下，投诉人向相关争议解决服务机构投诉应同时满足以下三个条件：一是注册域名与投诉人享有权利的商品商标或者服务商标相同或者令人混淆地近似；二是域名注册人就其域名不享有权利或合法利益；三是域名被恶意注册和使用。其中“恶意”的认定可以是但不限于以下情形：第一，该情形表明，被投诉人注册或获得域名的主要目的在于，向作为商标权人的投诉人或者投诉人的竞争对手，以高于域名注册的直接花费的昂贵价格，出售、出租或者以其他方式转让域名注册；第二，被投诉人注册域名是为了阻止商标权人将商标注册为对应的域名，并且被投诉人已经实施了这种类型的行为；第三，被投诉人注册域名的主要目的在于扰乱其竞争对手的经营活动；第四，被投诉人通过使用域名，可能使网络用户误以为投诉人的商标与被投诉人使用域名的网站或其他在线站点及其提供的产品或服务有同一来源或有其他联系，从而出于商业目的，故意试图将网络用户吸引到其自己的网站或者其他在线站点。而“非恶意”的认定可以是但不限于以下情形：第一，在收到投诉通知之前，域名注册人就已经出于善意在所提供的商品或服务上使用或者能证明准备使用域名或者某个与域名对应的名称；第二，域名注册人（不论是个人、企业或其他组织）因该域名而为公众所知，虽然域名注册人并未获得相应的商标权；第三，域名注册人使用域名出于合法的非商业性目的或属于合理使用，并非出于牟取商业利益的目的而误导性地吸引消费者或者贬损有关商标的声誉。

3. 中国的域名争议解决机制

统一域名争议解决机制有着极大的影响力。还有一些国家或地区没有直接适用统一域名争议解决机制，但是以此为蓝本，根据本国的实际情况作了或多或少的修改或发展，建立了本国的机制，如中国。2002 年 CNNIC 发布了《中国互联网络信息中心域名争议解决办法》及其相关规则，后于 2006 年作了部分修改，授权中国国际经济贸易仲裁委员会和仲裁机构作为域名争议解决机构，受理 .CN 域名和中文域名的争议案件，初步建立了我国的域名争议解决机制。

五、域名的法律保护

在中国，域名的现行法律保护主要体现在三个方面：域名管理办法、域名争议解决办法、最高法院的相关司法解释。①

---

① 郭丹，窦玉前．网络知识产权法律保护．哈尔滨：哈尔滨工业大学出版社，2008：121.

（一）域名管理办法——2004年《中国互联网络域名管理办法》及其相关实施细则或办法

2004年《中国互联网络域名管理办法》是现行域名管理的相关法律文件，是自1997年5月30日《中国互联网络域名注册暂行管理办法》和《中国互联网络域名注册实施细则》颁布以来，经过两次修改的产物。这个规范性文件是我国域名管理与保护的基本法律依据，主要从域名的管理、域名注册的申请与审核、域名的变更与注销、域名争议处理以及用户投诉机制等方面作出规定。在中国，中国互联网络信息中心（CNNIC）是CN域名和中文域名的注册管理机构。中国互联网络信息中心（CNNIC），为了规范域名注册服务和管理，根据《中国互联网络域名管理办法》，制定的《中国互联网络信息中心域名注册商认证办法》、《中国互联网络信息中心域名注册实施细则》，已分别于2002年9月25日、2009年6月5日起施行。《中国互联网络域名管理办法》及其相关实施细则或办法共同规范我国域名的管理与运行。

具体来看，《中国互联网络域名管理办法》及其相关实施细则或办法从域名注册管理机构、域名注册服务机构以及域名申请者角度来设定其基本的法律责任。与1997年、2002年的管理办法相比，2004年的管理办法突出强调了对域名注册管理机构和域名注册服务机构的监管。如，第一，第2章第9条至第17条明确了设置域名根服务器及设立域名根服务器运行机构、设立域名注册管理机构和域名注册服务机构的条件和批准流程；第二，为提高注册管理机构和注册服务机构的服务质量，适应网络安全的需要，第18条、第19条、第21条、第22条增加了对域名注册管理机构、注册服务机构的要求；第三，第30条明确域名注册管理机构制定的域名运行费用收费办法应报信息产业部备案；第四，第33条明确域名注册管理机构应当设立用户投诉热线及时处理用户投诉；第五，明确域名注册管理机构和注册服务机构有义务配合国家主管部门开展网站检查工作，并按要求暂停或停止域名解析。

（二）域名争议解决办法——2006年《中国互联网络信息中心域名争议解决办法》及其相关规则

2002年9月25日，中国互联网络信息中心（CNNIC）公布的《中国互联网络信息中心域名争议解决办法》和《中国互联网络信息中心域名争议解决办法程序规则》，已于2002年9月30日正式实施。此外，授权中国国际经济贸易仲裁委员会和仲裁机构作为域名争议解决机构，受理.CN域名和中文域名的争议案件，初步建立了我国的域名争议解决机制。

而后，随着中国互联网络行业的不断发展，中国互联网信息中心修订了2002年施行的《中国互联网络信息中心域名争议解决办法》，已于2006年3月17日起施行，并且经两次修改的《中国互联网络信息中心域名争议解决办法程序规则》，也已于2007年10月8日起施行。新的《中国互联网络信息中心域名争议解决办法》与配套的《中国互联网络信息中心域名争议解决办法程序规则》为域名争议双方提供一种快捷、便利、公平、合理及低成本的争议解决机制。新的《中国互联网络信息中心域名争议解决办法》主要包括以下几个要点：

1. 调整范围

由 CNNIC 负责注册管理的 .CN 域名和中文域名，所争议域名注册期限满两年的，域名争议解决机构不予受理，但是只针对域名持有者恶意注册和使用域名的行为，而不包括善意行为。

2. 受理条件

符合下列条件的，投诉应当得到支持：（1）被投诉的域名与投诉人享有民事权益的名称或者标志相同，或者具有足以导致混淆的近似性；（2）被投诉的域名持有者对域名或者其主要部分不享有合法权益；（3）被投诉的域名持有者对域名的注册或者使用具有恶意。

3. 恶意的情形

被投诉的域名持有人有下列情形之一的，构成恶意注册或使用域名：（1）注册或受让域名的目的是为了向作为民事权益所有人的投诉人或其竞争对手出售、出租或者以其他方式转让该域名，以获取不正当利益；（2）多次将他人享有合法权益的名称或者标志注册为自己的域名，以阻止他人以域名的形式在互联网上使用其享有合法权益的名称或者标志；（3）注册或者受让域名是为了损害投诉人的声誉，破坏投诉人正常的业务活动，或者混淆与投诉人之间的区别，误导公众；（4）其他恶意的情形。

4. 域名持有者对域名享有合法权益的情形

域名持有者对域名享有合法权益的情形包括：（1）被投诉人在提供商品或服务的过程中已善意地使用该域名或与该域名相对应的名称；（2）被投诉人虽未获得商品商标或有关服务商标，但所持有的域名已经获得一定的知名度；（3）被投诉人合理地使用或非商业性地合法使用该域名，不存在为获取商业利益而误导消费者的意图。

5. 裁决结果

裁决仅限于注册人的变更，不涉及经济赔偿，或者裁决注销已经注册的域名，或者裁决将注册域名转移给投诉人。不服裁决，可以提起司法诉讼。

对于与之配套的《中国互联网络信息中心域名争议解决办法程序规则》，则主要规范处理程序，包括域名争议案件文件的提交与送达、投诉程序、专家组的指定与组成、费用等具体程序要求。

（三）最高法院的相关司法解释——2001 年《最高人民法院关于审理涉及计算机网络域名民事纠纷案件适用法律若干问题的解释》

为了正确审理涉及计算机网络域名注册、使用等行为的民事纠纷案件，根据《中华人民共和国民法通则》、《中华人民共和国反不正当竞争法》（以下简称《反不正当竞争法》）和《中华人民共和国民事诉讼法》等法律的规定，2001 年 6 月，最高人民法院颁布了《最高人民法院关于审理涉及计算机网络域名民事纠纷案件适用法律若干问题的解释》。该解释总共 8 个条款，对域名纠纷案件的受理、管辖、适用范围和法律责任等作了规定。它强调通过 4 个要求来认定被告注册、使用域名等行为构成侵权或者不正当竞争：（1）原告请求保护的民事权益合法有效；（2）被告域名或其主要部分构成对原告驰名商标的复制、模仿、翻译或音译，或者与原告的注册商标、域名等相同或近似，足以造成相关公众的误认；（3）被告对该域名或其主要部分不享有权益，也无注册、使用该域名的正当理由；（4）被告对该域名的注册、使用具有恶意。其中关于“恶意”又作出了具体的限定：一是为商业目的将他人驰名商标注册为域名的；二是为商业目的注册、使用与原告的注册商标、域名等相同或近似的域名，故意造成与原告提供的产品、服务或者原告网站的混淆，误导网络用户访问其网站或其他在线站点的；三是曾要约高价出售、出租或者以其他方式转让该域名获取不正当利益的；四是注册域名后自己并不使用也未准备使用，而有意阻止权利人注册该域名的；五是具有其他恶意情形的。但是，被告举证证明在纠纷发生前其所持有的域名已经获得一定的知名度，且能与原告的注册商标、域名等相区别，或者具有其他情形足以证明其不具有恶意的，是认定被告行为恶意时考虑的一个例外情况。

此外，该解释一改以往根据行政认定来确定驰名商标，而是结合具体情况，个案性地取决于诉讼时的相关客观因素，强调对驰名商标的保护。

第二节 域名权属纠纷

主题案例 1

北京某科技发展有限公司诉 A 有限公司计算机网络域名纠纷案①

案情回顾

原告某科技发展有限公司设立于 2001 年 9 月 14 日，主要从事技术开发、培训、服

① 案例详见北京市高级人民法院（2008）高民终字第 37 号民事判决书。

务、咨询、转让等业务。被告A有限公司是一家在澳大利亚设立并存续的电讯有限公司，且排名前列，主要业务范围系电讯及互联网的产品及服务。2003年3月17日，原告注册了“Telstra. cn”域名。此后，被告根据在中国互联网络信息中心cn域名的查询结果，将该域名的联系人夏某作为被投诉人，以该域名的注册侵犯了被告在先的民事权利为由，于2006年3月16日向仲裁机构提出投诉，请求将该争议域名裁决为被告所有。2006年10月11日，仲裁机构作出DCN－0600063号裁决书，将隶属于原告的“Telstra. cn”裁决为被告所有。原告某科技发展有限公司主张认为仲裁机构的裁决书认定事实错误，应予撤销。

据查明，被告A有限公司于1995年2月7日获得中华人民共和国国家工商行政管理总局商标局（下称商标局）颁发的“Telstra”商标注册证，商标注册证号为777250，核定服务项目为第38类。1996年12月28日、1997年11月21日，被告A有限公司分别获得商标局颁发的商标注册证（该商标的第一个字母为变造的“T”），核定使用商品为第9类（商标注册证号923272）和核定服务项目为第41类（商标注册证号1129924）。

争议焦点

1. 被告A有限公司向仲裁机构提出投诉的时间是否超过规定期限？

原告某科技发展有限公司诉称，根据中国互联网络信息中心的最新规定，自2006年3月17日起，注册已经超过2年的.cn为后缀结尾的英文域名，不再受理域名争议。Telstra. cn域名已经超过2年。因此仲裁机构的裁决书违背了中国互联网络信息中心的相关规定。被告A有限公司辩称：被告于2006年3月16日向仲裁机构提交了“telstra. cn”域名争议投诉，按照最新施行的《中国互联网络信息中心域名争议解决办法》第19条的规定，仲裁机构对域名争议投诉书的受理和裁决符合相关程序。

2. 被投诉人夏某是否适格？

原告某科技发展有限公司诉称，夏某为本案争议域名的联系人，非本案原告之法定代表人，也不是争议域名的所有人。被告A有限公司辩称：被告向仲裁机构投诉针对的是域名的注册人，即本案原告。在未能知悉注册人的情况下，仲裁机构按照《中国互联网络信息中心域名争议解决办法程序规则》第5条（二）项的规定，将投诉书递交争议域名的联系人应视为送达给域名注册人。某科技发展有限公司于上诉时称，A有限公司是将夏某作为被投诉人，即并未投诉某科技发展有限公司，夏某就没有告知某科技发展有限公司的法律义务。A有限公司盲目选择投诉对象。

3. 原告某科技发展有限公司是否有权注册、使用争议域名？

原告某科技发展有限公司诉称，商标局为被告颁发的923273、1129924号商标注册证中的商标均为图形商标，可以有多种文字意思表示，因此不能视为被告享有

"telstra"的文字商标。被告在其他国家和地区注册的域名和商标，与本案没有必然联系以及法律关系。被告A有限公司辩称：被告在中国对"TELSTRA"享有在先的注册商标权，而原告却不享有任何权利，且其注册纯属恶意。

裁判意见

一审法院意见为：A有限公司向仲裁机构进行投诉的时间是2006年3月16日。根据修改后的《中国互联网络信息中心域名争议解决办法》第2条的规定，该办法仅适用于受理2006年3月17日以后发生的域名争议，且对争议域名限定了两年的期限。由于该争议的受理时间为2006年3月16日，适用修改前的《中国互联网络信息中心域名争议解决办法》，因此不受两年的期限限制。故A有限公司向仲裁机构提出投诉未超过期限。故被告A有限公司抗辩主张成立。

A有限公司在发现争议域名被某科技发展有限公司注册后，根据查询结果，将争议域名的联系人夏某作为被投诉人，向仲裁机构进行投诉，具体指向的投诉对象就是本案的争议域名，仲裁机构在收到A有限公司的投诉后，将投诉书传送给该争议域名的联系人夏某的做法，符合争议域名解决办法的程序规则要求。夏某系争议域名的联系人，其有义务将被投诉的信息告知某科技发展有限公司，因此法院推定某科技发展有限公司作为争议域名的所有者已明确了解了A有限公司作为投诉人，对该争议域名向仲裁机构进行投诉的事实和程序的启动。

A有限公司企业名称的主要识别部分为Telstra，其向商标局申请注册商标的中文企业名称为Telstra的译音泰尔斯特拉，A有限公司在第41类和第9类商品或服务上享有"Telstra"的商标专用权。A有限公司依法享有在先民事权利，对"Telstra"享有合法有效的民事权益，而某科技发展有限公司未举证证明其对"Telstra"享有合法民事权益，故应认定某科技发展有限公司对争议域名的主要部分"Telstra"不享有任何合法有效的民事权益。

争议域名的主要部分"Telstra"与A有限公司在中国注册的第777250号商标"Telstra"相同，也与其字号相同。在此情况下，争议域名的注册、使用必将造成相关公众的误认，即误认为争议域名与A有限公司之间存在某种关联。某科技发展有限公司没有提交任何证据证明其注册争议域名具有正当理由。某科技发展有限公司明知"Telstra"是A有限公司的注册商标和字号，其对争议域名不享有任何合法有效的民事权益，却将"Telstra"标识作为域名的主要部分注册，其没有尽到应尽的避让义务，妨碍了A有限公司注册和使用争议域名的可能性，并导致与A有限公司的在先权利产生混淆和误认。因此，某科技发展有限公司在没有正当理由的情况下，注册使用与A有限公司的注册商标、字号相同的域名，造成与A有限公司提供的产品、服务或者网站的混淆，误导网络用户访问其网站，其行为具有恶意。因此，原告某科技发展有限公司对被告 A 有限公司的诉讼请求，不符合法律规定，不予支持。

二审判决为：根据在中国互联网络信息中心查询的结果，争议域名的联系人为夏某。在此情况下，A 有限公司只能以夏某作为被投诉人。仲裁机构在收到 A 有限公司的投诉后，将其投诉书传送给该争议域名的联系人夏某，符合争议域名解决办法的程序规则要求。夏某作为争议域名的联系人及作为该公司的副总经理，有充足的条件且有义务将被投诉的信息告知某科技发展有限公司。因此，可以推定某科技发展有限公司作为争议域名的所有者已明确了解了 A 有限公司作为投诉人，对该争议域名向仲裁机构进行投诉的事实和程序的启动。在争议解决过程中，仲裁机构向某科技发展有限公司转送了 A 有限公司的投诉书，并给予相应的答辩期限，最终以 A 有限公司作为投诉人、以某科技发展有限公司作为被投诉人作出了裁决，故某科技发展有限公司所提关于被投诉人不适格的主张缺乏事实和法律依据，法院不予支持。因此，二审驳回上诉，维持原判。

评析探讨

这是一起典型的域名权属纠纷的案件，其中涉及的问题除了如何确定域名注册人对所注册的域名是否有合法权益之外，本案还涉及对域名纠纷处理机构所给的裁决有效性的确定。

一般来说，域名争议解决的方式可以通过向相关域名争议解决机构投诉，请求裁决，也可以通过诉讼、约定仲裁以及和解的方式来处理。域名争议解决机构由域名注册管理机构指定。根据《中国互联网络域名管理办法》第 37 条规定，任何人就已经注册或使用的域名向域名争议解决机构提出投诉，并且符合域名争议解决办法规定条件的，域名持有者应当参与域名争议解决程序。此外，根据《中国互联网络信息中心域名争议解决办法》第 37 条规定，任何人就已经注册或使用的域名向域名争议解决机构提出投诉，并且符合域名争议解决办法规定条件的，域名持有者应当参与域名争议解决程序。这些争议解决方式没有管辖的先后或者排斥的顺序，而是一种平行关系。因此争议当事人可以根据实际情况选择合适的争议解决方式，也可以多种解决方式同时进行。

但是，值得注意的是域名争议解决程序的法律属性。域名争议解决机构所做的裁决具有非同于司法裁决效力的效力。具体规定见于《中国互联网络域名管理办法》第 38 条，域名争议解决机构作出的裁决只涉及争议域名持有者信息的变更。域名争议解决机构作出的裁决与人民法院或者仲裁机构已经发生法律效力的裁判不一致的，域名争议解决机构的裁决服从于人民法院或者仲裁机构发生法律效力的裁判。此外，《中国互联网络信息中心域名争议解决程序规则》第 41 条规定，域名争议解决机构裁决注销域名或者裁决将域名转移给投诉人的，自裁决公布之日起满 10 日的，域名注册服务机构予以执行。但被投诉人自裁决公布之日起 10 日内提供有效证据证明有管辖权的司法机关或者仲裁机构已经受理相关争议的，争议解决机构的裁决暂停执行。对于暂停执行的争议解决机构的裁决，域名注册服务机构视情况作如下处理：一是有证据表明，争议双方已经达成和解的，执行和解协议；二是有证据表明，有关起诉或者仲裁申请已经被驳回或者撤回的，执行争议解决机构的裁决；三是有关司法机关或者仲裁机构作出裁判，且已发生法律效力的，执行该裁判。显而易见，域名争议解决机构的裁决并不具有司法程序所产生的法律效力，当其裁决与司法机关或传统仲裁机构所做的裁决冲突时，也不具有任何法律效力，其作为快速解决域名争议而设置的一种“变通”的解决程序存在。因此正如上述案例中，被投诉方可就该争议解决机构作出的裁决的有效性诉至法院，请求法院判定其合法性。

主题案例2

北京某书店与中国人民保险公司计算机网络域名纠纷上诉案[①]

案情回顾

原告中国人民保险公司是目前国内最大的财产保险公司，企业性质为国有独资的有限责任公司，机构网点遍布全国各地。原告于1994年12月16日向国家商标局申请注册“保PICC”商标，1996年11月21日，国家商标局正式予以核准注册，注册号为：903823号。该商标的形式为：上面是一个“人”字的变形，弯曲下来形成一个灯笼的轮廓，中间为“PICC”，下面是“保”字。而被告北京某书店于1998年3月10日在中国互联网络信息中心（CNNIC）注册了“picc. com. cn”域名。

另查明，“PICC”商标系原中国人民保险公司重组后中国人民保险公司再保险有限公司的注册商标。原告中国人民保险公司以被告某书店对该域名不享有权益为理由诉至法院，请求法院依法判令某书店无偿将“picc. com. cn”域名转让给自己。

争议焦点

1. 中国人民保险公司是否为“保PICC”注册商标的合法权利人，是否具有本案的诉讼主体资格？

原告中国人民保险公司诉称，“PICC”是其惯用英文缩写，是其广泛使用和宣传的服务标识，已享誉国内外。中保于1996年11月21日，经原国家工商行政管理局商标

---

① 案例详见北京市高级人民法院（2003）高民终字第248号民事判决书。

局核准，将“保PICC”注册为商标，“PICC”是注册商标的核心部分。某书店于上诉时称，上诉人1998年3月10日合法注册域名前，中国人民保险公司不具有合法注册的主体资格，并且中国人民保险公司从未注册过“保PICC”域名。“PICC”系另一法人单位中国再保险有限公司的注册商标，且在上诉人注册域名之后才注册为商标。

2. 北京某书店注册“picc. com. cn”域名的行为是否构成不正当竞争？

原告中国人民保险公司诉称，北京某书店于1998年3月10注册了“picc. com. cn”域名却没有使用，某书店对该域名不享有权益，也无注册、使用该域名的正当理由，其行为足以造成相关公众的误认，具有明显的恶意，构成了侵犯中保商标权和不正当竞争。被告某书店辩称：其合法注册的域名与中保的商标根本不同。某书店注册的域名是取英文“piccolo”（中文含义是小型的、微小的）前四个字母，由于某书店很小，故注册了“picc. com. cn”域名，且注册该域名后从未闲置。

裁判意见

一审法院意见为：北京某书店注册的“picc. com. cn”域名中具有标识作用的部分即“picc”，“picc”与中国人民保险公司注册商标“保PICC”中的“PICC”除英文字母的大小写不同外完全相同，且域名只能以小写字母组成。北京某书店对该域名的主要标识部分不享有其他在先权利，其注册该域名的时间晚于中国人民保险公司注册商标“保PICC”被核准的时间，且被告北京某书店没有注册、使用该域名的正当理由。北京某书店将“picc”注册为域名的行为不仅足以造成相关公众的误认，而且还阻碍了中国人民保险公司将自己的企业名称英文缩写和注册商标中具有标识性的部分注册为域名及利用该域名在网络上从事经营性活动的实现。北京某书店的行为具有明显的主观恶意，违背了商业活动中公平及诚实信用的基本准则，构成了不正当竞争，应承担相应的民事责任。故根据《中华人民共和国反不正当竞争法》第2条、第20条之规定，中国人民保险公司对某书店的诉讼请求，合理、合法，应予支持，被告抗辩主张不成立，判决北京某书店注销“picc. com. cn”域名。

二审法院意见为：经审查，《商标注册证》原件真实有效，认定中国人民保险公司是“保PICC”注册商标的合法权利人，其具有本案合格的诉讼主体资格。“picc”不仅是中国人民保险公司的英文缩写，亦是其注册商标“保PICC”的核心部分，且该公司一直将“PICC”作为其服务标识，因此，一审判决认定中国人民保险公司对“PICC”一词享有的在先民事权利合法有效。

域名作为用户在计算机网络中的名称和地址，在网络应用中具有与商标、企业名称类似的识别功能。北京某书店注册的“picc. com. cn”域名中最具有识别性的部分是其三级域名“picc”，而“picc”与中国人民保险公司的注册商标“保PICC”中的核心部分“PICC”除英文字母大小写之分外完全相同，足以造成相关公众的误认。北京某书店在对“picc”不享有任何在先权利，也无注册使用该域名正当理由的情况下，将其注册为域名，客观上妨碍了中国人民保险公司以“picc”一词注册为“picc. com. cn”域名的权利，其行为违反了我国法律所确立的诚实信用原则，侵害了中国人民保险公司的合法权益，具有明显的主观故意。根据最高人民法院《关于审理涉及计算机网络域名民事纠纷案件适用法律若干问题的解释》第4条的规定，北京某书店的上述行为已构成不正当竞争，应承担相应的民事责任。

评析探讨

这是一起典型的域名纠纷的案件。商标权利人在发现其合法商标被注册为他方域名时，以诉讼的方式解决相关纠纷。该案的症结点在于被告注册、使用域名等行为是否构成不正当竞争。值得注意的是，该被告辩称：不是同行、同类别的“picc. com. cn”域名不构成侵权。这一抗辩理由是否成立，我们需从域名与商标的区别整个知识点来理清。

尽管域名与商标都是企业的无形财产，且域名被称为“企业的网上商标”，但无论在分类标准还是空间效力上，域名与商标都有着明显的不同。在空间上，商标具有严格的地域性，在某一国按照其相关法律规定取得的商标只在其国家管辖范围内有效。一企业在一国享有该相关产品的知识产权，如果想要在他国也受到保护，则也需要在他国对该产品进行知识产权的申报，才能受到保护。此外，商标权人对其他商标或服务种类上就同一商标分别取得商标权。而由于互联网具有全球特性，非某个地区、国家或机构所专有，所以域名是具有绝对的唯一性，同一域名只能为一个主体所拥有。这也就造成域名注册冲突的一个极大的因素。所以被告辩称：不是同行、同类别的相同域名不构成侵权是站不住脚的。

主题案例3

上海红魔涂料有限公司与美国红魔鬼有限公司计算机网络域名权属纠纷上诉案①

案情回顾

原告红魔涂料公司成立于2002年6月13日，主要经营水性涂料、建材等，后注册并取得了第3169222号“红魔”商标专用权。被告红魔鬼公司分别于1997年和2000年

① 案例详见北京市高级人民法院（2008）高民终字第189号民事判决书。

在中国取得了“Red Devil”商标专用权，核定使用范围为第17类填塞材料，密封胶（剂）和第8类油灰刀等商品。2004年5月12日，红魔涂料公司注册了争议域名“reddevil. com. cn”。2006年5月8日，红魔鬼公司针对争议域名向域名争议解决中心提出投诉，该中心专家组于2006年7月11日裁决将争议域名转移给红魔鬼公司。原告红魔涂料公司因域名争议为由将被告红魔鬼公司诉至法院。

争议焦点

原告红魔涂料公司是否有权注册、使用争议域名？

原告红魔涂料公司诉称，域名注册遵循先申请先注册原则，域名的权利归属并不取决于争议域名主要部分的在先权利人的确认；红魔涂料公司对争议域名享有合法权益，注册争议域名具有正当理由，不具有恶意。被告红魔鬼公司辩称：红魔涂料公司对争议域名不享有合法权益。

裁判意见

一审法院意见为：红魔鬼公司对争议域名的主要部分“reddevil”享有合法有效的在先民事权益，红魔涂料公司对争议域名不享有合法权益，其使用的争议域名的主要部分与红魔鬼公司的注册商标相同，其对争议域名的注册、使用主观上具有恶意。

二审法院意见为：红魔鬼公司的企业名称及其注册商标均早于争议域名的注册时间，其对争议域名的主要部分“reddevil”享有合法有效的在先民事权益。而红魔涂料公司使用的“红魔”注册商标与争议域名的主要部分并不相同，在中国主要以汉字为大众习惯用语的情况下，一般公众不能对两者产生同一的认识，即不能证明争议域名的合理来源是“红魔”注册商标，“红魔”注册商标专用权的取得时间亦晚于红魔鬼公司上述合法权利的产生时间。由于争议域名的主要部分与红魔鬼公司的注册商标的文字部分相同，红魔涂料公司使用争议域名所引导的网站网页上，载有大量与红魔鬼公司的名称、“Red Devil”注册商标相同或相近似的内容，已经足以造成消费者对红魔涂料公司网站及产品与红魔鬼公司关系的混淆，红魔涂料公司也不能提供使用上述内容的合法权利依据。因此，可以认定红魔涂料公司对争议域名不享有合法权益，其注册争议域名不具有正当理由，其对争议域名的注册和使用具有主观恶意，其相应上诉主张不能成立。因此，二审驳回上诉，维持原判。

评析探讨

就红魔涂料公司与红魔鬼公司之间对于“reddevil”域名权利的不同主张，可以把该案定性为网络域名权属纠纷。该案所反映出来的域名冲突具有相当的典型性。在中国主要以汉字为大众习惯用语的情况下，一般公众不会对“红魔”注册商标与“Red Devil”注册商标产生同一的认识，但当都指向域名，红魔涂料公司以“红魔”注册商标的英译为域名时，即发生与红魔鬼公司以“Red Devil”注册商标中的内容时，域名冲突就发生了。

在涉及冲突域名时，认定某一方是否对该争议域名有权利时，根据我国《中国互联网络信息中心域名争议解决办法》一般标准有：(1) 被投诉的域名与投诉人享有民事权益的名称或者标志相同，或者具有足以导致混淆的近似性；(2) 被投诉的域名持有人对域名或者其主要部分不享有合法权益；(3) 被投诉的域名持有人对域名的注册或者使用具有恶意。

在本案中，红魔鬼公司委托公证人员通过互联网对以下事实进行了确认：点击 http：//reddevil. com. cn 进入“上海红魔涂料有限公司”网站页面，其中载有“2001 年红魔公司通过美国 ISO14001 环境认证、2004 年红魔公司通过中国环境标志产品认证证书、美国著名品牌、加盟店”等文字和图片内容以及“美国红魔漆、Red Devil 及图商标文字及图形”等内容。已经足以造成消费者对红魔涂料公司网站及产品与红魔鬼公司关系的混淆，且红魔涂料公司也不能提供使用该争议域名的合法权益。因此，尽管域名注册应遵循先申请先注册原则，但在先申请注册的域名侵犯他人在先拥有的合法权利时，该域名即使已经获得注册也应予以撤销。

主题案例 4

福建省安溪茶厂有限公司诉赖某计算机网络域名侵权纠纷案[①]

案情回顾

原告安溪茶厂公司，是一家专业从事乌龙茶生产、加工、销售、科研及茶文化传播于一体的综合性茶叶大型企业。其所生产的“凤山”系列茶叶品牌质量上乘。原告发现一个域名为“www. fengshan-food. com”，与该域名所连接经营饮料、巧克力、果冻、面包、月饼等五个系列产品的网站，该网站所链接经营的产品使用了原告第 139505 号商标的汉字或拼音部分“凤山”、“fengshan”。被告赖某用与原告第 139505 号商标拼音部分一样的文字作为网站的主要部分在互联网上注册。原告遂以被告侵犯其商标权为由，向法院提起诉讼。

另查明，原告安溪茶厂公司在相关商品上分别申请了“凤山”注册商标的防御商

① 案例详见江西省抚州市中级人民法院案例详见（2007）抚民三初字第 37 号民事判决书。

标，在国内外构筑了自己完善的营销网络体系。“凤山”牌茶叶获国家金质奖，并被指定为钓鱼台宾馆专用茶，而且在“2006 年中国茶叶行业百强”评选中销售额名列前茅。“凤山”茶叶品牌不仅在同行业中具有很高的知名度，而且在我国消费者群体中也享有了非常高的美誉度。原告公司及“凤山”系列产品，也先后获得政府部门、行业协会和相关组织授予的多项荣誉。

争议焦点

被告赖某是否构成对原告注册商标的侵权?

原告诉称：被告用与原告商标拼音部分一样的文字作为域名的主要部分在互联网上注册，并在与原告经核准注册相同类别但不同群组的商品上使用与原告近似的标识的行为侵犯了原告的商标权。被告赖某辩称：其注册和使用“www. fengshan-food. com”域名是经合法注册的，其在网上推销的产品与原告商品分属不同的类别，因此，被告注册“www. fengshan-food. com”域名和在食品上使用与原告一样的标识的行为不构成商标侵权。

裁判意见

法院认为：本案中，原告已注册的“凤山”商标在消费者中产生十分良好的声誉，享有很高的知名度和美誉度，为相关公众广为知晓。销售网络遍布国内外，产量、销售收入逐步快速增长，产品在全国建立了完善的销售网络体系，品牌先后获得多项荣誉。根据最高人民法院《关于审理涉及计算机网络域名民事纠纷案件适用法律若干问题的解释》第 6 条规定，对该商标认定为驰名商标。此外，“凤山”商标系原告于 1980 年 8 月 20 日核准注册，有效期经二次续展至 2013 年 2 月 28 日，从而取得该商标的独占使用权，被告无正当理由注册并使用的域名构成对原告商标的音译，足以造成相关公众的误认。被告为商业目的在其网站中以凤山食品推介该产品，应认定其具有恶意。因此，被告赖某注册并使用“fengshan-food. com”域名的行为，已构成对原告驰名商标专用权的侵犯。故对原告提出的判令被告注销其注册的“fengshan-food. com”域名的诉讼请求，予以支持。对被告称其合法取得域名，不构成对原告商标侵权的答辩理由，不予支持。

评析探讨

这是一起典型的域名侵权案件，其中涉及的问题除了如何确定域名注册人对所注册的域名是否有合法权益之外，本案还涉及对驰名商标的认定问题。

驰名商标是为相关领域中的公众所熟知，具有较高的商业名誉和认同感，有着强烈识别性，其本身是企业的巨额无形财产。因此，各国都对驰名商标给予扩大保护。在域名与商标权发生冲突的域名纠纷案件中，如果能认定为驰名商标，对于商标权利人对抗域名所有人有着极大的优势。根据最高人民法院《关于审理涉及计算机网络域名民事纠纷案件适用法律若干问题的解释》第4条的规定，符合以下条件的，认定被告注册、使用域名等行为构成侵权或者不正当竞争：（1）原告请求保护的民事权益合法有效；（2）被告域名或其主要部分构成对原告驰名商标的复制、模仿、翻译或音译，或者与原告的注册商标、域名等相同或近似，足以造成相关公众的误认；（3）被告对该域名或其主要部分不享有权益，也无注册、使用该域名的正当理由；（4）被告对该域名的注册、使用具有恶意。其中认定恶意作为主观要件，比较难以举证。如果能认定相关商标是驰名商标，根据该《解释》第5条，只要为商业目的将他人驰名商标注册为域名的，即被认定是有恶意。这一规定从侧面也反映出对驰名商标重点保护的倾向。那么如何认定相关商标为驰名商标？该《解释》第6条规定，人民法院审理域名纠纷案件，根据当事人的请求以及案件的具体情况，可以对涉及的注册商标是否驰名依法作出认定。一般来说，驰名商标的认定是由行政机关，如国家工商行政管理局根据《驰名商标认定和管理暂行规定》进行认定。但是，根据该《解释》，人民法院可以在域名纠纷案件的审理中，根据我国《商标法》的具体规定，进行认定，而该认定只是为了案件审理的需要，不具有永久性。

《中华人民共和国商标法》第14条规定，认定驰名商标应当考虑以下因素：（1）相关公众对该商标的知晓程度；（2）该商标使用的持续时间；（3）该商标的任何宣传工作的持续时间、程度和地理范围；（4）该商标作为驰名商标受保护的记录；（5）该商标驰名的其他因素。本案中，原告注册商标的有效期限为1980年8月20日至2013年2月28日，30几年的商标持续期。自1978年开始在“凤山”茶叶系列产品上的持续使用，销售网络遍布国内外，产量、销售收入逐步快速增长，原告为宣传、推广和提高凤山品牌在国内外市场上的知名度和美誉度，先后聘请影视明星为形象代言人，借助娱乐活动的普遍传播力，结合凤山产品进行商业宣传，同时还通过互联网、户外广告、宣传册、赞助大型演唱会等多种宣传渠道，推广凤山茶叶品牌。在广告宣传的同时，还在《中国经济导报》等媒体对原告及其产品进行了报道。2004年至2006年广告投入达3 852万元，原告的产品在全国建立了完善的销售网络体系，销售网点遍布全国各省、市，在省级设有专卖店200多家；从企业规模、行业排名、产品质量、市场销售来看，近三年来经济指标、经济效益等行情居行业前列。“凤山”商标已在消费者中产生十分良好的声誉，得到广泛的支持和认可，享有很高的知名度和美誉度，已为相关公众广为知晓。特别是原告成立公司，就注重商标管理，制定商标管理制度，并设专门知识产权部门进行商标管理。随着“凤山”品牌知名度的提升，原告“凤山”商标在全国遭受侵权的现象时有发生，原告积极地寻找途径保护，通过工商管理部门作行政处罚的方式来维护其商标专用权，以进一步保护原告注册商标的合法权益。故可以依据最高人民法院《关于审理涉及计算机网络域名民事纠纷案件适用法律若干问题的解释》第6

条、《中华人民共和国商标法》第14条之规定，认定原告福建省安溪茶厂有限公司拥有的注册商标为驰名商标。

第三节　域名注册合同纠纷

主题案例1

北京铭×智达科技有限公司与黄某计算机网络域名注册合同纠纷上诉案①

案情回顾

2006年10月31日，原告黄某与两家域名注册服务机构，即被告一铭×信息技术有限公司（以下简称铭×公司），被告二北京铭×智达科技有限公司（以下简称铭×智达公司）签订了第6173707号《域名/通用网址订单》，约定黄某委托铭×公司、铭×智达公司注册域名，具体包括“美国摩根士丹利.cn”等6个域名，域名注册年限均为10年，共计服务费19 000元，随后，黄某向铭×重庆分公司缴纳了“中文域名”费用19 000元。2006年11月8日，铭×公司向黄某出具了两份域名证书，告知黄某其所申请的中文域名“美国摩根士丹利.cn”、“美国摩根士丹利.com”、“美国摩根士丹利.net”、“美国摩根士丹利.公司”、“美国摩根士丹利.网络”、“美国摩根士丹利.cc”已经注册成功。其中涉及国家中文域名的证书载明“重庆黄某投资有限公司（黄某）”字样，其有效使用时间为2006年11月1日起至2016年11月1日止；国际域名证书载明“黄某”字样，其有效使用时间为2006年11月2日起至2016年11月2日止。该《域名/通用网址订单》签订后，双方当事人对该订单的法律效力产生了争议。黄某向重庆市第五中级人民法院起诉，请求撤销其因重大误解而与被告签订的订单，判令被告归还19 000元。

据查明，黄某一直将注册域名视为一种投资行为，其申请注册域名的目的是为了高价出售、出租或者以其他方式转让域名以获取利益。铭×公司则将注册域名作为一种投资产品进行宣传推销，进而接受了黄某的申请并注册涉案域名。黄某在注册涉案域名后，并未实际使用这些域名。之后，黄某发现，铭×公司在宣传、推销“域名产品”

① 案例详见重庆市高级人民法院（2009）渝高法民终字第31号民事判决书。

时许诺的“高额回报”系“虚假宣传”，遂与铭×重庆分公司交涉，要求退还当初所交款项，但被拒绝。

争议焦点

黄某与铭×公司、铭×智达公司签订的第6173707号《域名/通用网址订单》是否有效？

黄某请求以重大误解为由撤销第6173707号《域名/通用网址订单》，其在一审庭审中解释该诉讼请求时，认为该订单既因其重大误解而应被撤销，又因一审被告为签订合同进行了欺诈而应归于无效；一审被告则认为该《域名/通用网址订单》是双方当事人真实意思表示且没有违反法律规定，应属有效。铭×智达公司向法院上诉时声称，一审庭审前，黄某的诉讼请求没有变化过，始终是请求撤销涉案合同，而一审法院却将双方的争议焦点认定为涉案合同是否应当被撤销或是否有效。

裁判意见

一审法院意见为：黄某与铭×公司以及铭×智达公司签订的《域名/通用网址订单》约定了黄某委托铭×公司和铭×智达公司注册域名的权利义务，形成了委托合同法律关系。但是，任何组织或个人注册和使用域名，不得侵害他人合法权益，域名注册服务机构应当自觉遵守国家相关法律、行政法规和规章，公平、合理地为用户提供域名注册服务。根据该《域名/通用网址订单》的约定，黄某委托铭×公司和铭×智达公司注册的域名包含了如“美国摩根士丹利.cn”国际知名企业的字号，其注册结果必然导致网络识别标识与现实识别标识的冲突与混乱，并侵犯他人对企业名称所享有的合法权益。在注册域名过程中，黄某一直将注册域名视为一种投资行为，而铭×公司也将注册域名作为投资产品进行宣传推销，因此黄某委托铭×公司和铭×智达公司注册域名的行为属于恶意抢注域名行为，其结果损害了社会公共利益，应属无效。铭×智达公司作为共同受托人签订该合同，与铭×公司共同行使和承担该合同赋予服务方的权利和责任，因此铭×智达公司对合同无效也有过错，应当与铭×公司共同承担合同无效后所产生的法律责任。黄某与铭×公司和铭×智达公司应当共同注销所注册的域名。故黄某对铭×公司以及铭×智达公司的诉讼请求，合理、合法，应予支持，被告抗辩主张不成立。

二审法院意见为：域名注册服务是一项公益性服务，铭×公司应该很清楚域名注册服务的公益性服务性质。铭×公司在与域名注册申请者签订域名注册合同、办理域名注册时，应当遵守《中华人民共和国民法通则》、《中华人民共和国合同法》、《中国互联网络域名管理办法》等相关法律、法规、部门规章的规定。相反，被告诱导潜在客户注册域名，推荐的域名多涉及国外知名企业的字号、商标或其他在公众中具有相当影响力的名称。其注册结果必然导致网络识别标识与现实识别标识的冲突与混乱。此种行为已构成以不正当手段推销域名，背弃了域名注册服务的公益性服务性质，扰乱了正常的域名注册服务秩序；若听任此类行为蔓延，则无异于助长恶意抢注域名的行为，域名注册服务将从一种公益性服务蜕变成域名注册服务机构追求经济利益的工具，域名注册服务秩序也将陷入混乱，最终危及互联网络的发展环境。另一方面，其行为的后果之一便是黄某很可能被诉恶意抢注域名，进而被认定构成侵权或者不正当竞争。铭×公司作为域名注册服务机构不可能预见不到这一后果，其完全可以从源头避免这一后果的发生；但其为了实现推销“域名产品”、牟取不当利益的非法目的，非但不采取措施予以防范，反而以“高额利润回报”的许诺引诱黄某去“恶意抢注域名”，并放任侵权或者不正当竞争后果的发生。故铭×智达公司关于法律适用不当的上诉主张，不予支持。

因而，对于一审法院关于黄某与铭×公司、铭×智达公司签订的第6173707号《域名/通用网址订单》无效的判决予以支持；注销“美国摩根士丹利.cn”等6项涉案域名；铭×公司与铭×智达公司共同向黄某退还款项19 000元，两公司就此对黄某承担连带责任。

评析探讨

本案黄某与铭×公司、铭×智达公司签订的第6173707号《域名/通用网址订单》具有合同性质，双方因该合同而发生的纠纷可以定性为计算机网络域名注册合同纠纷。该案所反映出来的域名注册服务机构以不正当手段推销域名的行为在域名注册服务行业具有相当的典型性。

根据《中国互联网络域名管理办法》的规定，域名注册服务机构是指受理域名注册申请，直接完成域名在国内顶级域名数据库中注册、直接或间接完成域名在国外顶级域名数据库中注册的机构，其通过与域名管理服务机构签署《合作意向书》来依法实施域名注册受理行为。从法律角度来看，这可以说是一种授权委托的关系。在中国，中国信息网络中心授权各合法域名注册服务机构，依据《中国互联网络域名管理办法》和《中国互联网络信息中心域名注册实施细则》，在审查的基础上办理域名注册服务。

《中国互联网络域名管理办法》第19条规定：“域名注册服务机构应当自觉遵守国家相关法律、行政法规和规章，公平、合理地为用户提供域名注册服务。域名注册服务机构不得采用欺诈、胁迫等不正当的手段要求用户注册域名。”该《办法》第26条第1款规定：“域名注册管理机构和域名注册服务机构应当公布域名注册服务的内容、时限、费用，提供域名注册信息的公共查询服务，保证域名注册服务的质量，并有义务向信息产业部提供域名注册信息。”在中国互联网络信息中心不允许个人注册国家中文域名的情况下，铭×公司以“重庆黄某投资有限公司”的名义为黄某注册了“美国摩根士丹利.cn”等中文域名。一审被告的此种行为无视公平、诚实信用等基本原则，违反了《中国互联网络域名管理办法》第19条、第26条的规定。

针对在域名注册服务行业出现域名注册服务机构以不正当手段推销域名的不法行为，加强互联网域名注册服务的管理，2009 年中国互联网络信息中心修改了《中国互联网络信息中心域名注册实施细则》，规范了域名注册服务机构的相关法律责任。其第 12 条规定，域名注册服务机构在开展域名注册服务时不得采取以下行为：（1）冒用政府机构、企事业单位及社会团体等其他组织的名义，开展域名注册服务；（2）使用虚假信息注册域名，变相占用域名资源；（3）采用不正当竞争的手段，以误导用户、恐吓用户等方式开展域名注册服务；（4）强迫用户延长域名注册期限，捆绑销售其他服务；（5）不按照用户实际注册年限向中国互联网络信息中心提交注册信息；（6）无正当理由拒绝域名持有者索取域名转移密码的申请，或对此转移申请向域名持有者收取费用；（7）泄露用户注册信息侵犯用户的合法权益，或利用用户注册信息牟取不正当利益；（8）以营利为目的，从事域名交易和投资活动；（9）其他违反法律、法规或侵犯用户利益的行为。域名注册服务机构如违反上述规定，中国互联网络信息中心将依据与其签订的相关协议追究相关责任，情节严重的，将终止与其签订的合作协议。

主题案例 2

北京某科技有限公司与中国科学院计算机网络信息中心计算机网络域名纠纷上诉案①

案情回顾

原告某科技有限公司于 2007 年 12 月通过北京中科三方网络有限公司向被告中国科学院计算机网络信息中心提出“sz. cn”域名注册申请，被告以“不合格”为由拒绝原告注册。原告认为被告仅以“不合格”作为对原告域名注册申请的答复是不充分的，被告拒绝原告的域名注册申请没有根据，请求人民法院判令被告对原告申请的“sz. cn”域名准予注册。另经查明，sz 是斯威士兰（Swaziland）的国家缩写代码。

争议焦点

某科技有限公司申请的“sz. cn”域名应否予以注册？

原告某科技有限公司诉称，被告用以判断域名是否可注册的依据《关于 CN 二级域名注册实施方案的通告》已失效，不得作为被告判断的依据。据此，被告拒绝原告的

① 案例详见北京市高级人民法院（2009）高民终字第 1126 号民事判决书。

域名注册申请没有根据。被告中国科学院计算机网络信息中心辩称：因新的《中国互联网络域名管理办法》颁布后并未制订相应的实施方案，故《关于 CN 二级域名注册实施方案的通告》仍应适用。原告申请注册的“sz. cn”域名中的“sz”与该通告中列入限制注册的国家及地区名称及缩写代码相冲突，不应予以注册。某科技有限公司于上诉时称，域名通告已经失效，域名限制列表必须进行重新备案，在新的域名限制列表备案前，某科技有限公司有权注册“sz. cn”域名。

裁判意见

一审法院意见为：根据《民法通则》、现行《中国互联网络域名管理办法》规定，被告作为域名注册管理机构，从维护社会公共利益和正常的域名服务和管理秩序的目的出发，可以对部分词汇采取限制注册的措施，即被告可以拒绝损害社会公共利益或者正常的域名服务和管理秩序的域名注册申请。被告颁布的《关于 CN 二级域名注册实施方案的通告》虽已失效，但其原则符合《民法通则》及现行的《中国互联网络域名管理办法》的相关规定，被告根据该通告进行域名注册申请的审查并无不当。原告申请的“sz. cn”域名中的“sz”作为其他国家的缩写代码，如果给原告注册为二级域名，将会给公众造成某种错误暗示，因此被告拒绝该域名的注册有法律依据，法院对原告请求判令被告对该域名准予注册的诉讼请求不予支持。

二审法院认为：根据原信息产业部批准，中国科学院计算机网络信息中心系我国. cn 及中文域名注册管理机构，承担顶级域名系统的运行、维护和管理工作。作为域名注册管理机构，中国科学院计算机网络信息中心为维护社会公共利益和正常的域名服务和管理秩序，可以对部分词汇采取限制注册的措施，中国科学院计算机网络信息中心依据该条规定进行域名注册申请的审查并无不当，一审法院对某科技有限公司的主张未予支持正确。此外，某科技有限公司关于域名通告已经失效，限制注册词汇列表应该根据《中国互联网络域名管理办法》的规定备案后施行的主张，不是本案民事争议解决的范围，不予审理。某科技有限公司认为本案审理应借鉴行政诉讼法，于法无据，不予支持。因此，二审驳回上诉，维持原判。

评析探讨

这是一起典型的域名注册人与域名注册管理机构之间的纠纷案件。

2002 年 12 月 12 日，经信息产业部批准，中国科学院计算机网络信息中心颁布了《关于 CN 二级域名注册实施方案的通告》，其中第 2 条规定：为了保障域名系统的稳定性和可延展性，保护公共利益，对部分词汇采取限制注册措施。限制注册的原因分为两类：一是基于技术原因；二是基于保护公共利益的原因。其中，在第 1 项基于技术原因中规定：为了避免与国际域名体系发生混淆，同时为了今后 CN 域名体系增加新的二级类别域名留有拓展空间，对于已经或者有可能将来用于顶级域名或者二级域名的名称，限制注册为CN二级域名，包括（1）其他国家和地区域名（ccTLD）设立的二级类别域名（21个）；（2）类别顶级域名（gTLD）（37个）；（3）常见姓氏（304个）。在第2项基于保护公共利益原因中规定：对于涉及国家利益及社会公共利益的名称，如果被无权使用者注册为域名，将会给社会公众造成某种错误暗示，因此此类名称只能由有权使用者申请注册为域名，包括（1）国家和地区名称及缩写代码（729个）；（2）国际政府间组织名称缩略语（31个）；（3）国家机构名称（7 452个）；（4）部分领导人姓名的汉语拼音（79个）；（5）有关国防和军事名称（467个）；（6）市级以上行政区划的全称、正式简称（590个）；（7）部分特殊电信号码资源（208个）。在域名注册中，中国科学院计算机网络信息中心作为域名管理机构有权根据相关规定对域名注册人提起的域名注册进行审核。

此外，根据现行《中国互联网络域名管理办法》第25条规定，为维护国家利益和社会公众利益，域名注册管理机构可以对部分保留字进行必要保护，报信息产业部备案后施行。除前款规定外，域名注册管理机构和注册服务机构不得预留或变相预留域名。

附　录

中华人民共和国著作权法

（1990年9月7日第七届全国人民代表大会常务委员会第十五次会议通过　根据2001年10月27日第九届全国人民代表大会常务委员会第二十四次会议《关于修改〈中华人民共和国著作权法〉的决定》第一次修正根据2010年2月26日第十一届全国人民代表大会常务委员会第十三次会议《关于修改〈中华人民共和国著作权法〉的决定》第二次修正）

第一章　总　　则

第一条　为保护文学、艺术和科学作品作者的著作权，以及与著作权有关的权益，鼓励有益于社会主义精神文明、物质文明建设的作品的创作和传播，促进社会主义文化和科学事业的发展与繁荣，根据宪法制定本法。

第二条　中国公民、法人或者其他组织的作品，不论是否发表，依照本法享有著作权。

外国人、无国籍人的作品根据其作者所属国或者经常居住地国同中国签订的协议或者共同参加的国际条约享有的著作权，受本法保护。

外国人、无国籍人的作品首先在中国境内出版的，依照本法享有著作权。

未与中国签订协议或者共同参加国际条约的国家的作者以及无国籍人的作品首次在中国参加的国际条约的成员国出版的，或者在成员国和非成员国同时出版的，受本法保护。

第三条　本法所称的作品，包括以下列形式创作的文学、艺术和自然科学、社会科学、工程技术等作品：

（一）文字作品；

（二）口述作品；

（三）音乐、戏剧、曲艺、舞蹈、杂技艺术作品；

（四）美术、建筑作品；

（五）摄影作品；

（六）电影作品和以类似摄制电影的方法创作的作品；

（七）工程设计图、产品设计图、地图、示意图等图形作品和模型作品；

（八）计算机软件；

（九）法律、行政法规规定的其他作品。

第四条 著作权人行使著作权，不得违反宪法和法律，不得损害公共利益。国家对作品的出版、传播依法进行监督管理。

第五条 本法不适用于：

（一）法律、法规，国家机关的决议、决定、命令和其他具有立法、行政、司法性质的文件，及其官方正式译文；

（二）时事新闻；

（三）历法、通用数表、通用表格和公式。

第六条 民间文学艺术作品的著作权保护办法由国务院另行规定。

第七条 国务院著作权行政管理部门主管全国的著作权管理工作；各省、自治区、直辖市人民政府的著作权行政管理部门主管本行政区域的著作权管理工作。

第八条 著作权人和与著作权有关的权利人可以授权著作权集体管理组织行使著作权或者与著作权有关的权利。著作权集体管理组织被授权后，可以以自己的名义为著作权人和与著作权有关的权利人主张权利，并可以作为当事人进行涉及著作权或者与著作权有关的权利的诉讼、仲裁活动。

著作权集体管理组织是非营利性组织，其设立方式、权利义务、著作权许可使用费的收取和分配，以及对其监督和管理等由国务院另行规定。

第二章 著 作 权

第一节 著作权人及其权利

第九条 著作权人包括：

（一）作者；

（二）其他依照本法享有著作权的公民、法人或者其他组织。

第十条 著作权包括下列人身权和财产权：

（一）发表权，即决定作品是否公之于众的权利；

（二）署名权，即表明作者身份，在作品上署名的权利；

（三）修改权，即修改或者授权他人修改作品的权利；

（四）保护作品完整权，即保护作品不受歪曲、篡改的权利；

（五）复制权，即以印刷、复印、拓印、录音、录像、翻录、翻拍等方式将作品制作一份或者多份的权利；

（六）发行权，即以出售或者赠与方式向公众提供作品的原件或者复制件的权利；

（七）出租权，即有偿许可他人临时使用电影作品和以类似摄制电影的方法创作的作品、计算机软件的权利，计算机软件不是出租的主要标的的除外；

（八）展览权，即公开陈列美术作品、摄影作品的原件或者复制件的权利；

（九）表演权，即公开表演作品，以及用各种手段公开播送作品的表演的权利；

（十）放映权，即通过放映机、幻灯机等技术设备公开再现美术、摄影、电影和以类似摄制电影的方法创作的作品等的权利；

（十一）广播权，即以无线方式公开广播或者传播作品，以有线传播或者转播的方式向公众传播广播的作品，以及通过扩音器或者其他传送符号、声音、图像的类似工具向公众传播广播的作品的权利；

（十二）信息网络传播权，即以有线或者无线方式向公众提供作品，使公众可以在其个人选定的时间和地点获得作品的权利；

（十三）摄制权，即以摄制电影或者以类似摄制电影的方法将作品固定在载体上的权利；

（十四）改编权，即改变作品，创作出具有独创性的新作品的权利；

（十五）翻译权，即将作品从一种语言文字转换成另一种语言文字的权利；

（十六）汇编权，即将作品或者作品的片段通过选择或者编排，汇集成新作品的权利；

（十七）应当由著作权人享有的其他权利。

著作权人可以许可他人行使前款第（五）项至第（十七）项规定的权利，并依照约定或者本法有关规定获得报酬。

著作权人可以全部或者部分转让本条第一款第（五）项至第（十七）项规定的权利，并依照约定或者本法有关规定获得报酬。

第二节　著作权归属

第十一条　著作权属于作者，本法另有规定的除外。

创作作品的公民是作者。

由法人或者其他组织主持，代表法人或者其他组织意志创作，并由法人或者其他组织承担责任的作品，法人或者其他组织视为作者。

如无相反证明，在作品上署名的公民、法人或者其他组织为作者。

第十二条　改编、翻译、注释、整理已有作品而产生的作品，其著作权由改编、翻译、注释、整理人享有，但行使著作权时不得侵犯原作品的著作权。

第十三条 两人以上合作创作的作品，著作权由合作作者共同享有。没有参加创作的人，不能成为合作作者。

合作作品可以分割使用的，作者对各自创作的部分可以单独享有著作权，但行使著作权时不得侵犯合作作品整体的著作权。

第十四条 汇编若干作品、作品的片段或者不构成作品的数据或者其他材料，对其内容的选择或者编排体现独创性的作品，为汇编作品，其著作权由汇编人享有，但行使著作权时，不得侵犯原作品的著作权。

第十五条 电影作品和以类似摄制电影的方法创作的作品的著作权由制片者享有，但编剧、导演、摄影、作词、作曲等作者享有署名权，并有权按照与制片者签订的合同获得报酬。

电影作品和以类似摄制电影的方法创作的作品中的剧本、音乐等可以单独使用的作品的作者有权单独行使其著作权。

第十六条 公民为完成法人或者其他组织工作任务所创作的作品是职务作品，除本条第二款的规定以外，著作权由作者享有，但法人或者其他组织有权在其业务范围内优先使用。作品完成两年内，未经单位同意，作者不得许可第三人以与单位使用的相同方式使用该作品。

有下列情形之一的职务作品，作者享有署名权，著作权的其他权利由法人或者其他组织享有，法人或者其他组织可以给予作者奖励：

（一）主要是利用法人或者其他组织的物质技术条件创作，并由法人或者其他组织承担责任的工程设计图、产品设计图、地图、计算机软件等职务作品；

（二）法律、行政法规规定或者合同约定著作权由法人或者其他组织享有的职务作品。

第十七条 受委托创作的作品，著作权的归属由委托人和受托人通过合同约定。合同未作明确约定或者没有订立合同的，著作权属于受托人。

第十八条 美术等作品原件所有权的转移，不视为作品著作权的转移，但美术作品原件的展览权由原件所有人享有。

第十九条 著作权属于公民的，公民死亡后，其本法第十条第一款第（五）项至第（十七）项规定的权利在本法规定的保护期内，依照继承法的规定转移。

著作权属于法人或者其他组织的，法人或者其他组织变更、终止后，其本法第十条第一款第（五）项至第（十七）项规定的权利在本法规定的保护期内，由承受其权利义务的法人或者其他组织享有；没有承受其权利义务的法人或者其他组织的，由国家享有。

第三节 权利的保护期

第二十条 作者的署名权、修改权、保护作品完整权的保护期不受限制。

第二十一条 公民的作品，其发表权、本法第十条第一款第（五）项至第（十七）项规定的权利的保护期为作者终生及其死亡后五十年，截止于作者死亡后第五十年的12月31日；如果是合作作品，截止于最后死亡的作者死亡后第五十年的12月31日。

法人或者其他组织的作品、著作权（署名权除外）由法人或者其他组织享有的职务作品，其发表权、本法第十条第一款第（五）项至第（十七）项规定的权利的保护期为五十年，截止于作品首次发表后第五十年的12月31日，但作品自创作完成后五十年内未发表的，本法不再保护。

电影作品和以类似摄制电影的方法创作的作品、摄影作品，其发表权、本法第十条第一款第（五）项至第（十七）项规定的权利的保护期为五十年，截止于作品首次发表后第五十年的12月31日，但作品自创作完成后五十年内未发表的，本法不再保护。

第四节 权利的限制

第二十二条 在下列情况下使用作品，可以不经著作权人许可，不向其支付报酬，但应当指明作者姓名、作品名称，并且不得侵犯著作权人依照本法享有的其他权利：

（一）为个人学习、研究或者欣赏，使用他人已经发表的作品；

（二）为介绍、评论某一作品或者说明某一问题，在作品中适当引用他人已经发表的作品；

（三）为报道时事新闻，在报纸、期刊、广播电台、电视台等媒体中不可避免地再现或者引用已经发表的作品；

（四）报纸、期刊、广播电台、电视台等媒体刊登或者播放其他报纸、期刊、广播电台、电视台等媒体已经发表的关于政治、经济、宗教问题的时事性文章，但作者声明不许刊登、播放的除外；

（五）报纸、期刊、广播电台、电视台等媒体刊登或者播放在公众集会上发表的讲话，但作者声明不许刊登、播放的除外；

（六）为学校课堂教学或者科学研究，翻译或者少量复制已经发表的作品，供教学或者科研人员使用，但不得出版发行；

（七）国家机关为执行公务在合理范围内使用已经发表的作品；

（八）图书馆、档案馆、纪念馆、博物馆、美术馆等为陈列或者保存版本的需要，复制本馆收藏的作品；

（九）免费表演已经发表的作品，该表演未向公众收取费用，也未向表演者支付报酬；

（十）对设置或者陈列在室外公共场所的艺术作品进行临摹、绘画、摄影、录像；

（十一）将中国公民、法人或者其他组织已经发表的以汉语言文字创作的作品翻译成少数民族语言文字作品在国内出版发行；

（十二）将已经发表的作品改成盲文出版。

前款规定适用于对出版者、表演者、录音录像制作者、广播电台、电视台的权利的限制。

第二十三条 为实施九年制义务教育和国家教育规划而编写出版教科书，除作者事先声明不许使用的外，可以不经著作权人许可，在教科书中汇编已经发表的作品片段或者短小的文字作品、音乐作品或者单幅的美术作品、摄影作品，但应当按照规定支付报酬，指明作者姓名、作品名称，并且不得侵犯著作权人依照本法享有的其他权利。

前款规定适用于对出版者、表演者、录音录像制作者、广播电台、电视台的权利的限制。

第三章 著作权许可使用和转让合同

第二十四条 使用他人作品应当同著作权人订立许可使用合同，本法规定可以不经许可的除外。

许可使用合同包括下列主要内容：

（一）许可使用的权利种类；

（二）许可使用的权利是专有使用权或者非专有使用权；

（三）许可使用的地域范围、期间；

（四）付酬标准和办法；

（五）违约责任；

（六）双方认为需要约定的其他内容。

第二十五条 转让本法第十条第一款第（五）项至第（十七）项规定的权利，应当订立书面合同。

权利转让合同包括下列主要内容：

（一）作品的名称；

（二）转让的权利种类、地域范围；

（三）转让价金；

（四）交付转让价金的日期和方式；

（五）违约责任；

（六）双方认为需要约定的其他内容。

第二十六条 以著作权出质的，由出质人和质权人向国务院著作权行政管理部门办理出质登记。

第二十七条 许可使用合同和转让合同中著作权人未明确许可、转让的权利，未经著作权人同意，另一方当事人不得行使。

第二十八条 使用作品的付酬标准可以由当事人约定，也可以按照国务院著作权行政管理部门会同有关部门制定的付酬标准支付报酬。当事人约定不明确的，按照国务院著作权行政管理部门会同有关部门制定的付酬标准支付报酬。

第二十九条 出版者、表演者、录音录像制作者、广播电台、电视台等依照本法有关规定使用他人作品的，不得侵犯作者的署名权、修改权、保护作品完整权和获得报酬的权利。

第四章 出版、表演、录音录像、播放

第一节 图书、报刊的出版

第三十条 图书出版者出版图书应当和著作权人订立出版合同，并支付报酬。

第三十一条 图书出版者对著作权人交付出版的作品，按照合同约定享有的专有出版权受法律保护，他人不得出版该作品。

第三十二条 著作权人应当按照合同约定期限交付作品。图书出版者应当按照合同约定的出版质量、期限出版图书。

图书出版者不按照合同约定期限出版，应当依照本法第五十三条的规定承担民事责任。

图书出版者重印、再版作品的，应当通知著作权人，并支付报酬。图书脱销后，图书出版者拒绝重印、再版的，著作权人有权终止合同。

第三十三条 著作权人向报社、期刊社投稿的，自稿件发出之日起十五日内未收到报社通知决定刊登的，或者自稿件发出之日起三十日内未收到期刊社通知决定刊登的，可以将同一作品向其他报社、期刊社投稿。双方另有约定的除外。

作品刊登后，除著作权人声明不得转载、摘编的外，其他报刊可以转载或者作为文摘、资料刊登，但应当按照规定向著作权人支付报酬。

第三十四条 图书出版者经作者许可，可以对作品修改、删节。

报社、期刊社可以对作品作文字性修改、删节。对内容的修改，应当经作者许可。

第三十五条 出版改编、翻译、注释、整理、汇编已有作品而产生的作品，应当取得改编、翻译、注释、整理、汇编作品的著作权人和原作品的著作权人许可，并支付报酬。

第三十六条 出版者有权许可或者禁止他人使用其出版的图书、期刊的版式设计。

前款规定的权利的保护期为十年，截止于使用该版式设计的图书、期刊首次出版后第十年的12月31日。

第二节 表 演

第三十七条 使用他人作品演出，表演者（演员、演出单位）应当取得著作权人许可，并支付报酬。演出组织者组织演出，由该组织者取得著作权人许可，并支付报酬。

使用改编、翻译、注释、整理已有作品而产生的作品进行演出，应当取得改编、翻译、注释、整理作品的著作权人和原作品的著作权人许可，并支付报酬。

第三十八条 表演者对其表演享有下列权利：

（一）表明表演者身份；

（二）保护表演形象不受歪曲；

（三）许可他人从现场直播和公开传送其现场表演，并获得报酬；

（四）许可他人录音录像，并获得报酬；

（五）许可他人复制、发行录有其表演的录音录像制品，并获得报酬；

（六）许可他人通过信息网络向公众传播其表演，并获得报酬。

被许可人以前款第（三）项至第（六）项规定的方式使用作品，还应当取得著作权人许可，并支付报酬。

第三十九条 本法第三十七条第一款第（一）项、第（二）项规定的权利的保护期不受限制。

本法第三十七条第一款第（三）项至第（六）项规定的权利的保护期为五十年，截止于该表演发生后第五十年的12月31日。

第三节 录音录像

第四十条 录音录像制作者使用他人作品制作录音录像制品，应当取得著作权人许可，并支付报酬。

录音录像制作者使用改编、翻译、注释、整理已有作品而产生的作品，应当取得改编、翻译、注释、整理作品的著作权人和原作品著作权人许可，并支付报酬。

录音制作者使用他人已经合法录制为录音制品的音乐作品制作录音制品，可以不经著作权人许可，但应当按照规定支付报酬；著作权人声明不许使用的不得使用。

第四十一条 录音录像制作者制作录音录像制品，应当同表演者订立合同，并支付报酬。

第四十二条 录音录像制作者对其制作的录音录像制品，享有许可他人复制、发行、出租、通过信息网络向公众传播并获得报酬的权利；权利的保护期为五十年，截止于该制品首次制作完成后第五十年的12月31日。

被许可人复制、发行、通过信息网络向公众传播录音录像制品，还应当取得著作权人、表演者许可，并支付报酬。

第四节　广播电台、电视台播放

第四十三条　广播电台、电视台播放他人未发表的作品，应当取得著作权人许可，并支付报酬。

广播电台、电视台播放他人已发表的作品，可以不经著作权人许可，但应当支付报酬。

第四十四条　广播电台、电视台播放已经出版的录音制品，可以不经著作权人许可，但应当支付报酬。当事人另有约定的除外。具体办法由国务院规定。

第四十五条　广播电台、电视台有权禁止未经其许可的下列行为：

（一）将其播放的广播、电视转播；

（二）将其播放的广播、电视录制在音像载体上以及复制音像载体。

前款规定的权利的保护期为五十年，截止于该广播、电视首次播放后第五十年的12月31日。

第四十六条　电视台播放他人的电影作品和以类似摄制电影的方法创作的作品、录像制品，应当取得制片者或者录像制作者许可，并支付报酬；播放他人的录像制品，还应当取得著作权人许可，并支付报酬。

第五章　法律责任和执法措施

第四十七条　有下列侵权行为的，应当根据情况，承担停止侵害、消除影响、赔礼道歉、赔偿损失等民事责任：

（一）未经著作权人许可，发表其作品的；

（二）未经合作作者许可，将与他人合作创作的作品当作自己单独创作的作品发表的；

（三）没有参加创作，为谋取个人名利，在他人作品上署名的；

（四）歪曲、篡改他人作品的；

（五）剽窃他人作品的；

（六）未经著作权人许可，以展览、摄制电影和以类似摄制电影的方法使用作品，或者以改编、翻译、注释等方式使用作品的，本法另有规定的除外；

（七）使用他人作品，应当支付报酬而未支付的；

（八）未经电影作品和以类似摄制电影的方法创作的作品、计算机软件、录音录像制品的著作权人或者与著作权有关的权利人许可，出租其作品或者录音录像制品的，本法另有规定的除外；

（九）未经出版者许可，使用其出版的图书、期刊的版式设计的；

（十）未经表演者许可，从现场直播或者公开传送其现场表演，或者录制其表演的；

（十一）其他侵犯著作权以及与著作权有关的权益的行为。

第四十八条 有下列侵权行为的，应当根据情况，承担停止侵害、消除影响、赔礼道歉、赔偿损失等民事责任；同时损害公共利益的，可以由著作权行政管理部门责令停止侵权行为，没收违法所得，没收、销毁侵权复制品，并可处以罚款；情节严重的，著作权行政管理部门还可以没收主要用于制作侵权复制品的材料、工具、设备等；构成犯罪的，依法追究刑事责任：

（一）未经著作权人许可，复制、发行、表演、放映、广播、汇编、通过信息网络向公众传播其作品的，本法另有规定的除外；

（二）出版他人享有专有出版权的图书的；

（三）未经表演者许可，复制、发行录有其表演的录音录像制品，或者通过信息网络向公众传播其表演的，本法另有规定的除外；

（四）未经录音录像制作者许可，复制、发行、通过信息网络向公众传播其制作的录音录像制品的，本法另有规定的除外；

（五）未经许可，播放或者复制广播、电视的，本法另有规定的除外；

（六）未经著作权人或者与著作权有关的权利人许可，故意避开或者破坏权利人为其作品、录音录像制品等采取的保护著作权或者与著作权有关的权利的技术措施的，法律、行政法规另有规定的除外；

（七）未经著作权人或者与著作权有关的权利人许可，故意删除或者改变作品、录音录像制品等的权利管理电子信息的，法律、行政法规另有规定的除外；

（八）制作、出售假冒他人署名的作品的。

第四十九条 侵犯著作权或者与著作权有关的权利的，侵权人应当按照权利人的实际损失给予赔偿；实际损失难以计算的，可以按照侵权人的违法所得给予赔偿。赔偿数额还应当包括权利人为制止侵权行为所支付的合理开支。

权利人的实际损失或者侵权人的违法所得不能确定的，由人民法院根据侵权行为的情节，判决给予五十万元以下的赔偿。

第五十条 著作权人或者与著作权有关的权利人有证据证明他人正在实施或者即将实施侵犯其权利的行为，如不及时制止将会使其合法权益受到难以弥补的损害的，可以在起诉前向人民法院申请采取责令停止有关行为和财产保全的措施。

人民法院处理前款申请，适用《中华人民共和国民事诉讼法》第九十三条至第九十六条和第九十九条的规定。

第五十一条 为制止侵权行为，在证据可能灭失或者以后难以取得的情况下，著作权人或者与著作权有关的权利人可以在起诉前向人民法院申请保全证据。

人民法院接受申请后，必须在四十八小时内作出裁定；裁定采取保全措施的，应当立即开始执行。

人民法院可以责令申请人提供担保，申请人不提供担保的，驳回申请。

申请人在人民法院采取保全措施后十五日内不起诉的，人民法院应当解除保全措施。

第五十二条 人民法院审理案件，对于侵犯著作权或者与著作权有关的权利的，可以没收违法所得、侵权复制品以及进行违法活动的财物。

第五十三条 复制品的出版者、制作者不能证明其出版、制作有合法授权的，复制品的发行者或者电影作品或者以类似摄制电影的方法创作的作品、计算机软件、录音录像制品的复制品的出租者不能证明其发行、出租的复制品有合法来源的，应当承担法律责任。

第五十四条 当事人不履行合同义务或者履行合同义务不符合约定条件的，应当依照《中华人民共和国民法通则》、《中华人民共和国合同法》等有关法律规定承担民事责任。

第五十五条 著作权纠纷可以调解，也可以根据当事人达成的书面仲裁协议或者著作权合同中的仲裁条款，向仲裁机构申请仲裁。

当事人没有书面仲裁协议，也没有在著作权合同中订立仲裁条款的，可以直接向人民法院起诉。

第五十六条 当事人对行政处罚不服的，可以自收到行政处罚决定书之日起三个月内向人民法院起诉，期满不起诉又不履行的，著作权行政管理部门可以申请人民法院执行。

第六章 附 则

第五十七条 本法所称的著作权即版权。

第五十八条 本法第二条所称的出版，指作品的复制、发行。

第五十九条 计算机软件、信息网络传播权的保护办法由国务院另行规定。

第六十条 本法规定的著作权人和出版者、表演者、录音录像制作者、广播电台、电视台的权利，在本法施行之日尚未超过本法规定的保护期的，依照本法予以保护。

本法施行前发生的侵权或者违约行为，依照侵权或者违约行为发生时的有关规定和政策处理。

第六十一条 本法自1991年6月1日起施行。

中华人民共和国著作权法实施条例

中华人民共和国国务院令

（第359号）

现公布《中华人民共和国著作权法实施条例》，自2002年9月15日起施行。

总 理 朱镕基

二〇〇二年八月二日

第一条 根据《中华人民共和国著作权法》（以下简称著作权法），制定本条例。

第二条 著作权法所称作品，是指文学、艺术和科学领域内具有独创性并能以某种有形形式复制的智力成果。

第三条 著作权法所称创作，是指直接产生文学、艺术和科学作品的智力活动。

为他人创作进行组织工作，提供咨询意见、物质条件，或者进行其他辅助工作，均不视为创作。

第四条 著作权法和本条例中下列作品的含义：

（一）文字作品，是指小说、诗词、散文、论文等以文字形式表现的作品；

（二）口述作品，是指即兴的演说、授课、法庭辩论等以口头语言形式表现的作品；

（三）音乐作品，是指歌曲、交响乐等能够演唱或者演奏的带词或者不带词的作品；

（四）戏剧作品，是指话剧、歌剧、地方戏等供舞台演出的作品；

（五）曲艺作品，是指相声、快书、大鼓、评书等以说唱为主要形式表演的作品；

（六）舞蹈作品，是指通过连续的动作、姿势、表情等表现思想情感的作品；

（七）杂技艺术作品，是指杂技、魔术、马戏等通过形体动作和技巧表现的作品；

（八）美术作品，是指绘画、书法、雕塑等以线条、色彩或者其他方式构成的有审美意义的平面或者立体的造型艺术作品；

（九）建筑作品，是指以建筑物或者构筑物形式表现的有审美意义的作品；

（十）摄影作品，是指借助器械在感光材料或者其他介质上记录客观物体形象的艺术作品；

（十一）电影作品和以类似摄制电影的方法创作的作品，是指摄制在一定介质上，由一系列有伴音或者无伴音的画面组成，并且借助适当装置放映或者以其他方式传播的作品；

（十二）图形作品，是指为施工、生产绘制的工程设计图、产品设计图，以及反映地理现象、说明事物原理或者结构的地图、示意图等作品；

（十三）模型作品，是指为展示、试验或者观测等用途，根据物体的形状和结构，按照一定比例制成的立体作品。

第五条 著作权法和本条例中下列用语的含义：

（一）时事新闻，是指通过报纸、期刊、广播电台、电视台等媒体报道的单纯事实消息；

（二）录音制品，是指任何对表演的声音和其他声音的录制品；

（三）录像制品，是指电影作品和以类似摄制电影的方法创作的作品以外的任何有伴音或者无伴音的连续相关形象、图像的录制品；

（四）录音制作者，是指录音制品的首次制作人；

（五）录像制作者，是指录像制品的首次制作人；

（六）表演者，是指演员、演出单位或者其他表演文学、艺术作品的人。

第六条 著作权自作品创作完成之日起产生。

第七条 著作权法第二条第三款规定的首先在中国境内出版的外国人、无国籍人的作品，其著作权自首次出版之日起受保护。

第八条 外国人、无国籍人的作品在中国境外首先出版后，30日内在中国境内出版的，视为该作品同时在中国境内出版。

第九条 合作作品不可以分割使用的，其著作权由各合作作者共同享有，通过协商一致行使；不能协商一致，又无正当理由的，任何一方不得阻止他方行使除转让以外的其他权利，但是所得收益应当合理分配给所有合作作者。

第十条 著作权人许可他人将其作品摄制成电影作品和以类似摄制电影的方法创作的作品的，视为已同意对其作品进行必要的改动，但是这种改动不得歪曲篡改原作品。

第十一条 著作权法第十六条第一款关于职务作品的规定中的“工作任务”，是指公民在该法人或者该组织中应当履行的职责。

著作权法第十六条第二款关于职务作品的规定中的“物质技术条件”，是指该法人或者该组织为公民完成创作专门提供的资金、设备或者资料。

第十二条 职务作品完成两年内，经单位同意，作者许可第三人以与单位使用的相同方式使用作品所获报酬，由作者与单位按约定的比例分配。

作品完成两年的期限，自作者向单位交付作品之日起计算。

第十三条 作者身份不明的作品，由作品原件的所有人行使除署名权以外的著作权。作者身份确定后，由作者或者其继承人行使著作权。

第十四条 合作作者之一死亡后，其对合作作品享有的著作权法第十条第一款第（五）项至第（十七）项规定的权利无人继承又无人受遗赠的，由其他合作作者享有。

第十五条 作者死亡后，其著作权中的署名权、修改权和保护作品完整权由作者的继承人或者受遗赠人保护。

著作权无人继承又无人受遗赠的，其署名权、修改权和保护作品完整权由著作权行政管理部门保护。

第十六条 国家享有著作权的作品的使用，由国务院著作权行政管理部门管理。

第十七条 作者生前未发表的作品，如果作者未明确表示不发表，作者死亡后50年内，其发表权可由继承人或者受遗赠人行使；没有继承人又无人受遗赠的，由作品原件的所有人行使。

第十八条 作者身份不明的作品，其著作权法第十条第一款第（五）项至第（十七）项规定的权利的保护期截止于作品首次发表后第50年的12月31日。作者身份确定后，适用著作权法第二十一条的规定。

第十九条 使用他人作品的，应当指明作者姓名、作品名称；但是，当事人另有约定或者由于作品使用方式的特性无法指明的除外。

第二十条 著作权法所称已经发表的作品，是指著作权人自行或者许可他人公之于众的作品。

第二十一条 依照著作权法有关规定，使用可以不经著作权人许可的已经发表的作品的，不得影响该作品的正常使用，也不得不合理地损害著作权人的合法利益。

第二十二条 依照著作权法第二十三条、第三十二条第二款、第三十九条第三款的规定使用作品的付酬标准，由国务院著作权行政管理部门会同国务院价格主管部门制定、公布。

第二十三条 使用他人作品应当同著作权人订立许可使用合同，许可使用的权利是专有使用权的，应当采取书面形式，但是报社、期刊社刊登作品除外。

第二十四条 著作权法第二十四条规定的专有使用权的内容由合同约定，合同没有约定或者约定不明的，视为被许可人有权排除包括著作权人在内的任何人以同样的方式使用作品；除合同另有约定外，被许可人许可第三人行使同一权利，必须取得著作权人的许可。

第二十五条 与著作权人订立专有许可使用合同、转让合同的，可以向著作权行政管理部门备案。

第二十六条 著作权法和本条例所称与著作权有关的权益，是指出版者对其出版的图书和期刊的版式设计享有的权利，表演者对其表演享有的权利，录音录像制作者对其制作的录音录像制品享有的权利，广播电台、电视台对其播放的广播、电视节目享有的权利。

第二十七条 出版者、表演者、录音录像制作者、广播电台、电视台行使权利，不得损害被使用作品和原作品著作权人的权利。

第二十八条 图书出版合同中约定图书出版者享有专有出版权但没有明确其具体内容的，视为图书出版者享有在合同有效期限内和在合同约定的地域范围内以同种文字的原版、修订版出版图书的专有权利。

第二十九条 著作权人寄给图书出版者的两份订单在6个月内未能得到履行，视为著作权法第三十一条所称图书脱销。

第三十条 著作权人依照著作权法第三十二条第二款声明不得转载、摘编其作品的，应当在报纸、期刊刊登该作品时附带声明。

第三十一条 著作权人依照著作权法第三十九条第三款声明不得对其作品制作录音制品的，应当在该作品合法录制为录音制品时声明。

第三十二条 依照著作权法第二十三条、第三十二条第二款、第三十九条第三款的规定，使用他人作品的，应当自使用该作品之日起2个月内向著作权人支付报酬。

第三十三条 外国人、无国籍人在中国境内的表演，受著作权法保护。

外国人、无国籍人根据中国参加的国际条约对其表演享有的权利，受著作权法保护。

第三十四条 外国人、无国籍人在中国境内制作、发行的录音制品，受著作权法保护。

外国人、无国籍人根据中国参加的国际条约对其制作、发行的录音制品享有的权利，受著作权法保护。

第三十五条 外国的广播电台、电视台根据中国参加的国际条约对其播放的广播、电视节目享有的权利，受著作权法保护。

第三十六条 有著作权法第四十七条所列侵权行为，同时损害社会公共利益的，著作权行政管理部门可以处非法经营额3倍以下的罚款；非法经营额难以计算的，可以处10万元以下的罚款。

第三十七条 有著作权法第四十七条所列侵权行为，同时损害社会公共利益的，由地方人民政府著作权行政管理部门负责查处。

国务院著作权行政管理部门可以查处在全国有重大影响的侵权行为。

第三十八条 本条例自2002年9月15日起施行。1991年5月24日国务院批准、1991年5月30日国家版权局发布的《中华人民共和国著作权法实施条例》同时废止。

信息网络传播权保护条例

国务院令

（第 468 号）

《信息网络传播权保护条例》已经 2006 年 5 月 10 日国务院第 135 次常务会议通过，现予公布，自 2006 年 7 月 1 日起施行。

总　理　温家宝

二〇〇六年五月十八日

第一条　为保护著作权人、表演者、录音录像制作者（以下统称权利人）的信息网络传播权，鼓励有益于社会主义精神文明、物质文明建设的作品的创作和传播，根据《中华人民共和国著作权法》（以下简称著作权法），制定本条例。

第二条　权利人享有的信息网络传播权受著作权法和本条例保护。除法律、行政法规另有规定的外，任何组织或者个人将他人的作品、表演、录音录像制品通过信息网络向公众提供，应当取得权利人许可，并支付报酬。

第三条　依法禁止提供的作品、表演、录音录像制品，不受本条例保护。

权利人行使信息网络传播权，不得违反宪法和法律、行政法规，不得损害公共利益。

第四条　为了保护信息网络传播权，权利人可以采取技术措施。

任何组织或者个人不得故意避开或者破坏技术措施，不得故意制造、进口或者向公众提供主要用于避开或者破坏技术措施的装置或者部件，不得故意为他人避开或者破坏技术措施提供技术服务。但是，法律、行政法规规定可以避开的除外。

第五条　未经权利人许可，任何组织或者个人不得进行下列行为：

（一）故意删除或者改变通过信息网络向公众提供的作品、表演、录音录像制品的权利管理电子信息，但由于技术上的原因无法避免删除或者改变的除外；

（二）通过信息网络向公众提供明知或者应知未经权利人许可被删除或者改变权利管理电子信息的作品、表演、录音录像制品。

第六条　通过信息网络提供他人作品，属于下列情形的，可以不经著作权人许可，不向其支付报酬：

（一）为介绍、评论某一作品或者说明某一问题，在向公众提供的作品中适当引用已经发表的作品；

（二）为报道时事新闻，在向公众提供的作品中不可避免地再现或者引用已经发表的作品；

（三）为学校课堂教学或者科学研究，向少数教学、科研人员提供少量已经发表的作品；

（四）国家机关为执行公务，在合理范围内向公众提供已经发表的作品；

（五）将中国公民、法人或者其他组织已经发表的、以汉语言文字创作的作品翻译成的少数民族语言文字作品，向中国境内少数民族提供；

（六）不以营利为目的，以盲人能够感知的独特方式向盲人提供已经发表的文字作品；

（七）向公众提供在信息网络上已经发表的关于政治、经济问题的时事性文章；

（八）向公众提供在公众集会上发表的讲话。

第七条 图书馆、档案馆、纪念馆、博物馆、美术馆等可以不经著作权人许可，通过信息网络向本馆馆舍内服务对象提供本馆收藏的合法出版的数字作品和依法为陈列或者保存版本的需要以数字化形式复制的作品，不向其支付报酬，但不得直接或者间接获得经济利益。当事人另有约定的除外。

前款规定的为陈列或者保存版本需要以数字化形式复制的作品，应当是已经损毁或者濒临损毁、丢失或者失窃，或者其存储格式已经过时，并且在市场上无法购买或者只能以明显高于标定的价格购买的作品。

第八条 为通过信息网络实施九年制义务教育或者国家教育规划，可以不经著作权人许可，使用其已经发表作品的片断或者短小的文字作品、音乐作品或者单幅的美术作品、摄影作品制作课件，由制作课件或者依法取得课件的远程教育机构通过信息网络向注册学生提供，但应当向著作权人支付报酬。

第九条 为扶助贫困，通过信息网络向农村地区的公众免费提供中国公民、法人或者其他组织已经发表的种植养殖、防病治病、防灾减灾等与扶助贫困有关的作品和适应基本文化需求的作品，网络服务提供者应当在提供前公告拟提供的作品及其作者、拟支付报酬的标准。自公告之日起30日内，著作权人不同意提供的，网络服务提供者不得提供其作品；自公告之日起满30日，著作权人没有异议的，网络服务提供者可以提供其作品，并按照公告的标准向著作权人支付报酬。网络服务提供者提供著作权人的作品后，著作权人不同意提供的，网络服务提供者应当立即删除著作权人的作品，并按照公告的标准向著作权人支付提供作品期间的报酬。

依照前款规定提供作品的，不得直接或者间接获得经济利益。

第十条 依照本条例规定不经著作权人许可、通过信息网络向公众提供其作品的，还应当遵守下列规定：

（一）除本条例第六条第（一）项至第（六）项、第七条规定的情形外，不得提供作者事先声明不许提供的作品；

（二）指明作品的名称和作者的姓名（名称）；

（三）依照本条例规定支付报酬；

（四）采取技术措施，防止本条例第七条、第八条、第九条规定的服务对象以外的其他人获得著作权人的作品，并防止本条例第七条规定的服务对象的复制行为对著作权人利益造成实质性损害；

（五）不得侵犯著作权人依法享有的其他权利。

第十一条 通过信息网络提供他人表演、录音录像制品的，应当遵守本条例第六条至第十条的规定。

第十二条 属于下列情形的，可以避开技术措施，但不得向他人提供避开技术措施的技术、装置或者部件，不得侵犯权利人依法享有的其他权利：

（一）为学校课堂教学或者科学研究，通过信息网络向少数教学、科研人员提供已经发表的作品、表演、录音录像制品，而该作品、表演、录音录像制品只能通过信息网络获取；

（二）不以营利为目的，通过信息网络以盲人能够感知的独特方式向盲人提供已经发表的文字作品，而该作品只能通过信息网络获取；

（三）国家机关依照行政、司法程序执行公务；

（四）在信息网络上对计算机及其系统或者网络的安全性能进行测试。

第十三条 著作权行政管理部门为了查处侵犯信息网络传播权的行为，可以要求网络服务提供者提供涉嫌侵权的服务对象的姓名（名称）、联系方式、网络地址等资料。

第十四条 对提供信息存储空间或者提供搜索、链接服务的网络服务提供者，权利人认为其服务所涉及的作品、表演、录音录像制品，侵犯自己的信息网络传播权或者被删除、改变了自己的权利管理电子信息的，可以向该网络服务提供者提交书面通知，要求网络服务提供者删除该作品、表演、录音录像制品，或者断开与该作品、表演、录音录像制品的链接。通知书应当包含下列内容：

（一）权利人的姓名（名称）、联系方式和地址；

（二）要求删除或者断开链接的侵权作品、表演、录音录像制品的名称和网络地址；

（三）构成侵权的初步证明材料。

权利人应当对通知书的真实性负责。

第十五条 网络服务提供者接到权利人的通知书后，应当立即删除涉嫌侵权的作品、表演、录音录像制品，或者断开与涉嫌侵权的作品、表演、录音录像制品的链接，并同时将通知书转送提供作品、表演、录音录像制品的服务对象；服务对象网络地址不明、无法转送的，应当将通知书的内容同时在信息网络上公告。

第十六条 服务对象接到网络服务提供者转送的通知书后，认为其提供的作品、表演、录音录像制品未侵犯他人权利的，可以向网络服务提供者提交书面说明，要求恢复被删除的作品、表演、录音录像制品，或者恢复与被断开的作品、表演、录音录像制品的链接。书面说明应当包含下列内容：

（一）服务对象的姓名（名称）、联系方式和地址；

（二）要求恢复的作品、表演、录音录像制品的名称和网络地址；

（三）不构成侵权的初步证明材料。

服务对象应当对书面说明的真实性负责。

第十七条 网络服务提供者接到服务对象的书面说明后，应当立即恢复被删除的作品、表演、录音录像制品，或者可以恢复与被断开的作品、表演、录音录像制品的链接，同时将服务对象的书面说明转送权利人。权利人不得再通知网络服务提供者删除该作品、表演、录音录像制品，或者断开与该作品、表演、录音录像制品的链接。

第十八条 违反本条例规定，有下列侵权行为之一的，根据情况承担停止侵害、消除影响、赔礼道歉、赔偿损失等民事责任；同时损害公共利益的，可以由著作权行政管理部门责令停止侵权行为，没收违法所得，并可处以10万元以下的罚款；情节严重的，著作权行政管理部门可以没收主要用于提供网络服务的计算机等设备；构成犯罪的，依法追究刑事责任：

（一）通过信息网络擅自向公众提供他人的作品、表演、录音录像制品的；

（二）故意避开或者破坏技术措施的；

（三）故意删除或者改变通过信息网络向公众提供的作品、表演、录音录像制品的权利管理电子信息，或者通过信息网络向公众提供明知或者应知未经权利人许可而被删除或者改变权利管理电子信息的作品、表演、录音录像制品的；

（四）为扶助贫困通过信息网络向农村地区提供作品、表演、录音录像制品超过规定范围，或者未按照公告的标准支付报酬，或者在权利人不同意提供其作品、表演、录音录像制品后未立即删除的；

（五）通过信息网络提供他人的作品、表演、录音录像制品，未指明作品、表演、录音录像制品的名称或者作者、表演者、录音录像制作者的姓名（名称），或者未支付报酬，或者未依照本条例规定采取技术措施防止服务对象以外的其他人获得他人的作品、表演、录音录像制品，或者未防止服务对象的复制行为对权利人利益造成实质性损害的。

第十九条 违反本条例规定，有下列行为之一的，由著作权行政管理部门予以警告，没收违法所得，没收主要用于避开、破坏技术措施的装置或者部件；情节严重的，可以没收主要用于提供网络服务的计算机等设备，并可处以10万元以下的罚款；构成犯罪的，依法追究刑事责任：

（一）故意制造、进口或者向他人提供主要用于避开、破坏技术措施的装置或者部件，或者故意为他人避开或者破坏技术措施提供技术服务的；

（二）通过信息网络提供他人的作品、表演、录音录像制品，获得经济利益的；

（三）为扶助贫困通过信息网络向农村地区提供作品、表演、录音录像制品，未在提供前公告作品、表演、录音录像制品的名称和作者、表演者、录音录像制作者的姓名（名称）以及报酬标准的。

第二十条 网络服务提供者根据服务对象的指令提供网络自动接入服务，或者对服务对象提供的作品、表演、录音录像制品提供自动传输服务，并具备下列条件的，不承担赔偿责任：

（一）未选择并且未改变所传输的作品、表演、录音录像制品；

（二）向指定的服务对象提供该作品、表演、录音录像制品，并防止指定的服务对象以外的其他人获得。

第二十一条 网络服务提供者为提高网络传输效率，自动存储从其他网络服务提供者获得的作品、表演、录音录像制品，根据技术安排自动向服务对象提供，并具备下列条件的，不承担赔偿责任：

（一）未改变自动存储的作品、表演、录音录像制品；

（二）不影响提供作品、表演、录音录像制品的原网络服务提供者掌握服务对象获取该作品、表演、录音录像制品的情况；

（三）在原网络服务提供者修改、删除或者屏蔽该作品、表演、录音录像制品时，根据技术安排自动予以修改、删除或者屏蔽。

第二十二条 网络服务提供者为服务对象提供信息存储空间，供服务对象通过信息网络向公众提供作品、表演、录音录像制品，并具备下列条件的，不承担赔偿责任：

（一）明确标示该信息存储空间是为服务对象所提供，并公开网络服务提供者的名称、联系人、网络地址；

（二）未改变服务对象所提供的作品、表演、录音录像制品；

（三）不知道也没有合理的理由应当知道服务对象提供的作品、表演、录音录像制品侵权；

（四）未从服务对象提供作品、表演、录音录像制品中直接获得经济利益；

（五）在接到权利人的通知书后，根据本条例规定删除权利人认为侵权的作品、表演、录音录像制品。

第二十三条 网络服务提供者为服务对象提供搜索或者链接服务，在接到权利人的通知书后，根据本条例规定断开与侵权的作品、表演、录音录像制品的链接的，不承担赔偿责任；但是，明知或者应知所链接的作品、表演、录音录像制品侵权的，应当承担共同侵权责任。

第二十四条 因权利人的通知导致网络服务提供者错误删除作品、表演、录音录像制品，或者错误断开与作品、表演、录音录像制品的链接，给服务对象造成损失的，权利人应当承担赔偿责任。

第二十五条 网络服务提供者无正当理由拒绝提供或者拖延提供涉嫌侵权的服务对象的姓名（名称）、联系方式、网络地址等资料的，由著作权行政管理部门予以警告；情节严重的，没收主要用于提供网络服务的计算机等设备。

第二十六条 本条例下列用语的含义：

信息网络传播权，是指以有线或者无线方式向公众提供作品、表演或者录音录像制品，使公众可以在其个人选定的时间和地点获得作品、表演或者录音录像制品的权利。

技术措施，是指用于防止、限制未经权利人许可浏览、欣赏作品、表演、录音录像制品的或者通过信息网络向公众提供作品、表演、录音录像制品的有效技术、装置或者部件。

权利管理电子信息，是指说明作品及其作者、表演及其表演者、录音录像制品及其制作者的信息，作品、表演、录音录像制品权利人的信息和使用条件的信息，以及表示上述信息的数字或者代码。

第二十七条 本条例自2006年7月1日起施行。

中华人民共和国专利法

（1984年3月12日第六届全国人民代表大会常务委员会第四次会议通过根据1992年9月4日第七届全国人民代表大会常务委员会第二十七次会议《关于修改〈中华人民共和国专利法〉的决定》第一次修正 根据2000年8月25日第九届全国人民代表大会常务委员会第十七次会议《关于修改〈中华人民共和国专利法〉的决定》第二次修正 根据2008年12月27日第十一届全国人民代表大会常务委员会第六次会议《关于修改〈中华人民共和国专利法〉的决定》第三次修正）

第一章 总 则

第一条 为了保护专利权人的合法权益，鼓励发明创造，推动发明创造的应用，提高创新能力，促进科学技术进步和经济社会发展，制定本法。

第二条 本法所称的发明创造是指发明、实用新型和外观设计。

发明，是指对产品、方法或者其改进所提出的新的技术方案。

实用新型，是指对产品的形状、构造或者其结合所提出的适于实用的新的技术方案。

外观设计，是指对产品的形状、图案或者其结合以及色彩与形状、图案的结合所作出的富有美感并适于工业应用的新设计。

第三条 国务院专利行政部门负责管理全国的专利工作；统一受理和审查专利申请，依法授予专利权。

省、自治区、直辖市人民政府管理专利工作的部门负责本行政区域内的专利管理工作。

第四条 申请专利的发明创造涉及国家安全或者重大利益需要保密的，按照国家有关规定办理。

第五条 对违反法律、社会公德或者妨害公共利益的发明创造，不授予专利权。

对违反法律、行政法规的规定获取或者利用遗传资源，并依赖该遗传资源完成的发明创造，不授予专利权。

第六条 执行本单位的任务或者主要是利用本单位的物质技术条件所完成的发明创造为职务发明创造。职务发明创造申请专利的权利属于该单位；申请被批准后，该单位为专利权人。

非职务发明创造，申请专利的权利属于发明人或者设计人；申请被批准后，该发明人或者设计人为专利权人。

利用本单位的物质技术条件所完成的发明创造，单位与发明人或者设计人订有合同，对申请专利的权利和专利权的归属作出约定的，从其约定。

第七条 对发明人或者设计人的非职务发明创造专利申请，任何单位或者个人不得压制。

第八条 两个以上单位或者个人合作完成的发明创造、一个单位或者个人接受其他单位或者个人委托所完成的发明创造，除另有协议的以外，申请专利的权利属于完成或者共同完成的单位或者个人；申请被批准后，申请的单位或者个人为专利权人。

第九条 同样的发明创造只能授予一项专利权。但是，同一申请人同日对同样的发明创造既申请实用新型专利又申请发明专利，先获得的实用新型专利权尚未终止，且申请人声明放弃该实用新型专利权的，可以授予发明专利权。

两个以上的申请人分别就同样的发明创造申请专利的，专利权授予最先申请的人。

第十条 专利申请权和专利权可以转让。

中国单位或者个人向外国人、外国企业或者外国其他组织转让专利申请权或者专利权的，应当依照有关法律、行政法规的规定办理手续。

转让专利申请权或者专利权的，当事人应当订立书面合同，并向国务院专利行政部门登记，由国务院专利行政部门予以公告。专利申请权或者专利权的转让自登记之日起生效。

第十一条 发明和实用新型专利权被授予后，除本法另有规定的以外，任何单位或者个人未经专利权人许可，都不得实施其专利，即不得为生产经营目的制造、使用、许诺销售、销售、进口其专利产品，或者使用其专利方法以及使用、许诺销售、销售、进口依照该专利方法直接获得的产品。

外观设计专利权被授予后，任何单位或者个人未经专利权人许可，都不得实施其专利，即不得为生产经营目的制造、许诺销售、销售、进口其外观设计专利产品。

第十二条 任何单位或者个人实施他人专利的，应当与专利权人订立实施许可合同，向专利权人支付专利使用费。被许可人无权允许合同规定以外的任何单位或者个人实施该专利。

第十三条 发明专利申请公布后，申请人可以要求实施其发明的单位或者个人支付适当的费用。

第十四条 国有企业事业单位的发明专利，对国家利益或者公共利益具有重大意义的，国务院有关主管部门和省、自治区、直辖市人民政府报经国务院批准，可以决定在批准的范围内推广应用，允许指定的单位实施，由实施单位按照国家规定向专利权人支付使用费。

第十五条 专利申请权或者专利权的共有人对权利的行使有约定的，从其约定。没有约定的，共有人可以单独实施或者以普通许可方式许可他人实施该专利；许可他人实施该专利的，收取的使用费应当在共有人之间分配。

除前款规定的情形外，行使共有的专利申请权或者专利权应当取得全体共有人的同意。

第十六条 被授予专利权的单位应当对职务发明创造的发明人或者设计人给予奖励；发明创造专利实施后，根据其推广应用的范围和取得的经济效益，对发明人或者设计人给予合理的报酬。

第十七条 发明人或者设计人有权在专利文件中写明自己是发明人或者设计人。

专利权人有权在其专利产品或者该产品的包装上标明专利标识。

第十八条 在中国没有经常居所或者营业所的外国人、外国企业或者外国其他组织在中国申请专利的，依照其所属国同中国签订的协议或者共同参加的国际条约，或者依照互惠原则，根据本法办理。

第十九条 在中国没有经常居所或者营业所的外国人、外国企业或者外国其他组织在中国申请专利和办理其他专利事务的，应当委托依法设立的专利代理机构办理。

中国单位或者个人在国内申请专利和办理其他专利事务的，可以委托依法设立的专利代理机构办理。

专利代理机构应当遵守法律、行政法规，按照被代理人的委托办理专利申请或者其他专利事务；对被代理人发明创造的内容，除专利申请已经公布或者公告的以外，负有保密责任。专利代理机构的具体管理办法由国务院规定。

第二十条 任何单位或者个人将在中国完成的发明或者实用新型向外国申请专利的，应当事先报经国务院专利行政部门进行保密审查。保密审查的程序、期限等按照国务院的规定执行。

中国单位或者个人可以根据中华人民共和国参加的有关国际条约提出专利国际申请。申请人提出专利国际申请的，应当遵守前款规定。

国务院专利行政部门依照中华人民共和国参加的有关国际条约、本法和国务院有关规定处理专利国际申请。

对违反本条第一款规定向外国申请专利的发明或者实用新型，在中国申请专利的，不授予专利权。

第二十一条 国务院专利行政部门及其专利复审委员会应当按照客观、公正、准确、及时的要求，依法处理有关专利的申请和请求。

国务院专利行政部门应当完整、准确、及时发布专利信息，定期出版专利公报。

在专利申请公布或者公告前，国务院专利行政部门的工作人员及有关人员对其内容负有保密责任。

第二章 授予专利权的条件

第二十二条 授予专利权的发明和实用新型，应当具备新颖性、创造性和实用性。

新颖性，是指该发明或者实用新型不属于现有技术；也没有任何单位或者个人就同样的发明或者实用新型在申请日以前向国务院专利行政部门提出过申请，并记载在申请日以后公布的专利申请文件或者公告的专利文件中。

创造性，是指与现有技术相比，该发明具有突出的实质性特点和显著的进步，该实用新型具有实质性特点和进步。

实用性，是指该发明或者实用新型能够制造或者使用，并且能够产生积极效果。

本法所称现有技术，是指申请日以前在国内外为公众所知的技术。

第二十三条 授予专利权的外观设计，应当不属于现有设计；也没有任何单位或者个人就同样的外观设计在申请日以前向国务院专利行政部门提出过申请，并记载在申请日以后公告的专利文件中。

授予专利权的外观设计与现有设计或者现有设计特征的组合相比，应当具有明显区别。

授予专利权的外观设计不得与他人在申请日以前已经取得的合法权利相冲突。

本法所称现有设计，是指申请日以前在国内外为公众所知的设计。

第二十四条　申请专利的发明创造在申请日以前六个月内，有下列情形之一的，不丧失新颖性：

（一）在中国政府主办或者承认的国际展览会上首次展出的；

（二）在规定的学术会议或者技术会议上首次发表的；

（三）他人未经申请人同意而泄露其内容的。

第二十五条　对下列各项，不授予专利权：

（一）科学发现；

（二）智力活动的规则和方法；

（三）疾病的诊断和治疗方法；

（四）动物和植物品种；

（五）用原子核变换方法获得的物质；

（六）对平面印刷品的图案、色彩或者二者的结合作出的主要起标识作用的设计。

对前款第（四）项所列产品的生产方法，可以依照本法规定授予专利权。

第三章　专利的申请

第二十六条　申请发明或者实用新型专利的，应当提交请求书、说明书及其摘要和权利要求书等文件。

请求书应当写明发明或者实用新型的名称，发明人的姓名，申请人姓名或者名称、地址，以及其他事项。

说明书应当对发明或者实用新型作出清楚、完整的说明，以所属技术领域的技术人员能够实现为准；必要的时候，应当有附图。摘要应当简要说明发明或者实用新型的技术要点。

权利要求书应当以说明书为依据，清楚、简要地限定要求专利保护的范围。

依赖遗传资源完成的发明创造，申请人应当在专利申请文件中说明该遗传资源的直接来源和原始来源；申请人无法说明原始来源的，应当陈述理由。

第二十七条　申请外观设计专利的，应当提交请求书、该外观设计的图片或者照片以及对该外观设计的简要说明等文件。

申请人提交的有关图片或者照片应当清楚地显示要求专利保护的产品的外观设计。

第二十八条 国务院专利行政部门收到专利申请文件之日为申请日。如果申请文件是邮寄的，以寄出的邮戳日为申请日。

第二十九条 申请人自发明或者实用新型在外国第一次提出专利申请之日起十二个月内，或者自外观设计在外国第一次提出专利申请之日起六个月内，又在中国就相同主题提出专利申请的，依照该外国同中国签订的协议或者共同参加的国际条约，或者依照相互承认优先权的原则，可以享有优先权。

申请人自发明或者实用新型在中国第一次提出专利申请之日起十二个月内，又向国务院专利行政部门就相同主题提出专利申请的，可以享有优先权。

第三十条 申请人要求优先权的，应当在申请的时候提出书面声明，并且在三个月内提交第一次提出的专利申请文件的副本；未提出书面声明或者逾期未提交专利申请文件副本的，视为未要求优先权。

第三十一条 一件发明或者实用新型专利申请应当限于一项发明或者实用新型。属于一个总的发明构思的两项以上的发明或者实用新型，可以作为一件申请提出。

一件外观设计专利申请应当限于一项外观设计。同一产品两项以上的相似外观设计，或者用于同一类别并且成套出售或者使用的产品的两项以上外观设计，可以作为一件申请提出。

第三十二条 申请人可以在被授予专利权之前随时撤回其专利申请。

第三十三条 申请人可以对其专利申请文件进行修改，但是，对发明和实用新型专利申请文件的修改不得超出原说明书和权利要求书记载的范围，对外观设计专利申请文件的修改不得超出原图片或者照片表示的范围。

第四章 专利申请的审查和批准

第三十四条 国务院专利行政部门收到发明专利申请后，经初步审查认为符合本法要求的，自申请日起满十八个月，即行公布。国务院专利行政部门可以根据申请人的请求早日公布其申请。

第三十五条 发明专利申请自申请日起三年内，国务院专利行政部门可以根据申请人随时提出的请求，对其申请进行实质审查；申请人无正当理由逾期不请求实质审查的，该申请即被视为撤回。

国务院专利行政部门认为必要的时候，可以自行对发明专利申请进行实质审查。

第三十六条 发明专利的申请人请求实质审查的时候，应当提交在申请日前与其发明有关的参考资料。

发明专利已经在外国提出过申请的，国务院专利行政部门可以要求申请人在指定期限内提交该国为审查其申请进行检索的资料或者审查结果的资料；无正当理由逾期不提交的，该申请即被视为撤回。

第三十七条 国务院专利行政部门对发明专利申请进行实质审查后，认为不符合本法规定的，应当通知申请人，要求其在指定的期限内陈述意见，或者对其申请进行修改；无正当理由逾期不答复的，该申请即被视为撤回。

第三十八条 发明专利申请经申请人陈述意见或者进行修改后，国务院专利行政部门仍然认为不符合本法规定的，应当予以驳回。

第三十九条 发明专利申请经实质审查没有发现驳回理由的，由国务院专利行政部门作出授予发明专利权的决定，发给发明专利证书，同时予以登记和公告。发明专利权自公告之日起生效。

第四十条 实用新型和外观设计专利申请经初步审查没有发现驳回理由的，由国务院专利行政部门作出授予实用新型专利权或者外观设计专利权的决定，发给相应的专利证书，同时予以登记和公告。实用新型专利权和外观设计专利权自公告之日起生效。

第四十一条 国务院专利行政部门设立专利复审委员会。专利申请人对国务院专利行政部门驳回申请的决定不服的，可以自收到通知之日起三个月内，向专利复审委员会请求复审。专利复审委员会复审后，作出决定，并通知专利申请人。

专利申请人对专利复审委员会的复审决定不服的，可以自收到通知之日起三个月内向人民法院起诉。

第五章　专利权的期限、终止和无效

第四十二条 发明专利权的期限为二十年，实用新型专利权和外观设计专利权的期限为十年，均自申请日起计算。

第四十三条 专利权人应当自被授予专利权的当年开始缴纳年费。

第四十四条 有下列情形之一的，专利权在期限届满前终止：

（一）没有按照规定缴纳年费的；

（二）专利权人以书面声明放弃其专利权的。

专利权在期限届满前终止的，由国务院专利行政部门登记和公告。

第四十五条 自国务院专利行政部门公告授予专利权之日起，任何单位或者个人认为该专利权的授予不符合本法有关规定的，可以请求专利复审委员会宣告该专利权无效。

第四十六条 专利复审委员会对宣告专利权无效的请求应当及时审查和作出决定，并通知请求人和专利权人。宣告专利权无效的决定，由国务院专利行政部门登记和公告。

对专利复审委员会宣告专利权无效或者维持专利权的决定不服的，可以自收到通知之日起三个月内向人民法院起诉。人民法院应当通知无效宣告请求程序的对方当事人作为第三人参加诉讼。

第四十七条 宣告无效的专利权视为自始即不存在。

宣告专利权无效的决定，对在宣告专利权无效前人民法院作出并已执行的专利侵权的判决、调解书，已经履行或者强制执行的专利侵权纠纷处理决定，以及已经履行的专利实施许可合同和专利权转让合同，不具有追溯力。但是因专利权人的恶意给他人造成的损失，应当给予赔偿。

依照前款规定不返还专利侵权赔偿金、专利使用费、专利权转让费，明显违反公平原则的，应当全部或者部分返还。

第六章 专利实施的强制许可

第四十八条 有下列情形之一的，国务院专利行政部门根据具备实施条件的单位或者个人的申请，可以给予实施发明专利或者实用新型专利的强制许可：

（一）专利权人自专利权被授予之日起满三年，且自提出专利申请之日起满四年，无正当理由未实施或者未充分实施其专利的；

（二）专利权人行使专利权的行为被依法认定为垄断行为，为消除或者减少该行为对竞争产生的不利影响的。

第四十九条 在国家出现紧急状态或者非常情况时，或者为了公共利益的目的，国务院专利行政部门可以给予实施发明专利或者实用新型专利的强制许可。

第五十条 为了公共健康目的，对取得专利权的药品，国务院专利行政部门可以给予制造并将其出口到符合中华人民共和国参加的有关国际条约规定的国家或者地区的强制许可。

第五十一条 一项取得专利权的发明或者实用新型比前已经取得专利权的发明或者实用新型具有显著经济意义的重大技术进步，其实施又有赖于前一发明或者实用新型的实施的，国务院专利行政部门根据后一专利权人的申请，可以给予实施前一发明或者实用新型的强制许可。

在依照前款规定给予实施强制许可的情形下，国务院专利行政部门根据前一专利权人的申请，也可以给予实施后一发明或者实用新型的强制许可。

第五十二条 强制许可涉及的发明创造为半导体技术的，其实施限于公共利益的目的和本法第四十八条第（二）项规定的情形。

第五十三条 除依照本法第四十八条第（二）项、第五十条规定给予的强制许可外，强制许可的实施应当主要为了供应国内市场。

第五十四条 依照本法第四十八条第（一）项、第五十一条规定申请强制许可的单位或者个人应当提供证据，证明其以合理的条件请求专利权人许可其实施专利，但未能在合理的时间内获得许可。

第五十五条 国务院专利行政部门作出的给予实施强制许可的决定，应当及时通知专利权人，并予以登记和公告。

给予实施强制许可的决定，应当根据强制许可的理由规定实施的范围和时间。强制许可的理由消除并不再发生时，国务院专利行政部门应当根据专利权人的请求，经审查后作出终止实施强制许可的决定。

第五十六条 取得实施强制许可的单位或者个人不享有独占的实施权，并且无权允许他人实施。

第五十七条 取得实施强制许可的单位或者个人应当付给专利权人合理的使用费，或者依照中华人民共和国参加的有关国际条约的规定处理使用费问题。付给使用费的，其数额由双方协商；双方不能达成协议的，由国务院专利行政部门裁决。

第五十八条 专利权人对国务院专利行政部门关于实施强制许可的决定不服的，专利权人和取得实施强制许可的单位或者个人对国务院专利行政部门关于实施强制许可的使用费的裁决不服的，可以自收到通知之日起三个月内向人民法院起诉。

第七章 专利权的保护

第五十九条 发明或者实用新型专利权的保护范围以其权利要求的内容为准，说明书及附图可以用于解释权利要求的内容。

外观设计专利权的保护范围以表示在图片或者照片中的该产品的外观设计为准，简要说明可以用于解释图片或者照片所表示的该产品的外观设计。

第六十条 未经专利权人许可，实施其专利，即侵犯其专利权，引起纠纷的，由当事人协商解决；不愿协商或者协商不成的，专利权人或者利害关系人可以向人民法院起诉，也可以请求管理专利工作的部门处理。管理专利工作的部门处理时，认定侵权行为成立的，可以责令侵权人立即停止侵权行为，当事人不服的，可以自收到处理通知之日起十五日内依照《中华人民共和国行政诉讼法》向人民法院起诉；侵权人期满不起诉又不停止侵权行为的，管理专利工作的部门可以申请人民法院强制执行。进行处理的管理专利工作的部门应当事人的请求，可以就侵犯专利权的赔偿数额进行调解；调解不成的，当事人可以依照《中华人民共和国民事诉讼法》向人民法院起诉。

第六十一条 专利侵权纠纷涉及新产品制造方法的发明专利的，制造同样产品的单位或者个人应当提供其产品制造方法不同于专利方法的证明。

专利侵权纠纷涉及实用新型专利或者外观设计专利的，人民法院或者管理专利工作的部门可以要求专利权人或者利害关系人出具由国务院专利行政部门对相关实用新型或者外观设计进行检索、分析和评价后作出的专利权评价报告，作为审理、处理专利侵权纠纷的证据。

第六十二条 在专利侵权纠纷中，被控侵权人有证据证明其实施的技术或者设计属于现有技术或者现有设计的，不构成侵犯专利权。

第六十三条 假冒专利的，除依法承担民事责任外，由管理专利工作的部门责令改正并予公告，没收违法所得，可以并处违法所得四倍以下的罚款；没有违法所得的，可以处二十万元以下的罚款；构成犯罪的，依法追究刑事责任。

第六十四条 管理专利工作的部门根据已经取得的证据，对涉嫌假冒专利行为进行查处时，可以询问有关当事人，调查与涉嫌违法行为有关的情况；对当事人涉嫌违法行为的场所实施现场检查；查阅、复制与涉嫌违法行为有关的合同、发票、账簿以及其他有关资料；检查与涉嫌违法行为有关的产品，对有证据证明是假冒专利的产品，可以查封或者扣押。

管理专利工作的部门依法行使前款规定的职权时，当事人应当予以协助、配合，不得拒绝、阻挠。

第六十五条 侵犯专利权的赔偿数额按照权利人因被侵权所受到的实际损失确定；实际损失难以确定的，可以按照侵权人因侵权所获得的利益确定。权利人的损失或者侵权人获得的利益难以确定的，参照该专利许可使用费的倍数合理确定。赔偿数额还应当包括权利人为制止侵权行为所支付的合理开支。

权利人的损失、侵权人获得的利益和专利许可使用费均难以确定的，人民法院可以根据专利权的类型、侵权行为的性质和情节等因素，确定给予一万元以上一百万元以下的赔偿。

第六十六条 专利权人或者利害关系人有证据证明他人正在实施或者即将实施侵犯专利权的行为，如不及时制止将会使其合法权益受到难以弥补的损害的，可以在起诉前向人民法院申请采取责令停止有关行为的措施。

申请人提出申请时，应当提供担保；不提供担保的，驳回申请。

人民法院应当自接受申请之时起四十八小时内作出裁定；有特殊情况需要延长的，可以延长四十八小时。裁定责令停止有关行为的，应当立即执行。当事人对裁定不服的，可以申请复议一次；复议期间不停止裁定的执行。

申请人自人民法院采取责令停止有关行为的措施之日起十五日内不起诉的，人民法院应当解除该措施。

申请有错误的，申请人应当赔偿被申请人因停止有关行为所遭受的损失。

第六十七条 为了制止专利侵权行为，在证据可能灭失或者以后难以取得的情况下，专利权人或者利害关系人可以在起诉前向人民法院申请保全证据。

人民法院采取保全措施，可以责令申请人提供担保；申请人不提供担保的，驳回申请。

人民法院应当自接受申请之时起四十八小时内作出裁定；裁定采取保全措施的，应当立即执行。

申请人自人民法院采取保全措施之日起十五日内不起诉的，人民法院应当解除该措施。

第六十八条 侵犯专利权的诉讼时效为二年，自专利权人或者利害关系人得知或者应当得知侵权行为之日起计算。

发明专利申请公布后至专利权授予前使用该发明未支付适当使用费的，专利权人要求支付使用费的诉讼时效为二年，自专利权人得知或者应当得知他人使用其发明之日起计算，但是，专利权人于专利权授予之日前即已得知或者应当得知的，自专利权授予之日起计算。

第六十九条 有下列情形之一的，不视为侵犯专利权：

（一）专利产品或者依照专利方法直接获得的产品，由专利权人或者经其许可的单位、个人售出后，使用、许诺销售、销售、进口该产品的；

（二）在专利申请日前已经制造相同产品、使用相同方法或者已经作好制造、使用的必要准备，并且仅在原有范围内继续制造、使用的；

（三）临时通过中国领陆、领水、领空的外国运输工具，依照其所属国同中国签订的协议或者共同参加的国际条约，或者依照互惠原则，为运输工具自身需要而在其装置和设备中使用有关专利的；

（四）专为科学研究和实验而使用有关专利的；

（五）为提供行政审批所需要的信息，制造、使用、进口专利药品或者专利医疗器械的，以及专门为其制造、进口专利药品或者专利医疗器械的。

第七十条 为生产经营目的使用、许诺销售或者销售不知道是未经专利权人许可而制造并售出的专利侵权产品，能证明该产品合法来源的，不承担赔偿责任。

第七十一条 违反本法第二十条规定向外国申请专利，泄露国家秘密的，由所在单位或者上级主管机关给予行政处分；构成犯罪的，依法追究刑事责任。

第七十二条 侵夺发明人或者设计人的非职务发明创造专利申请权和本法规定的其他权益的，由所在单位或者上级主管机关给予行政处分。

第七十三条 管理专利工作的部门不得参与向社会推荐专利产品等经营活动。

管理专利工作的部门违反前款规定的，由其上级机关或者监察机关责令改正，消除影响，有违法收入的予以没收；情节严重的，对直接负责的主管人员和其他直接责任人员依法给予行政处分。

第七十四条 从事专利管理工作的国家机关工作人员以及其他有关国家机关工作人员玩忽职守、滥用职权、徇私舞弊，构成犯罪的，依法追究刑事责任；尚不构成犯罪的，依法给予行政处分。

第八章 附 则

第七十五条 向国务院专利行政部门申请专利和办理其他手续，应当按照规定缴纳费用。

第七十六条 本法自1985年4月1日起施行。

中华人民共和国专利法实施细则

（2001年6月15日中华人民共和国国务院令第306号公布 根据2002年12月28日《国务院关于修改〈中华人民共和国专利法实施细则〉的决定》第一次修订 根据2010年1月9日《国务院关于修改〈中华人民共和国专利法实施细则〉的决定》第二次修订）

第一章 总 则

第一条 根据《中华人民共和国专利法》（以下简称专利法），制定本细则。

第二条 专利法和本细则规定的各种手续，应当以书面形式或者国务院专利行政部门规定的其他形式办理。

第三条 依照专利法和本细则规定提交的各种文件应当使用中文；国家有统一规定的科技术语的，应当采用规范词；外国人名、地名和科技术语没有统一中文译文的，应当注明原文。

依照专利法和本细则规定提交的各种证件和证明文件是外文的，国务院专利行政部门认为必要时，可以要求当事人在指定期限内附送中文译文；期满未附送的，视为未提交该证件和证明文件。

第四条 向国务院专利行政部门邮寄的各种文件，以寄出的邮戳日为递交日；邮戳日不清晰的，除当事人能够提出证明外，以国务院专利行政部门收到日为递交日。

国务院专利行政部门的各种文件，可以通过邮寄、直接送交或者其他方式送达当事人。当事人委托专利代理机构的，文件送交专利代理机构；未委托专利代理机构的，文件送交请求书中指明的联系人。

国务院专利行政部门邮寄的各种文件，自文件发出之日起满15日，推定为当事人收到文件之日。

根据国务院专利行政部门规定应当直接送交的文件，以交付日为送达日。

文件送交地址不清，无法邮寄的，可以通过公告的方式送达当事人。自公告之日起满1个月，该文件视为已经送达。

第五条 专利法和本细则规定的各种期限的第一日不计算在期限内。期限以年或者月计算的，以其最后一月的相应日为期限届满日；该月无相应日的，以该月最后一日为期限届满日；期限届满日是法定休假日的，以休假日后的第一个工作日为期限届满日。

第六条 当事人因不可抗拒的事由而延误专利法或者本细则规定的期限或者国务院专利行政部门指定的期限，导致其权利丧失的，自障碍消除之日起2个月内，最迟自期限届满之日起2年内，可以向国务院专利行政部门请求恢复权利。

除前款规定的情形外，当事人因其他正当理由延误专利法或者本细则规定的期限或者国务院专利行政部门指定的期限，导致其权利丧失的，可以自收到国务院专利行政部门的通知之日起2个月内向国务院专利行政部门请求恢复权利。

当事人依照本条第一款或者第二款的规定请求恢复权利的，应当提交恢复权利请求书，说明理由，必要时附具有关证明文件，并办理权利丧失前应当办理的相应手续；依照本条第二款的规定请求恢复权利的，还应当缴纳恢复权利请求费。

当事人请求延长国务院专利行政部门指定的期限的，应当在期限届满前，向国务院专利行政部门说明理由并办理有关手续。

本条第一款和第二款的规定不适用专利法第二十四条、第二十九条、第四十二条、第六十八条规定的期限。

第七条 专利申请涉及国防利益需要保密的，由国防专利机构受理并进行审查；国务院专利行政部门受理的专利申请涉及国防利益需要保密的，应当及时移交国防专利机构进行审查。经国防专利机构审查没有发现驳回理由的，由国务院专利行政部门作出授予国防专利权的决定。

国务院专利行政部门认为其受理的发明或者实用新型专利申请涉及国防利益以外的国家安全或者重大利益需要保密的，应当及时作出按照保密专利申请处理的决定，并通知申请人。保密专利申请的审查、复审以及保密专利权无效宣告的特殊程序，由国务院专利行政部门规定。

第八条 专利法第二十条所称在中国完成的发明或者实用新型，是指技术方案的实质性内容在中国境内完成的发明或者实用新型。

任何单位或者个人将在中国完成的发明或者实用新型向外国申请专利的，应当按照下列方式之一请求国务院专利行政部门进行保密审查：

（一）直接向外国申请专利或者向有关国外机构提交专利国际申请的，应当事先向国务院专利行政部门提出请求，并详细说明其技术方案；

（二）向国务院专利行政部门申请专利后拟向外国申请专利或者向有关国外机构提交专利国际申请的，应当在向外国申请专利或者向有关国外机构提交专利国际申请前向国务院专利行政部门提出请求。

向国务院专利行政部门提交专利国际申请的，视为同时提出了保密审查请求。

第九条 国务院专利行政部门收到依照本细则第八条规定递交的请求后，经过审查认为该发明或者实用新型可能涉及国家安全或者重大利益需要保密的，应当及时向申请人发出保密审查通知；申请人未在其请求递交日起4个月内收到保密审查通知的，可以就该发明或者实用新型向外国申请专利或者向有关国外机构提交专利国际申请。

国务院专利行政部门依照前款规定通知进行保密审查的，应当及时作出是否需要保密的决定，并通知申请人。申请人未在其请求递交日起6个月内收到需要保密的决定的，可以就该发明或者实用新型向外国申请专利或者向有关国外机构提交专利国际申请。

第十条 专利法第五条所称违反法律的发明创造，不包括仅其实施为法律所禁止的发明创造。

第十一条 除专利法第二十八条和第四十二条规定的情形外，专利法所称申请日，有优先权的，指优先权日。

本细则所称申请日，除另有规定的外，是指专利法第二十八条规定的申请日。

第十二条 专利法第六条所称执行本单位的任务所完成的职务发明创造，是指：

（一）在本职工作中作出的发明创造；

（二）履行本单位交付的本职工作之外的任务所作出的发明创造；

（三）退休、调离原单位后或者劳动、人事关系终止后1年内作出的，与其在原单位承担的本职工作或者原单位分配的任务有关的发明创造。

专利法第六条所称本单位，包括临时工作单位；专利法第六条所称本单位的物质技术条件，是指本单位的资金、设备、零部件、原材料或者不对外公开的技术资料等。

第十三条 专利法所称发明人或者设计人，是指对发明创造的实质性特点作出创造性贡献的人。在完成发明创造过程中，只负责组织工作的人、为物质技术条件的利用提供方便的人或者从事其他辅助工作的人，不是发明人或者设计人。

第十四条 除依照专利法第十条规定转让专利权外，专利权因其他事由发生转移的，当事人应当凭有关证明文件或者法律文书向国务院专利行政部门办理专利权转移手续。

专利权人与他人订立的专利实施许可合同，应当自合同生效之日起3个月内向国务院专利行政部门备案。

以专利权出质的，由出质人和质权人共同向国务院专利行政部门办理出质登记。

第二章 专利的申请

第十五条 以书面形式申请专利的，应当向国务院专利行政部门提交申请文件一式两份。

以国务院专利行政部门规定的其他形式申请专利的，应当符合规定的要求。

申请人委托专利代理机构向国务院专利行政部门申请专利和办理其他专利事务的，应当同时提交委托书，写明委托权限。

申请人有 2 人以上且未委托专利代理机构的，除请求书中另有声明的外，以请求书中指明的第一申请人为代表人。

第十六条 发明、实用新型或者外观设计专利申请的请求书应当写明下列事项：

（一）发明、实用新型或者外观设计的名称；

（二）申请人是中国单位或者个人的，其名称或者姓名、地址、邮政编码、组织机构代码或者居民身份证件号码；申请人是外国人、外国企业或者外国其他组织的，其姓名或者名称、国籍或者注册的国家或者地区；

（三）发明人或者设计人的姓名；

（四）申请人委托专利代理机构的，受托机构的名称、机构代码以及该机构指定的专利代理人的姓名、执业证号码、联系电话；

（五）要求优先权的，申请人第一次提出专利申请（以下简称在先申请）的申请日、申请号以及原受理机构的名称；

（六）申请人或者专利代理机构的签字或者盖章；

（七）申请文件清单；

（八）附加文件清单；

（九）其他需要写明的有关事项。

第十七条 发明或者实用新型专利申请的说明书应当写明发明或者实用新型的名称，该名称应当与请求书中的名称一致。说明书应当包括下列内容：

（一）技术领域：写明要求保护的技术方案所属的技术领域；

（二）背景技术：写明对发明或者实用新型的理解、检索、审查有用的背景技术；有可能的，并引证反映这些背景技术的文件；

（三）发明内容：写明发明或者实用新型所要解决的技术问题以及解决其技术问题采用的技术方案，并对照现有技术写明发明或者实用新型的有益效果；

（四）附图说明：说明书有附图的，对各幅附图作简略说明；

（五）具体实施方式：详细写明申请人认为实现发明或者实用新型的优选方式；必

要时，举例说明；有附图的，对照附图。

发明或者实用新型专利申请人应当按照前款规定的方式和顺序撰写说明书，并在说明书每一部分前面写明标题，除非其发明或者实用新型的性质用其他方式或者顺序撰写能节约说明书的篇幅并使他人能够准确理解其发明或者实用新型。

发明或者实用新型说明书应当用词规范、语句清楚，并不得使用“如权利要求……所述的……”一类的引用语，也不得使用商业性宣传用语。

发明专利申请包含一个或者多个核苷酸或者氨基酸序列的，说明书应当包括符合国务院专利行政部门规定的序列表。申请人应当将该序列表作为说明书的一个单独部分提交，并按照国务院专利行政部门的规定提交该序列表的计算机可读形式的副本。

实用新型专利申请说明书应当有表示要求保护的产品的形状、构造或者其结合的附图。

第十八条 发明或者实用新型的几幅附图应当按照“图1，图2，……”顺序编号排列。

发明或者实用新型说明书文字部分中未提及的附图标记不得在附图中出现，附图中未出现的附图标记不得在说明书文字部分中提及。申请文件中表示同一组成部分的附图标记应当一致。

附图中除必需的词语外，不应当含有其他注释。

第十九条 权利要求书应当记载发明或者实用新型的技术特征。

权利要求书有几项权利要求的，应当用阿拉伯数字顺序编号。

权利要求书中使用的科技术语应当与说明书中使用的科技术语一致，可以有化学式或者数学式，但是不得有插图。除绝对必要的外，不得使用“如说明书……部分所述”或者“如图……所示”的用语。

权利要求中的技术特征可以引用说明书附图中相应的标记，该标记应当放在相应的技术特征后并置于括号内，便于理解权利要求。附图标记不得解释为对权利要求的限制。

第二十条 权利要求书应当有独立权利要求，也可以有从属权利要求。

独立权利要求应当从整体上反映发明或者实用新型的技术方案，记载解决技术问题的必要技术特征。

从属权利要求应当用附加的技术特征，对引用的权利要求作进一步限定。

第二十一条 发明或者实用新型的独立权利要求应当包括前序部分和特征部分，按照下列规定撰写：

（一）前序部分：写明要求保护的发明或者实用新型技术方案的主题名称和发明或者实用新型主题与最接近的现有技术共有的必要技术特征；

（二）特征部分：使用“其特征是……”或者类似的用语，写明发明或者实用新型区别于最接近的现有技术的技术特征。这些特征和前序部分写明的特征合在一起，限定发明或者实用新型要求保护的范围。

发明或者实用新型的性质不适于用前款方式表达的，独立权利要求可以用其他方式撰写。

一项发明或者实用新型应当只有一个独立权利要求，并写在同一发明或者实用新型的从属权利要求之前。

第二十二条 发明或者实用新型的从属权利要求应当包括引用部分和限定部分，按照下列规定撰写：

（一）引用部分：写明引用的权利要求的编号及其主题名称；

（二）限定部分：写明发明或者实用新型附加的技术特征。

从属权利要求只能引用在前的权利要求。引用两项以上权利要求的多项从属权利要求，只能以择一方式引用在前的权利要求，并不得作为另一项多项从属权利要求的基础。

第二十三条 说明书摘要应当写明发明或者实用新型专利申请所公开内容的概要，即写明发明或者实用新型的名称和所属技术领域，并清楚地反映所要解决的技术问题、解决该问题的技术方案的要点以及主要用途。

说明书摘要可以包含最能说明发明的化学式；有附图的专利申请，还应当提供一幅最能说明该发明或者实用新型技术特征的附图。附图的大小及清晰度应当保证在该图缩小到4厘米×6厘米时，仍能清晰地分辨出图中的各个细节。摘要文字部分不得超过300个字。摘要中不得使用商业性宣传用语。

第二十四条 申请专利的发明涉及新的生物材料，该生物材料公众不能得到，并且对该生物材料的说明不足以使所属领域的技术人员实施其发明的，除应当符合专利法和本细则的有关规定外，申请人还应当办理下列手续：

（一）在申请日前或者最迟在申请日（有优先权的，指优先权日），将该生物材料的样品提交国务院专利行政部门认可的保藏单位保藏，并在申请时或者最迟自申请日起4个月内提交保藏单位出具的保藏证明和存活证明；期满未提交证明的，该样品视为未提交保藏；

（二）在申请文件中，提供有关该生物材料特征的资料；

（三）涉及生物材料样品保藏的专利申请应当在请求书和说明书中写明该生物材料的分类命名（注明拉丁文名称）、保藏该生物材料样品的单位名称、地址、保藏日期和保藏编号；申请时未写明的，应当自申请日起4个月内补正；期满未补正的，视为未提交保藏。

第二十五条 发明专利申请人依照本细则第二十四条的规定保藏生物材料样品的，在发明专利申请公布后，任何单位或者个人需要将该专利申请所涉及的生物材料作为实验目的使用的，应当向国务院专利行政部门提出请求，并写明下列事项：

（一）请求人的姓名或者名称和地址；

（二）不向其他任何人提供该生物材料的保证；

（三）在授予专利权前，只作为实验目的使用的保证。

第二十六条 专利法所称遗传资源，是指取自人体、动物、植物或者微生物等含有遗传功能单位并具有实际或者潜在价值的材料；专利法所称依赖遗传资源完成的发明创造，是指利用了遗传资源的遗传功能完成的发明创造。

就依赖遗传资源完成的发明创造申请专利的，申请人应当在请求书中予以说明，并填写国务院专利行政部门制定的表格。

第二十七条 申请人请求保护色彩的，应当提交彩色图片或者照片。

申请人应当就每件外观设计产品所需要保护的内容提交有关图片或者照片。

第二十八条 外观设计的简要说明应当写明外观设计产品的名称、用途，外观设计的设计要点，并指定一幅最能表明设计要点的图片或者照片。省略视图或者请求保护色彩的，应当在简要说明中写明。

对同一产品的多项相似外观设计提出一件外观设计专利申请的，应当在简要说明中指定其中一项作为基本设计。

简要说明不得使用商业性宣传用语，也不能用来说明产品的性能。

第二十九条 国务院专利行政部门认为必要时，可以要求外观设计专利申请人提交使用外观设计的产品样品或者模型。样品或者模型的体积不得超过30厘米×30厘米×30厘米，重量不得超过15公斤。易腐、易损或者危险品不得作为样品或者模型提交。

第三十条 专利法第二十四条第（一）项所称中国政府承认的国际展览会，是指国际展览会公约规定的在国际展览局注册或者由其认可的国际展览会。

专利法第二十四条第（二）项所称学术会议或者技术会议，是指国务院有关主管部门或者全国性学术团体组织召开的学术会议或者技术会议。

申请专利的发明创造有专利法第二十四条第（一）项或者第（二）项所列情形的，申请人应当在提出专利申请时声明，并自申请日起2个月内提交有关国际展览会或者学术会议、技术会议的组织单位出具的有关发明创造已经展出或者发表，以及展出或者发表日期的证明文件。

申请专利的发明创造有专利法第二十四条第（三）项所列情形的，国务院专利行政部门认为必要时，可以要求申请人在指定期限内提交证明文件。

申请人未依照本条第三款的规定提出声明和提交证明文件的，或者未依照本条第四款的规定在指定期限内提交证明文件的，其申请不适用专利法第二十四条的规定。

第三十一条 申请人依照专利法第三十条的规定要求外国优先权的，申请人提交的在先申请文件副本应当经原受理机构证明。依照国务院专利行政部门与该受理机构签订的协议，国务院专利行政部门通过电子交换等途径获得在先申请文件副本的，视为申请人提交了经该受理机构证明的在先申请文件副本。要求本国优先权，申请人在请求书中写明在先申请的申请日和申请号的，视为提交了在先申请文件副本。

要求优先权，但请求书中漏写或者错写在先申请的申请日、申请号和原受理机构名称中的一项或者两项内容的，国务院专利行政部门应当通知申请人在指定期限内补正；期满未补正的，视为未要求优先权。

要求优先权的申请人的姓名或者名称与在先申请文件副本中记载的申请人姓名或者名称不一致的，应当提交优先权转让证明材料，未提交该证明材料的，视为未要求优先权。

外观设计专利申请的申请人要求外国优先权，其在先申请未包括对外观设计的简要说明，申请人按照本细则第二十八条规定提交的简要说明未超出在先申请文件的图片或者照片表示的范围的，不影响其享有优先权。

第三十二条 申请人在一件专利申请中，可以要求一项或者多项优先权；要求多项优先权的，该申请的优先权期限从最早的优先权日起计算。

申请人要求本国优先权，在先申请是发明专利申请的，可以就相同主题提出发明或者实用新型专利申请；在先申请是实用新型专利申请的，可以就相同主题提出实用新型或者发明专利申请。但是，提出后一申请时，在先申请的主题有下列情形之一的，不得作为要求本国优先权的基础：

（一）已经要求外国优先权或者本国优先权的；

（二）已经被授予专利权的；

（三）属于按照规定提出的分案申请的。

申请人要求本国优先权的，其在先申请自后一申请提出之日起即视为撤回。

第三十三条 在中国没有经常居所或者营业所的申请人，申请专利或者要求外国优先权的，国务院专利行政部门认为必要时，可以要求其提供下列文件：

（一）申请人是个人的，其国籍证明；

（二）申请人是企业或者其他组织的，其注册的国家或者地区的证明文件；

（三）申请人的所属国，承认中国单位和个人可以按照该国国民的同等条件，在该国享有专利权、优先权和其他与专利有关的权利的证明文件。

第三十四条 依照专利法第三十一条第一款规定，可以作为一件专利申请提出的属于一个总的发明构思的两项以上的发明或者实用新型，应当在技术上相互关联，包含一个或者多个相同或者相应的特定技术特征，其中特定技术特征是指每一项发明或者实用新型作为整体，对现有技术作出贡献的技术特征。

第三十五条 依照专利法第三十一条第二款规定，将同一产品的多项相似外观设计作为一件申请提出的，对该产品的其他设计应当与简要说明中指定的基本设计相似。一件外观设计专利申请中的相似外观设计不得超过10项。

专利法第三十一条第二款所称同一类别并且成套出售或者使用的产品的两项以上外观设计，是指各产品属于分类表中同一大类，习惯上同时出售或者同时使用，而且各产品的外观设计具有相同的设计构思。

将两项以上外观设计作为一件申请提出的，应当将各项外观设计的顺序编号标注在每件外观设计产品各幅图片或者照片的名称之前。

第三十六条 申请人撤回专利申请的，应当向国务院专利行政部门提出声明，写明发明创造的名称、申请号和申请日。

撤回专利申请的声明在国务院专利行政部门作好公布专利申请文件的印刷准备工作后提出的，申请文件仍予公布；但是，撤回专利申请的声明应当在以后出版的专利公报上予以公告。

第三章 专利申请的审查和批准

第三十七条 在初步审查、实质审查、复审和无效宣告程序中，实施审查和审理的人员有下列情形之一的，应当自行回避，当事人或者其他利害关系人可以要求其回避：

（一）是当事人或者其代理人的近亲属的；

（二）与专利申请或者专利权有利害关系的；

（三）与当事人或者其代理人有其他关系，可能影响公正审查和审理的；

（四）专利复审委员会成员曾参与原申请的审查的。

第三十八条 国务院专利行政部门收到发明或者实用新型专利申请的请求书、说明书（实用新型必须包括附图）和权利要求书，或者外观设计专利申请的请求书、外观设计的图片或者照片和简要说明后，应当明确申请日、给予申请号，并通知申请人。

第三十九条 专利申请文件有下列情形之一的，国务院专利行政部门不予受理，并通知申请人：

（一）发明或者实用新型专利申请缺少请求书、说明书（实用新型无附图）或者权利要求书的，或者外观设计专利申请缺少请求书、图片或者照片、简要说明的；

（二）未使用中文的；

（三）不符合本细则第一百二十一条第一款规定的；

（四）请求书中缺少申请人姓名或者名称，或者缺少地址的；

（五）明显不符合专利法第十八条或者第十九条第一款的规定的；

（六）专利申请类别（发明、实用新型或者外观设计）不明确或者难以确定的。

第四十条 说明书中写有对附图的说明但无附图或者缺少部分附图的，申请人应当在国务院专利行政部门指定的期限内补交附图或者声明取消对附图的说明。申请人补交附图的，以向国务院专利行政部门提交或者邮寄附图之日为申请日；取消对附图的说明的，保留原申请日。

第四十一条 两个以上的申请人同日（指申请日；有优先权的，指优先权日）分别就同样的发明创造申请专利的，应当在收到国务院专利行政部门的通知后自行协商确定申请人。

同一申请人在同日（指申请日）对同样的发明创造既申请实用新型专利又申请发明专利的，应当在申请时分别说明对同样的发明创造已申请了另一专利；未作说明的，依照专利法第九条第一款关于同样的发明创造只能授予一项专利权的规定处理。

国务院专利行政部门公告授予实用新型专利权，应当公告申请人已依照本条第二款的规定同时申请了发明专利的说明。

发明专利申请经审查没有发现驳回理由，国务院专利行政部门应当通知申请人在规定期限内声明放弃实用新型专利权。申请人声明放弃的，国务院专利行政部门应当作出授予发明专利权的决定，并在公告授予发明专利权时一并公告申请人放弃实用新型专利权声明。申请人不同意放弃的，国务院专利行政部门应当驳回该发明专利申请；申请人期满未答复的，视为撤回该发明专利申请。

实用新型专利权自公告授予发明专利权之日起终止。

第四十二条 一件专利申请包括两项以上发明、实用新型或者外观设计的，申请人可以在本细则第五十四条第一款规定的期限届满前，向国务院专利行政部门提出分案申请；但是，专利申请已经被驳回、撤回或者视为撤回的，不能提出分案申请。

国务院专利行政部门认为一件专利申请不符合专利法第三十一条和本细则第三十四条或者第三十五条的规定的，应当通知申请人在指定期限内对其申请进行修改；申请人期满未答复的，该申请视为撤回。

分案的申请不得改变原申请的类别。

第四十三条 依照本细则第四十二条规定提出的分案申请，可以保留原申请日，享有优先权的，可以保留优先权日，但是不得超出原申请记载的范围。

分案申请应当依照专利法及本细则的规定办理有关手续。

分案申请的请求书中应当写明原申请的申请号和申请日。提交分案申请时，申请人应当提交原申请文件副本；原申请享有优先权的，并应当提交原申请的优先权文件副本。

第四十四条 专利法第三十四条和第四十条所称初步审查，是指审查专利申请是否具备专利法第二十六条或者第二十七条规定的文件和其他必要的文件，这些文件是否符合规定的格式，并审查下列各项：

（一）发明专利申请是否明显属于专利法第五条、第二十五条规定的情形，是否不符合专利法第十八条、第十九条第一款、第二十条第一款或者本细则第十六条、第二十六条第二款的规定，是否明显不符合专利法第二条第二款、第二十六条第五款、第三十一条第一款、第三十三条或者本细则第十七条至第二十一条的规定；

（二）实用新型专利申请是否明显属于专利法第五条、第二十五条规定的情形，是否不符合专利法第十八条、第十九条第一款、第二十条第一款或者本细则第十六条至第十九条、第二十一条至第二十三条的规定，是否明显不符合专利法第二条第三款、第二十二条第二款、第四款、第二十六条第三款、第四款、第三十一条第一款、第三十三条或者本细则第二十条、第四十三条第一款的规定，是否依照专利法第九条规定不能取得专利权；

（三）外观设计专利申请是否明显属于专利法第五条、第二十五条第一款第（六）项规定的情形，是否不符合专利法第十八条、第十九条第一款或者本细则第十六条、第二十七条、第二十八条的规定，是否明显不符合专利法第二条第四款、第二十三条第一款、第二十七条第二款、第三十一条第二款、第三十三条或者本细则第四十三条第一款的规定，是否依照专利法第九条规定不能取得专利权；

（四）申请文件是否符合本细则第二条、第三条第一款的规定。

国务院专利行政部门应当将审查意见通知申请人，要求其在指定期限内陈述意见或者补正；申请人期满未答复的，其申请视为撤回。申请人陈述意见或者补正后，国务院专利行政部门仍然认为不符合前款所列各项规定的，应当予以驳回。

第四十五条 除专利申请文件外，申请人向国务院专利行政部门提交的与专利申请有关的其他文件有下列情形之一的，视为未提交：

（一）未使用规定的格式或者填写不符合规定的；

（二）未按照规定提交证明材料的。

国务院专利行政部门应当将视为未提交的审查意见通知申请人。

第四十六条 申请人请求早日公布其发明专利申请的，应当向国务院专利行政部门声明。国务院专利行政部门对该申请进行初步审查后，除予以驳回的外，应当立即将申请予以公布。

第四十七条 申请人写明使用外观设计的产品及其所属类别的，应当使用国务院专利行政部门公布的外观设计产品分类表。未写明使用外观设计的产品所属类别或者所写的类别不确切的，国务院专利行政部门可以予以补充或者修改。

第四十八条 自发明专利申请公布之日起至公告授予专利权之日止，任何人均可以对不符合专利法规定的专利申请向国务院专利行政部门提出意见，并说明理由。

第四十九条 发明专利申请人因有正当理由无法提交专利法第三十六条规定的检索资料或者审查结果资料的，应当向国务院专利行政部门声明，并在得到有关资料后补交。

第五十条 国务院专利行政部门依照专利法第三十五条第二款的规定对专利申请自行进行审查时，应当通知申请人。

第五十一条 发明专利申请人在提出实质审查请求时以及在收到国务院专利行政部门发出的发明专利申请进入实质审查阶段通知书之日起的3个月内，可以对发明专利申请主动提出修改。

实用新型或者外观设计专利申请人自申请日起2个月内，可以对实用新型或者外观设计专利申请主动提出修改。

申请人在收到国务院专利行政部门发出的审查意见通知书后对专利申请文件进行修改的，应当针对通知书指出的缺陷进行修改。

国务院专利行政部门可以自行修改专利申请文件中文字和符号的明显错误。国务院专利行政部门自行修改的，应当通知申请人。

第五十二条 发明或者实用新型专利申请的说明书或者权利要求书的修改部分，除个别文字修改或者增删外，应当按照规定格式提交替换页。外观设计专利申请的图片或者照片的修改，应当按照规定提交替换页。

第五十三条 依照专利法第三十八条的规定，发明专利申请经实质审查应当予以驳回的情形是指：

（一）申请属于专利法第五条、第二十五条规定的情形，或者依照专利法第九条规定不能取得专利权的；

（二）申请不符合专利法第二条第二款、第二十条第一款、第二十二条、第二十六条第三款、第四款、第五款、第三十一条第一款或者本细则第二十条第二款规定的；

（三）申请的修改不符合专利法第三十三条规定，或者分案的申请不符合本细则第四十三条第一款的规定的。

第五十四条 国务院专利行政部门发出授予专利权的通知后，申请人应当自收到通知之日起2个月内办理登记手续。申请人按期办理登记手续的，国务院专利行政部门应当授予专利权，颁发专利证书，并予以公告。

期满未办理登记手续的，视为放弃取得专利权的权利。

第五十五条 保密专利申请经审查没有发现驳回理由的，国务院专利行政部门应当作出授予保密专利权的决定，颁发保密专利证书，登记保密专利权的有关事项。

第五十六条 授予实用新型或者外观设计专利权的决定公告后，专利法第六十条规定的专利权人或者利害关系人可以请求国务院专利行政部门作出专利权评价报告。

请求作出专利权评价报告的，应当提交专利权评价报告请求书，写明专利号。每项请求应当限于一项专利权。

专利权评价报告请求书不符合规定的，国务院专利行政部门应当通知请求人在指定期限内补正；请求人期满未补正的，视为未提出请求。

第五十七条 国务院专利行政部门应当自收到专利权评价报告请求书后2个月内作出专利权评价报告。对同一项实用新型或者外观设计专利权，有多个请求人请求作出专利权评价报告的，国务院专利行政部门仅作出一份专利权评价报告。任何单位或者个人可以查阅或者复制该专利权评价报告。

第五十八条 国务院专利行政部门对专利公告、专利单行本中出现的错误，一经发现，应当及时更正，并对所作更正予以公告。

第四章　专利申请的复审与专利权的无效宣告

第五十九条 专利复审委员会由国务院专利行政部门指定的技术专家和法律专家组成，主任委员由国务院专利行政部门负责人兼任。

第六十条 依照专利法第四十一条的规定向专利复审委员会请求复审的，应当提交复审请求书，说明理由，必要时还应当附具有关证据。

复审请求不符合专利法第十九条第一款或者第四十一条第一款规定的，专利复审委员会不予受理，书面通知复审请求人并说明理由。

复审请求书不符合规定格式的，复审请求人应当在专利复审委员会指定的期限内补正；期满未补正的，该复审请求视为未提出。

第六十一条 请求人在提出复审请求或者在对专利复审委员会的复审通知书作出答复时，可以修改专利申请文件；但是，修改应当仅限于消除驳回决定或者复审通知书指出的缺陷。

修改的专利申请文件应当提交一式两份。

第六十二条 专利复审委员会应当将受理的复审请求书转交国务院专利行政部门原审查部门进行审查。原审查部门根据复审请求人的请求，同意撤销原决定的，专利复审委员会应当据此作出复审决定，并通知复审请求人。

第六十三条 专利复审委员会进行复审后，认为复审请求不符合专利法和本细则有关规定的，应当通知复审请求人，要求其在指定期限内陈述意见。期满未答复的，该复审请求视为撤回；经陈述意见或者进行修改后，专利复审委员会认为仍不符合专利法和本细则有关规定的，应当作出维持原驳回决定的复审决定。

专利复审委员会进行复审后，认为原驳回决定不符合专利法和本细则有关规定的，或者认为经过修改的专利申请文件消除了原驳回决定指出的缺陷的，应当撤销原驳回决定，由原审查部门继续进行审查程序。

第六十四条 复审请求人在专利复审委员会作出决定前，可以撤回其复审请求。

复审请求人在专利复审委员会作出决定前撤回其复审请求的，复审程序终止。

第六十五条 依照专利法第四十五条的规定，请求宣告专利权无效或者部分无效的，应当向专利复审委员会提交专利权无效宣告请求书和必要的证据一式两份。无效宣告请求书应当结合提交的所有证据，具体说明无效宣告请求的理由，并指明每项理由所依据的证据。

前款所称无效宣告请求的理由，是指被授予专利的发明创造不符合专利法第二条、第二十条第一款、第二十二条、第二十三条、第二十六条第三款、第四款、第二十七条第二款、第三十三条或者本细则第二十条第二款、第四十三条第一款的规定，或者属于专利法第五条、第二十五条的规定，或者依照专利法第九条规定不能取得专利权。

第六十六条 专利权无效宣告请求不符合专利法第十九条第一款或者本细则第六十五条规定的，专利复审委员会不予受理。

在专利复审委员会就无效宣告请求作出决定之后，又以同样的理由和证据请求无效宣告的，专利复审委员会不予受理。

以不符合专利法第二十三条第三款的规定为理由请求宣告外观设计专利权无效，但是未提交证明权利冲突的证据的，专利复审委员会不予受理。

专利权无效宣告请求书不符合规定格式的，无效宣告请求人应当在专利复审委员会指定的期限内补正；期满未补正的，该无效宣告请求视为未提出。

第六十七条 在专利复审委员会受理无效宣告请求后，请求人可以在提出无效宣告请求之日起1个月内增加理由或者补充证据。逾期增加理由或者补充证据的，专利复审委员会可以不予考虑。

第六十八条 专利复审委员会应当将专利权无效宣告请求书和有关文件的副本送交专利权人，要求其在指定的期限内陈述意见。

专利权人和无效宣告请求人应当在指定期限内答复专利复审委员会发出的转送文件通知书或者无效宣告请求审查通知书；期满未答复的，不影响专利复审委员会审理。

第六十九条 在无效宣告请求的审查过程中，发明或者实用新型专利的专利权人可以修改其权利要求书，但是不得扩大原专利的保护范围。

发明或者实用新型专利的专利权人不得修改专利说明书和附图，外观设计专利的专利权人不得修改图片、照片和简要说明。

第七十条 专利复审委员会根据当事人的请求或者案情需要，可以决定对无效宣告请求进行口头审理。

专利复审委员会决定对无效宣告请求进行口头审理的，应当向当事人发出口头审理通知书，告知举行口头审理的日期和地点。当事人应当在通知书指定的期限内作出答复。

无效宣告请求人对专利复审委员会发出的口头审理通知书在指定的期限内未作答复，并且不参加口头审理的，其无效宣告请求视为撤回；专利权人不参加口头审理的，可以缺席审理。

第七十一条 在无效宣告请求审查程序中，专利复审委员会指定的期限不得延长。

第七十二条 专利复审委员会对无效宣告的请求作出决定前，无效宣告请求人可以撤回其请求。

专利复审委员会作出决定之前，无效宣告请求人撤回其请求或者其无效宣告请求被视为撤回的，无效宣告请求审查程序终止。但是，专利复审委员会认为根据已进行的审查工作能够作出宣告专利权无效或者部分无效的决定的，不终止审查程序。

第五章 专利实施的强制许可

第七十三条 专利法第四十八条第（一）项所称未充分实施其专利，是指专利权人及其被许可人实施其专利的方式或者规模不能满足国内对专利产品或者专利方法的需求。

专利法第五十条所称取得专利权的药品，是指解决公共健康问题所需的医药领域中的任何专利产品或者依照专利方法直接获得的产品，包括取得专利权的制造该产品所需的活性成分以及使用该产品所需的诊断用品。

第七十四条 请求给予强制许可的，应当向国务院专利行政部门提交强制许可请求书，说明理由并附具有关证明文件。

国务院专利行政部门应当将强制许可请求书的副本送交专利权人，专利权人应当在国务院专利行政部门指定的期限内陈述意见；期满未答复的，不影响国务院专利行政部门作出决定。

国务院专利行政部门在作出驳回强制许可请求的决定或者给予强制许可的决定前，应当通知请求人和专利权人拟作出的决定及其理由。

国务院专利行政部门依照专利法第五十条的规定作出给予强制许可的决定，应当同时符合中国缔结或者参加的有关国际条约关于为了解决公共健康问题而给予强制许可的规定，但中国作出保留的除外。

第七十五条 依照专利法第五十七条的规定，请求国务院专利行政部门裁决使用费数额的，当事人应当提出裁决请求书，并附具双方不能达成协议的证明文件。国务院专利行政部门应当自收到请求书之日起3个月内作出裁决，并通知当事人。

第六章　对职务发明创造的发明人或者设计人的奖励和报酬

第七十六条　被授予专利权的单位可以与发明人、设计人约定或者在其依法制定的规章制度中规定专利法第十六条规定的奖励、报酬的方式和数额。

企业、事业单位给予发明人或者设计人的奖励、报酬，按照国家有关财务、会计制度的规定进行处理。

第七十七条　被授予专利权的单位未与发明人、设计人约定也未在其依法制定的规章制度中规定专利法第十六条规定的奖励的方式和数额的，应当自专利权公告之日起3个月内发给发明人或者设计人奖金。一项发明专利的奖金最低不少于3 000元；一项实用新型专利或者外观设计专利的奖金最低不少于1 000元。

由于发明人或者设计人的建议被其所属单位采纳而完成的发明创造，被授予专利权的单位应当从优发给奖金。

第七十八条　被授予专利权的单位未与发明人、设计人约定也未在其依法制定的规章制度中规定专利法第十六条规定的报酬的方式和数额的，在专利权有效期限内，实施发明创造专利后，每年应当从实施该项发明或者实用新型专利的营业利润中提取不低于2%或者从实施该项外观设计专利的营业利润中提取不低于0.2%，作为报酬给予发明人或者设计人，或者参照上述比例，给予发明人或者设计人一次性报酬；被授予专利权的单位许可其他单位或者个人实施其专利的，应当从收取的使用费中提取不低于10%，作为报酬给予发明人或者设计人。

第七章　专利权的保护

第七十九条　专利法和本细则所称管理专利工作的部门，是指由省、自治区、直辖市人民政府以及专利管理工作量大又有实际处理能力的设区的市人民政府设立的管理专利工作的部门。

第八十条　国务院专利行政部门应当对管理专利工作的部门处理专利侵权纠纷、查处假冒专利行为、调解专利纠纷进行业务指导。

第八十一条　当事人请求处理专利侵权纠纷或者调解专利纠纷的，由被请求人所在地或者侵权行为地的管理专利工作的部门管辖。

两个以上管理专利工作的部门都有管辖权的专利纠纷，当事人可以向其中一个管理专利工作的部门提出请求；当事人向两个以上有管辖权的管理专利工作的部门提出请求的，由最先受理的管理专利工作的部门管辖。

管理专利工作的部门对管辖权发生争议的，由其共同的上级人民政府管理专利工作的部门指定管辖；无共同上级人民政府管理专利工作的部门的，由国务院专利行政部门指定管辖。

第八十二条 在处理专利侵权纠纷过程中，被请求人提出无效宣告请求并被专利复审委员会受理的，可以请求管理专利工作的部门中止处理。

管理专利工作的部门认为被请求人提出的中止理由明显不能成立的，可以不中止处理。

第八十三条 专利权人依照专利法第十七条的规定，在其专利产品或者该产品的包装上标明专利标识的，应当按照国务院专利行政部门规定的方式予以标明。

专利标识不符合前款规定的，由管理专利工作的部门责令改正。

第八十四条 下列行为属于专利法第六十三条规定的假冒专利的行为：

（一）在未被授予专利权的产品或者其包装上标注专利标识，专利权被宣告无效后或者终止后继续在产品或者其包装上标注专利标识，或者未经许可在产品或者产品包装上标注他人的专利号；

（二）销售第（一）项所述产品；

（三）在产品说明书等材料中将未被授予专利权的技术或者设计称为专利技术或者专利设计，将专利申请称为专利，或者未经许可使用他人的专利号，使公众将所涉及的技术或者设计误认为是专利技术或者专利设计；

（四）伪造或者变造专利证书、专利文件或者专利申请文件；

（五）其他使公众混淆，将未被授予专利权的技术或者设计误认为是专利技术或者专利设计的行为。

专利权终止前依法在专利产品、依照专利方法直接获得的产品或者其包装上标注专利标识，在专利权终止后许诺销售、销售该产品的，不属于假冒专利行为。

销售不知道是假冒专利的产品，并且能够证明该产品合法来源的，由管理专利工作的部门责令停止销售，但免除罚款的处罚。

第八十五条 除专利法第六十条规定的外，管理专利工作的部门应当事人请求，可以对下列专利纠纷进行调解：

（一）专利申请权和专利权归属纠纷；

（二）发明人、设计人资格纠纷；

（三）职务发明创造的发明人、设计人的奖励和报酬纠纷；

（四）在发明专利申请公布后专利权授予前使用发明而未支付适当费用的纠纷；

（五）其他专利纠纷。

对于前款第（四）项所列的纠纷，当事人请求管理专利工作的部门调解的，应当在专利权被授予之后提出。

第八十六条 当事人因专利申请权或者专利权的归属发生纠纷，已请求管理专利工作的部门调解或者向人民法院起诉的，可以请求国务院专利行政部门中止有关程序。

依照前款规定请求中止有关程序的，应当向国务院专利行政部门提交请求书，并附具管理专利工作的部门或者人民法院的写明申请号或者专利号的有关受理文件副本。

管理专利工作的部门作出的调解书或者人民法院作出的判决生效后，当事人应当向国务院专利行政部门办理恢复有关程序的手续。自请求中止之日起1年内，有关专利申请权或者专利权归属的纠纷未能结案，需要继续中止有关程序的，请求人应当在该期限内请求延长中止。期满未请求延长的，国务院专利行政部门自行恢复有关程序。

第八十七条 人民法院在审理民事案件中裁定对专利申请权或者专利权采取保全措施的，国务院专利行政部门应当在收到写明申请号或者专利号的裁定书和协助执行通知书之日中止被保全的专利申请权或者专利权的有关程序。保全期限届满，人民法院没有裁定继续采取保全措施的，国务院专利行政部门自行恢复有关程序。

第八十八条 国务院专利行政部门根据本细则第八十六条和第八十七条规定中止有关程序，是指暂停专利申请的初步审查、实质审查、复审程序，授予专利权程序和专利权无效宣告程序；暂停办理放弃、变更、转移专利权或者专利申请权手续，专利权质押手续以及专利权期限届满前的终止手续等。

第八章　专利登记和专利公报

第八十九条 国务院专利行政部门设置专利登记簿，登记下列与专利申请和专利权有关的事项：

（一）专利权的授予；

（二）专利申请权、专利权的转移；

（三）专利权的质押、保全及其解除；

（四）专利实施许可合同的备案；

（五）专利权的无效宣告；

（六）专利权的终止；

（七）专利权的恢复；

（八）专利实施的强制许可；

（九）专利权人的姓名或者名称、国籍和地址的变更。

第九十条 国务院专利行政部门定期出版专利公报，公布或者公告下列内容：

（一）发明专利申请的著录事项和说明书摘要；

（二）发明专利申请的实质审查请求和国务院专利行政部门对发明专利申请自行进

行实质审查的决定；

（三）发明专利申请公布后的驳回、撤回、视为撤回、视为放弃、恢复和转移；

（四）专利权的授予以及专利权的著录事项；

（五）发明或者实用新型专利的说明书摘要，外观设计专利的一幅图片或者照片；

（六）国防专利、保密专利的解密；

（七）专利权的无效宣告；

（八）专利权的终止、恢复；

（九）专利权的转移；

（十）专利实施许可合同的备案；

（十一）专利权的质押、保全及其解除；

（十二）专利实施的强制许可的给予；

（十三）专利权人的姓名或者名称、地址的变更；

（十四）文件的公告送达；

（十五）国务院专利行政部门作出的更正；

（十六）其他有关事项。

第九十一条 国务院专利行政部门应当提供专利公报、发明专利申请单行本以及发明专利、实用新型专利、外观设计专利单行本，供公众免费查阅。

第九十二条 国务院专利行政部门负责按照互惠原则与其他国家、地区的专利机关或者区域性专利组织交换专利文献。

第九章 费 用

第九十三条 向国务院专利行政部门申请专利和办理其他手续时，应当缴纳下列费用：

（一）申请费、申请附加费、公布印刷费、优先权要求费；

（二）发明专利申请实质审查费、复审费；

（三）专利登记费、公告印刷费、年费；

（四）恢复权利请求费、延长期限请求费；

（五）著录事项变更费、专利权评价报告请求费、无效宣告请求费。

前款所列各种费用的缴纳标准，由国务院价格管理部门、财政部门会同国务院专利行政部门规定。

第九十四条 专利法和本细则规定的各种费用，可以直接向国务院专利行政部门缴纳，也可以通过邮局或者银行汇付，或者以国务院专利行政部门规定的其他方式缴纳。

通过邮局或者银行汇付的，应当在送交国务院专利行政部门的汇单上写明正确的申请号或者专利号以及缴纳的费用名称。不符合本款规定的，视为未办理缴费手续。

直接向国务院专利行政部门缴纳费用的，以缴纳当日为缴费日；以邮局汇付方式缴纳费用的，以邮局汇出的邮戳日为缴费日；以银行汇付方式缴纳费用的，以银行实际汇出日为缴费日。

多缴、重缴、错缴专利费用的，当事人可以自缴费日起 3 年内，向国务院专利行政部门提出退款请求，国务院专利行政部门应当予以退还。

第九十五条 申请人应当自申请日起 2 个月内或者在收到受理通知书之日起 15 日内缴纳申请费、公布印刷费和必要的申请附加费；期满未缴纳或者未缴足的，其申请视为撤回。

申请人要求优先权的，应当在缴纳申请费的同时缴纳优先权要求费；期满未缴纳或者未缴足的，视为未要求优先权。

第九十六条 当事人请求实质审查或者复审的，应当在专利法及本细则规定的相关期限内缴纳费用；期满未缴纳或者未缴足的，视为未提出请求。

第九十七条 申请人办理登记手续时，应当缴纳专利登记费、公告印刷费和授予专利权当年的年费；期满未缴纳或者未缴足的，视为未办理登记手续。

第九十八条 授予专利权当年以后的年费应当在上一年度期满前缴纳。专利权人未缴纳或者未缴足的，国务院专利行政部门应当通知专利权人自应当缴纳年费期满之日起 6 个月内补缴，同时缴纳滞纳金；滞纳金的金额按照每超过规定的缴费时间 1 个月，加收当年全额年费的 5% 计算；期满未缴纳的，专利权自应当缴纳年费期满之日起终止。

第九十九条 恢复权利请求费应当在本细则规定的相关期限内缴纳；期满未缴纳或者未缴足的，视为未提出请求。

延长期限请求费应当在相应期限届满之日前缴纳；期满未缴纳或者未缴足的，视为未提出请求。

著录事项变更费、专利权评价报告请求费、无效宣告请求费应当自提出请求之日起 1 个月内缴纳；期满未缴纳或者未缴足的，视为未提出请求。

第一百条 申请人或者专利权人缴纳本细则规定的各种费用有困难的，可以按照规定向国务院专利行政部门提出减缴或者缓缴的请求。减缴或者缓缴的办法由国务院财政部门会同国务院价格管理部门、国务院专利行政部门规定。

第十章 关于国际申请的特别规定

第一百零一条 国务院专利行政部门根据专利法第二十条规定，受理按照专利合作条约提出的专利国际申请。

按照专利合作条约提出并指定中国的专利国际申请（以下简称国际申请）进入国

务院专利行政部门处理阶段（以下称进入中国国家阶段）的条件和程序适用本章的规定；本章没有规定的，适用专利法及本细则其他各章的有关规定。

第一百零二条 按照专利合作条约已确定国际申请日并指定中国的国际申请，视为向国务院专利行政部门提出的专利申请，该国际申请日视为专利法第二十八条所称的申请日。

第一百零三条 国际申请的申请人应当在专利合作条约第二条所称的优先权日（本章简称优先权日）起30个月内，向国务院专利行政部门办理进入中国国家阶段的手续；申请人未在该期限内办理该手续的，在缴纳宽限费后，可以在自优先权日起32个月内办理进入中国国家阶段的手续。

第一百零四条 申请人依照本细则第一百零三条的规定办理进入中国国家阶段的手续的，应当符合下列要求：

（一）以中文提交进入中国国家阶段的书面声明，写明国际申请号和要求获得的专利权类型；

（二）缴纳本细则第九十三条第一款规定的申请费、公布印刷费，必要时缴纳本细则第一百零三条规定的宽限费；

（三）国际申请以外文提出的，提交原始国际申请的说明书和权利要求书的中文译文；

（四）在进入中国国家阶段的书面声明中写明发明创造的名称，申请人姓名或者名称、地址和发明人的姓名，上述内容应当与世界知识产权组织国际局（以下简称国际局）的记录一致；国际申请中未写明发明人的，在上述声明中写明发明人的姓名；

（五）国际申请以外文提出的，提交摘要的中文译文，有附图和摘要附图的，提交附图副本和摘要附图副本，附图中有文字的，将其替换为对应的中文文字；国际申请以中文提出的，提交国际公布文件中的摘要和摘要附图副本；

（六）在国际阶段向国际局已办理申请人变更手续的，提供变更后的申请人享有申请权的证明材料；

（七）必要时缴纳本细则第九十三条第一款规定的申请附加费。

符合本条第一款第（一）项至第（三）项要求的，国务院专利行政部门应当给予申请号，明确国际申请进入中国国家阶段的日期（以下简称进入日），并通知申请人其国际申请已进入中国国家阶段。

国际申请已进入中国国家阶段，但不符合本条第一款第（四）项至第（七）项要求的，国务院专利行政部门应当通知申请人在指定期限内补正；期满未补正的，其申请视为撤回。

第一百零五条 国际申请有下列情形之一的，其在中国的效力终止：

（一）在国际阶段，国际申请被撤回或者被视为撤回，或者国际申请对中国的指定被撤回的；

（二）申请人未在优先权日起32个月内按照本细则第一百零三条规定办理进入中国国家阶段手续的；

（三）申请人办理进入中国国家阶段的手续，但自优先权日起32个月期限届满仍不符合本细则第一百零四条第（一）项至第（三）项要求的。

依照前款第（一）项的规定，国际申请在中国的效力终止的，不适用本细则第六条的规定；依照前款第（二）项、第（三）项的规定，国际申请在中国的效力终止的，不适用本细则第六条第二款的规定。

第一百零六条 国际申请在国际阶段作过修改，申请人要求以经修改的申请文件为基础进行审查的，应当自进入日起2个月内提交修改部分的中文译文。在该期间内未提交中文译文的，对申请人在国际阶段提出的修改，国务院专利行政部门不予考虑。

第一百零七条 国际申请涉及的发明创造有专利法第二十四条第（一）项或者第（二）项所列情形之一，在提出国际申请时作过声明的，申请人应当在进入中国国家阶段的书面声明中予以说明，并自进入日起2个月内提交本细则第三十条第三款规定的有关证明文件；未予说明或者期满未提交证明文件的，其申请不适用专利法第二十四条的规定。

第一百零八条 申请人按照专利合作条约的规定，对生物材料样品的保藏已作出说明的，视为已经满足了本细则第二十四条第（三）项的要求。申请人应当在进入中国国家阶段声明中指明记载生物材料样品保藏事项的文件以及在该文件中的具体记载位置。

申请人在原始提交的国际申请的说明书中已记载生物材料样品保藏事项，但是没有在进入中国国家阶段声明中指明的，应当自进入日起4个月内补正。期满未补正的，该生物材料视为未提交保藏。

申请人自进入日起4个月内向国务院专利行政部门提交生物材料样品保藏证明和存活证明的，视为在本细则第二十四条第（一）项规定的期限内提交。

第一百零九条 国际申请涉及的发明创造依赖遗传资源完成的，申请人应当在国际申请进入中国国家阶段的书面声明中予以说明，并填写国务院专利行政部门制定的表格。

第一百一十条 申请人在国际阶段已要求一项或者多项优先权，在进入中国国家阶段时该优先权要求继续有效的，视为已经依照专利法第三十条的规定提出了书面声明。

申请人应当自进入日起2个月内缴纳优先权要求费；期满未缴纳或者未缴足的，视为未要求该优先权。

申请人在国际阶段已依照专利合作条约的规定，提交过在先申请文件副本的，办理进入中国国家阶段手续时不需要向国务院专利行政部门提交在先申请文件副本。申请人在国际阶段未提交在先申请文件副本的，国务院专利行政部门认为必要时，可以通知申请人在指定期限内补交；申请人期满未补交的，其优先权要求视为未提出。

第一百一十一条 在优先权日起30个月期满前要求国务院专利行政部门提前处理和审查国际申请的，申请人除应当办理进入中国国家阶段手续外，还应当依照专利合作条约第二十三条第二款规定提出请求。国际局尚未向国务院专利行政部门传送国际申请的，申请人应当提交经确认的国际申请副本。

第一百一十二条 要求获得实用新型专利权的国际申请，申请人可以自进入日起2个月内对专利申请文件主动提出修改。

要求获得发明专利权的国际申请，适用本细则第五十一条第一款的规定。

第一百一十三条 申请人发现提交的说明书、权利要求书或者附图中的文字的中文译文存在错误的，可以在下列规定期限内依照原始国际申请文本提出改正：

（一）在国务院专利行政部门作好公布发明专利申请或者公告实用新型专利权的准备工作之前；

（二）在收到国务院专利行政部门发出的发明专利申请进入实质审查阶段通知书之日起3个月内。

申请人改正译文错误的，应当提出书面请求并缴纳规定的译文改正费。

申请人按照国务院专利行政部门的通知书的要求改正译文的，应当在指定期限内办理本条第二款规定的手续；期满未办理规定手续的，该申请视为撤回。

第一百一十四条 对要求获得发明专利权的国际申请，国务院专利行政部门经初步审查认为符合专利法和本细则有关规定的，应当在专利公报上予以公布；国际申请以中文以外的文字提出的，应当公布申请文件的中文译文。

要求获得发明专利权的国际申请，由国际局以中文进行国际公布的，自国际公布日起适用专利法第十三条的规定；由国际局以中文以外的文字进行国际公布的，自国务院专利行政部门公布之日起适用专利法第十三条的规定。

对国际申请，专利法第二十一条和第二十二条中所称的公布是指本条第一款所规定的公布。

第一百一十五条 国际申请包含两项以上发明或者实用新型的，申请人可以自进入日起，依照本细则第四十二条第一款的规定提出分案申请。

在国际阶段，国际检索单位或者国际初步审查单位认为国际申请不符合专利合作条约规定的单一性要求时，申请人未按照规定缴纳附加费，导致国际申请某些部分未经国际检索或者未经国际初步审查，在进入中国国家阶段时，申请人要求将所述部分作为审查基础，国务院专利行政部门认为国际检索单位或者国际初步审查单位对发明单一性的判断正确的，应当通知申请人在指定期限内缴纳单一性恢复费。期满未缴纳或者未足额缴纳的，国际申请中未经检索或者未经国际初步审查的部分视为撤回。

第一百一十六条 国际申请在国际阶段被有关国际单位拒绝给予国际申请日或者宣布视为撤回的，申请人在收到通知之日起2个月内，可以请求国际局将国际申请档案中任何文件的副本转交国务院专利行政部门，并在该期限内向国务院专利行政部门办理本细则第一百零三条规定的手续，国务院专利行政部门应当在接到国际局传送的文件后，对国际单位作出的决定是否正确进行复查。

第一百一十七条 基于国际申请授予的专利权，由于译文错误，致使依照专利法第五十九条规定确定的保护范围超出国际申请的原文所表达的范围的，以依据原文限制后的保护范围为准；致使保护范围小于国际申请的原文所表达的范围的，以授权时的保护范围为准。

第十一章　附　　则

第一百一十八条 经国务院专利行政部门同意，任何人均可以查阅或者复制已经公布或者公告的专利申请的案卷和专利登记簿，并可以请求国务院专利行政部门出具专利登记簿副本。

已视为撤回、驳回和主动撤回的专利申请的案卷，自该专利申请失效之日起满2年后不予保存。

已放弃、宣告全部无效和终止的专利权的案卷，自该专利权失效之日起满3年后不予保存。

第一百一十九条 向国务院专利行政部门提交申请文件或者办理各种手续，应当由申请人、专利权人、其他利害关系人或者其代表人签字或者盖章；委托专利代理机构的，由专利代理机构盖章。

请求变更发明人姓名、专利申请人和专利权人的姓名或者名称、国籍和地址、专利代理机构的名称、地址和代理人姓名的，应当向国务院专利行政部门办理著录事项变更手续，并附具变更理由的证明材料。

第一百二十条 向国务院专利行政部门邮寄有关申请或者专利权的文件，应当使用挂号信函，不得使用包裹。

除首次提交专利申请文件外，向国务院专利行政部门提交各种文件、办理各种手续的，应当标明申请号或者专利号、发明创造名称和申请人或者专利权人姓名或者名称。

一件信函中应当只包含同一申请的文件。

第一百二十一条 各类申请文件应当打字或者印刷，字迹呈黑色，整齐清晰，并不得涂改。附图应当用制图工具和黑色墨水绘制，线条应当均匀清晰，并不得涂改。

请求书、说明书、权利要求书、附图和摘要应当分别用阿拉伯数字顺序编号。

申请文件的文字部分应当横向书写。纸张限于单面使用。

第一百二十二条 国务院专利行政部门根据专利法和本细则制定专利审查指南。

第一百二十三条 本细则自2001年7月1日起施行。1992年12月12日国务院批准修订、1992年12月21日中国专利局发布的《中华人民共和国专利法实施细则》同时废止。

中华人民共和国商标法

（1982年8月23日第五届全国人民代表大会常务委员会第二十四次会议通过 根据1993年2月22日第七届全国人民代表大会常务委员会第三十次会议《关于修改〈中华人民共和国商标法〉的决定》第一次修正 根据2001年10月27日第九届全国人民代表大会常务委员会第二十四次会议《关于修改〈中华人民共和国商标法〉的决定》第二次修正）

第一章 总 则

第一条 为了加强商标管理，保护商标专用权，促使生产、经营者保证商品和服务质量，维护商标信誉，以保障消费者和生产、经营者的利益，促进社会主义市场经济的发展，特制定本法。

第二条 国务院工商行政管理部门商标局主管全国商标注册和管理的工作。

国务院工商行政管理部门设立商标评审委员会，负责处理商标争议事宜。

第三条 经商标局核准注册的商标为注册商标，包括商品商标、服务商标和集体商标、证明商标；商标注册人享有商标专用权，受法律保护。

本法所称集体商标，是指以团体、协会或者其他组织名义注册，供该组织成员在商事活动中使用，以表明使用者在该组织中的成员资格的标志。

本法所称证明商标，是指由对某种商品或者服务具有监督能力的组织所控制，而由该组织以外的单位或者个人使用于其商品或者服务，用以证明该商品或者服务的原产地、原料、制造方法、质量或者其他特定品质的标志。

集体商标、证明商标注册和管理的特殊事项，由国务院工商行政管理部门规定。

第四条 自然人、法人或者其他组织对其生产、制造、加工、拣选或者经销的商品，需要取得商标专用权的，应当向商标局申请商品商标注册。

自然人、法人或者其他组织对其提供的服务项目，需要取得商标专用权的，应当向商标局申请服务商标注册。

本法有关商品商标的规定，适用于服务商标。

第五条 两个以上的自然人、法人或者其他组织可以共同向商标局申请注册同一商标，共同享有和行使该商标专用权。

第六条 国家规定必须使用注册商标的商品，必须申请商标注册，未经核准注册的，不得在市场销售。

第七条 商标使用人应当对其使用商标的商品质量负责。各级工商行政管理部门应当通过商标管理，制止欺骗消费者的行为。

第八条 任何能够将自然人、法人或者其他组织的商品与他人的商品区别开的可视性标志，包括文字、图形、字母、数字、三维标志和颜色组合，以及上述要素的组合，均可以作为商标申请注册。

第九条 申请注册的商标，应当有显著特征，便于识别，并不得与他人在先取得的合法权利相冲突。

商标注册人有权标明“注册商标”或者注册标记。

第十条 下列标志不得作为商标使用：

（一）同中华人民共和国的国家名称、国旗、国徽、军旗、勋章相同或者近似的，以及同中央国家机关所在地特定地点的名称或者标志性建筑物的名称、图形相同的；

（二）同外国的国家名称、国旗、国徽、军旗相同或者近似的，但该国政府同意的除外；

（三）同政府间国际组织的名称、旗帜、徽记相同或者近似的，但经该组织同意或者不易误导公众的除外；

（四）与表明实施控制、予以保证的官方标志、检验印记相同或者近似的，但经授权的除外；

（五）同“红十字”、“红新月”的名称、标志相同或者近似的；

（六）带有民族歧视性的；

（七）夸大宣传并带有欺骗性的；

（八）有害于社会主义道德风尚或者有其他不良影响的。

县级以上行政区划的地名或者公众知晓的外国地名，不得作为商标。但是，地名具有其他含义或者作为集体商标、证明商标组成部分的除外；已经注册的使用地名的商标继续有效。

第十一条 下列标志不得作为商标注册：

（一）仅有本商品的通用名称、图形、型号的；

（二）仅仅直接表示商品的质量、主要原料、功能、用途、重量、数量及其他特点的；

（三）缺乏显著特征的。

前款所列标志经过使用取得显著特征，并便于识别的，可以作为商标注册。

第十二条 以三维标志申请注册商标的，仅由商品自身的性质产生的形状、为获得技术效果而需有的商品形状或者使商品具有实质性价值的形状，不得注册。

第十三条 就相同或者类似商品申请注册的商标是复制、摹仿或者翻译他人未在中国注册的驰名商标，容易导致混淆的，不予注册并禁止使用。

就不相同或者不相类似商品申请注册的商标是复制、摹仿或者翻译他人已经在中国注册的驰名商标，误导公众，致使该驰名商标注册人的利益可能受到损害的，不予注册并禁止使用。

第十四条 认定驰名商标应当考虑下列因素：

（一）相关公众对该商标的知晓程度；

（二）该商标使用的持续时间；

（三）该商标的任何宣传工作的持续时间、程度和地理范围；

（四）该商标作为驰名商标受保护的记录；

（五）该商标驰名的其他因素。

第十五条 未经授权，代理人或者代表人以自己的名义将被代理人或者被代表人的商标进行注册，被代理人或者被代表人提出异议的，不予注册并禁止使用。

第十六条 商标中有商品的地理标志，而该商品并非来源于该标志所标示的地区，误导公众的，不予注册并禁止使用；但是，已经善意取得注册的继续有效。

前款所称地理标志，是指标示某商品来源于某地区，该商品的特定质量、信誉或者其他特征，主要由该地区的自然因素或者人文因素所决定的标志。

第十七条 外国人或者外国企业在中国申请商标注册的，应当按其所属国和中华人民共和国签订的协议或者共同参加的国际条约办理，或者按对等原则办理。

第十八条 外国人或者外国企业在中国申请商标注册和办理其他商标事宜的，应当委托国家认可的具有商标代理资格的组织代理。

第二章 商标注册的申请

第十九条 申请商标注册的，应当按规定的商品分类表填报使用商标的商品类别和商品名称。

第二十条 商标注册申请人在不同类别的商品上申请注册同一商标的，应当按商品分类表提出注册申请。

第二十一条 注册商标需要在同一类的其他商品上使用的，应当另行提出注册申请。

第二十二条 注册商标需要改变其标志的，应当重新提出注册申请。

第二十三条 注册商标需要变更注册人的名义、地址或者其他注册事项的，应当提出变更申请。

第二十四条 商标注册申请人自其商标在外国第一次提出商标注册申请之日起六个月内，又在中国就相同商品以同一商标提出商标注册申请的，依照该外国同中国签订的协议或者共同参加的国际条约，或者按照相互承认优先权的原则，可以享有优先权。

依照前款要求优先权的，应当在提出商标注册申请的时候提出书面声明，并且在三个月内提交第一次提出的商标注册申请文件的副本；未提出书面声明或者逾期未提交商标注册申请文件副本的，视为未要求优先权。

第二十五条 商标在中国政府主办的或者承认的国际展览会展出的商品上首次使用的，自该商品展出之日起六个月内，该商标的注册申请人可以享有优先权。

依照前款要求优先权的，应当在提出商标注册申请的时候提出书面声明，并且在三个月内提交展出其商品的展览会名称、在展出商品上使用该商标的证据、展出日期等证明文件；未提出书面声明或者逾期未提交证明文件的，视为未要求优先权。

第二十六条 为申请商标注册所申报的事项和所提供的材料应当真实、准确、完整。

第三章 商标注册的审查和核准

第二十七条 申请注册的商标，凡符合本法有关规定的，由商标局初步审定，予以公告。

第二十八条 申请注册的商标，凡不符合本法有关规定或者同他人在同一种商品或者类似商品上已经注册的或者初步审定的商标相同或者近似的，由商标局驳回申请，不予公告。

第二十九条 两个或者两个以上的商标注册申请人，在同一种商品或者类似商品上，以相同或者近似的商标申请注册的，初步审定并公告申请在先的商标；同一天申请的，初步审定并公告使用在先的商标，驳回其他人的申请，不予公告。

第三十条 对初步审定的商标，自公告之日起三个月内，任何人均可以提出异议。公告期满无异议的，予以核准注册，发给商标注册证，并予公告。

第三十一条 申请商标注册不得损害他人现有的在先权利，也不得以不正当手段抢先注册他人已经使用并有一定影响的商标。

第三十二条 对驳回申请、不予公告的商标，商标局应当书面通知商标注册申请人。商标注册申请人不服的，可以自收到通知之日起十五日内向商标评审委员会申请复审，由商标评审委员会做出决定，并书面通知申请人。

当事人对商标评审委员会的决定不服的，可以自收到通知之日起三十日内向人民法院起诉。

第三十三条 对初步审定、予以公告的商标提出异议的，商标局应当听取异议人和被异议人陈述事实和理由，经调查核实后，做出裁定。当事人不服的，可以自收到通知之日起十五日内向商标评审委员会申请复审，由商标评审委员会做出裁定，并书面通知异议人和被异议人。

当事人对商标评审委员会的裁定不服的，可以自收到通知之日起三十日内向人民法院起诉。人民法院应当通知商标复审程序的对方当事人作为第三人参加诉讼。

第三十四条 当事人在法定期限内对商标局做出的裁定不申请复审或者对商标评审委员会做出的裁定不向人民法院起诉的，裁定生效。

经裁定异议不能成立的，予以核准注册，发给商标注册证，并予公告；经裁定异议成立的，不予核准注册。

经裁定异议不能成立而核准注册的，商标注册申请人取得商标专用权的时间自初审公告三个月期满之日起计算。

第三十五条 对商标注册申请和商标复审申请应当及时进行审查。

第三十六条 商标注册申请人或者注册人发现商标申请文件或者注册文件有明显错误的，可以申请更正。商标局依法在其职权范围内作出更正，并通知当事人。

前款所称更正错误不涉及商标申请文件或者注册文件的实质性内容。

第四章 注册商标的续展、转让和使用许可

第三十七条 注册商标的有效期为十年，自核准注册之日起计算。

第三十八条 注册商标有效期满，需要继续使用的，应当在期满前六个月内申请续展注册；在此期间未能提出申请的，可以给予六个月的宽展期。宽展期满仍未提出申请的，注销其注册商标。

每次续展注册的有效期为十年。

续展注册经核准后，予以公告。

第三十九条 转让注册商标的，转让人和受让人应当签订转让协议，并共同向商标局提出申请。受让人应当保证使用该注册商标的商品质量。

转让注册商标经核准后，予以公告。受让人自公告之日起享有商标专用权。

第四十条 商标注册人可以通过签订商标使用许可合同，许可他人使用其注册商标。许可人应当监督被许可人使用其注册商标的商品质量。被许可人应当保证使用该注

册商标的商品质量。

经许可使用他人注册商标的，必须在使用该注册商标的商品上标明被许可人的名称和商品产地。

商标使用许可合同应当报商标局备案。

第五章 注册商标争议的裁定

第四十一条 已经注册的商标，违反本法第十条、第十一条、第十二条规定的，或者是以欺骗手段或者其他不正当手段取得注册的，由商标局撤销该注册商标；其他单位或者个人可以请求商标评审委员会裁定撤销该注册商标。

已经注册的商标，违反本法第十三条、第十五条、第十六条、第三十一条规定的，自商标注册之日起五年内，商标所有人或者利害关系人可以请求商标评审委员会裁定撤销该注册商标。对恶意注册的，驰名商标所有人不受五年的时间限制。

除前两款规定的情形外，对已经注册的商标有争议的，可以自该商标经核准注册之日起五年内，向商标评审委员会申请裁定。

商标评审委员会收到裁定申请后，应当通知有关当事人，并限期提出答辩。

第四十二条 对核准注册前已经提出异议并经裁定的商标，不得再以相同的事实和理由申请裁定。

第四十三条 商标评审委员会做出维持或者撤销注册商标的裁定后，应当书面通知有关当事人。

当事人对商标评审委员会的裁定不服的，可以自收到通知之日起三十日内向人民法院起诉。人民法院应当通知商标裁定程序的对方当事人作为第三人参加诉讼。

第六章 商标使用的管理

第四十四条 使用注册商标，有下列行为之一的，由商标局责令限期改正或者撤销其注册商标：

（一）自行改变注册商标的；

（二）自行改变注册商标的注册人名义、地址或者其他注册事项的；

（三）自行转让注册商标的；

（四）连续三年停止使用的。

第四十五条 使用注册商标，其商品粗制滥造，以次充好，欺骗消费者的，由各级工商行政管理部门分别不同情况，责令限期改正，并可以予以通报或者处以罚款，或者由商标局撤销其注册商标。

第四十六条 注册商标被撤销的或者期满不再续展的，自撤销或者注销之日起一年内，商标局对与该商标相同或者近似的商标注册申请，不予核准。

第四十七条 违反本法第六条规定的，由地方工商行政管理部门责令限期申请注册，可以并处罚款。

第四十八条 使用未注册商标，有下列行为之一的，由地方工商行政管理部门予以制止，限期改正，并可以予以通报或者处以罚款：

（一）冒充注册商标的；

（二）违反本法第十条规定的；

（三）粗制滥造，以次充好，欺骗消费者的。

第四十九条 对商标局撤销注册商标的决定，当事人不服的，可以自收到通知之日起十五日内向商标评审委员会申请复审，由商标评审委员会做出决定，并书面通知申请人。

当事人对商标评审委员会的决定不服的，可以自收到通知之日起三十日内向人民法院起诉。

第五十条 对工商行政管理部门根据本法第四十五条、第四十七条、第四十八条的规定做出的罚款决定，当事人不服的，可以自收到通知之日起十五日内，向人民法院起诉；期满不起诉又不履行的，由有关工商行政管理部门申请人民法院强制执行。

第七章 注册商标专用权的保护

第五十一条 注册商标的专用权，以核准注册的商标和核定使用的商品为限。

第五十二条 有下列行为之一的，均属侵犯注册商标专用权：

（一）未经商标注册人的许可，在同一种商品或者类似商品上使用与其注册商标相同或者近似的商标的；

（二）销售侵犯注册商标专用权的商品的；

（三）伪造、擅自制造他人注册商标标识或者销售伪造、擅自制造的注册商标标识的；

（四）未经商标注册人同意，更换其注册商标并将该更换商标的商品又投入市场的；

（五）给他人的注册商标专用权造成其他损害的。

第五十三条 有本法第五十二条所列侵犯注册商标专用权行为之一，引起纠纷的，由当事人协商解决；不愿协商或者协商不成的，商标注册人或者利害关系人可以向人民法院起诉，也可以请求工商行政管理部门处理。工商行政管理部门处理时，认定侵权行为成立的，责令立即停止侵权行为，没收、销毁侵权商品和专门用于制造侵权商品、伪造注册商标标识的工具，并可处以罚款。当事人对处理决定不服的，可以自收到处理通知之日起十五日内依照《中华人民共和国行政诉讼法》向人民法院起诉；侵权人期满不起诉又不履行的，工商行政管理部门可以申请人民法院强制执行。进行处理的工商行政管理部门根据当事人的请求，可以就侵犯商标专用权的赔偿数额进行调解；调解不成的，当事人可以依照《中华人民共和国民事诉讼法》向人民法院起诉。

第五十四条 对侵犯注册商标专用权的行为，工商行政管理部门有权依法查处；涉嫌犯罪的，应当及时移送司法机关依法处理。

第五十五条 县级以上工商行政管理部门根据已经取得的违法嫌疑证据或者举报，对涉嫌侵犯他人注册商标专用权的行为进行查处时，可以行使下列职权：

（一）询问有关当事人，调查与侵犯他人注册商标专用权有关的情况；

（二）查阅、复制当事人与侵权活动有关的合同、发票、账簿以及其他有关资料；

（三）对当事人涉嫌从事侵犯他人注册商标专用权活动的场所实施现场检查；

（四）检查与侵权活动有关的物品；对有证据证明是侵犯他人注册商标专用权的物品，可以查封或者扣押。

工商行政管理部门依法行使前款规定的职权时，当事人应当予以协助、配合，不得拒绝、阻挠。

第五十六条 侵犯商标专用权的赔偿数额，为侵权人在侵权期间因侵权所获得的利益，或者被侵权人在被侵权期间因被侵权所受到的损失，包括被侵权人为制止侵权行为所支付的合理开支。

前款所称侵权人因侵权所得利益，或者被侵权人因被侵权所受损失难以确定的，由人民法院根据侵权行为的情节判决给予五十万元以下的赔偿。

销售不知道是侵犯注册商标专用权的商品，能证明该商品是自己合法取得的并说明提供者的，不承担赔偿责任。

第五十七条 商标注册人或者利害关系人有证据证明他人正在实施或者即将实施侵犯其注册商标专用权的行为，如不及时制止，将会使其合法权益受到难以弥补的损害的，可以在起诉前向人民法院申请采取责令停止有关行为和财产保全的措施。

人民法院处理前款申请，适用《中华人民共和国民事诉讼法》第九十三条至第九十六条和第九十九条的规定。

第五十八条 为制止侵权行为，在证据可能灭失或者以后难以取得的情况下，商标注册人或者利害关系人可以在起诉前向人民法院申请保全证据。

人民法院接受申请后，必须在四十八小时内做出裁定；裁定采取保全措施的，应当立即开始执行。

人民法院可以责令申请人提供担保，申请人不提供担保的，驳回申请。

申请人在人民法院采取保全措施后十五日内不起诉的，人民法院应当解除保全措施。

第五十九条 未经商标注册人许可，在同一种商品上使用与其注册商标相同的商标，构成犯罪的，除赔偿被侵权人的损失外，依法追究刑事责任。

伪造、擅自制造他人注册商标标识或者销售伪造、擅自制造的注册商标标识，构成犯罪的，除赔偿被侵权人的损失外，依法追究刑事责任。

销售明知是假冒注册商标的商品，构成犯罪的，除赔偿被侵权人的损失外，依法追究刑事责任。

第六十条 从事商标注册、管理和复审工作的国家机关工作人员必须秉公执法，廉洁自律，忠于职守，文明服务。

商标局、商标评审委员会以及从事商标注册、管理和复审工作的国家机关工作人员不得从事商标代理业务和商品生产经营活动。

第六十一条 工商行政管理部门应当建立健全内部监督制度，对负责商标注册、管理和复审工作的国家机关工作人员执行法律、行政法规和遵守纪律的情况，进行监督检查。

第六十二条 从事商标注册、管理和复审工作的国家机关工作人员玩忽职守、滥用职权、徇私舞弊，违法办理商标注册、管理和复审事项，收受当事人财物，牟取不正当利益，构成犯罪的，依法追究刑事责任；尚不构成犯罪的，依法给予行政处分。

第八章　附　则

第六十三条 申请商标注册和办理其他商标事宜的，应当缴纳费用，具体收费标准另定。

第六十四条 本法自1983年3月1日起施行。1963年4月10日国务院公布的《商标管理条例》同时废止；其他有关商标管理的规定，凡与本法抵触的，同时失效。

本法施行前已经注册的商标继续有效。

中华人民共和国商标法实施条例

中华人民共和国国务院令

（第358号）

现公布《中华人民共和国商标法实施条例》，自2002年9月15日起施行。

总　理　朱镕基

二〇〇二年八月三日

第一章 总 则

第一条 根据《中华人民共和国商标法》(以下简称商标法),制定本条例。

第二条 本条例有关商品商标的规定,适用于服务商标。

第三条 商标法和本条例所称商标的使用,包括将商标用于商品、商品包装或者容器以及商品交易文书上,或者将商标用于广告宣传、展览以及其他商业活动中。

第四条 商标法第六条所称国家规定必须使用注册商标的商品,是指法律、行政法规规定的必须使用注册商标的商品。

第五条 依照商标法和本条例的规定,在商标注册、商标评审过程中产生争议时,有关当事人认为其商标构成驰名商标的,可以相应向商标局或者商标评审委员会请求认定驰名商标,驳回违反商标法第十三条规定的商标注册申请或者撤销违反商标法第十三条规定的商标注册。有关当事人提出申请时,应当提交其商标构成驰名商标的证据材料。

商标局、商标评审委员会根据当事人的请求,在查明事实的基础上,依照商标法第十四条的规定,认定其商标是否构成驰名商标。

第六条 商标法第十六条规定的地理标志,可以依照商标法和本条例的规定,作为证明商标或者集体商标申请注册。

以地理标志作为证明商标注册的,其商品符合使用该地理标志条件的自然人、法人或者其他组织可以要求使用该证明商标,控制该证明商标的组织应当允许。以地理标志作为集体商标注册的,其商品符合使用该地理标志条件的自然人、法人或者其他组织,可以要求参加以该地理标志作为集体商标注册的团体、协会或者其他组织,该团体、协会或者其他组织应当依据其章程接纳为会员;不要求参加以该地理标志作为集体商标注册的团体、协会或者其他组织的,也可以正当使用该地理标志,该团体、协会或者其他组织无权禁止。

第七条 当事人委托商标代理组织申请商标注册或者办理其他商标事宜,应当提交代理委托书。代理委托书应当载明代理内容及权限;外国人或者外国企业的代理委托书还应当载明委托人的国籍。

外国人或者外国企业的代理委托书及与其有关的证明文件的公证、认证手续,按照对等原则办理。

商标法第十八条所称外国人或者外国企业,是指在中国没有经常居所或者营业所的外国人或者外国企业。

第八条 申请商标注册或者办理其他商标事宜,应当使用中文。

依照商标法和本条例规定提交的各种证件、证明文件和证据材料是外文的，应当附送中文译文；未附送的，视为未提交该证件、证明文件或者证据材料。

第九条 商标局、商标评审委员会工作人员有下列情形之一的，应当回避，当事人或者利害关系人可以要求其回避：

（一）是当事人或者当事人、代理人的近亲属的；

（二）与当事人、代理人有其他关系，可能影响公正的；

（三）与申请商标注册或者办理其他商标事宜有利害关系的。

第十条 除本条例另有规定的外，当事人向商标局或者商标评审委员会提交文件或者材料的日期，直接递交的，以递交日为准；邮寄的，以寄出的邮戳日为准；邮戳日不清晰或者没有邮戳的，以商标局或者商标评审委员会实际收到日为准，但是当事人能够提出实际邮戳日证据的除外。

第十一条 商标局或者商标评审委员会的各种文件，可以通过邮寄、直接递交或者其他方式送达当事人。当事人委托商标代理组织的，文件送达商标代理组织视为送达当事人。

商标局或者商标评审委员会向当事人送达各种文件的日期，邮寄的，以当事人收到的邮戳日为准；邮戳日不清晰或者没有邮戳的，自文件发出之日起满15日，视为送达当事人；直接递交的，以递交日为准。文件无法邮寄或者无法直接递交的，可以通过公告方式送达当事人，自公告发布之日起满30日，该文件视为已经送达。

第十二条 商标国际注册依照我国加入的有关国际条约办理。具体办法由国务院工商行政管理部门规定。

第二章 商标注册的申请

第十三条 申请商标注册，应当按照公布的商品和服务分类表按类申请。每一件商标注册申请应当向商标局提交《商标注册申请书》1份、商标图样5份；指定颜色的，并应当提交着色图样5份、黑白稿1份。

商标图样必须清晰、便于粘贴，用光洁耐用的纸张印制或者用照片代替，长或者宽应当不大于10厘米，不小于5厘米。

以三维标志申请注册商标的，应当在申请书中予以声明，并提交能够确定三维形状的图样。

以颜色组合申请注册商标的，应当在申请书中予以声明，并提交文字说明。

申请注册集体商标、证明商标的，应当在申请书中予以声明，并提交主体资格证明文件和使用管理规则。

商标为外文或者包含外文的，应当说明含义。

第十四条 申请商标注册的，申请人应当提交能够证明其身份的有效证件的复印件。商标注册申请人的名义应当与所提交的证件相一致。

第十五条 商品名称或者服务项目应当按照商品和服务分类表填写；商品名称或者服务项目未列入商品和服务分类表的，应当附送对该商品或者服务的说明。

商标注册申请等有关文件，应当打字或者印刷。

第十六条 共同申请注册同一商标的，应当在申请书中指定一个代表人；没有指定代表人的，以申请书中顺序排列的第一人为代表人。

第十七条 申请人变更其名义、地址、代理人，或者删减指定的商品的，可以向商标局办理变更手续。

申请人转让其商标注册申请的，应当向商标局办理转让手续。

第十八条 商标注册的申请日期，以商标局收到申请文件的日期为准。申请手续齐备并按照规定填写申请文件的，商标局予以受理并书面通知申请人；申请手续不齐备或者未按照规定填写申请文件的，商标局不予受理，书面通知申请人并说明理由。

申请手续基本齐备或者申请文件基本符合规定，但是需要补正的，商标局通知申请人予以补正，限其自收到通知之日起30日内，按照指定内容补正并交回商标局。在规定期限内补正并交回商标局的，保留申请日期；期满未补正的，视为放弃申请，商标局应当书面通知申请人。

第十九条 两个或者两个以上的申请人，在同一种商品或者类似商品上，分别以相同或者近似的商标在同一天申请注册的，各申请人应当自收到商标局通知之日起30日内提交其申请注册前在先使用该商标的证据。同日使用或者均未使用的，各申请人可以自收到商标局通知之日起30日内自行协商，并将书面协议报送商标局；不愿协商或者协商不成的，商标局通知各申请人以抽签的方式确定一个申请人，驳回其他人的注册申请。商标局已经通知但申请人未参加抽签的，视为放弃申请，商标局应当书面通知未参加抽签的申请人。

第二十条 依照商标法第二十四条规定要求优先权的，申请人提交的第一次提出商标注册申请文件的副本应当经受理该申请的商标主管机关证明，并注明申请日期和申请号。

依照商标法第二十五条规定要求优先权的，申请人提交的证明文件应当经国务院工商行政管理部门规定的机构认证；展出其商品的国际展览会是在中国境内举办的除外。

第三章 商标注册申请的审查

第二十一条 商标局对受理的商标注册申请，依照商标法及本条例的有关规定进行审查，对符合规定的或者在部分指定商品上使用商标的注册申请符合规定的，予以初步审定，并予以公告；对不符合规定或者在部分指定商品上使用商标的注册申请不符合规定的，予以驳回或者驳回在部分指定商品上使用商标的注册申请，书面通知申请人并说明理由。

商标局对在部分指定商品上使用商标的注册申请予以初步审定的，申请人可以在异议期满之日前，申请放弃在部分指定商品上使用商标的注册申请；申请人放弃在部分指定商品上使用商标的注册申请的，商标局应当撤回原初步审定，终止审查程序，并重新公告。

第二十二条 对商标局初步审定予以公告的商标提出异议的，异议人应当向商标局提交商标异议书一式两份。商标异议书应当写明被异议商标刊登《商标公告》的期号及初步审定号。商标异议书应当有明确的请求和事实依据，并附送有关证据材料。

商标局应当将商标异议书副本及时送交被异议人，限其自收到商标异议书副本之日起 30 日内答辩。被异议人不答辩的，不影响商标局的异议裁定。

当事人需要在提出异议申请或者答辩后补充有关证据材料的，应当在申请书或者答辩书中声明，并自提交申请书或者答辩书之日起 3 个月内提交；期满未提交的，视为当事人放弃补充有关证据材料。

第二十三条 商标法第三十四条第二款所称异议成立，包括在部分指定商品上成立。异议在部分指定商品上成立的，在该部分指定商品上的商标注册申请不予核准。

被异议商标在异议裁定生效前已经刊发注册公告的，撤销原注册公告，经异议裁定核准注册的商标重新公告。

经异议裁定核准注册的商标，自该商标异议期满之日起至异议裁定生效前，对他人在同一种或者类似商品上使用与该商标相同或者近似的标志的行为不具有追溯力；但是，因该使用人的恶意给商标注册人造成的损失，应当给予赔偿。

经异议裁定核准注册的商标，对其提出评审申请的期限自该商标异议裁定公告之日起计算。

第四章 注册商标的变更、转让、续展

第二十四条 变更商标注册人名义、地址或者其他注册事项的，应当向商标局提交变更申请书。商标局核准后，发给商标注册人相应证明，并予以公告；不予核准的，应当书面通知申请人并说明理由。

变更商标注册人名义的，还应当提交有关登记机关出具的变更证明文件。未提交变更证明文件的，可以自提出申请之日起 30 日内补交；期满不提交的，视为放弃变更申请，商标局应当书面通知申请人。

变更商标注册人名义或者地址的，商标注册人应当将其全部注册商标一并变更；未

一并变更的，视为放弃变更申请，商标局应当书面通知申请人。

第二十五条 转让注册商标的，转让人和受让人应当向商标局提交转让注册商标申请书。转让注册商标申请手续由受让人办理。商标局核准转让注册商标申请后，发给受让人相应证明，并予以公告。

转让注册商标的，商标注册人对其在同一种或者类似商品上注册的相同或者近似的商标，应当一并转让；未一并转让的，由商标局通知其限期改正；期满不改正的，视为放弃转让该注册商标的申请，商标局应当书面通知申请人。

对可能产生误认、混淆或者其他不良影响的转让注册商标申请，商标局不予核准，书面通知申请人并说明理由。

第二十六条 注册商标专用权因转让以外的其他事由发生移转的，接受该注册商标专用权移转的当事人应当凭有关证明文件或者法律文书到商标局办理注册商标专用权移转手续。

注册商标专用权移转的，注册商标专用权人在同一种或者类似商品上注册的相同或者近似的商标，应当一并移转；未一并移转的，由商标局通知其限期改正；期满不改正的，视为放弃该移转注册商标的申请，商标局应当书面通知申请人。

第二十七条 注册商标需要续展注册的，应当向商标局提交商标续展注册申请书。商标局核准商标注册续展申请后，发给相应证明，并予以公告。

续展注册商标有效期自该商标上一届有效期满次日起计算。

第五章 商标评审

第二十八条 商标评审委员会受理依据商标法第三十二条、第三十三条、第四十一条、第四十九条的规定提出的商标评审申请。商标评审委员会根据事实，依法进行评审。

第二十九条 商标法第四十一条第三款所称对已经注册的商标有争议，是指在先申请注册的商标注册人认为他人在后申请注册的商标与其在同一种或者类似商品上的注册商标相同或者近似。

第三十条 申请商标评审，应当向商标评审委员会提交申请书，并按照对方当事人的数量提交相应份数的副本；基于商标局的决定书或者裁定书申请复审的，还应当同时附送商标局的决定书或者裁定书副本。

商标评审委员会收到申请书后，经审查，符合受理条件的，予以受理；不符合受理条件的，不予受理，书面通知申请人并说明理由；需要补正的，通知申请人自收到通知之日起30日内补正。经补正仍不符合规定的，商标评审委员会不予受理，书面通知申请人并说明理由；期满未补正的，视为撤回申请，商标评审委员会应当书面通知申请人。

商标评审委员会受理商标评审申请后，发现不符合受理条件的，予以驳回，书面通知申请人并说明理由。

第三十一条 商标评审委员会受理商标评审申请后，应当及时将申请书副本送交对方当事人，限其自收到申请书副本之日起30日内答辩；期满未答辩的，不影响商标评审委员会的评审。

第三十二条 当事人需要在提出评审申请或者答辩后补充有关证据材料的，应当在申请书或者答辩书中声明，并自提交申请书或者答辩书之日起3个月内提交；期满未提交的，视为放弃补充有关证据材料。

第三十三条 商标评审委员会根据当事人的请求或者实际需要，可以决定对评审申请进行公开评审。

商标评审委员会决定对评审申请进行公开评审的，应当在公开评审前15日书面通知当事人，告知公开评审的日期、地点和评审人员。当事人应当在通知书指定的期限内作出答复。

申请人不答复也不参加公开评审的，其评审申请视为撤回，商标评审委员会应当书面通知申请人；被申请人不答复也不参加公开评审的，商标评审委员会可以缺席评审。

第三十四条 申请人在商标评审委员会作出决定、裁定前，要求撤回申请的，经书面向商标评审委员会说明理由，可以撤回；撤回申请的，评审程序终止。

第三十五条 申请人撤回商标评审申请的，不得以相同的事实和理由再次提出评审申请；商标评审委员会对商标评审申请已经作出裁定或者决定的，任何人不得以相同的事实和理由再次提出评审申请。

第三十六条 依照商标法第四十一条的规定撤销的注册商标，其商标专用权视为自始即不存在。有关撤销注册商标的决定或者裁定，对在撤销前人民法院作出并已执行的商标侵权案件的判决、裁定，工商行政管理部门作出并已执行的商标侵权案件的处理决定，以及已经履行的商标转让或者使用许可合同，不具有追溯力；但是，因商标注册人恶意给他人造成的损失，应当给予赔偿。

第六章 商标使用的管理

第三十七条 使用注册商标，可以在商品、商品包装、说明书或者其他附着物上标明“注册商标”或者注册标记。

注册标记包括（注外加○）和（R外加○）。使用注册标记，应当标注在商标的右上角或者右下角。

第三十八条 《商标注册证》遗失或者破损的，应当向商标局申请补发。《商标注册证》遗失的，应当在《商标公告》上刊登遗失声明。破损的《商标注册证》，应当在提交补发申请时交回商标局。

伪造或者变造《商标注册证》的，依照刑法关于伪造、变造国家机关证件罪或者其他罪的规定，依法追究刑事责任。

第三十九条 有商标法第四十四条第（一）项、第（二）项、第（三）项行为之一的，由工商行政管理部门责令商标注册人限期改正；拒不改正的，报请商标局撤销其注册商标。

有商标法第四十四条第（四）项行为的，任何人可以向商标局申请撤销该注册商标，并说明有关情况。商标局应当通知商标注册人，限其自收到通知之日起2个月内提交该商标在撤销申请提出前使用的证据材料或者说明不使用的正当理由；期满不提供使用的证据材料或者证据材料无效并没有正当理由的，由商标局撤销其注册商标。

前款所称使用的证据材料，包括商标注册人使用注册商标的证据材料和商标注册人许可他人使用注册商标的证据材料。

第四十条 依照商标法第四十四条、第四十五条的规定被撤销的注册商标，由商标局予以公告；该注册商标专用权自商标局的撤销决定作出之日起终止。

第四十一条 商标局、商标评审委员会撤销注册商标，撤销理由仅及于部分指定商品的，撤销在该部分指定商品上使用的商标注册。

第四十二条 依照商标法第四十五条、第四十八条的规定处以罚款的数额为非法经营额20%以下或者非法获利2倍以下。

依照商标法第四十七条的规定处以罚款的数额为非法经营额10%以下。

第四十三条 许可他人使用其注册商标的，许可人应当自商标使用许可合同签订之日起3个月内将合同副本报送商标局备案。

第四十四条 违反商标法第四十条第二款规定的，由工商行政管理部门责令限期改正；逾期不改正的，收缴其商标标识；商标标识与商品难以分离的，一并收缴、销毁。

第四十五条 使用商标违反商标法第十三条规定的，有关当事人可以请求工商行政管理部门禁止使用。当事人提出申请时，应当提交其商标构成驰名商标的证据材料。经商标局依照商标法第十四条的规定认定为驰名商标的，由工商行政管理部门责令侵权人停止违反商标法第十三条规定使用该驰名商标的行为，收缴、销毁其商标标识；商标标识与商品难以分离的，一并收缴、销毁。

第四十六条 商标注册人申请注销其注册商标或者注销其商标在部分指定商品上的注册的，应当向商标局提交商标注销申请书，并交回原《商标注册证》。

商标注册人申请注销其注册商标或者注销其商标在部分指定商品上的注册的，该注册商标专用权或者该注册商标专用权在该部分指定商品上的效力自商标局收到其注销申请之日起终止。

第四十七条 商标注册人死亡或者终止，自死亡或者终止之日起1年期满，该注册商标没有办理移转手续的，任何人可以向商标局申请注销该注册商标。提出注销申请的，应当提交有关该商标注册人死亡或者终止的证据。

注册商标因商标注册人死亡或者终止而被注销的，该注册商标专用权自商标注册人死亡或者终止之日起终止。

第四十八条 注册商标被撤销或者依照本条例第四十六条、第四十七条的规定被注销的，原《商标注册证》作废；撤销该商标在部分指定商品上的注册的，或者商标注册人申请注销其商标在部分指定商品上的注册的，由商标局在原《商标注册证》上加注发还，或者重新核发《商标注册证》，并予公告。

第七章 注册商标专用权的保护

第四十九条 注册商标中含有的本商品的通用名称、图形、型号，或者直接表示商品的质量、主要原料、功能、用途、重量、数量及其他特点，或者含有地名，注册商标专用权人无权禁止他人正当使用。

第五十条 有下列行为之一的，属于商标法第五十二条第（五）项所称侵犯注册商标专用权的行为：

（一）在同一种或者类似商品上，将与他人注册商标相同或者近似的标志作为商品名称或者商品装潢使用，误导公众的；

（二）故意为侵犯他人注册商标专用权行为提供仓储、运输、邮寄、隐匿等便利条件的。

第五十一条 对侵犯注册商标专用权的行为，任何人可以向工商行政管理部门投诉或者举报。

第五十二条 对侵犯注册商标专用权的行为，罚款数额为非法经营额3倍以下；非法经营额无法计算的，罚款数额为10万元以下。

第五十三条 商标所有人认为他人将其驰名商标作为企业名称登记，可能欺骗公众或者对公众造成误解的，可以向企业名称登记主管机关申请撤销该企业名称登记。企业名称登记主管机关应当依照《企业名称登记管理规定》处理。

第八章 附 则

第五十四条 连续使用至1993年7月1日的服务商标，与他人在相同或者类似的服务上已注册的服务商标相同或者近似的，可以继续使用；但是，1993年7月1日后中断使用3年以上的，不得继续使用。

第五十五条 商标代理的具体管理办法由国务院另行规定。

第五十六条 商标注册用商品和服务分类表，由国务院工商行政管理部门制定并公布。

申请商标注册或者办理其他商标事宜的文件格式，由国务院工商行政管理部门制定并公布。

商标评审委员会的评审规则由国务院工商行政管理部门制定并公布。

第五十七条 商标局设置《商标注册簿》，记载注册商标及有关注册事项。

商标局编印发行《商标公告》，刊登商标注册及其他有关事项。

第五十八条 申请商标注册或者办理其他商标事宜，应当缴纳费用。缴纳费用的项目和标准，由国务院工商行政管理部门会同国务院价格主管部门规定并公布。

第五十九条 本条例自2002年9月15日起施行。1983年3月10日国务院发布、1988年1月3日国务院批准第一次修订、1993年7月15日国务院批准第二次修订的《中华人民共和国商标法实施细则》和1995年4月23日《国务院关于办理商标注册附送证件问题的批复》同时废止。